불교는 왜 진실인가

＊ 이 역서는 2017년 대한민국 교육부와 한국연구재단의 지원을 받아 수행된 연구임
(NRF-2017S1A5A2A01026792)

불교는 왜 진실인가

진화심리학으로 보는 불교의 명상과 깨달음

Why Buddhism *Is* True

로버트 라이트 지음 | 이재석 · 김철호 옮김

마음친구

－작가: 하늘로 올라가기 전에 말해줘요. 땅에 내려오니 가장 안 좋
     은 게 무엇이었죠?

－아그네스: 그냥 인간으로 존재하는 것 자체가 최악이에요. 눈 때문에
     시야가 흐려지고 귀 때문에 청력이 무뎌져요. 영민한 생각은
     뇌의 복잡한 미로 속에 사정없이 갇혀버리고요.

－작가: 인간이 가진 문제를 말하는 거군요? 그런데 인간이 이렇게
     되지 않았다면 달리 어떻게 될 수 있었을까요?

                    －〈꿈 연극A Dream Play〉 아우구스트 스트린드베리

차례

일러두기

『불교는 왜 진실인가Why Buddhism Is True』라는 거대한 제목의 책을 시작하기 앞서 몇 가지 일러둘 점이 있다.

첫째, 이 책에서 말하는 불교는 초자연적, 신비적, 형이상학적 불교가 아니다. 예컨대 이 책은 불교에서 흔히 말하는 윤회를 논하지 않는다. 대신 불교의 내용 중 현대 심리학과 철학의 영역에 부합하는 자연적 측면의 불교를 말한다. 다시 말해 종교적 요소를 덜어낸 불교이다. 그렇기는 해도 불교의 보다 특이하며 다소 급진적인 주장에 대해서는 살펴볼 것이다. 만약 당신이 이 책이 이야기하는 불교의 일면을 진지하게 받아들인다면 당신과 세계를 바라보는 관점이 완전히 바뀔 수도 있다.

둘째, 물론 불교는 단일한 전통이 아니다. 거기에는 다양한 전통이 뒤섞여 있다. 각 불교 전통이 강조하는 부분과 취하는 형식이 다르지만 이 책은 불교의 공통된 핵심 즉, 주요 불교 전통에서 공통으로 말하는 근본 사상을 다루고자 한다.

셋째, 이 책은 불교 심리학과 철학의 세세한 부분까지 파고들지 않는다. 예컨대 초기불교의 논장論藏(아비담마Abhidhamma)은 인간의 마음에 89가지 종류가 있고 그중 불선不善한 마음이 12가지라고 한다. 이 책은 이러한 주장을 자세히 살피지 않을 것이므로 안심해도 좋다.

넷째, '진실^{true}'은 다소 조심스러운 단어다. 철학과 심리학의 심오한 사상을 비롯해 무언가가 진실이라고 주장하는 것은 결코 만만한 일이 아니다. 실제로 불교의 중요한 교훈 중 하나가 우리가 평소 세계를 인식하는 방식이 곧 세계의 진실과 일치한다는 직관을 그 자체로 의심하라는 것이다. 일부 초기 불교 문헌은 '진실'이 궁극적으로 존재하는가에 관하여 의문을 제기한다. 하지만 붓다가 깨달은 뒤 최초로 설한 〈초전법륜경〉에서 사성제四聖諦라는 네 가지 성스러운 진리를 말한 것을 보면 어쨌든 '진실'이라는 말이 불교 사상에서 전혀 자리를 차지하지 못하는 것도 아니다. 이 책은 인간이 처한 곤경에 대한 불교의 진단이 근본적으로 정확하다는 점에서 '진실'이라고 본다. 또 인간이 괴로움에서 벗어나는 데 불교의 처방이 커다란 유효성과 중요성을 갖는다고 주장한다.

다섯째, 이 책이 불교의 핵심 사상이 지닌 유효성과 중요성을 주장한다 해서 불교 외의 영적 전통이나 철학 전통을 폄하하는 것은 결코 아니다. 책의 논의에서 불교 사상과 여타 사상들 사이에 논리적 긴장이 생길 수 있으나 자주 있지는 않을 것이다. 달라이 라마는 이렇게 말했다. "불교에 관해 당신이 배운 내용을 더 훌륭한 '불교인'이 되는 데 사용하기보다 지금보다 조금 더 나은 '당신 자신'이 되는 데 사용하십시오."

1장

'빨간 약'을 먹다
Taking the Red Pill

　인간이 처한 상황을 다소 과장하는 위험은 있지만 이런 이야기를 해
보자. 당신은 영화 〈매트릭스〉를 보았는가?

　〈매트릭스〉는 네오(키아누 리브스 분)라는 남자가 지금껏 환영幻影의 세
계에 살았음을 깨닫는 내용이다. 네오는 자신의 삶이 실은 정교하게 가
공된 환영이었음을 뒤늦게 알아차린다. 환영의 세계에 살고 있음을 꿈에
도 몰랐던 네오의 몸은 실제로 누에고치처럼 부드럽고 끈적이는 자동 인
큐베이터에 갇혀 있다. 게다가 인큐베이터의 수는 엄청나게 많으며 규칙
적으로 줄지어 배열되어 있다. 각 인큐베이터에는 환영의 세계에 빠진 사
람이 한 명씩 들어가 있다. 로봇 지배자는 여기에 사람들을 가둔 채 꿈에
빠진 환영의 삶을 위안 삼아 제공한다.

　네오는 환영의 삶을 살 것인가, 현실에 깨어날 것인가의 선택에 직면
한다. 이는 유명한 '빨간 약' 장면에서 극적으로 드러난다. 네오는 자신의
꿈에 들어온 반란군(실은 반란군의 아바타)과 만난다. 반란군 지도자인 모

피어스(로렌스 피시번 분)는 네오에게 상황을 설명한다. "네오, 넌 노예야. 다른 사람처럼 너도 예속 상태로 태어났지. 맛보거나 보거나 만질 수 없는 감옥에 태어난 거야. 그리고 이건 네 마음의 감옥이야." 감옥의 이름은 매트릭스였다. 하지만 모피어스는 매트릭스가 대체 무엇인지 네오에게 설명할 방법이 없다. 모피어스는 상황을 파악하는 유일한 방법은 "너 스스로 보는 것"이라고 말한다. 그는 네오에게 빨간 약과 파란 약을 하나씩 준다. 파란 약을 먹으면 환영의 세계로 돌아가고 빨간 약을 먹으면 환영의 장막을 걷고 나온다. 결국 네오는 빨간 약을 선택한다.

빨간 약을 먹느냐 파란 약을 먹느냐의 선택은 매우 중요한 의미를 갖는다. 왜냐하면 통찰과 자유의 삶을 사느냐 미망(迷妄)과 예속의 삶을 사느냐를 가름하기 때문이다. 당신은 할리우드 영화이니까 이 정도의 극적인 소재를 취했다고 여길지 모른다. 반면, 우리가 일상에서 마주하는 선택은 그보다는 덜 극적인, 훨씬 평범한 선택으로 느껴진다. 그럼에도 영화가 개봉하자 많은 사람이 이 영화가 우리 삶의 현실에서 맞닥뜨리는 선택을 그대로 반영한다고 보았다.

앞의 '많은 사람'에는 서양의 불교인도 포함된다. 그들은 불교인으로 태어나 자라지 않았지만 삶의 어느 시점에 불교를(적어도 불교의 여러 '버전' 가운데 하나를) 받아들인 사람들이다. 그들이 받아들인 불교는 동양의 불교에 흔히 보이는 초자연적 요소가 없다. 즉 윤회나 각종 신에 대한 믿음을 제거한 불교다. 서양 불교는 승려들이 주로 하는 명상 수련과 불교철학을 중시한다. 서양인들은 흔히 불교가 무신론이며 명상을 중시하는 종교라고 알지만, 실제 많은 동양의 불교인들은 신을(전능한 창조자인 신은 아니지만) 믿으며 명상은 잘 하지 않는다.

영화 〈매트릭스〉가 개봉하기 훨씬 전부터 서양 불교인들은 이미 그들의 눈에 보이는 세상이 일종의 환영임을 확신하고 있었다. 물론 그들이 세상에 존재하는 모든 것을 속속들이 환영으로 본 건 아니다. 하지만 눈에 보이는 현상이 실재의 왜곡된 그림일 수 있으며 그렇다면 우리가 삶을 대하는 태도 역시 심각하게 왜곡될 수 있다고 보았다. 또 삶의 태도가 왜곡되면 자신과 주변 사람에게 해로운 결과가 일어난다고 보았다. 그런 그들이 이제 명상과 불교철학 덕분에 시야가 더 명료해졌다고 느끼고 있다. 영화 〈매트릭스〉는 서양 불교인들이 명상을 통해 실제 경험한 변화를 상징하는 적절한 비유였다. 그들에게 〈매트릭스〉는 한마디로 '다르마 영화'였다. 법法으로 번역하는 다르마dharma는 붓다의 가르침 또는 그것을 실천하는 불교 수행 등 다양한 의미를 갖는다. 영화 〈매트릭스〉가 개봉한 뒤 "빨간 약을 먹었다I took the red pill"는 표현이 유행했다. 이 표현은 이제 '다르마를 닦는다'는 의미로 통한다.

나는 개봉 직후인 1999년에 이 영화를 보았다. 그런데 이 영화가 나와 인연이 있음을 알게 된 건 영화를 본 몇 달 뒤였다. 영화 제작자 워쇼스키 형제가 키아누 리브스에게 네오 역을 준비시키려고 세 권의 책을 읽게 했는데 그중 한 권이 내가 쓴 『도덕적 동물Moral Animal: 진화심리학으로 들여다본 인간 본성』(1994)이라는 책이었다.

워쇼스키 형제가 내 책과 〈매트릭스〉가 어떤 연관이 있다고 생각했는지는 확실치 않지만 적어도 내가 보는 연관성은 이렇다. 나는 『도덕적 동물』에서 **진화심리학**evolutionary psychology을 이렇게 설명했다. "진화심리학은 인간의 뇌가 인간을 잘못 이끌고 심지어 노예 상태에 빠지도록 **자연선택**natural selection에 의해 만들어진 방식을 탐구하는 학문이다."(진화심리학: 인간이 지금과 같은 마음을 갖게 된 이유를 생물 진화의 관점에서 이해하려는 학문. 자연선택: 주어진 환경에 적응하는 데 유리한 형질이 더 많이, 더 오래 살아남는다는 이론-옮긴이)

오해가 없기 바란다. 자연선택은 나름의 가치가 있다. 만약 나라는 생명 개체가 자연선택에 의해 만들어졌느냐(또는 아니냐)고 묻는다면 나는 긍정의 답을 할 수밖에 없다. 내가 아는 한, 이는 우주에 존재하는 단 두 가지의 선택이다. 또 진화의 결과로 인간이 백퍼센트 예속과 미망의 삶을 산다는 얘기는 결코 아니다. 진화를 통해 만들어진 인간의 뇌는 많은 면에서 인간에게 능력을 부여했다. 기본적으로 현실에 대한 정확한 견해라는 축복을 인간에게 선사한 것이다.

그럼에도 자연선택의 최종 목적은 오직 하나, 생명 개체의 유전자를 다음 세대에 전하는 것이다. 자연선택은 의식적인 설계가 아니라 맹목적인 과정으로서 오랜 진화 과정에서 유전자 전파에 유리한 유전적 특징은 살아남은 반면 그렇지 않은 특징은 사라졌다. 그리고 유전자 전파라는 시험대를 통과한 특징에는 인간의 신체적 특징뿐 아니라 정신적 특징도 있다. 인간의 뇌 속에 깊이 새겨져 우리의 일상 경험을 빚어내는 정신 구조와 알고리즘 말이다. 그렇다면 '어떤 종류의' 지각과 생각과 느낌이 인간의 일상을 끌어가는 것일까? 기본적인 차원에서 그것은 실재에 대한 '정확한' 그림을 제공하는 지각과 생각과 느낌이 아니다. 유전자를 다음 세대에 전하는 데 유리한 지각과 생각과 느낌이 인간의 일상을 끌어간다. 자연선택의 관심사는 인간의 지각, 생각, 느낌이 실재를 정확하게 그리는 것이 아니다. 그 결과 우리의 지각, 생각, 느낌이 실재에 관한 부정확한 그림을 그리는 일이 실제로 벌어졌다. 이렇게 인간의 뇌는 인간을 미망에 빠트리도록 '처음부터' 설계되었다.

그러나 여기에 잘못된 점은 없다! 지금까지 살면서 내가 가장 행복했던 몇몇 순간은 미망 '덕분

**자연선택의 최종 목적은
오직 하나,
생명 개체의 유전자를 다음
세대에 전하는 것이다**

에' 가능했다. 어릴 적 나는 이빨을 뽑으면 이의 요정이 찾아온다는 '미망'을 가졌기에 이 뽑는 공포를 이겨냈다. 하지만 미망은 끔찍한 순간도 만들어낸다. 여기서 끔찍한 순간이란 소름 돋는 악몽처럼 명백한 망상만을 가리키지 않는다. 끔찍한 순간에는 우리가 미처 미망이라고 느끼지 못하는 것도 포함된다. 예컨대 걱정으로 밤잠을 못 이루거나 며칠째 낙담과 우울에 빠져 있는 경우, 또 사람들을 향한 증오심을 느끼는 경우도 있다. 화를 분출하면 순간 후련하지만 마음은 계속 불편하다. 게다가 자신에게 분노를 느끼는 때도 있다. 그도 아니면 아무 짝에도 쓸모없는 탐욕에 빠지기도 한다. 과도한 쇼핑 충동과 식욕 충동이 그런 사례다. 이 모든 것이 끔찍한 순간이다.

물론 걱정, 낙담, 우울, 증오, 탐욕 같은 느낌들이 밤에 꾸는 악몽과 같은 의미로 미망인 것은 아니다. 하지만 이 느낌들을 자세히 살펴보면 만약 없었다면 더 좋았을 미망의 요소가 분명히 존재한다.

나 한 사람에게 미망의 요소가 없는 것이 좋은 일이라면 세계 전체에 미망이 없다면 얼마나 좋을까 생각해보라. 결국, 전쟁과 같은 극악무도한 행위의 근본 원인은 좌절과 증오, 탐욕 등의 느낌이 아닌가. 그래서 내 말이 진실이라면, 즉 인간의 고통과 잔혹 행위의 근본 원인인 느낌이 정말로 미망의 산물이라면 이 느낌에 제대로 빛을 비춰 살펴보는 일은 그만한 가치가 있을 것이다.

논리적으로 들리는가. 그런데 진화심리학에 관한 책을 쓴 직후 내가 깨달은 사실이 있다. 인간의 미망에 빛을 비추는 작업은 거기에 어떤 종류의 빛을 비추느냐에 따라 그 가치가 달라진다는 사실이다. 사실 진화심리학은 인간이 겪는 고통의 원인을 해명하는 데서 그친다. 인간이 미망에서 실제로 벗어나는 데는 진화심리학만으로는 한계가 있다.

일상의 미망

간단하면서도 근본적인 예를 들어보자. 우리는 정크푸드(칼로리만 높고 건강에 해로운 인스턴트 식품-옮긴이)를 먹으면 순간적으로 만족감을 느낀다. 하지만 몇 분만 지나면 공허감 때문에 또 먹고 싶어진다. 이 사례는 두 가지 이유에서 먼저 논의하기에 적합하다.

첫째, 우리가 빠져 있는 미망이 얼마나 미묘한 성격인지 보여준다. 물론 설탕 도넛 여섯 개 들이를 한 번에 먹어치울 때 빠진 미망은 나를 구세주라고 여기는 과대망상이나 스파이가 나를 살해한다는 피해망상만큼 거대하고 명백한 미망은 분명 아니다. 그리고 이 책에서 말하는 미망의 여러 원천도 그 정도로 엄청나고 명백한 망상은 아니다. 사실, 이 책에서 보이는 미망의 여러 원천은 **미망**delusion이라기보다 **환영**illusion에 가깝다. 겉모습에 끌려 실제로 그렇지 않은 것을 그렇다고 여기는 환영 말이다. 그러나 이 모든 환영이 더해지면 실재에 관한 거대한 왜곡으로 이어질 수도 있다. 대수롭지 않은 환영이라도 완전한 미망만큼 우리에게 큰 영향을 미칠 수 있다.

둘째, 정크푸드의 사례는 감각 쾌락에 관한 붓다의 가르침을 구체적으로 보여준다. 물론 붓다가 실제로 정크푸드의 예를 들지는 않았다. 2천5백년 전에는 정크푸드가 없었다. 그보다 붓다의 가르침의 핵심은 결국엔 일시적일 수밖에 없는 감각 쾌락에 강하게 끌리는 인간 내면의 일반적 역동이다. 우리가 구하는 쾌락은 빠르게 사라지며 결국엔 더 큰 쾌락을 갈망하게 된다는 것이 붓다가 전하는 메시지다. 우리는 자신에게 만족을 주는 다음번의 욕망 대상을 구하는 데 많은 시간을 들인다. 다음번의 설탕 도넛, 다음번의 섹스, 다음번의 승진, 다음번의 인터넷 쇼핑 등…… 그러나 순간의 쾌락은 언제나 사그라지게 마련이고 쾌락이 사그라지면 더 큰 쾌락을 갈망하게 된다. "도대체 만족이 안 돼I can't get no satisfaction"라는 롤링스톤스의 노래 제목은 불교에 따르면 인간이 처한 숙명적 조건이다. 붓다는 인생이 고통으로 가득하다고 말했다고 한다. 그런데 학자들에 따르면 이는 붓다의 메시지를 온전히 해석한 것이 아니다. 여기서 **고통**suffering이라는 단어는 원래 **둑카**dukkha라는 팔리어의 번역어로서 **불만족**unsatisfactoriness으로 번역하는 것이 더 적절하다고 한다.

> 붓다의 가르침의 핵심은 일시적일 수밖에 없는 감각 쾌락에 강하게 끌리는 인간 내면의 일반적 역동이다

그렇다면 도넛과 섹스, 신상품, 승진에 대한 갈망이 환영이라고 할 때 그것의 정확히 어떤 측면이 환영인 걸까? 원하는 대상에 따라 그에 관한 환영도 다른 양상을 띠겠지만 모든 갈망에 공통되는 환영에 초점을 맞추어 살펴보자. 모든 갈망에 공통되는 환영의 요소가 있다면 무엇일까? 그것은 갈망의 대상이 가져다줄 행복을 과대평가하는 인간의 성향이다. 다시 말하지만 이러한 과대평가는 그 자체로는 사소한 미망이다. 만약 다음번에 당신이 승진이 되면 영원히 행복할까 물으면 당신은 분명 그렇지 않다고 답할 것이다. 또 다음번 시험에서 A학점을 받거나 설탕 도넛을 하나 더 먹으면 영원히 행복할까 물으면 당신은 고개를 저을 것이다.

그렇기는 해도 이 경우에 우리가 미래에 대한 불균형한 관점을 가지고 그것을 추구하는 것은 맞는다. 즉 우리는 승진으로 인해 감당해야 하는 골치 아픈 업무보다 승진이 가져다주는 봉급 인상을 더 크게 본다. 이런 태도의 근저에는 오랫동안 추구한 목표를 달성해 정상에 닿기만 하면 마음을 놓을 수 있다는 생각이 깔려 있다. 또는 모든 것이 적어도 지금보다는 지속적으로 더 나은 상태일 거라는 암묵적 믿음이 깔려 있다. 마찬

가지로, 도넛을 볼 때 우리는 그것이 당장 얼마나 맛있을까를 생각하지, 몇 분만 지나면 또 먹고 싶어진다는 생각은 잘 하지 않는다. 또 슈거러시 sugar rush(설탕으로 인한 흥분감-옮긴이)가 잦아들고 나면 피곤하고 초조해질 거라는 생각도 잘 떠올리지 않는다.

쾌락은 왜 시들해지는가

그렇다면 인간이 가진 기대에 왜 이런 왜곡된 생각이 심어졌을까? 이를 설명하기 위해 거창한 로켓과학이 필요한 것은 아니다. 상식 수준의 진화생물학으로 충분하다. 전문가가 아니어도 진화의 작동 방식을 잠시 생각해보면 누구라도 이해할 수 있다.

기본 논리는 이렇다. 우리는 우리 조상들이 자신의 유전자를 다음 세대에 전하는 데 유리한 행동을 하도록 처음부터 자연선택에 의해 '설계'되었다. 유전자 전파에 도움이 되는 행동에는 먹기, 섹스, 사람들의 존경을 얻는 것, 경쟁 상대를 제압하는 것 등이 있다. '설계'라는 말을 강조한 이유는 자연선택은 의식과 지능을 가진 존재가 아니라 무의식적인 과정임을 보이기 위해서다. 그럼에도 자연선택이 창조한 생명체는 마치 의식 있는 존재가 의도적으로 빚어낸 것처럼 보인다. 즉, 효과적으로 유전자를 전파하도록 생명체를 정교하게 매만진 것처럼 보이는 것이다. 이제 생각 실험을 하나 해보자. 만약 당신이 자연선택이라는 설계자라면 어떤 방식으로 유전자를 최대한 많이 퍼뜨리는 생명체를 만들 것인가? 즉 먹기, 섹스, 강렬한 인상, 경쟁 상대의 제압 등의 행동이 우리 조상들의 유전자 전파에 유리한 행동이라면 당신은 그들이 이 목적을 추구하도록 그들의 뇌를 어떻게 설계할 것인가? 여기에는 기본적으로 세 가지 설계 원칙이 적용되어야 할 듯하다.

첫째, 목적을 달성했을 때 쾌락을 느껴야 한다. 인간을 비롯한 모든 동물은 쾌락을 선사하는 행위를 더 열심히 하려고 할 것이기 때문이다.

둘째, 쾌락이 영원히 지속되면 안 된다. 만약 쾌락이 일시적이지 않고 끝없이 지속된다면 다시는 그 행위를 하지 않을 것이다. 한 번 밥을 먹은 것으로 배고픔이 영원히 해결된다면 식사를 다시 하지 않을 것이고, 섹스의 쾌락이 영원히 지속된다면 단 한 번의 관계로 평생 침대에서 오르가즘을 즐길 것이다. 그런데 이렇게 해서는 최대한 많은 유전자를 다음 세대에 전할 수 없다!

셋째, 쾌락이 곧 시들해진다는 사실보다 목적 달성에 쾌락이 따른다는 사실을 더 크게 인식해야 한다. 목적 달성에 따르는 쾌락에 더 집중해야만 음식과 섹스, 사회적 지위 등을 '정말 좋아서' 추구할 것이다. 쾌락이 시들해지는 데 초점을 두면 행동을 주저하게 된다. 만약 쾌락이 시들해질 뿐 아니라 이내 더 큰 쾌락을 갈망하게 된다는 사실을 쾌락 경험 자체보다 더 크게 인식한다면 열렬한 쾌락 추구가 무슨 소용인지 의문이 들 것이다. 그는 어쩌면 삶의 권태감에 사로잡혀 철학 공부나 해야겠다고 생각할지 모른다.

위의 세 가지 설계 원칙을 종합하면 붓다가 진단한 인간의 곤경에 대한 꽤 그럴듯한 그림이 그려진다. 그렇다, 붓다는 말하기를 쾌락은 일시적이며 이런 사정 때문에 우리는 계속해서 불만족한 상태에 처한다고 했다. 쾌락이 일시적인 이유는 쾌락이 쉽게 사라져야만 그것이 사라졌을 때 불만족을 느낀 나머지 더 큰 쾌락을 추구하도록, 그래서 더 많은 유전자를 퍼뜨리는 행동을 하도록 자연선택이 설계했기 때문이다. 자연선택은 우리가 행복하기를 원하지 않는다. 단지 유전자를 많이 퍼뜨리길 원할 뿐이다. 그리고 유전자를 많이 퍼뜨리게 만드는 방법은 쾌락에 대한 기대치를 최대로 높이는 한편, 쾌락 자체는 오래 지속되지 않도록 만드는 것이다.

과학자들은 쾌락을 기대하고 경험할 때 분비되는 신경전달물질인 도파민을 관찰함으로써 이 원리를 생화학적 차원에서 확인했다. 한 연구에서 달콤한 주스 방울을 원숭이 혀에 떨어뜨렸을 때 도파민 분비와 관련된 뉴런을 관찰했다(원숭이 도파민 연구는 다음을 참조: Schultz 2001; Schultz 외 1992). 예상대로 주스가 혀에 닿자마자 도파민이 분비되었다. 다음에는 불이 켜짐과 동시에 주스 방울을 원숭이 혀에 떨어뜨렸다. 즉, 불이 켜지면 주스 방울이 혀에 닿는다는 것을 원숭이들이 예상하도록 훈련시켰다. 실험이 여러 차례 진행되자 불이 켜지는 순간에 분비된 도파민의 양은 점점 많아진 반면, 실제로 주스가 원숭이 혀에 닿는 순간에는 도파민이 점점 적게 분비되었다.

원숭이가 되어보지 않아 정확히는 몰라도 아마 시간이 지나자 원숭이는 단것을 '기대하는' 순간에 더 큰 쾌락을 경험한 것으로 보인다. 반면, 단것이 실제로 혀에 닿는 데서 경험하는 쾌락은 점차 줄었다고 추측할 수 있다.[1] 이를 우리의 일상에 대입해보자.

당신은 태어나서 처음 경험하는 쾌락을 만난다. 예컨대 설탕 도넛을 한 번도 먹어보지 못한 당신에게 누군가 한 개 먹어보라며 권한다. 도넛을 한입 베어 문 당신, 맛을 충분히 느끼자 도파민이 한바탕 크게 분출된다. 그런데 시간이 흘러 습관처럼 도넛을 먹는 당신은 그 맛에 익숙해진다. 이제는 실제로 도넛을 먹기 '전에', 그러니까 도넛을 탐욕스런 눈빛으로 응시할 때 도파민이 최대로 분출됨을 느낀다. 이제 도넛을 실제 먹었을 때 분비되는 도파민의 양은, 지극한 극락감에 휩싸여 처음 도넛을 먹었을 때보다 훨씬 줄어든다. 도넛을 먹기도 전에 도파민의 양이 급상승한 현상은 더 큰 행복감을 '기대했기' 때문으로 보인다. 반면, 도넛을 실제로 먹는 순간의 도파민 양이 줄어든 이유는 그 기대가 깨졌기 때문일 것이다. 아니면 그것이 다소 과도한 기대였음을 당신의 신체가 생화학적으로 인정했기 때문일 것이다. 기대를 사실로 믿은 만큼(즉, 실제 경험이 주는 것보다 더 큰 쾌락을 기대한 만큼) 당신은 환영에 잘못 이끌렸다(물론 엄밀한 의미에서 미망에 빠진 것은 아니지만).

조금 가혹한 얘기처럼 들린다. 그런데 당신은 자연선택으로부터 무엇을 기대하는가? 자연선택의 임무는 유전자를 퍼뜨리는 기계를 설계하는 것뿐이다. 유전자를 퍼뜨리기 위해 어느 정도의 환영을 인간의 마음에 프로그래밍 해야 한다면 인간은 환영을 가질 '수밖에' 없어 보인다.

환영에서 벗어나려면 진화심리학만으로 부족하다

앞에서 우리가 빠져 있는 환영에 빛을 비추어야 한다고 했다. 그리고 원숭이의 예는 '과학'이 환영에 비추는 빛이다. 이것을 다윈의 빛 또는 진화론의 빛이라고 하자. 자연선택의 관점에서 보면 왜 우리 마음에 환영이 심어졌는지 알 수 있다. 이제 우리는 그것이 환영이라는 근거를 과거 어느 때보다 많이 가졌다. 그러나 만약 당신의 목적이 자신을 실제로 환영에서 벗어나게 하는 것이라면(이것이 이 책의 핵심 주제다) 과학이 던지는 빛은 제한적인 의미밖에 갖지 못한다.

그렇지 않다고? 그렇다면 간단한 실험을 해보자. 우선 우리가 도넛을 비롯한 단 음식에 느끼는 욕망이 일종의 환영이라는 사실을 기억하자. 다시 말해, 단 음식에 대한 욕망은 실제 먹었을 때 느끼는 쾌락보다 더 지속적인 쾌락을 암묵적으로 약속하지만 그 과정에서 단 음식을 먹은 뒤의 허탈감에 눈멀게 된다는 사실을 기억하자. 이 사실을 똑똑히 기억한 채 설탕 도넛을 당신의 얼굴 15센티미터 앞에 가져다 놓자. 어떤가? 도넛을 먹고 싶은 욕망이 거짓말처럼 줄어드는가? 나는 잘 안 된다. 아마 당신도 크게 다르지 않을 것이다.

내가 진화심리학을 파고들면서 알게 된 사실이 있다. 그것은 인간이 처한 상황에 대한 진실을(적어도 진화심리학에서 말하는 진실을) 알았다 해서 그 자체로 우리의 삶이 나아지지 않는다는 사실이다. 어쩌면 진실을 알게 된 삶은 진실을 알기 전보다 더 나쁠 수도 있다. 왜냐하면 인간이 소용없는 쾌락의 쳇바퀴에 갇혔다는 사실을 안 데다 '그 덕으로' 쾌락의 쳇바퀴가 지닌 부조리함의 근거까지 알게 되었기 때문이다. 다시 말해, 이제 당신은 마치 다람쥐 쳇바퀴처럼 아무 소용도 없이 계속 달리고 있다는 사실을 깨달았다!

사실 설탕 도넛의 사례는 빙산의 일각에 불과하다. 실제로 우리는 음식과 관련한 자제력 부족에 깔린 진화적 논리를 그다지 불편해하지 않는다. 어쩌면 우리는 자연의 섭리에 저항하는 것은 애당초 어려운 일이라며 자위할지 모른다. 그런데 내가 진화심리학을 공부하면서 깨달은 사실은 인간이 가진 환영이 도넛을 먹는 행위뿐 아니라 그 밖의 수많은 행동에 영향을 미친다는 사실이다. 예컨대 우리가 지닌 환영은 타인과 자신을 대하는 방식에도 영향을 준다. 이 영역에 있어서 진화적 관점에서 본 자기 인식은 때로 매우 불편하게 느껴졌다.

티벳 불교의 명상 지도자인 욘게이 밍규르 린포체는 이렇게 말했다. "행복이란 결국 정신적 고통을 자각하는 불편함과, 정신적 고통에 휘둘리는 불편함 가운데 선택하는 문제입니다."(Yongey Mingyur와 Swanson 2007, p.250) 린포체의 말은 참된 행복 실현을 방해하는 마음에서 벗어나려면 우선 그 마음을 자각해야 한다는 뜻이다. 그리고 마음에 대한 이러한 자각은 대개 불쾌한 경험일 가능성이 높다.

그래도 좋다. 고통스러운 자기 인식이지만 그것은 궁극적으로 우리를 더 깊은 행복으로 데려다줄 것이다. 사실 내가 진화심리학에서 얻은 자기 인식은 두 선택의 나쁜 점만 모아놓았다. 즉 고통스러운 자기 인식이면서 깊은 행복감도 주지 못했다. 진화심리학을 공부하면서 나는 정신적 고통을 자각하는 불편함을 겪는 동시에 정신적 고통에 휘둘리는 불편함도 감수해야 했다.

예수는 "나는 길이요, 진리요, 생명이니."라고 말했지만 내가 진화심리학에서 발견했다고 믿은 진리는 그러나 길이 아니었다. 또 나는 "진리는 너희를 자유롭게 할지니"라는 예수의 말에도 의구심이 생겼다. 나는 진화심리학으로 인간 본성의 기본적 진실을 알았다고 생각했으나 그와 동시에 여러 가지 환영이 인간을 옥죄고 있다는 사실도 이전보다 더 분명하게 인식했다. 내가 진화심리학에서 알게 된 진실은 보드 게임에서 곤란한 상황을 즉시 모면하게 하는 감옥 탈출 카드가 결코 아니었다.

그렇다면 나를 자유롭게 만들어줄 다른 종류의 진리가 존재할까? 그렇지는 않을 것이다. 적어도 과학에 있어서 '또 다른 진리'는 존재하지 않는다는 게 나의 생각이다. 자연선택은 좋든 싫든 우리 인간을 창조한 엄연한 과정인 것이다. 그런데 『도덕적 동물』(1994년)을 쓴 몇 년 뒤부터 나는 과학이 보인 진리를 실제적 목적에 사용할 수 없을까 궁리했다. 다시

인간의 본성과 인간이 처한 조건에 관한 진실을 인간이 빠져 있는 환영에서 벗어나는 데 사용할 수 없을까? 나는 불교가 그 방법일 수 있다고 생각했다

말해, 인간의 본성과 인간이 처한 조건에 관한 과학적 진실을 인간이 빠져 있는 환영을 설명하고 정당화하는 데 그치지 않고 실제로 환영에서 벗어나는 데 사용할 수 없을까 고민했다. 그때 문득 그전부터 귀동냥한 서양 불교가 방법일 수 있겠다는 생각이 떠올랐다. 붓다의 가르침 가운데 많은 부분이 현대 심리학과 본질적으로 같은 주장을 하는 데다 내게 명상은 상당 부분 인간 본성과 인간이 처한 조건에 관한 진리를 깨닫는 또 하나의 방법으로 생각되었다. 거기다 명상은 이 진리에 관해 '실제로' 무언가를 해볼 수 있는 방법으로 여겨졌다.

그래서 나는 2003년 8월, 난생 처음으로 묵언 명상 수련회에 참가하기로 했다. 매사추세츠의 어느 시골로 향한 나는 이메일과 외부 뉴스가 차단된 곳에서 다른 사람과 일체의 대화 없이 꼬박 일주일간 명상을 했다.

마음챙김이란 무엇인가

어쩌면 당신은 내가 참가한 명상 수련회로 심오한 변화가 일어날 수 있다는 사실을 납득하기 어려울지 모른다. 내가 참가한 수련회는 마음챙김 계통의 명상 수련회였다. 마음챙김 명상은 서양에서 인기를 끌다 최근에 주류로 부상한 명상이다. **마음챙김**mindfulness이란 **마음챙김 명상**mindfulness meditation으로 계발하고자 하는 마음 상태이다. 마음챙김은 지금-여기에서 일어나는 일을 주의를 기울여 알아차리는 것이다. 평소 덧씌워진 정신적 혼미함을 걷어내고 지금 일어나는 일을 분명하고 직접적으로 경험하는 것이다. 가던 길을 멈추어 잠시 장미꽃의 향기를 맡는 것이라고 할까.

마음챙김으로 산다는 것은 평소 덧씌워진 정신적 혼미함을 걷어내고 지금 일어나는 일을 분명하고 직접적으로 경험하는 것이다

그런데 이것은 마음챙김에 관한 백퍼센트 정확한 설명은 아니다. 일반적으로 말하는 마음챙김은 사실 명상의 '시작'에 불과하다. 그런데 그것은 어떤 면에서 오해의 시작이기도 하다. 고대 불교 문헌의 어디에도 가던 길을 멈추고 꽃향기를 맡으라는 권고는 없다. 이것은 '마음챙김'으로 번역되는 사띠sati를 주로 말하는 문헌도 마찬가지다. 실제로 고대 불교 문헌은 이와는 매우 다른 메시지를 전한다. 고대 불교 경전 가운데 마음챙김의 바이블로서 〈마음챙김의 네 가지 토대The Four Foundations of Mindfulness〉로 알려진 〈염처경念處經 Satipatthana Sutta〉은 우리 몸이 더러운 물질로 가득하다고 상기시킨다. 그러면서 똥, 담즙, 가래, 고름, 피, 땀, 지방, 눈물, 피부 기름, 침, 점액, 관절액, 오줌 같은 몸의 요소에 대해 명상하라고 가르친다. 또 우리 몸이 죽은 상태에서 하루, 이틀, 사흘 부풀어 검푸르게 곪아터지는 장면을 머리에 그려보게 한다.

그런데 나는 마음챙김 명상에 관한 베스트셀러 중에 『멈추어 똥 냄새를 맡으라』는 제목의 책을 보지 못했다. 또 담즙과 가래, 고름, 그리고 언젠가는 썩어 문드러질 내 시체에 대해 명상하라고 가르치는 명상 지도자도 만나지 못했다. 오늘날 고대의 명상 전통으로 제시되는 것들은 실은 고대 명상 전통을 선택적으로 변형한(어떤 경우에는 신중하게 손질한) 것이다.

그러나 나쁜 의도는 아니다. 불교를 현대적으로 해석한 이들이 제시하는 불교가 원래의 불교에서 가려 뽑은 것이라고 해서(때로 독창적인 내용이라고 해서) 그들에게 잘못이 있는 것은 아니다. 모든 영적 전통은 전파되는 시공간에 맞게 변화하고 적응하게 마련이다. 오늘날 많은 미국인과 유럽

인이 접하는 불교의 가르침은 그러한 진화의 산물이다.

우리의 논의에서 중요한 점은 서양에서 독특하게 진화한 '21세기 불교'가 현대의 명상 수련과 고대 불교 사상의 연결고리를 완전히 단절시키지 않았다는 점이다. 현대의 마음챙김 명상이 고대의 마음챙김 명상과 정확히 일치하지는 않지만 둘의 철학적 바탕은 크게 다르지 않다. 현대의 마음챙김 명상이든 고대의 마음챙김 명상이든 그 밑바탕에 깔린 논리를 충실히 따라가보면 인간은 매트릭스라는 환영의 세계에 살고 있다는 통렬한 주장과 만나게 된다. 마음챙김 명상이 극히 세속적인 명상으로 보여도 부지런히 수행하면 '빨간 약'을 먹었을 때 볼 수 있다고 모피어스가 말한 것을 보게 된다. 다시 말해 인간이 가진 환영이 얼마나 뿌리 깊은지 알게 된다.

첫 명상 수련회의 강렬한 경험으로 나는 인간이 가진 환영이 얼마나 뿌리 깊은지 보고 싶어졌다. 그래서 그때부터 불교철학에 관한 책을 읽고 불교 전문가들과 이야기를 나눴다. 명상 수련회에 자주 참가했으며 일상으로 돌아와서도 하루도 빼놓지 않고 명상을 했다.

이로써 나는 영화 〈매트릭스〉가 왜 다르마 영화로 불리는지 더 분명히 알게 됐다. 나는 진화심리학을 공부하면서 사람이 본성상 미망에 빠지기 쉬운 존재라는 사실을 이미 충분히 납득했었다. 그런데 불교는 그보다 더 통렬한 그림을 그렸다. 불교는 우리의 일상적인 지각과 생각에 우리가 아는 것보다 더 미묘하고 광범위하게 미망이 스며 있다고 보았다. 나는 불교의 이런 관점에 동의할 수 있었다. 이런 종류의 미망은 자연선택에 의해 만들어진 뇌의 자연스러운 결과로 설명할 수 있다고 나는 보았다. 불교를 들여다볼수록 매우 급진적으로 보였지만, 현대 심리학의 관점에서 살펴볼수록 불교는 내게 점점 큰 타당성을 지녔다. 영화가 아닌 현실 세계의 매트릭스, 즉 우리가 살면서 실제로 빠져 있는 매트릭스가 이제 영화 속의 매트릭스만큼 생생하게 다가왔다. 현실 세계의 매트릭스는 영화의 매트릭스만큼 정신 착란을 일으키지는 않지만 깊은 차원에서 우리를 기만하고 또 궁극적으로 우리를 억압하는 매트릭스다. 따라서 거기에서 긴급히 벗어날 필요가 있어 보였다.

좋은 소식은, 만약 당신이 매트릭스에서 벗어나고 싶다면 불교 명상과 불교철학이 유망한 방법일 수 있다는 점이다. 물론 불교만이 이런 약속을 하는 것은 아니다. 인간이 처한 곤경을 통찰과 지혜로 다루는 영적 전통은 불교 외에도 얼마든지 있다. 그러나 불교 명상은 그 바탕에 깔린 철학과 더불어, 인간이 처한 곤경을 놀랍도록 직접적이고 포괄적인 방식으로 다룬다. 불교는 문제를

불교의 명상과 철학이 제시하는 인간의 곤경에 대한 처방은 행복을 가져다줄 뿐 아니라 명료한 시야를 제공해준다

명료하게 진단하고 그에 대한 처방을 내놓는다. 이 처방은 우리에게 행복을 가져다줄 뿐 아니라 명료한 시야를 제공한다. 여기서 명료한 시야란, 사물과 현상의 실제적 진실을 본다는 의미다. 아니면 적어도 사물과 현상에 관한 우리의 일상적 관점보다는 훨씬 '진실에 가깝게' 본다는 의미다.

최근에 몸과 마음의 치유를 목적으로 명상 수행을 하는 사람이 늘고 있다. 이들은 "마음챙김에 근거한 스트레스 완화 프로그램MBSR" 등의 프로그램에 참여해 자신의 특정 문제를 명상으로 해결하고자 시도한다. 그런데 그들이 미처 모르는 사실이 있다. 그것은 명상이 매우 영적인 작업으로 자신의 세계관에 엄청난 변화를 일으킬 수 있다는 사실이다. 모피어스가 네오에게 말한 것처럼 명상을 하면 자신도 모르는 사이에 매우 근본적인 선택, 오직 자신만이 내릴 수 있는 선택의 문턱에 서게 된다. "나는 단지 문을 보여줄 뿐, 실제로 문을 지나가야 하는 사람은 너야." 이 책

은 문을 보여주고 또 문 너머에 무엇이 있는지 보여주려는 시도이다. 그리고 왜 문 너머에 있는 세상이 지금껏 우리가 익히 알던 세상보다 더 진실에 가까운지를 진화심리학이라는 과학의 렌즈로 설명하려는 시도이다.

2장

명상의 역설
Paradoxes of Meditation

　내가 처음으로 명상에서 큰 '성공'을 거둔 이야기를 꺼내기는 약간 조심스럽다. 그 이유는 명상에서 애당초 '성공'이란 존재하지 않기 때문이다. 훌륭한 명상 지도자라면 이렇게 말할 것이다. "성공과 실패의 기준으로는 명상을 바르게 이해할 수 없습니다."

　그런데 여기서 나는 이런 통상적 관점과 잠시 거리를 두려 한다. 우선, 명상으로 무언가를 얻을 수 있다고 생각하지 않았다면 나는 애당초 사람들에게 명상을 권하지 않았을 것이다. 그리고 만약 사람들이 명상으로 무언가를 얻지 못한다면 그건 '성공'의 반대 의미에서 '실패'임이 분명하다.

　나도 인정한다. 명상할 때 명상의 성공에 대해 생각하지 않는 것이 가장 바람직하다는 것을 말이다. 왜냐하면 성공에 관한 생각 자체가 성공을 방해하기 때문이다! 명상에서 정말 '성공'을 거두면 당신은 자연스레 성공에 초연한 마음의 프레임을 새롭게 갖게 될 것이다. 다시 말해 장래의 세속적인 목표에 집착하기보다 지금-여기를 더 자각하게 될 것이다.

명상은 성공을 추구하지 않을 때 '성공'할 수 있다. 앞 문장에서 뒤의 '성공'은 일반적 의미의 성공에 무심해지는 것이다. 이것이 억지스런 역설로 들린다면 당신은 이쯤에서 책을 그만 읽는 것이 좋을지 모른다. 왜냐하면 불교의 명상 수행과 가르침에는 이것 말고도 수많은 역설이 존재하기 때문이다. 그러나 사실 현대 물리학에도 역설은 존재하며(전자電子는 입자인 동시에 파장이라는 역설을 비롯해) 그럼에도 현대 물리학은 무리 없이 작동한다. 그러니 당신이 책을 계속 읽는다고 해서 큰 문제가 될 것 같지는 않다.

어쨌든 명상가로서 나의 첫 '대성공'에 관한 이야기는 명상을 가르치는 일반적인 방식과는 좀 다르다. 그런데 나는 일반적인 방식에서 한 번 더 벗어나야겠다. 이번에는 명상의 '실패' 이야기다. 즉, 내가 얼마나 형편없는 명상가인가에 관한 이야기다. 명상에 소질이 없다고 말해서 안 된다는 것은 명상에 성공이나 실패가 없다는 이치의 자명한 귀결이다. 그런데 이 이치에 이미 어깃장을 놓았다면 그 자명한 귀결 또한 어깃장을 놓을 수밖에 없을 것 같다.

이런 상상을 해보자. 세상의 모든 사람을 마음챙김 명상을 잘 배우는 능력을 기준으로 순위를 매기는 것이다. 자리에 앉아 호흡에 집중하는 능력이나 평정심으로 호흡 관찰에 몰입하는 능력을 기준으로 순위를 매긴다. 맨 꼴찌로는 아마 붉으락푸르락 화난 얼굴로 농구 코트에 의자를 집어던진 대학 농구팀 감독 바비 나이트가 있을 것이다. 그리고 1등자리에는 아마도 달라이 라마나 고故 미스터 로저스가 있을지 모른다(〈미스터 로저스의 이웃들〉이라는 미취학 아동 프로그램의 진행자로 미국인들에게 열정과 노력과 도덕의 상징처럼 여겨지는 인물-옮긴이). 나란 사람은 아마도 달라이 라마나 미스터 로저스보다 바비 나이트 쪽에 훨씬 가까울 것이다. 물론 내가 농구 코트에 의자를 집어던진 적은 없지만 네 살 때 우리 집을 찾은 저녁 식사 손님에게

닭다리를 던진 적은 있다. 또 열두 살 때는 의형제에게 야구 배트를 던진 적도 있다. 다행히 나이가 들면서 사람에게 물건을 던지는 습관은 없어졌지만 밑바닥에 깔린 욱하는 성질은(마음챙김을 닦는 데 분명 방해가 되는 성질은) 완전히 사라지지 않았다.

게다가 타인에게 그다지 호의적이지 않은 나의 태도는 자애 명상으로 계발하는 멧따^{metta}라는 자애의 마음을 키우는 데도 방해가 된다. 오래 전 내가 〈뉴리퍼블릭$^{New\ Republic}$〉 잡지에서 일할 때 그곳 편집장 마이클 킨슬리는 농담이 아니라 진지하게 나더러 "염세가"라는 제목의 칼럼을 써볼 것을 권했다.

물론 이건 나의 문제를 극도로 단순화시킨 것이다. 나는 인간이라는 존재 자체에 적의를 갖고 있지 않다. 사실 나는 인간 일반에 지극히 따뜻한 감정을 갖고 있다. 내가 문제를 일으키는 대상은 인간 일반이 아니라 개별 사람과의 관계다. 나는 사람들이 가진 동기와 성격에 다소 회의적인 시각을 갖고 있는데 이런 비판적 평가가 쌓이면서 타인에 대한 냉혹한 평가로 굳어지는 것 같다. 특히 내가 중요시하는 도덕적, 정치적 이슈에 관해 나와 의견이 다른 사람들을 조금 거칠게 대하는 편이다. 일단 내가 중요하게 여기는 생각의 테두리 바깥에 있다고 판단되는 사람에게는 좀체 관대하거나 공감하지 못한다. 거기다 나는 주의력 결핍 장애도 있다. 명상은 평균 수준의 집중력을 가진 사람에게도 쉽지 않은데 나는 보통의 집중력도 갖지 못했다.

명상을 가장 잘 할 것 같은 사람부터 못 할 것 같은 사람까지 일렬로 세울 때 관찰되는 흥미로운 점이 있다. 명상에 가장 소질이 없어 보이는 사람이 명상이 주는 유익함이 가장 필요한 사람이라는 사실이다! 만약 달라이 라마라면 명상을 하지 않았어도 사람들과 잘 지냈을 것이다. 그는

**명상의 유익함이
가장 필요한 사람은
명상에 가장 소질이 없는 사람이다**

아마도 살면서 문제가 되는 모난 구석을 갖지 않은 채로 태어났을 것이다. 미스터 로저스도 마찬가지다. 그러나 바비 나이트와 나는 완전히 다른 부류다.

명상의 또 다른 역설은 명상을 통해 해결 가능한 문제가 있다면 바로 그 문제 때문에 애당초 명상을 시작하기 어렵다는 점이다. 그렇다, 명상은 주의 지속시간을 늘려주고 화를 누그러뜨리며 타인을 덜 비판적으로 보게 한다. 그러나 불행히도 주의 지속시간이 짧고 불같이 화를 내며 타인에게 가혹한 평가를 내리는 사람은 명상의 향상이 더디다. 나 같은 사람에게 이것은 나쁜 소식이다.

나는 명상에 불리한 많은 기질을 가졌지만 거기에는 좋은 면도 있다. 그런 기질 덕분에 나는 사람들을 대신해 명상의 효과를 실험하는 '실험용 쥐'가 될 수 있다. 나처럼 성질이 불같은 사람이 명상을 잘 할 수 있다면 대부분의 사람은 나보다 훨씬 잘 할 수 있다. 오늘날은 주의를 분산시키는 각종 디지털 기술 때문에 주의력 결핍 증상이 흔하다. 게다가 오늘날의 테크놀로지, 문화, 정치는 타인을 비난하고 사람들 사이에 쉽게 분노를 일으키는 환경을 조장한다. 종교, 민족, 국가, 사상끼리 편을 갈라 대치하며, 심지어 드러내 놓고 적의를 보이며 갈등하는 일종의 **집단이기주의** tribalism가 판치고 있다. 다른 집단에 대한 비난으로 자기 집단의 정체성을 규정하는 일이 점점 많아지고 있다.

이런 집단이기주의는 우리 시대의 큰 문제다. 오늘날의 집단이기주의는 인류가 수천 년에 걸쳐 이룬 세계 통합을 후퇴시키고 있다. 또 디지털 기술의 발달로 화합하는 지구 공동체 실현을 눈앞에 둔 지금, 집단이기주의 때문에 소셜 웹(사회 관계망)이 변질되고 있다는 우려도 나온다. 아직도 세계 곳곳에 핵무기가 존재하며 생명공학은 신무기의 판도라 상자를 열고 있다. 이런 상황에서 집단이기주의적 충동은 우리를 과거의 암흑시대로 되돌리는 듯하다.

지나친 걱정일까. 나는 지구가 처한 위기를 장황하게 설교하려는 건 아니다. 또 나는 당신이 나의 종말론적 두려움에 공감해야만 명상으로 호전적 집단이기주의에서 벗어나 세상에 기여할 수 있다고 믿지도 않는다. 다만 나 같은 사람이 화를 누그러뜨리고 실제의 적과 상상의 적에 대해 고요하게 명상할 수 있다면 누구든 그렇게 할 수 있다고 말하고 싶을 뿐이다. 이것이 내가 실험용 쥐로 제격인 이유다. 나는 인류가 직면한 심각한 문제를 몸으로 구현한 산증인이다. 나는 잘못된 세상의 축소판이다.

실험용 쥐로서 나의 이력은 2003년 8월 매사추세츠 전원의 명상 수련회로 본격 시작되었다. 이전에도 명상의 필요성을 느꼈지만 마음 내킬 때만 잠깐씩 해서는 나처럼 성질이 불같은 사람은 효과가 없다는 걸 알았다. 당시 나는 일정한 명상 규율이 정해진, 말하자면 명상의 '신병 훈련소'가 필요했다. 그래서 매사추세츠 배리^{Barre}에 있는 통찰명상회^{Insight Meditation Society}에서 주관하는 7일간의 명상 수련회에 참가했다. 그곳에서 나는 매일 좌선과 걷기명상을 각각 5시간 반씩 했다. 나머지 시간은 하루 세 차례의 묵언 식사와 아침에 한 시간씩 하는 수행자 직분(나는 복도에서 진공청소기를 돌렸다), 또 그곳 명상 지도자의 저녁 법문으로 채워졌다. 이 시간표를 모두 소화하면 남는 시간은 거의 없었다. 설령 남는 시간이 있어도 일반적으로 시간을 보내는 방식은 허락되지 않았기에 상관이 없었다. TV, 인터넷, 외부 세계의 뉴스는 물론 책을 읽어도 안 되고 글쓰기도 안 되었다(글쓰기 금지 규칙은 살짝 어길 수밖에 없었다. 당시는 이 책을 쓸 계획이 없었지만 작가라는 직업상 기록을 남기지 않을 수 없었기 때문이다). 당연히 옆 사람과 대화를 해서도 안 되었다.

이런 하루 스케줄은 별로 힘들어 보이지 않는다. 수행자 직분을 빼면 일이라고 할 만한 게 거의 없다. 그러나 처음 며칠은 아주 힘들었다. 당신은 다리를 포개고 방석에 앉은 채 호흡에 집중해본 적이 있는가? 결코 쉬운 일이 아니다. 특히 나처럼 호흡에 집중하는 데 소질이 없는 사람은 더욱 그렇다. 명상 수련회에 참가한 처음에 나는 45분의 명상에서 단 열 차례도 호흡에 연속으로 집중하지 못했다. 지금 생각해보면 호흡의 수를 세었기 때문인 것 같다. 서넛까지만 세어도 자꾸 마음이 딴 데로 달아나 세던 수를 놓치는 일이 반복되었다. 호흡의 수를 세면서도 정작 호흡을 의식하지 못한 채 딴 생각에 빠지기도 했다.

이럴 때마다 나 자신에게 화를 내는 건 도움이 되지 않았다. 명상 수련회의 처음 며칠은 이런 나에게 자꾸 화가 났다. 이윽고 나의 화는 나보다 명상을 잘 하는 듯 보이는 모든 사람에게로 향했다. 함께 수련회에 참가한 80여 명에게 말이다. 나보다 잘 하는 80여 명에 둘러싸여 꼬박 일주일을 지낸다고 생각해보라! 나는 '실패'하는데 다른 사람은 모두 '성공'하는 것처럼 보였다.

커다란 돌파구가 찾아오다

수련회의 닷새째 아침, 나를 이 상황에서 벗어나게 한 커다란 돌파구가 찾아왔다. 가져온 인스턴트커피를 아침 식후에 많이 마신 때문인지 명상을 하려고 자리에 앉자 카페인 과다 섭취 증상이 나타났다. 턱이 당기는 불쾌한 느낌 때문에 자꾸만 이를 갈고 싶어 집중이 되지 않았다. 나는 한참을 이 느낌과 싸우다 마침내 나를 완전히 내려놓고는 턱이 당기는 느낌으로 주의를 향했다. 어쩌면 주의를 향했다기보다 확장시켰다는 표현이 더 맞겠다. 턱이 당기는 불편한 느낌을 의식의 중앙 무대로 등장시키는 동시에, 호흡에 대한 의식은 의식의 배경으로 물러나게 했다.

이렇게 주의를 이동 또는 확장시키는 것은 꽤 괜찮은 방법이다. 일반적으로 마음챙김 명상에서 호흡에 주의를 집중하는 목적은 마음을 고요하게 안정시켜 지금 일어나는 일을 더 명료하고 차분하게, 덜 반응적인 방식으로less reactive 관찰하기 위해서다. 이때 '지금 일어나는 일'이란 주로 우리의 마음에서 일어나는 현상을 가리킨다. 슬픔, 걱정, 짜증, 안도감, 기쁨 같은 느낌이 우리 안에서 일어날 때 이제 이것을 평소와 다른 관점에서 경험하고자 시도한다. 좋은 느낌에 집착하지 않고 나쁜 느낌으로부터 도망가지 않는다. 있는 그대로 경험하면서 관찰한다. 이렇게 관찰하면 느낌을 바라보는 관점이 변화된다. 그리고 이는 느낌과의 관계에서 근본적이고 지속적인 변화를 일으키는 출발점이 된다. 또 느낌을 있는 그대로 관찰하는 연습을 충분히 하면 이윽고 느낌의 노예 상태에서 벗어날 수 있다.

턱에 느껴진 카페인 증상에 주의를 기울이는 순간, 전에 경험하지 못한 내면에 대한 통찰이 일어났다. 아마 이런 생각이었던 것 같다. "그래, 이를 가는 감각이 느껴져. 예전 같으면 불쾌한 신체 감각이었지. 그런데 이젠 그저 턱에서 느껴지는 감각일 뿐, 나 자신은 그것과 별개로 존재하는 느낌이야." 나는 턱에서 느껴지는 감각과 나 자신을 더 이상 동일시하지 않았다. 말하자면 턱의 감각을 객관적으로 바라보았다. 그러자 턱에서 느끼는 불쾌한 감각은 나에게 영향을 주지 못했다. 불쾌한 느낌이 사라지지 않았음에도 더 이상 불

> 느낌을 있는 그대로
> 관찰하며 경험하는 것은
> 느낌과의 관계에서 근본적
> 변화를 일으키는 출발점이다

쾌하게 느껴지지 않았다. 신기한 경험이었다.

여기에 역설이 있다. 처음에 주의를 확장해 턱의 불쾌한 감각에 주의를 기울이자 불쾌한 감각에 대한 저항이 줄었다. 전에는 일정한 거리를 두려 했던 느낌을 나는 이제 기꺼이 받아들이고 있었다. 그런데 이렇게 느낌에 가까이 다가간 결과, 오히려 느낌으로부터 일정한 거리를 유지했다. 초연함이랄까, 거리두기랄까(어떤 명상 지도자는 이를 **비집착**^{nonattachment}으로 표현한다) 하는 것을 얻었다. 그런데 명상을 하면 언제든 이렇게 될 수 있다. 불쾌한 느낌을 받아들이고 품어 안으면 오히려 느낌으로부터 거리를 두게 되어 결과적으로 불쾌한 느낌이 줄어들 수 있다.

실제로 내가 매우 큰 슬픔을 느낄 때 자주 시도하는 방법이 있다. 만약 명상을 해본 적이 없다면 한 번 시도해보라. 우선 자리에 앉아 눈을 감는다. 지금 느껴지는 슬픔을 찬찬이 살펴본다. 슬픔이 여기 있다는 사실을 받아들이고 실제로 내 몸에서 어떻게 느껴지는지 관찰한다. 예컨대 나는 울음을 터뜨리기 전에 눈 주위에서 슬픔을 느낀다. 슬픔에 대해 명상하기 전에는 전혀 몰랐던 사실이다. 내 경험으로 볼 때 슬픔을 기꺼이 받아들이면서 주의 깊게 관찰하면 슬픔이 주는 불쾌한 느낌으로부터 상당 부분 자유로워진다.

그렇다면 근본적인 질문을 던져보자. 나의 이 두 가지 인식 가운데 어느 것이 더 '진실에 가까운' 인식인가? 즉 처음에 턱에서 불쾌하게 느낀 느낌이 진실인가, 아니면 명상으로 불쾌함이 중화된 느낌이 더 진실인가? 만약 처음에 느낀 불쾌함이 환영이라면 어떤 의미에서 환영인가? 지금까지와 다른 관점을 취하자 불쾌함이 사라졌다는 점에서 처음에 느낀 불쾌함은 환영이었다고 할 수 있다. 그리고 이 방법은 환영이라고 불리는 모든 현상에 적용할 수 있다. 즉, 지금까지와 다른 관점을 가짐으로써 환영을 물리칠 수 있다. 그런데 그것을 환영으로 보는 또 다른 근거가 존재한다면 무엇일까?

이 질문은 단지 카페인 과다 증상과 슬픔을 극복한 나의 개인적 사례에 한정되지 않는다. 원칙적으로 두려움, 불안, 혐오, 자기혐오처럼 우리가 느끼는 모든 부정적 느낌에도 적용된다. 우리가 느끼는 부정적 느낌이(적어도 그중 많은 부분이) 결국 환영이라면 어떨까. 그리고 만약 지금까지와 다른 관점을 가지고 부정적 느낌에 대해 명상함으로써 환영을 물리칠 수 있다면 어떨까.

통증은 통증인데 아프지 않은 통증

견디기 어려운 통증을 명상으로 이겨낸 사례는 얼마든지 있다. 1963년 6월 베트남의 틱광둑 스님은 남베트남 정권의 무자비한 인권 탄압과 불교 차별에 저항해 사이공 중심가에서 분신 자결했다. 이때 스님은 불길이 활활 타오르는 끔찍한 고통 속에서 미동도 없이 결가부좌한 채로 열반함으로써 지켜보던 사람들을 숙연케 했다. 다른 스님 한 명이 휘발유를 끼얹자 스님은 이렇게 말했다. "내 눈을 감기 전에 그리고 부처님 영전에 나아가기 전에 응오딘지엠 대통령에게 국민을 향한 자비와 종교의 평등을 간곡히 부탁합니다." 그런 다음 성냥에 불을 댕겼다. 당시 현장을 목격한 데이비드 핼버스탬이라는 기자는 이렇게 썼다. "스님은 불에 타는 동안 미동도 하지 않았고 아무 소리도 내지 않았다. 주변의 통곡소리와 너무나 대조적으로 스님은 지극히 평온한 모습이었다."(다음을 참조: "Thich Quang Duc" in Wikipedia: https://en.wikipedia.org)

그러나 당신은 틱광둑 스님이 환영에서 벗어나기는커녕 환영 '때문에' 고통을 당했다고 주장할지 모른다. 누가 보아도 스님이 불에 타 죽음에 이른 건 엄연한 사실이며, 만약 불에 타 죽을 때 느끼는 일반적인 감각(엄청난 고통을 동반하며 누구든 경고로 받아들이는 감각)이 스님에게 없었다면 어떤 면에서 스님은 상황을 파악하는 감각이 온전치 못해 일종의 환영에 빠졌던 것이 아닌가?

내가 제기하는 질문은, 우리가 가진 느낌과 생각과 지각 가운데 '어떤 것'이 환영인가 하는 것이다. 이 질문은 두 가지 이유에서 중요하다. 첫째는 단순하고 실용적인 이유다. 불안, 두려움, 자기혐오, 우울감 등 우리가 느끼는 많은 불쾌한 느낌이 환영이라면, 그리고 명상을 통해 이를 제거하고 완화할 수 있다면 명상은 실제적 목적에서 이용할 가치가 분명하다. 두 번째 이유는 언뜻 학문적으로 보이나 결국엔 실용적인 이유다. 즉 느낌이 언제 우리를 착각에 빠뜨리는지 알면 종종 얼토당토않게 들리는, 마음에 관한 불교의 관점을(그리고 마음과 실재의 관계에 관한 불교의 관점을) 명료하게 살필 수 있다는 점이다. 우리가 인식하는 실재는 많은 부분 정말로 환영인가?

이 질문은 우리를 심오한 불교철학으로 데려가는데, 이는 세속적 명상에서는 잘 다루지 않는 부분이다. 세속적 명상에서는 스트레스 감소나 자존감 향상 같은 단기적 효과를 이야기할 뿐 불교 명상이 탄생하고 번성해온 철학적 맥락을 깊이 살피지 않는다. 실재를 바라보는 관점이 심오한 변화를 겪지 않은 채 명상을 순전히 치료적 도구로 사용한다고 해서 문제될 것은 없다. 치료 도구로서의 명상은 당신에게 이로우며 아마 세상에도 좋은 일일 것이다.

그러나 명상을 치료 도구로 이용하는 것은 '빨간 약을 먹는 것'에는 미치지 못한다. 빨간 약을 먹는다 함은 인식 주체가 인식 대상과 맺는 관계에 근본적인 질문을 던지는 일이다. 즉, 실재에 대한 우리의 일상적 관점의 토대를 철저히 재검토하는 일이다. 만약 당신이 빨간 약을 먹는 것을 진지하게 고려하고 있다면 불교의 세계관이 치료 효과뿐 아니라 '철학적 효과'가 있는지도 궁금할 것이다. 무엇이 실재하고 실재하지 않는가에 관한, 언뜻 보기에 온통 뒤죽박죽인 불교의 관점은 현대과학에 비추어도 타당한 주장인가? 이 질문이 3장에서 다룰(그리고 책의 나머지 부분에서 다룰) 주제이다. 앞으로 보겠지만 이 질문은 순전히 철학적인 의미에서도 중요하지만 우리가 삶을 어떻게 살아야 하느냐에 있어서도 중요한 의미를 갖는다. 이 의미는 치료적 의미라기보다 영적인 의미에 가깝다.

여기서 미리 일러둘 점이 있다. 엄밀히 말해 '불교적 세계관'이라는 단일하고 고정된 실체는 존재하지 않는다는 사실이다. 기원전 5세기경에 탄생한 불교는 그로부터 얼마 지나지 않아 여러 분파로 갈라졌다. 그 결과, 불교 사상의 다양한 분파들이 일부 교리에

> 명상을 단지 치료 도구로
> 이용하는 것은
> '빨간 약'을 먹는 것에는
> 미치지 못한다

서 차이를 보이기 시작했다. 기독교에 가톨릭과 프로테스탄트가 있고 이슬람교에 수니파와 시아파가 있는 것과 마찬가지다.

불교에서 가장 크게 나뉘는 분파는 테라와다불교Theravada Buddhism와 대승불교이다. 내가 주로 하는 위빠사나 명상은 테라와다불교 전통에서 왔다(테라thera는 장로長老 또는 상좌上座, 와다vada는 가르침으로 '장로들의 가르침'이라는 의미이다. 상좌부불교라고도 한다. www.theravada.kr 참조-옮긴이). 한편, 환영에 관한 가장 광범위한 개념을 가진 불교는 대승불교이다(틱광둑 스님은 대승불교에 속한다). 일부 대승 불교인은 "오직 마음뿐"이라는 교리를 받들어 극단적인 경우 우리가 인식하는 모든 사물을 순전히 가공의 산물로 본다. 물론 불

교 사상의 이런 요소(영화 〈매트릭스〉와 가장 가까운 요소)는 불교 일반은 물론 대승불교에서도 지배적인 사상은 아니다. 그러나 주류 불교인 중에도 극단적 공空 개념을 받아들이는 경우가 있다. 공은 몇 마디로 설명하기 어려운 미묘한 개념으로, 눈에 보이는 세상 사물이 언뜻 보이는 것과 달리 분명한 실체를 갖지 않는다는 주장이다.

게다가 불교는 자아가('당신의 자아', '나의 자아'라고 할 때의 자아가) 환영이라는 무아無我의 사상으로도 유명하다. 이 관점에서 볼 때 당신의 생각과 느낌, 당신이 내리는 판단의 주체로서 '당신'이라는 실체는 존재하지 않는다.*

무아와 공이라는 불교의 두 근본 사상을 합하면 매우 급진적인 생각이 도출된다. 즉, 당신 안의 세계도 당신 바깥의 세상도 눈에 보이는 것과 전혀 다르다는 생각이 그것이다.

대부분의 사람은 이런 생각에 대해 반신반의할 것이다(완전히 얼토당토 않다고 생각하지는 않더라도). 이 생각의 전제는 사람은 원래부터 미망에 빠지도록 만들어졌다는 것이다. 사람들이 이런 생각에 반신반의하는 것은 자연스러우나 이 때문에 이 생각을 제대로 살피지 못해서는 안 된다. 이 책은 상당 부분 무아와 공이라는 두 가지 생각에 관한 탐구이다. 나는 이 책에서 무아와 공이 꽤 큰 타당성을 갖는다는 점을 보이고자 한다. 우리 바깥의 세상과 우리 내면의 세계에 관하여 우리가 원래부터 갖고 있는 관점은 우리를 크게 오도할 가능성이 있다. 게다가 불교는 말하기를, 우리

---

* 대승불교에서는 공 개념에 무아 개념이 포함된다(그 이유에 관해서는 13장에서 다룬다). 그러나 테라와다불교에서는 광범위한 공 개념과는 별개로 무아를 다룬다(테라와다불교에는 공 개념이 분명하게 나타나지 않는다). 이 책에서 나는 무아와 공을 별개의 의미로 사용할 것이다. 나는 대승불교에서 사용하는 것보다 좁은 의미로 공을 사용한다. 즉 자기 내면이 아니라 바깥 세계를 가리키는 경우에 한해 공을 사용하기로 한다.

외면과 내면의 세계를 명료하게 보지 못할 때 우리는 큰 괴로움을 당한다. 이 점에서 우리 내면과 외면 세계를 명료하게 보도록 돕는 방법이 필요해지는데 이것이 바로 명상이다.

불교적 세계관의 과학적 근거를 살핀다고 해서 명상으로 고통이 줄어듦을 보이는 과학적 증거를 살피려는 것은 아니다. 명상의 고통 경감 효과를 증명하는 과학 연구는 얼마든지 있다. 또 내가 말하는 과학적 근거는 명상으로 실재를 바라보는 관점이 변화하는 과정에서 일어나는 뇌의 변화를 살핀다는 의미도 아니다(물론 중요한 뇌 영상 연구는 살펴본다).

내가 말하는 과학적 근거란 현대 심리학의 모든 도구를 가지고 다음 질문을 검토하는 것이다. 인간은 어떤 이유로, 어떻게 해서 처음부터 미망에 빠지게 되었는가? 미망은 정확히 어떤 방식으로 작동하는가? 미망은 어떻게 나와 주변 사람을 고통에 빠트리는가? 미망을 제거하는 불교의 처방이 명상이라면 그것이 효과가 있는 이유는 무엇인가? 그리고 명상이라는 처방이 효과가 있다는 것은 무슨 의미인가? 다시 말해 명상 수행의 절정이라고 일컫는, 우리가 가늠하기 어려운 깨달음의 경지는 정말로 우리를 깨닫게 하는가? 완벽한 명료함으로 세상을 본다는 것은 또 어떤 의미인가?

인간은 어떻게 처음부터 미망에 빠지게 되었는가? 미망은 어떤 방식으로 작동하며 어떻게 우리를 고통에 빠트리는가? 명상으로 미망을 제거할 수 있는가? 있다면 그 이유는 무엇인가?

그리고 세상의 구원(집단이기주의 심리가 혼돈과 유혈사태로 지구를 뒤덮지 않게 만드는 것)은 그저 세상 사람들이 미망에서 벗어나 세상을 보는 관점이 명료해지기만 하면 해결되는 문제인가? '그저'라고 하면 안 될지 모른다. 분명, 인간에게 미망이 깊이 뿌리박혀 있다면 이를 제거하는 데도 노력이 필요하기 때문이다. 그럼에도 우리가 세상의 진실을 밝게 볼 때 지속적인 평화가 앞당겨진다는 점을 알 필요는 있다. 세상의 구원이라는 장대한 과업에서 돌멩이 하나로 두 마리 새를 잡는다면 좋은 일이 아닌가. 또 각 개인이 괴로움과 무지에서 벗어나는(명상으로 세상을 더 명료하게 봄으로써 사람들의 고통을 줄이는) 길을 걷는 것은 인류를 돕는 일이라고 생각해도 좋다. 개인적 구원을 추구할 때 사회적 구원이 앞당겨진다는 생각은 충분히 타당하다.

이 장대한 탐구의 첫 단계는 고통, 쾌락, 두려움, 걱정, 사랑, 욕정 같은 우리의 느낌을 면밀히 살피는 것이다. 느낌은 우리의 지각을 형성시키고 우리의 삶을 인도하는 데 있어서 우리가 아는 것보다 큰 역할을 한다. 그렇다면 느낌은 과연 믿을 만한 안내자인가? 이것이 3장에서 살펴볼 주제이다.

3장

느낌은 언제 환영인가?

When Are Feelings Illusions?

　3장의 제목이 제기하는 질문을 살피려면 다음의 더 큰 물음에 대해 생각해봐야 한다. 여기서 환영과 느낌이란 도대체 무엇을 말하는가? 환영은 겉으로는 사실인 듯 보이나 실은 사실이 아닌 것이다. 그렇다면 느낌이 **진실**true이라거나 **거짓**false이라는 말은 또 무슨 의미인가? 느낌은 그저 있는 그대로 존재할 뿐이 아닌가? 우리가 어떤 느낌을 느낀다면 그건 실제로 존재하는 느낌이지 머릿속으로 만들어낸 것이 아니다. 여기에 무슨 설명이 더 필요한가?

　이런 관점에 대해 무언가 이야기할 것이 있다. 실제로 불교철학의 주요 가르침 중 하나가 느낌은 단지 느낌으로 존재할 뿐이라는 것이다. 다시 말해 우리가 느낌에 마치 큰 의미가 담긴 것처럼 거기 휘둘리지 않고, 일어나고 사라지는 느낌을 삶의 자연스런 일부로 받아들인다면 더 좋은 삶을 살 수 있다는 것이다. 이렇게 일어나고 사라지는 느낌을 있는 그대로 받아들이는 법을 익히는 것이 바로 마음챙김 명상이다. 많은 사람이 이 방법이 효과가 있음을 증언한다.

그러나 느낌을 있는 그대로 받아들일 때 더 좋은 삶을 살 수 있다고 해서 이것이 지적으로도 타당한 입장은 아니다. 명상을 통해 느낌에 덜 반응하면 행복해진다고 해서 그것이 세상에 대한 더 참된 이해를 저절로 가져다주는 것은 아니다. 어쩌면 덜 반응하는 태도는 세상의 진실에 둔감해지는 '마취제'일 수도 있다. 이때 당신이 고통을 덜 느끼는 이유는 느낌이 제공하는, 실제 세상에 대한 피드백을 일부 차단당했기 때문인지 모른다. 그러니 당신을 환영의 세계에 가두는 장본인은 일상의 의식이 아니라 느낌에 덜 반응하게 만드는 명상이라고 생각될 수도 있다.

명상이 실제로 우리를 진실에 더 가까이 데려가는지 알고 싶은가? 그렇다면 (명상을 하지 않았을 때) 우리가 휘둘리는 느낌이 (명상을 해서 그 느낌에서 자유로워졌을 때보다) 우리를 진실에서 더 멀어지게 만드는지 살펴보면 된다. 따라서 다음의 까다로운 질문에 답할 필요가 있다. 우리가 느끼는 느낌은 특정한 의미에서 거짓인가 혹은 진실인가? 아니면 일부 느낌은 거짓이고 일부 느낌은 진실인가? 그렇다면 어떤 느낌이 진실이고 어떤 느낌이 거짓인가?

이 질문에 답하는 한 가지 방법은 진화의 시간을 거슬러 올라가는 것이다. 그것도 아주 많이, 느낌이 최초로 일어난 시점까지 올라가야 한다. 그러나 불행히도 그 시점을 정확히(아니 대충이라도) 아는 사람은 아무도 없다. 포유류가 처음 나타났을 때일까? 아니면 파충류가 처음 출현했을 때일까? 그도 아니면 바다에 떠다니는 걸쭉한 액체 방울이나 박테리아 단세포 생물이 처음 탄생했을 때일까?

느낌이 최초로 생긴 시점을 정확히 알기 어려운 이유는 또 있다. 그것은 느낌이 다소 특이한 성질을 지녔기 때문이다. 즉 우리는 어떤 사람이나 동물이 특정한 느낌을 느낀다고 절대적으로 확신할 수 없다. 느낌은 그 정의상 외부에서 보이지 않는 사적인 성격을 지녔다. 나는 우리 집 개 프레이저가 꼬리를 흔든다고 해서 녀석이 특정한 느낌을 느낀다고 단언할 수 없다.

내가 인간들 중 느낌을 가진 유일한 존재라는 데 의문을 품는 것과 마찬가지로 나는 인간이 과연 동물 중에서 느낌을 갖는 유일한 종種인지에 대해서도 진지한 의문을 갖는다. 나는 인간의 사촌인 침팬지가 고통으로 몸을 비틀 때 침팬지가 정말로 고통을 느낀다고 여긴다. 그런데 만약 침팬지로부터 늑대, 도마뱀, 해파리, 박테리아까지 **행동 복잡성**behavioral complexity 의 사다리를 타고 아래로 한참 내려갔을 때 더 이상 느낌이 존재하지 않는 지점이 정확히 어디인지 판단하기는 어렵다.

어쨌든 느낌이 처음 나타난 시점과 무관하게 행동 과학자들은 좋은 느낌과 나쁜 느낌의 본래적 기능에 대해서는 어느 정도 의견 일치를 보았다. 그것은 좋은 느낌은 생명체에게 이로운 사물에 다가가게 만들고, 나쁜 느낌은 생명체에게 해로운 사물을 피하게 만든다는 사실이다. 예컨대 영양소는 생명체의 생명을 유지시키며, 따라서 자연선택은 영양소가 풍부한 음식에 끌리는 느낌(아마 당신은 이 느낌에 익숙할 것이다)을 생명체에게 부여하는 유전자를 더 선호했다. 반면, 생명체에게 해를 입히거나 생명체를 죽이는 대상은 피하는 게 상책이므로 자연선택은 그런 대상을 피하고 싶은 느낌을 생명체에 부여했을 것이다. 이처럼 생명체가 특정 사물에 다가가거나 회피하는 기본적인 행동을 선택할 때 자연선택의 관점에서 '옳은' 선택을 내리게 해주는 도구가 바로 느낌이다.

그런데 일반 동물이 다음처럼 생각할 만큼 지능이 높지는 않을 것 같다. "흠, 이 물질은 에너지를 공급하는 탄수화물이 풍부하니 자주 먹어야

겠어." 또 동물이 이렇게 생각할 만큼 똑똑할 가능성도 별로 없다. "이 음식은 나에게 이로우니까 먹어야지." 이런 생각의 대용물로 생겨난 것이 느낌이다. 모닥불의 편안한 느낌은 몸을 따뜻하게 하는 것이 차갑게 하는 것보다 생명체에게 더 이롭다는 의미다. 그러다 불에 데었을 때 느끼는 통증은 이제 '너무' 따뜻해졌다는 의미다. 느낌은 생명체에게 무엇이 좋고 무엇이 나쁜지 알려주는 역할을 한다. 생물학자 조지 로매니스^{George Romanes}는 다윈의 『종의 기원』이 출간된 지 25년 뒤인 1884년에 이렇게 말했다. "생명체는 자신에게 유리한 과정에는 주관적 쾌락이 따르고 해로운 과정에는 주관적 고통이 따르는 방식으로 진화해왔다."

생각의 대용물로 생겨난 느낌은 생명체에게 무엇이 좋고 나쁜지 알려주는 역할을 한다

로매니스의 말은 느낌이 진실이냐 거짓이냐에 관해 생각하는 한 가지 방식을 보여준다. 즉 느낌은 주변 사물에 관한 판단을 **부호화**^{encode}하는 목적으로 생겨났다는 점이다. 그리고 이 판단은 대개 주변 사물이 생명체 자신의 생존에 유리하냐 불리하냐에 관한 판단이다(때로는 친족, 특히 자손에게 좋으냐 나쁘냐에 관한 판단인 경우도 있는데 이는 자손이 나의 유전자를 가장 많이 공유한 존재이기 때문이다)(다음을 참조: Wright 1994, 7장. 진화심리학의 논리에 대한 기본 설명은 다음을 참조: Wright 1994, Pinker 1997). 그러므로 느낌이 부호화한 판단이 정확할 경우(즉 느낌 때문에 이끌린 사물이 실제로 생명체에게 유익하며, 느낌 때문에 피한 사물이 실제로 생명체에게 해로울 경우) 그 느낌은 '진실'이라고 할 수 있다. 반대로 느낌이 부호화한 판단이 정확하지 않아 그 느낌을 따라 행동했을 때 생명체가 손해를 입었다면 그 느낌은 '거짓' 또는 '환영'이라고 할 수 있다.[2] 물론 이것이 생물학적 의미에서 느낌의 진실성과 거짓성을 판단하는 유일한 방식은 아니다. 하지만 일단은 이 방식이 얼마만큼 타당성이 있는지 살펴보자.

환경적 불일치: 환경 변화로 인해 부적절해진 충동

설탕 도넛의 예를 들어보자. 개인적으로 나는 설탕 도넛에 '따뜻한 느낌'을 갖고 있다. 이 느낌은 너무도 따뜻해서 만약 그것에만 끌린다면 나는 아침, 점심, 저녁을(심지어 간식까지도) 도넛만 먹을 것이다. 그러나 나는 도넛을 너무 많이 먹으면 건강에 해롭다는 사실도 들어서 안다. 그러니 설탕 도넛에 이끌리는 나의 느낌은 '거짓'이라고 할 수 있다. 즉 도넛에 대한 나의 느낌은 좋은 느낌이지만 실제로는 내게 이롭지 않으므로 이 느낌은 사실과 다른 환영이라는 점에서 '거짓'이다. 물론 이것은 선뜻 받아들이기 어려운 소식이다. 소울 싱어 고㊀ 루더 잉그램(1970년대 미국 남부를 중심으로 활동-옮긴이)의 애처로운 노래가사가 생각난다. "당신을 사랑하는 게 잘못이라면 차라리 잘못된 쪽을 택하겠어요."

이 소식을 접하면 또 이런 의문이 생긴다. 자연선택은 어떻게 이런 일이 벌어지도록 내버려두었을까? 느낌은 나에게 이로운 대상에 다가가도록 해야 하지 않는가? 물론 그렇다. 그런데 한 가지 말할 것은, 자연선택은 '특정한 환경'에서 느낌을 설계했다는 사실이다. 그리고 그 환경에는 정크푸드가 없었다. 먹을 수 있는 가장 단 음식이라야 과일 정도였다. 그랬기에 단것을 좋아하는 성향은 우리에게 이로웠다(과일은 우리에게 해롭지 않다). 즉 우리에게 이로운 것에 끌리게 했다는 점에서 그 느낌은 '진실'이었다. 그러나 오늘날은 환경이 달라졌다. 영양은 부족하고 열량만 높은 정크푸드가 범람하는 오늘날, 단것을 좋아하는 느낌은 거짓이거나 적어도 진실이라고 확신할 수 있는 느낌은 아니다. 다시 말해, 이 느낌은 실제로 이롭지 않은 행동을 이롭다고 여기게 만들었다.

이처럼 거짓인 느낌(또는 진실이라고 확신하기 어려운 느낌)은 그밖에도 매우 많다. 이런 느낌들은 처음 인간에게 생겼을 때는 우리 조상에게 이로 웠으나 지금은 항상 그렇지는 않다. 보복 운전의 예를 보자. 당신에게 무 례를 범한 도로 위 운전자에게 보복하려는 욕망은 자연스런 욕망이다. 누 군가 나를 뿔나게 만들 때 생기는 화라는 불쾌한 느낌에는 쾌락적인 면 도 존재한다. 즉, 당신이 느끼는 분노가 '정당한' 분노라고 생각되는 것이 다. 붓다도 "분노라는 느낌의 뿌리에는 독이 있으나 그 끝에는 꿀이 발라 져 있다"고 했다.

그렇다면 자연선택이 우리가 정당한 분노에 끌리게 만든 이유를 짐작 할 수 있다. 소규모 수렵채집 마을에서 누군가 당신을 악의적으로 이용 했다면(당신의 음식을 훔치거나 당신의 짝을 가로채거나 아니면 단지 당신을 무시 했다면) 당신은 본때를 보여줄 필요가 있었다. 당신을 함부로 대해도 된다 고 생각한다면 그들은 계속해서 당신을 무시할 것이기 때문이다. 더 나 쁜 것은, 당신이 관계를 맺고 있는 다른 사람들까지 그렇게 생각할 수 있 다는 점이다. 친밀하고 변화가 느린 사회에서는 나에게 가해지는 부당한 대우에 크게 분노하며 상대와 주먹다짐까지 할 필요가 얼마든지 있었다. 설령 싸움에 지더라도(혹은 아주 심하게 얻어맞더라도) 당신은 당신을 무시한 대가를 어떻게든 치르게 된다는 메시지를 주변에 분명히 보낼 수 있었다. 그리고 이 메시지는 앞으로 두고두고 당신에게 이롭게 작용할 것이었다.

이쯤에서 당신은 오늘날 도로에서 일어나는 분노의 느낌이 가진 불합 리성에 생각이 미칠 것이다. 당신이 보복하고 싶은 무례한 운전자는 당신 이 다시는 얼굴을 보지 않을 사람이다. 그리고 당신의 복수 장면을 옆에 서 목격하는 다른 운전자들도 마찬가지다. 그러므로 이 경우 당신이 분노 를 일으킨다고 해서 당신에게 이로운 것은 아무것도 없다. 반면 이때 당 신이 분노를 일으킨 대가는 어떤가? 시속 130킬로미터로 앞 차를 추격하는 행위는 수렵채집 사회의 주먹다짐보다 죽음에 이를 확률이 훨씬 높다.

그러므로 보복 운전에서 느끼는 분노의 느낌은 '거짓' 느낌이라고 할 수 있다. 언뜻 좋게 느껴지지만 실은 환영인 느낌이기 때문이다. 이 느낌에 마냥 끌려간다면 나에게 이롭지 않은 행동을 하게 될 것이다.

물론 도로 위가 아니라 도로 바깥에서 느끼는 분노 역시 거짓 느낌인 경우가 많다. 이런 분노는 좋아야 비생산적이며 최악의 경우엔 심각한 부작용을 낳는다. 그러므로 만약 당신이 명상을 함으로써 느낌의 지시에 복종하지 않을 수 있다면 그것은 어떤 의미에서 환영을 떨치는 것이 된다. 이 환영은 느낌의 지시를 따르는 순간 당신이 암묵적으로 동의한 환영이자 분노와 원한의 감정이 근본적으로 '좋은 것'이라는 환영이다. 그렇지만 분노의 느낌은 결과적으로 자기 이익self-interest이라는 가장 기본적인 차원에서도 좋은 것일 수 없다.

진실인 느낌과 거짓인 느낌을
구분하는 법 ①
좋게 느껴지며 실제로 나에게
이로운 행동을 하게 만드는
느낌은 진실이다.
좋게 느껴짐에도 실제로
이롭지 못한 행동을 하게
만드는 느낌은 거짓이다.

진실인 느낌과 거짓인 느낌을
구분하는 법 ②
주변 사물이 나의 안녕과 맺는
관계에 관한 실제적, 명시적
믿음을 살피는 방법

이렇게 우리는 진실인 느낌과 거짓인 느낌을 구분하는 **한 가지 방법**을 살펴보았다. 즉, 좋게 느껴지며 실제로도 자신에게 이로운 행동으로 이끄는 느낌은 진실이고, 좋게 느껴짐에도 실제로 자신에게 이롭지 못한 행동을 하게 만드는 느낌은 거짓이다. 그런데 **다른 방법**으로 진실인 느낌과 거짓인 느낌을 구분할 수도 있다. 어떤 느낌은 단지 특정 행동이 자신에게 이로운가에 관한 판단에 그치지 않는다. 이런 느낌에는 주변 사물이 나의 안녕과 맺는 관계에 관한 실제적이고 명시적인 믿음이 동반된다. 확실히 이런 신념은 아주 직설적인 의미에서 '진실'이거나 '거짓'이라고 할 수 있다.

없는 것을 있다고 가정하는 긍정 오류

당신은 지금 방울뱀이 자주 나타나는 숲길을 걸어 지나고 있다. 더욱이 1년 전 이곳을 지나던 사람이 방울뱀에 물려 죽었다는 소문을 들었다. 아니나 다를까 지금 지나는 덤불에서 부스럭거리는 소리가 난다. 소리를 들은 당신은 순간적으로 극도의 공포감을 느낀다. '실제로' 뱀이 있다고 확신하며 부스럭거리는 소리에 온 정신이 향한다. 순간 당신이 느끼는 공포감은 극에 달한다. 당신의 머릿속은 방울뱀으로 가득하다. 그러나 부스럭거리는 소리의 범인은 결국 방울뱀이 아닌 도마뱀으로 밝혀진다. 그러나 조금 전 순간에는 정말 도마뱀이 방울뱀으로 보였다. 이것은 존재하지 않는 것을 존재한다고 믿는다는 점에서 말 그대로 환영이다. 실제로 존재하지 않음에도 당신의 눈에는 분명 그것이 '보였다'.

이런 지각의 오류를 가리키는 말이 있다. 없는 것을 있는 것으로 본다는 의미에서 **긍정 오류**false positive라고 한다. 자연선택의 관점에서 보면 없는 것을 있다고 가정하는 긍정 오류의 성향은 고장이나 결함이 아니라 생명체가 가진 기능적 특징이다. 방울뱀이 틀림없다는 순간적 확신이 백 번 중 아흔아홉 번 틀리고 한 번만 맞는다 해도 당신은 생명을 구할 수 있다. 자연선택의 계산으로는 생사를 가르는 상황에서 1퍼센트 확률로 맞는 것이 99퍼센트 확률로 틀리는 데 대한 보상이 되고도 남는다. 백 번 중 아흔아홉 번을 크게 놀란다 해도 죽음에 비하면 대수로운 일이 아니다.

그러므로 뱀의 환영은 도넛의 환영이나 보복 운전의 환영과 두 가지 점에서 다르다. **첫째**, 뱀의 환영은 명백한 환영이다. 즉, 주변 세계에 관하여 실제로 거짓인 인식이자 순간적으로 거짓인 믿음이다. **둘째**, 뱀의 경우 당신의 감정이라는 기계는 정확히 원래 설계된 방식대로 작동했다. 다시 말해, 뱀의 환영은 환경적 불일치의 결과물이 아니다. 뱀의 환영은 수렵-채집 사회에서 진실이도록 설계된 느낌이 오늘날 환경 변화로 인해 거짓으로 바뀐 사례가 아니다. 오히려 자연선택은 이 느낌이 '거의 언제나' 환영인 느낌이 되도록 설계했다. 이 느낌

자연선택은 유전자를 퍼뜨리는 데 유리한 지각과 신념을 갖도록 인간의 마음을 설계했다

은 주변 상황에 관한, 그럴 듯하나 진실이 아닌 확신을 우리에게 주입한다. 이것은 자연선택이 세상을 명료하게 보는 것을 목적으로 우리 마음을 설계하지 않았음을 보여준다. 자연선택은 우리가 세상을 명료하게 보는 지각과 신념이 아니라 유전자를 퍼뜨리는 데 유리한 지각과 신념을 갖도록 마음을 설계했다.

이는 뱀의 환영이 도넛의 환영이나 보복 운전의 환영과 다른 **세 번째** 차이로 우리를 데려간다. 즉 뱀의 환영은 결과적으로 볼 때 우리에게 이롭다는 점이다. 뱀의 환영은 만약 우리가 그 환영을 갖지 않았다면 닥쳤을지 모르는 위험으로부터 우리를 안전하게 보호해주었다. 뱀의 환영뿐 아니라 우리가 일상에서 흔히 갖는 환영도 마찬가지다. 늦은 밤 귀갓길, 당신은 뒤에서 들려오는 발자국 소리가 치한일지 모른다는 두려움을 느낀다. 설사 이 두려움이 틀린 것으로 판명되어도 당신이 발자국의 장본인을 피해 길을 건너는 행위는 당신에게 이롭다. 만약 길을 건너지 않았다면 평생 범죄의 희생양이 되었을지 모르는 가능성을 미연에 차단하기 때문이다.

이렇게 설명하고 보면 모든 게 말끔히 정리된 것 같다. 즉, 거짓인 느낌에는 두 종류가 있는데 환경적 불일치의 결과물인 부자연적 거짓 느낌과, 없는 것을 있다고 가정하는 자연적 거짓 느낌의 두 가지다. 당신은 전자의 느낌은 항상 무시하고, 후자의 느낌은 언제나 충실히 따르는 것이 타

거짓 느낌의 두 종류
① 부자연적 거짓 느낌
→ 환경적 불일치의 결과
예) 보복 운전, 정크푸드
② 자연적 거짓 느낌
→ 긍정 오류
예) 방울뱀, 치한

당하다고 여길 것이다. 그러나 실제 세계에서 이 두 느낌이 언제나 명확히 구분되는 것은 아니다.

예컨대 당신은 무심코 내뱉은 말로 상대방이 마음을 상했을지 모른다고 걱정한 적이 있는가? 그런데 이때 상대는 앞으로 한동안 볼 일이 없거나 평소 잘 모르는 사람이어서 이 일로 전화를 걸어 그의 마음이 상하지 않았는지 확인하기도 어색한 상황이라고 하자. 또 만약 실제로 그의 마음을 상하게 했다면 그럴 의도가 결코 아니었음을 해명하는 것도 영 어색하다고 하자.

이때 상대가 마음을 상했을지 모른다는 걱정 자체는 백퍼센트 자연스러운 느낌이다. 주변 사람과 사회적으로 좋은 관계를 유지하는 것은 우리 조상들의 생존과 번식 확률을 높여주었을 것이다. 그리고 당신이 그의 마음을 상하게 했을 확률을 실제보다 높게 잡거나, 상하게 했음에 틀림없다고 일시적으로 확신하는 것도 매우 자연스럽다. 이것은 없는 것을 있다고 가정하는 긍정 오류의 사례로 보인다. 당신이 실수했을지 모른다는 생각은 원래부터 당신 안에 매우 강력하게 설계되어 있어서 당신은 실제 필요한 것보다 더 자주 '교정 조치'를 취한다.

그런데 여기에도 '자연적이지 않은' 부분이 있다. 교정 조치를 취하는 것이 그리 간단치 않다는 점이다. 수렵-채집 마을이라면 당신이 마음을 상하게 했을지 모른다고 걱정하는 사람은 당신에게서 겨우 50미터 떨어져 살거나, 그 일이 있고 20분만 지나면 다시 얼굴을 볼 사람이었다. 그리고 20분 뒤에 만나 그의 얼굴 표정을 살피면 정말 그의 마음이 상했는지 확인할 수 있었다. 그리고 만약 마음이 상했다면 상황을 바로잡는 교정 조치를 취할 수 있었다.

다시 말해, 당신이 처음에 가진 걱정의 느낌은 설령 그것이 환영일지라도 이런 경우에 생기도록 처음부터 설계된 자연스러운 느낌이었다. 그런데 여기서 자연스럽지 않은 부분이 있으니 복잡한 현대 사회에서는 이 느낌이 환영인지 아닌지 밝혀내기가 까다로워졌다는 점이다. 그래서 이 느낌은 실제 필요한 것보다 더 오래 지속된다. 게다가 불행히도 이 느낌은 불쾌한 느낌이다.

이런 환경적 불일치가 만들어내는 불쾌한 부산물은 또 있다. 바로 고통스러운 자기 인식이 동반된다는 점이다. 우리는 다른 사람이 나에 대해 어떻게 생각하는지 (매우 많이) 신경 쓰도록 자연선택에 의해 설계되었다. 진화 과정에서 주변의 호감과 존경을 얻은 사람은 그러지 못한 사람보다 유전자 전파자로서 더 유능한 존재였다. 그런데 수렵-채집 마을의 이웃은 당신의 행동에 관한 방대한 데이터베이스를 가지고 있었으므로 당신이 특정한 날에 행한 한 가지 행동으로 당신의 평판이 (좋은 쪽으로든 나쁜 쪽으로든) 급격히 바뀔 확률은 거의 없었다. 요컨대 수렵-채집 환경의 사회적 만남이란 개인에게 커다란 심리적 압박을 주는 사건이 아니었다.

그런데 현대 세계에서 우리는 나에 관해 거의 모르는 사람들과 만나야 하는 부자연스러운 상황에 놓인다. 이런 상황 자체가 심리적 압박감을 안긴다. 만약 당신의 어머니가, 좋은 첫인상을 줄 기회는 한 번뿐이라고 늘 주의를 주었다면 사람을 만나는 데 따르는 압박감은 더욱 커진다. 이에 당신은 당신에 관한 상대방의 피드백을 매우 열심히 탐색한다. 그런 나머지, 실제로 존재하지 않는 것을 존재한다고 여기는 지경에 이른다.

1980년대에 실시한 어느 사회심리학 실험은 이를 잘 보여준다. 메이크업 전문가가 실험 참가자들의 얼굴에 진짜처럼 보이는 흉터를 그려 넣었다. 그리고 실험 참가자들에게 이 실험의 목적은 얼굴에 흉터가 있을 때 사람들이 나를 대하는 방식이 어떻게 바뀌는지 알아보는 것이라고 말했다. 얼굴에 흉터를 그린 실험 참가자들이 누군가와 대화를 나누는 동안 실험 진행자들은 실험 참가자에 대한 상대방의 반응을 관찰했다. 그리고 실험 참가자들이 자기 얼굴에 그린 흉터를 거울로 보게 한 뒤, 사람을 만나기 직전에, 흉터가 갈라져 부서지지 않도록 수분 보습제를 뿌려야 한다고 말하고는 참가자들 모르게 흉터를 지웠다. 이렇게 실험 참가자들은 자신의 얼굴 모습을 사실과 다르게 아는 채로(즉, 흉터를 지웠음에도 여전히 흉터가 있다고 아는 채로) 사람을 만나러 갔다.

만남을 가진 뒤 실험 참가자들의 말을 들어봤다. 대화 상대가 실험 참가자들의 얼굴에 그린 흉터에(실제로는 흉터를 지웠다) 반응을 보였는지 물었더니 많은 참가자가 그렇다고 답했다. 실제로, 대화 상대의 모습을 담은 동영상을 보여주자 참가자들은 대화 상대가 자신의 얼굴 흉터에 보인 반응을 구체적으로 짚어내기까지 했다. 예컨대 상대가 자신의 얼굴 흉터에서 눈길을 거두어 다른 쪽으로 고개를 돌리는 장면을 지적하기도 했다 (Gazzaniga 2011). 이 역시 자기 인식이라는 불편한 느낌 때문에 다른 사람의 행동을 잘못 해석하는 지각의 환영이 만들어진 사례다.

이밖에도 현대의 삶에는 인간 종種이 지금까지 진화해온 환경에 비추어 해석하지 않으면 이해하기 어려운 감정적 반응이 매우 많다. 예컨대 당신은 버스나 비행기에서 자신이 저지른 창피한 행동을 두고두고 곱씹은 적이 있을 것이다. 그런데 이 경우 당신의 창피한 행동을 목격한 사람들은 당신이 다시는 보지 않을 사람들이다. 그러므로 그들이 당신에 대해 어떻게 생각하든 상관이 없다. 그렇다면 자연선택은 왜 우리가 자신의 행동을 곱씹는 쓸데없는 불편함을 느끼도록 설계한 것일까? 그것은 우리 조상들이 살았던 환경에서는 그것이 쓸데없는 일이 아니었기 때문이다. 즉 수렵-채집 사회에서 나의 행동은 거의 언제나 내가 다시 만날 사람들 앞에서 행해졌다. 다시 만날 사람이라면 그가 나에 대해 어떻게 생각하는가가 중요한 의미를 갖는다.

우리 어머니는 이렇게 말했다. "사람들이 나에 대해 거의 생각하지 않는다는 사실을 알면 그들이 나를 어떻게 생각하는지 걱정하는 데 시간을 낭비하지 않을 거다." 어머니의 말은 옳았다. 사람들이 나에 대해 이러쿵저러쿵 생각할 거라는 추정은 환영인 경우가 많다. 또 내가 만나는 사람들이 나에 대해 어떻게 생각하는가가 중요하다는 느낌도 많은 경우 환영이다. 그러나 지금까지 인간이 진화해온 환경에서는 이런 직감이 환영인 경우가 많지 않았다. 이런 사정 때문에 이 직감이 오늘날까지 지속되고 있는지 모른다.

대중 연설과 그 밖의 두려움

처음 보는 많은 사람 앞에 서는 것보다 더 부자연스러운 일이 있다면 그것은 아마 그들 모두를 상대로 말을 하는 행위일 것이다. 대중 연설은 그 생각만으로 미래에 관한 끔찍한 환영을 만들어내기에 충분하다. 내일 당신이 프레젠테이션을 해야 한다고 하자. 파워포인트 프레젠테이션일 수도 있고 격식 없는 발표일 수도 있다. 여기서 하나를 더 가정해 당신이 나와 비슷한 부류라고 하자. 그렇다면 아마 당신은 발표 시간이 다가올수록 점점 불안을 느낄 것이다. 불안에는 발표를 망칠 거라는 강한 확신이 따른다. 어쩌면 당신은 아주 끔찍한 재앙 시나리오를 머릿속에 그릴지 모른다. 그러나 대개의 경우 이런 예상은 틀린 것으로 판명된다. 발표가 끝난 뒤 돌아보면 불안으로 촉발된 당신의 종말론적 확신은 실제로 없는 것을 있다고 가정하는 긍정 오류에 지나지 않는 것으로 드러난다.

물론 불안 '덕분에' 당신이 발표를 더 잘했을 수도 있다. 불안한 당신은 발표를 망치지 않기 위해 더 열심히 준비한다. 그렇다면 없는 파워포인트 대참사를 있다고 가정한 것은, 없는 방울뱀을 있다고 가정한 것과는 성격이 다르다. 즉 방울뱀이 곁에 있다는 당신의 순간적 공포감은 실제로 방울뱀이 곁에 있는지 여부에 아무런 영향을 주지 못했다. 반면 파워포인트 대참사에 대한 불안은 실제로 파워포인트 대참사를 미연에 방지하는 효과를 냈다.

그럴 듯한 설명이다. 그러나 우리가 직시해야 하는 사실이 있다. 파워포인트 사례처럼 불안이 효과를 발휘하는 때도 있지만 사람들은 아무 짝에도 쓸데없는 수많은 걱정을 하고 산다는 사실이다. 분출성 구토(위장 내의 음식물들이 강력하게 분출되는 형태의 구토-옮긴이)를 한 번도 하지 않았음에도, 많은 사람 앞에서 말하기만 하면 분출성 구토를 할지 모른다는 걱정으로 괴로워하는 사람도 있다고 한다.

나의 경우, 파워포인트 대참사에 관한 불안이 특히 심한 날이 있다. 이런 날에는 잠을 제대로 이루지 못한다. 다음 날 발표를 망칠 거라는 걱정 때문이다. 그런데 내가 느끼는 불안을 가만히 살펴보면 단지 그 걱정만은 아니다. 거기에는 잠을 못 자면 발표를 망친다는 걱정뿐 아니라 그런 걱정 때문에 잠을 못 이루는 나 자신에 대한 혐오의 느낌도 간간이 섞여 있다. 그러다 자기혐오의 감정이 잠시 잦아들면, 잠을 못 잘 경우 발표를 망칠 거라는 처음의 걱정으로 다시 돌아온다.

물론 내가 대중 연설 전에 매번 불안을 느끼는 건 아니다. 사실 이런 경우는 그리 많지 않다. 그럼에도 이것은 실제로 있었던 일이다. 그런데 만약 이것이 나의 생존과 번식 확률을 높이기 위해 자연선택이 취한 방법이라고 한다면 얼토당토않은 주장이다. 인간의 사회적 상호작용과 관련한 다른 불안도 마찬가지다. 우리가 느끼는 많은 사회적 불안은 나의 생존과 번식 확률을 높이는 것과는 무관하다. 모르는 사람과 처음 만나는 칵테일파티를 앞두고 느끼는 두려움이 실제 두려운 일로 이어지는 경우는 잘 없다. 당신의 자녀가 처음 경험하는 밤샘 파티를 친구 집에서 어떻게 보낼지 걱정하는 것도 마찬가지다. 걱정한다고 해서 바뀌는 건 아무것도 없다. 또 파워포인트 발표를 하고 난 '뒤에' 그에 대해 '이렇게 할 걸, 저렇게 할 걸' 하고 안달복달 해봐야 소용이 없다.

이 세 가지 예는 모두 인간이 진화를 시작한 이래 바뀌어온 '환경'과 관련이 있다. 인간의 오래 전 조상들은 칵테일파티도, 자녀의 밤샘 파티도, 파워포인트도 하지 않고 살았다. 우리의 수렵채집 조상들은 처음 보는 사람들로 가득한 장소에 갈 일이 없었다. 한 번도 만난 적 없는 사람의 집에서 자녀를 자게 하는 일도 없었고 모르는 사람들 앞에서 파워포인트 발표를 할 일도 없었다.

그런데 인간이 진화해온 본성과 인간이 실제로 처하는 환경 사이의 불일치는 오늘날에만 일어나는 현상은 아니다. 인간이 미처 적응하지 못한 사회적 환경은 수천 년에 걸쳐 계속 생겨났다. 붓다는 왕족으로 태어났는데 이는 그가 수렵-채집 마을보다 훨씬 큰 규모의 사회에 살았음을 의미한다. 물론 당시에 파워포인트는 없었지만 많은 청중 앞에서 연설해야 하는 상황은 있었을 것이다. 그리고 이에 따라 당시 사람들이 파워포인트 대참사와 유사한 불안감을 느꼈다는 기록이 남아 있다. 붓다는 대중 앞에서 창피 당하는 두려움을 '다섯 가지 두려움' 가운데 하나로 꼽았다 (Thera 2007). 대중 연설의 두려움은 오늘날에도 인간이 가장 크게 느끼는 두려움 중 5위 안에 든다고 한다. 실제로 어느 조사에 의하면 대중 연설은 오늘날 사람들이 가장 두려워하는 활동이다.

그런데 (같은 말을 반복하는 우려는 있지만) 분명히 할 점이 있다. 나는 사회 불안이 결코 자연선택의 산물이 아니라고 주장하는 것이 아니다. 인간의 조상이 지금까지 진화해온 환경에는 많은 사회적 상호작용이 있었을 것이고 사회적 상호작용은 인간 유전자에 큰 영향을 주었을 것이다. 사회적 지위가 낮고 친구가 별로 없는 사람은 자신의 유전자를 퍼트릴 확률이 낮았을 것이다. 이 때문에 사람들에게 강한 인상을 남기는 일은(물론 파워포인트를 사용하지는 않았지만) 당시 환경에서도 중요한 의미를 가졌다. 마찬가지로, 자손들이 맺는 인간관계가 번창하지 않으면 자손들의 번식에(따라서 나의 유전자를 퍼뜨리는 데) 불리하게 작용했을 것이다. 그러므로 나와 자손이 맺는 인간관계의 전망에 대해 걱정하는 유전자는 인간의 **유전자풀**^{gene pool}(어떤 생물 집단에 있는 유전 정보의 총량-옮긴이)에 자연스럽게 편입되었을 것이다.

이런 의미에서 지금 우리가 느끼는 사회 불안은 진화적으로 '자연스러운' 불안이다. 그러나 문제는, 현대의 사회 불안이 처음의 환경과 매우 다른 환경에서 생기고 있다는 사실에 있다. 이는 오늘날의 사회 불안이 많은 경우 비생산적인 불안이며 불필요한 환영을 만들어내는 이유를 보여준다. 이처럼 재앙이 임박했다는 확신에 가까운 우리의 신념은 진실과 다르다는 의미에서 거짓인 신념인 동시에, 자신에게 이롭지 않다는 실용적 의미에서도 거짓인 신념이다.

이제 우리가 가진 골칫거리 느낌 가운데 상당수가 환영일지 모른다는 점을 수긍할 수 있는가? 그렇다면 명상은 무엇보다 이러한 환영을 떨치는 과정으로 볼 수 있다. 여기, 명상으로 환영을 떨친 구체적 사례가 있다.

2003년 첫 명상 수련회에 참가한 몇 달 뒤 나는 메인 주 캠던으로 갔다. 매년 열리는 팝테크PopTech라는 혁신 콘퍼런스에서 강연이 예정되어 있었기 때문이다. 강연 전날, 나는 강연에 대한 불안으로 새벽 2~3시에 잠이 깼다. 나는 잠을 못 잤을 때 벌어질지 모르는 심각한 사태를 걱정하느라 잠을 이루지 못했다. 그렇게 몇 분이 지난 뒤 나는 침대에서 일어나 자리를 잡고 명상을 했다. 잠시 호흡에 집중한 다음 나는 불안이라는 느낌 자체에 집중해보았다. 불안은 신체에서 장腸이 꽉 조이는 느낌으로 다가왔다. 나는 명상 수련회에서 배운 대로, 장이 조이는 느낌을 있는 그대로 관찰했다. 그 느낌에 대해 어떠한 판단도 내리지 않았다. 그런데 이렇게 관찰하고 보니 그것이 반드시 '불쾌한' 느낌만은 아니었다. 그래서 거기서 벗어나려고 애쓸 필요도 없었다. 그건 단지 지금 내 몸이 느끼고 있는 느낌일 뿐이었다. 나는 그것을 느끼고 관찰하면서 잠시 자리에 앉아 있었다. 물론 좋은 느낌은 아니었지만, 느낌에 대해 판단하지 않고 관찰하면서 받아들이자 불쾌함이 꽤 줄어들었다.

그러자 내가 명상 수련회에서 카페인 과다 증상을 해결했을 때처럼 커다란 진전이 일어났다. 이제 나는 불안에 꽉 붙들려 있는 게 아니라 불안으로부터 조금 거리를 둔 채로 있었다. 거리를 둔 채로 마치 미술관에 전시된 추상 조각품을 감상하듯이 마음의 눈으로 불안의 느낌을 바라보았다. 구체적으로, 불안은 배 부위에 단단하게 조인 두꺼운 로프 줄 모양을 하고 있었다. 그런데 이렇게 관찰하자 단지 외양만 그렇게 보일 뿐 더이상 조이는 느낌으로 느껴지지 않았다. 몇 분 전만 해도 괴롭게 느껴지던 불안이 이제 좋지도 싫지도 않은 느낌으로 다가왔다. 불안은 이렇게 '중립적인' 느낌으로 변하더니 얼마 안 가 완전히 사라졌다. 이렇게 고통에서 벗어난 몇 분 뒤에 나는 자리에 누워 잠이 들었다. 물론 다음 날 발표는 문제없이 진행되었다.

불안을 다루는 다른 방법도 있다. 그날 밤 나처럼 불안의 느낌 자체에 집중하기보다 불안과 연관된 자신의 생각을 살피는 방법이다. 인지행동치료에서 하는 방식인데, 예컨대 환자에게 이런 질문을 던진다. "지금까지 당신의 발표 경험으로 볼 때 이번 발표를 망칠 확률이 얼마나 될까요?" "만약 발표를 망친다면 지금까지 당신이 쌓아온 경력이 완전히 무너질까요?" 이런 생각이 타당하지 않음을 깨달으면 생각에 따라오는 느낌도 힘을 잃는다.

인지행동치료든 마음챙김 명상이든 느낌의 타당성에 의문을 제기한다는 점에서 유사한 부분이 있다. 단지 인지행동치료는 좀 더 직접적으로 질문을 던진다는 점이 다를 뿐이다. 만약, 당신이 이 두 방법을 결합해 새로운 마음 치료법을 창안해야겠다고 생각한다면…… 아뿔싸, 한발 늦었다. 이미 **마음챙김에 기초한 인지치료법**MBCT, Mindfulness-Based Cognitive Therapy 이 나와 있다.

미망의 몇 가지 차원: 다시 보기

지금까지 논의를 충실히 따라온 독자라면 '기만당한' 기분이 들지 모른다. 저자인 나에게가 아니라 당신의 느낌에 말이다. 그런데 나는 느낌이 일으키는 가장 깊고 미묘한 차원의 기만에 대해서는 아직 말하지 않았다. 이 부분은 뒤에 다루기로 하고, 여기서는 복습의 의미로 느낌이 우리를 잘못 인도하는 몇 가지 차원을 다시 살펴보자.

1. 우리가 느끼는 느낌은 심지어 '자연적' 환경에서조차 현실을 정확하게 반영하도록 설계되지 않았다. 느낌은 우리의 수렵-채집 조상들이 유전자를 다음 세대에 전달하는 목적으로 설계되었다. 느낌 때문에 설령 우리 조상들이 미망에 빠진다 해도(뱀을 너무 두려워한 나머지 실제 존재하지 않는 뱀이 눈에 보인다 해도) 그건 중요하지 않았다. 이런 종류의 미망은 '자연적인' 미망으로 인간이 세계, 특히 사회적 세계를 사실과 다르게 왜곡해 해석하는 현상을 상당 부분 설명해준다. 즉 우리가 왜 자신과 친구, 친척, 적, 지인, 심지어 낯선 사람에 관하여 사실과 다른 생각을 갖게 되는지 말해준다.

2. 그런데 오늘날 우리가 더 이상 '자연적' 환경에 살지 않는다는 사실을 감안하면 느낌은 현실의 안내자로서 더욱 미덥지 못한 존재가 되었다. 느낌은, 실제로 존재하지 않는 뱀을 보는 등의 환영을 만들도록 설계되었다. 이 느낌들은 과거에는 적어도 생명체의 생존과 번식을 돕는 기능을 했다. 그러나 오늘날의 환경에서 일어나는 많은 느낌은 오히려 역효과를 일으킨다. 이 느낌들은 진화론적 의미에서 우리 조상들의 생존과 번식 가능성을 높였을지 몰라도 똑같이 진화론적 의미에서 오늘날에는 오히려 역효과를 일으키는 느낌이 되어버렸다. 실제로 이 느낌들은 기대수명을 낮춘다. 그 좋은 예가 보복 운전과 단 음식에 대한 탐닉이다. 이 느낌들은 생명체 자신에게 유리한 행동을 하도록 인도했다는 실용적 의미에서 과거 한때는 '진실'이었으나 지금은 우리를 잘못 인도할 가능성이 더 크다.

3. 이 모든 미망의 근저에는 행복에 관한 미망이 자리 잡고 있다. 붓다 자신도 강조했듯이 좋은 느낌을 계속 느끼려는 시도 때문에 우리는 좋은 느낌이 지속되는 시간을 실제보다 길게 잡는다. 게다가 좋은 느낌이 끝난

뒤에는 흔히 나쁜 느낌, 즉 더 많이 원하는 불안한 느낌이 따라온다. 심리학자들이 '쾌락의 쳇바퀴'를 언급하기 훨씬 이전에 붓다는 이미 이것을 통찰했다.

그러나 붓다는 쾌락의 쳇바퀴가 처음 어디서 연유했는지는 보지 못한 것 같다. 쾌락의 쳇바퀴가 시작된 기원은, 인간이 자연선택에 의해 만들어졌으며 자연선택은 유전자 전파의 극대화를 목적으로 작동한다는 사실에 있다. 자연선택은 그것이 인간에게 보여주는 모습이 진실인가는 신경쓰지 않는다. 자연선택은 인간의 장기적인 행복에도 관심이 없다. 자연선택은 설령 인간이 미망에 휩쓸린다 해도 우리 조상들의 유전자를 퍼뜨리는 데 도움이 된다면 기꺼이 우리를 '지속적인 행복'이라는 미망에 빠트린다. 사실, 자연선택은 인간의 '단기' 행복에도 관심이 없다. 이는 실제로 존재하지 않음에도 존재한다고 잘못 가정하는 긍정 오류의 성향 때문에 치르게 되는 대가를 보면 알 수 있다. 실제로 없는 뱀을 있다고 여겨 백 번 중 아흔아홉 번을 크게 놀란다면 그의 정신적 안녕에 입는 타격은 적지 않다. 물론 좋은 소식은, 다행히도 백 번째에 그 두려움 때문에 우리 조상이 뱀에 물려 죽지 않고 살아남아 오늘의 우리가 존재할 수 있었다는 사실이다. 그럼에도 우리는 없는 것을 있다고 잘못 가정하는 우리 조상들의 성향을 그대로 물려받은 존재이다. 비단 뱀에 대한 두려움뿐 아니라 다른 공포심과 일상에서 느끼는 불안도 마찬가지다. 인지행동치료의 창시자인 아론 벡[Aaron Beck]은 말했다. "종족을 보존시킨 대가로 우리는 평생토록 불편함을 안고 살게 되었다."(Beck과 Emery 1985, p.4) 만약 붓다라면 '불편함' 대신 '괴로움'이라고 했을 것이다. 어쩌면 붓다는 이런 말도 덧붙였을지 모른다. "그런데 괴로움이 발생하는 심리적 원인을 제대로 살피면 종족 보존의 대가로 겪는 괴로움을 얼마든지 피할 수 있다."

그렇다고 해서 3장이 인간이 느끼는 느낌을 전면 부정하려는 시도는 아니다. 우리가 느끼는 느낌 중 어떤 것은(어쩌면 대부분은) 우리의 목적에 적절히 부합한다. 즉 우리가 느끼는 대부분의 느낌은 현실에 대한 우리의 견해를 그다지 왜곡하지 않으며, 우리가 생존하고 번창하는 데 도움을 준다. 사과를 먹고 싶은 느낌, 날카로운 칼을 피하고 싶은 느낌, 높은 빌딩에 오르기 싫은 느낌은 모두 나의 안녕에 이롭다. 그럼에도 우리가 느끼는 느낌들을 제대로 살펴볼 가치는 충분히 있다. 즉, 어떤 느낌을 따라야 하고 어떤 느낌을 따르지 않아야 하는지 살펴볼 필요는 있다. 그리고 따르지 않아야 하는 느낌이라면 그 영향력에서 벗어나려는 시도도 필요하다.

그런데 이것이 말처럼 쉽지 않다는 것을 당신은 안다. 느낌이 가진 속성상, 이로운 느낌과 해로운 느낌, 신뢰할 만한 느낌과 우리를 오도하는 느낌을 구분하기란 그리 간단치 않다. 모든 느낌에 공통되는 한 가지가 있다면, 느낌이란 원래부터 그것을 따르도록 '만들어졌다는' 점이다. 느낌은 그 정의상 '옳은 것', '진실인 것'으로 느껴진다. 느낌은 우리가 그것을 객관적으로 보지 못하도록 방해한다.

나는 마음챙김 명상에 완전히 몰입해 일주일간 묵언 명상 수련회를 하기까지 왜 마음챙김 명상이 잘 되지 않는지 몰랐다. 어쩌면 느낌의 이런 속성 때문에 내가 마음챙김 명상을 제대로 하기까지 시간이 걸렸는지 모른다. 그런데 그것이 유일한 이유는 아니다. 마치 주인과 하인처럼 우리가 느낌에 끌려가는 상황을 지속시키는, 느낌의 작동 방식은 또 있다. 그리고 마음이 애당초 명상적 상태에 몰입하기 어렵게 만드는, 마음의 작동 방식도 있다. 실제로 마음챙김이 제대로 효과를 내는 경지에 도달하기가 만만치 않은 이유를 내가 깨달은 것은 첫 명상 수련회에 참가한 뒤였다.

어떤 일이든 뿌듯한 만족감을 느끼기까지는 노력이 필요하다. 그리고 내가 명상 수련회에서 깨달은 점이 있다면 마음챙김 명상이 주는 만족감은 무엇에도 비교하기 어렵다는 것이다. 정말로, 그 만족감은 내가 3장에서 언뜻 내비친 만족감을 훌쩍 넘어선다. 혹시 내가 명상 경험을 협소하게 전달한 건 아닌지 걱정될 정도다. 물론 당신에게 문제가 되는 느낌 중 일부를 제대로 이해하는 것은 좋은 일이다. 그리고 이 느낌들이 어떤 의미에서 '거짓'임을 아는 것, 느낌을 바르게 이해하는 것 역시 좋은 일이다. 그런데 이런 문제적 느낌들을 다스리는 작업은 어쩌면 '시작'에 불과한지 모른다. 마음챙김에는 이것을 넘어서는 차원이 있다. 마음챙김은 보복 운전의 분노에 굴복하는 것이 그다지 좋은 선택이 아니라는 깨달음을 넘어 더 깊고 섬세한 통찰을 우리에게 안겨준다. 이것이 다음 4장에서 살펴볼 내용이다.

4장

극락감, 황홀경,
그리고 명상을 하는
더 중요한 이유들

Bliss, Ecstasy, and More Important Reasons to Meditate

엄밀히 말해 '묵언' 명상 수련회는 정확한 명칭이 아니다. 2003년 여름의 일주일 동안 진행된 나의 첫 명상 수련회에서 참가자들은 하루 두 번 명상 지도자와 인터뷰를 가졌다. 두 번 중 한 번은 8~9명의 수행자가 수행홀 옆방에서 수행 시 잘 안 되는 부분에 대해 지도자와 이야기를 나눴다. 인터뷰는 45분 정도 이어졌다.

나는 인터뷰 시간이 좋았다. 왜냐하면 나는 도대체 명상을 할 수 없었기 때문이다. 당시는 내가 명상에서 아직 돌파구를 찾지 못한 때였다. 다시 말해 아직 카페인 과다 섭취 증상을 깨어 있는 마음으로 지켜보며 초월하기 전이었다. 그때까지 내가 종일 하는 일이라고는 호흡에 집중하려 해도 실패하는 것뿐이었다. 계속 시도했지만 딴 생각이 일어나는 걸 어쩔 수 없었다. 인터뷰 차례가 되자 나는 내가 느끼는 좌절감에 대해 이야기했다. 명상 지도자와 나눈 대화는 대강 이런 식이었다.

"딴 곳으로 계속 달아나는 마음을 관찰하고 있죠?"

"네."

"잘 하고 있어요."

"마음이 딴 데로 계속 달아나는데 잘 하고 있다고요?"

"아뇨. 그게 아니라 딴 데로 달아나는 마음을 관찰하는 것 말입니다."

"네. 그렇지만 계속 관찰해도 마음은 자꾸 달아나는 걸요."

"그러면 더 좋습니다. 관찰할 게 그만큼 많다는 뜻이니까요."

그러나 지도자의 조언은 그가 의도한 대로 나의 좌절감을 해결해주지 못했다. 오히려 가르치려 드는 듯한 그의 태도에 나는 약간의 거부감마저 느꼈다. 마치 딸아이가 걸음마를 배우다 넘어졌을 때 아빠인 내가 억지 격려를 하는 상황과 비슷했다. 세발자전거에 올라타다 옆으로 넘어지는 딸아이에게 나는 이렇게 말하곤 했다. "일어났네! 이제 다 큰 언니구나!" 다 큰 언니는 애당초 세발자전거를 타다 넘어지는 일도 없다는 사실을 간과한 채 말이다.

그러나 나는 명상 지도자에게 처음 받은 그날의 피드백이 단지 억지 격려만은 아니었음을 이후에 깨달았다. 지도자의 말은 옳았다. 방황하는 마음을 반복 관찰함으로써 나는 지금껏 경험 못한 경지로 나아가고 있었다. 일상에서 마음이 방황할 때면 방황하는 마음에 끌려가고 있다는 사실조차 의식하지 못한 채 하릴없이 따라가는 나였다. 그런데 이제 방황하는 마음에 끌려가다가도 그것을 관찰하자 순간적으로 거기에서 놓여날 수 있었다. 적어도 방황하는 마음에 끌려가고 있다는 '사실'을 깨달은 순간만큼은 그 마음에서 놓여났다(물론 뒤에 또다시 방황하는 마음에 끌려가긴 했지만).

이것을 과학적 용어로 풀면 이렇다. 방황하는 마음을 관찰할 때 나는 심리학자들이 말하는 이른바 **디폴트 모드 네트워크**^{default mode network}의 작동을 관찰한 것이다. 뇌 영상 연구에 따르면 디폴트 모드 네트워크는 우리가 특정 일에 몰두하지 않을 때 작동하는 신경 네트워크다. 즉 대화를 나누지 않고 업무에 집중하지 않고 운동을 하지 않고 책을 읽지 않고 영화를 보지 않을 때 작동하는 네트워크다. 한마디로 마음이 방황할 때 작동하는 네트워크라고 할 수 있다.(디폴트 모드 네트워크에 관한 연구는 다음을 참조: Brewer, Worhunsky 외 2011; Andrews-Hanna 외 2010; Farb 외 2007; Holzel 외 2011; Lutz 외 2008; and Davidson and Irwin 1999)

그렇다면 우리의 마음은 어디로 헤매는 걸까? 무척 많지만 연구에 따르면 우리 마음이 헤매는 곳은 대개 과거 아니면 미래라고 한다. 과거라면 최근에 일어난 사건을 곰곰이 생각하거나 오래 전이지만 기억에 강하게 남은 일을 떠올린다. 미래라면 예정된 사건을 염려하거나 기대에 한껏 부푼 채로 기다린다. 다가오는 위기를 모면할 전략을 짜거나 곁에 있는 매력적인 이성을 유혹할 궁리를 하기도 한다. 그런데 마음이 방황할 때 우리가 하지 않는 일이 한 가지 있다. 그것은 바로 현재 순간을 직접적으로 경험하는 것이다.

어쩌면 디폴트 모드 네트워크를 잠재우는 일은 어렵지 않다. 집중이 필요한 일에 착수하기만 하면 되기 때문이다. 낱말 퍼즐도 좋고 테니스 공 세 개로 저글링을 해도 좋다. 저글링이 아직 당신

방황하는 마음이 하지 않는 딱 한 가지는 현재 순간을 직접적으로 경험하는 것이다

의 제2의 천성이 되지 않았다면 적어도 저글링을 하는 동안에는 매력적인 이성이 생각나지 않을 것이다.

어려운 것은 특정한 일에 몰두하지 '않는' 동안에(예컨대 눈을 감고 명상홀에 앉아 있는 동안에) 디폴트 모드 네트워크를 잠재우는 일이다. 이런 이유로 명상을 할 때 호흡에 집중한다. 마음이 습관적 방황에 빠지지 않으

려면 일정한 집중 대상이 필요하기 때문이다.

그러나 호흡이라는 보조 장치가 있어도 당신은 내가 수련회 초기에 경험한 상태에 빠질 수 있다. 즉, 현재 순간을 직접 경험하는 모드에서 디폴트 모드로 자꾸만 떠내려가는 자신을 발견할지 모른다. 또 떠내려가는 자신을 깨달을 때마다 좌절감과 분노 그리고 (이건 내가 잘 하는데) 자기혐오를 느끼는 수도 있다. 이런 경우의 표준적 가르침은 거기에 시간을 낭비하지 말고 자신의 마음이 방황한다는 '사실'을 알아차리는 것이다. 마음이 지금 어떻게 방황하는지(예정된 업무를 걱정하는지, 점심을 기다리는지, 형편없는 골프샷을 후회하는지) 알아차린 다음 호흡에 다시 집중한다. 수련회의 지도자가 마음이 방황할 때면 방황하는 그 마음을 관찰하라고 일러준 의도는 주의가 산만한 나에게도 일말의 가능성이 있음을 알려주려는 것이었으리라.

결국 지도자 선생님의 지침은 효과가 있었다. 나는 디폴트 모드 네트워크의 작동을 중단시킴으로써, 즉 '정신을 차려' 마음이 방황하고 있음을 깨닫고 호흡으로 돌아옴으로써 디폴트 모드 네트워크의 영향력을 약화시켰다. 호흡에 집중하는 시간이 길어지자 디폴트 모드 네트워크는 점점 잦아들었다. 이 해석은 꽤 타당한 추측이다. 뇌 영상 연구를 통해 명상을 처음 하는 사람에게 디폴트 모드 네트워크가 잦아드는 현상이 실제로 관찰되었다. 또 이 연구들은 수만 시간을 명상한 명상의 고수들(나와 전혀 다른 부류의 사람들)은 명상을 하는 내내 디폴트 모드 네트워크의 활동이 극히 잠잠하다는 사실도 보였다.(잠잠해진 디폴트 모드 네트워크에 관해서는 다음을 참조: Brewer, Worhunsky 외 2011)

디폴트 모드 네트워크가 잠잠해졌을 때, 즉 마음이 방황을 멈추었을 때 드는 느낌은 좋은 느낌이다. 그때까지 쉼 없이 재잘거리던 마음에서 벗어나 깊은 평화를 느낀다. 물론 당신은 명상을 할 때마다 이렇게 느끼지는 못할 것이다. 그러나 이런 일이 자주 일어나는 사람은 이 때문에 다음날 방석에 다시 앉기도 한다. 그들에게는 깊은 평화의 느낌이 명상 수행을 지속하는 강화 요인으로 작용한다.

그런데 이 지점에 도달한 다음, 즉 호흡을 이용해 방황하는 마음에서 어느 정도 빠져나온 다음에 당신은 두 갈래 갈림길에 선다. 두 가지 명상법에 따라 당신이 가게 되는 길도 두 가지로 나뉜다.

집중 명상과 마음챙김 명상

그중 한 갈래 길은 처음에 좋은 느낌으로 다가왔던 호흡에 대한 집중을 오래 오래 유지하는 방법이다. 집중을 강화하고 심화시켜 호흡에 계속 머문다. 쉬지 않고 노력하면 노력한 만큼 더 좋은 느낌이 든다. 이것을 **집중 명상**concentration meditation이라고 한다. 집중 명상에서 집중의 대상이 반드시 호흡일 필요는 없다. 명상 전통에 따라 만트라(주문呪文)일 수도 있고 머릿속에 그린 시각 이미지일 수도 있으며 반복되는 소리일 수도 있다.

집중 명상은 **평정 명상**serenity meditation이라고도 하는데 집중이 평정의 마음을 가져오기 때문이다. 실제로 집중은 평정심보다 더 좋은 상태에 이를 수 있다. 집중을 오래 유지하면 극락감이나 황홀경 같은 강렬한 느낌이 일어나기도 한다.

그렇다, 나는 방금 극락감과 황홀경의 강렬한 느낌이라고 했다. 첫 명상 수련회의 닷새째 밤에 나는 호흡에 집중하는 표준 명상법을 나름대로 조금 변형해보았다. 즉 들이쉬는 들숨에는 호흡에 집중하고, 내쉬는 날숨에는 주변 소리에 집중하는 방법을 시도했다. 소리에 집중하기는 그리 어렵지 않았다. 무더운 여름밤 시골 매사추세츠의 활짝 열린 명상홀 창문으로 매미의 합창 소리가 들려왔다. 명상을 할수록 나는 호흡과 매미의 합창 소리에 더 빠져들었다. 호흡과 매미 소리가 나의 주의를 점점 강하게 끌자 두 대상은 더 강하게 다가왔다. 그렇게 25~30분 정도 명상을 한 다음 나는 말로 표현하기 어려운 극적이고 강렬한 경험을 했다. 책 후반부에서 이 경험에 관해 자세히 이야기하겠지만, 우선은 그 경험이 '매우' 생생한 경험이었다는 정도만 말해둔다.

사실, 앞 문장에서 '매우'라는 부사를 하나 더 추가하고 싶다. 나는 강력한 환각제인 LSD에다 헤로인을 연이어 맞는 게 어떤 느낌인지 모르지만 아마 그날 밤 내가 수련회에서 했던 경험이 그 정도로 강렬하지 않을까 한다. 그날의 경험은 환시幻視에 가까울 만큼 생생하고 지극히 행복한 극락의 느낌이었다. 그 순간 나의 온 존재가 기쁨과 예견력으로 부르르 떨렸다. 그날 나는 명상에서 일정한 문턱을 넘어 새로운 경지에 들어섰다고 느꼈다.

그날 밤 나의 경험이 매력적으로 들리는가? 여기서 안 좋은 소식을 하나 전해야겠다. 그날 나에게 절정 체험을 선사한 명상법은 집중 명상인데, 아쉽게도 이 책의 주제는 집중 명상이 아니다. 그리고 내가 참가한 명상 수련회 역시 집중 명상을 주로 하지 않았다. 명상 수련회가 끝날 즈음, 나는 그곳의 두 분 지도자 중 한 명인 마이클 그레디Michael Grady에게 나의 절정 체험에 대해 이야기했다. 그랬더니 그는 무심한 태도로 이렇게 말했다. "멋져요. 하지만 집착하지 마세요!" 나는 살짝 풀이 죽었다. 사실 내가 참가한 수련회는 마음챙김 명상을 주로 하는 곳이었다. 명상의 두 갈래 길 가운데 또 하나가 바로 **마음챙김 명상**mindfulness meditation이다.

집중과 마음챙김은 불교의 두 가지 주요한 지향점으로 신심 깊은 불교인이라면 누구나 실천해야 하는 팔정도의 두 가지 요소이다. 그렇다고 해서 마음챙김과 집중이 팔정도의 최종 단계라는 의미는 아니다. 팔정도는 설명의 순서대로 닦지 않는다. 팔정도에서 정견(바른 견해)을 가장 먼저 제시한다고 해서 정견을 완전히 닦은 다음 두 번째와 세 번째 단계인 정사유(바른 의도)와 정어(바른 말)로 넘어가는 것이 아니다. 팔정도의 여덟 요소는 상호 의존적이므로 반드시 순차적으로 밟아야 하는 건 아니다. 예컨대 일곱 번째와 여덟 번째인 정념(바른 마음챙김)과 정정(바른 집중)은 불교의 핵심 원리에 대한 체험적 앎을 심화시켜 첫 번째 요소인 정견을 더 강화시킨다.

더욱이(이것이 4장의 논의에서 더 적절한 부분인데) 팔정도의 설명에서 바른 마음챙김이 바른 집중보다 순서상 먼저이지만 마음챙김을 계발하려면 집중을 먼저 계발할 필요가 있다. 마음챙김 명상을 처음 시작할 때 호흡 등 특정 대상에 마음을 집중하는 이유도 이것이다. 집중력을 일정 수준으로 키우면 디폴트 모드 네트워크에서 벗어나 일상의 마음속 재잘거림을 멈추는 데 도움이 된다.

집중 명상으로 주의를 안정시킨 다음에는 알아차림의 모든 대상으로 주의를 확장시킨다. 여기서 알아차림의 대상이란 대개 감정이나 신체 감각 등 우리 내면에서 일어나는 현상을 말한다. 물론, 소리처럼 우리 외부에서 일어나는 대상에 집중할 수도 있다. 이렇게 알아차림의 모든 대상에 주의를 기울이는 과정에서 처음의 집중 대상이었던 호흡은 의식의 배경으로 물러난다. 그렇기는 해도 호흡은 여전히 주의를 일정하게 붙잡아 매는 닻anchor의 기능을 한다. 즉 호흡은 다른 대상을 의식할 때도 어렴풋이 의식할 수 있고, 다른 대상을 의식하다가도 언제든 주의를 그리로 돌

**중요한 것은 어떤 대상이든
깨어 있는 마음으로
경험하는 것이다
대상에 다가가면서 동시에
일정한 거리를 두는 것이다**

릴 수 있다는 점에서 '주의의 닻'이라고 부른다. 중요한 것은 당신이 무엇을 경험하든 그것을 마음챙김으로(깨어 있는 마음으로) 있는 그대로 경험하는 것이다. 다시 말해 내가 앞서 카페인 과다 섭취 부작용의 느낌을 바라본 대로, 대상에 주의를 기울이는 동시에 역설적으로 대상에서 일정한 거리를 두는 객관적 태도로 바라보는 것이다.

불안, 초조 등 당신이 느끼는 느낌을 깨어 있는 마음으로 있는 그대로 보라고 했다. 하지만 이 권고는 내가 매사추세츠의 여름밤 명상 수련회에서 경험한 황홀경만큼 당신에게 신비하고 매력적으로 다가오지 않을 것이다. 그럼에도 마음챙김 명상을 수행하는 데는 나름의 장점이 존재하며, 그 장점들은 신비하고 매력적인 측면을 가지고 있다.

실제 삶에서의 마음챙김

우선, 마음챙김 명상은 훌륭한 마음 훈련이다. 방석에 앉아 자신의 느낌을 마음챙김으로 바라보는 연습을 하면 실제 생활에서 느끼는 느낌도 더 잘 관찰할 수 있게 된다. 이것은 (1) **우리의 삶을 잘못 인도하며 심지어 역효과를 낳는 느낌의 지배력을 약화시킨다**는 의미이다. 이것이 마음챙김 명상의 첫 번째 장점이다. 이제 당신은 녹색 불이 들어온 뒤 몇 초가 지나서야 겨우 가속 페달을 밟는 앞의 운전자에게(게다가 당신이 지금 중요한 약속에 늦었다는 걸 까맣게 모르는 그 운전자에게) 화를 내는 데 시간을 덜 허비한다. 또 평소에 고함을 지르던 대상에(당신의 자녀와 배우자, 그리고 당신 자신에게)

소리를 지르는 데 시간을 덜 보낸다. 당신이 당한 모욕에 분개하는 데 시간을 덜 쓸 뿐 아니라 모욕을 준 이에게 앙갚음할 궁리를 하는 데도(물론 앙 갚음을 궁리하는 것도 나름 쾌락이지만!) 시간을 낭비하지 않는다. 그밖에도 마음챙김 명상이 주는 이익은 많다.

마음챙김 명상이 가진 또 하나의 장점은 **(2) 주변의 아름다움에 더 잘 감응하게 된다**는 점이다. 이 효과는 명상 수련회에서 특히 잘 나타나는데 수련회에서는 명상을 주로 하는 한편 현실 세상에서 차단되어 걱정과 기대, 후회가 많이 일어나지 않기 때문이다. 수련회에서는 디폴트 모드 네트워크를 작동시키는 걱정, 기대, 후회 등의 '원료'를 집어넣지 않으므로 현재 순간을 직접 경험하기가 더 수월하다.

일상의 감각에 깊이 몰입할 때 의식은 극적으로 변화할 수 있다. 새의 지저귀는 소리가 비현실적으로 아름답게 들린다. 벽돌, 아스팔트, 나무의 표면 등 모든 종류의 질감이 더없이 매혹적으로 다가온다. 수련회의 숲 속 걷기명상에서 나는 정교하게 조각된 나무 둥치의 질감을 어루만지는 (말 그대로 '애무하는') 나를 발견했다. 평소 그다지 자연을 아끼고 사랑하지도 않는 나 같은 사람이 말이다.

나는 평소 가던 길을 멈추어 장미 향기를 맡는 감상적이고 한가한 사람이 아니다. 내가 점심을 먹는 모습은 이렇다. 정어리 캔을 따서 포크를 쥐고는 부엌 싱크대 앞에 선 채로 먹는다. 접시에 담지도 않고 캔으로 그냥 먹는데 다 먹고 나면 캔은 곧장 쓰레기통으로 던져진다. 이걸로 내 점심 식사는 끝이다.

그러나 첫 명상 수련회에 참가하고 며칠이 지나자 지금까지와 정반대로 식사하는 나를 발견했다. 내 식사 태도의 반전은 수련회에서 제공하

마음챙김 명상은
우리를 오도하며
역효과를 낳는 느낌의
지배력을 약화시킨다

는 음식이 일반적인 기준으로 볼 때 매우 간소하다는 점을 감안하면 더욱 놀랍다. 수련회의 식사는 완전 채식으로 마트에서 파는 음식은 하나도 없었다. 내가 가장 불편했던 건 초콜릿을 나의 하루 섭취량에 모자라게 준다는 점이었다.

내가 수련회 식당에 처음 들어갔을 때 많은 사람이 눈을 감은 채 식사를 하고 있었다. 나는 이 모습에 적지 않게 놀랐다. 얼마 지나지 않아 그 이유를 알았다. 시각을 차단함으로써 맛을 백퍼센트에 가깝게 느끼기 위해서였다. 나도 시도해보았다. 결과는 놀라웠다. 샐러드를 한 입 물기만 해도(단지 맛보는 것이 아니라 샐러드의 질감을 음미하며 천천히 씹으면) 15초 동안 거의 지극한 복락의 느낌이 찾아온다. 샐러드가 이 정도일진대 버터 바른 옥수수빵의 맛은 어떨까!

명상 수련회에서는 일상의 평범한 시각 경험도 극적인 경험으로 바뀔 수 있다. 한번은 내가 망으로 된 낡은 문을 열려고 손을 내밀었다. 이때 나는 별안간 영화를 보는 듯한 느낌이 들었다. 평범한 사물을 클로즈업해 중요 사건을 암시하는 영화 장면처럼 말이다. 물론 중요한 사건은 일어나지 않았지만 이후 나는 극적인 시각 경험을 자주 했다. 첫 명상 수련회에서 한번은 명상 중에 관찰한 바를 노트에 기록하던 중 눈을 들어 창문을 바라보았다. 나는 이렇게 적었다. "나무와 창문으로 들어오는 햇빛이 얼마나 눈부시던지 마치 마약을 맞은 느낌이다."

명상 수련회의 좋은 점만 말한 것 같다. 수련회에서 생길 수 있는 '부작용'도 언급하는 게 형평에 맞겠다. 수련회가 선사하는 침묵과 고독은 우리를 일상의 걱정에서 벗어나게 하지만 한편으로 다른 걱정에 깊이 빠지는 시간이 될 수도 있다. 예컨대 평소에는 머리에 오래 맴돌지 않는 가족 문제 등 개인적인 걱정에 더 깊이 빠질 수도 있다. 게다가 평소와 다르게 마음의 실제 작용을 밀착해 관찰하다 보면 문제에 직면하는 일이 전에 없이 불편하게 느껴질지 모른다. 하지만 곰곰이 생각해보면 이것은 오히려 잘된 일이다. 괴로움을 회피하지 않고 정면

괴로움을 회피하지 않고
마주함으로써 고통을 줄이는 것
이것이 불교의 핵심 가르침이다

으로 마주하는 것, 그리고 이렇게 해서 고통을 줄이는 것이야말로 불교가 전하는 핵심 가르침이 아닌가?

내 경험으로 볼 때 이 방법은 효과가 있다. 명상 수련회에서 나는 자꾸만 나를 괴롭히는 문제들을 회피하지 않고 있는 그대로 **통과해간다**work through. 문제를 회피하지 않고 통과해가면 문제에 대한 새롭고 건설적인 관점을 얻을 수 있다. 그렇지만 문제를 회피하지 않고 통과해가기까지는 일정한 시간이 필요하며 그것은 때로 힘든 경험이다. 오랜 시간 이어지는 명상 수련회는 마음의 '극한 스포츠'라고 할 수 있다. 여기에는 고상한 면과 끔찍한 면이 함께 존재한다. 다행히 내 경험으로 볼 때 고상함과 끔찍함의 비율은 4대1 정도다.

수련회에 참가하지 않고 매일 아침 30분 정도만(아니면 오후나 저녁에 그보다 짧은 시간) 명상한다면 명상으로 얻는 유익함이 수련회만큼 분명하지 않다. 예컨대 나무를 '애무하는' 나를 보고 이웃에서 정신병자로 경찰에 신고한 적은 아직 없다. 그러나 일상에서 매일 명상을 하면 개를 산책시키는 중 잠깐 멈춰 나무를 바라보는 일이 많아진다. 정어리의 맛도 더 음미하며 먹게 되고 먹는 동안 부엌 창문을 통해 바깥 풍경을 바라보는 일도 더 많아진다.

여기서 나는 주변에 흔해 빠진 설교를 반복하고 싶지 않다. "순간을 살아라. 현재에 존재하라. 지금에 머물라" 같은 설교 말이다. 복음을 전도하는 목사부터 프로 골프선수까지 마음을 현재에 두라며 목청을 높이는 마

당에 나까지 합세할 필요는 없을 것 같다.

게다가 현재에 사는 것을 강조하다 보면 마음챙김 명상이 가진 잠재력이 협소해질 수 있고 불교가 가르치는 핵심에 대해서도 오해할 수 있다. 1장에서 말했듯이 〈마음챙김의 네 가지 토대^{The Four Foundations of Mindfulness}〉로 알려진 〈염처경^{念處經 Satipatthana Sutta}〉에는 '지금을 살라'는 가르침이 보이지 않는다. 이 경전의 어디에도 '지금'이나 '현재'라는 말은 나오지 않는다.[3] 그렇다고 현재에 머무는 것이 2천 년 전 불교 명상가들이 경험한 내용이 아니라는 말은 아니다. 고대의 마음챙김 경전의 지침을 따라 호흡과 신체 감각에 정신을 집중하면 자연스레 현재에 존재하게 된다. 그럼에도 '순도 백퍼센트'의 불교를 경험하고 싶다면, 다시 말해 '빨간 약'을 먹고 환영에서 벗어나 삶의 실상을 깨우치고 싶다면 현재에 머무는 것 자체가 마음챙김 명상의 핵심이 아님을 알아야 한다. 현재에 머무는 것은 목적이 아니라 단지 목적을 이루기 위한 수단이다. 그렇다면 우리의 목적지는 어디인가? 지금부터 말하는 깨달음이 그것이다.

깨달음에 다가가는 방법

이는 우리를 '깨달음'이라는 주제로 데려간다. 불교적 의미의 **깨달음**^{enlightenment}이란 우리가 겪는 괴로움의 원천인 두 가지 환영(나의 마음에 관한 환영과 바깥 세상에 관한 환영)을 완전히 제거하는 것을 말한다.[4] 만약 이처럼 완벽한 앎을 이룬 깨달음의 상태가 비현실적으로 들린다면 (고통 또는 불만족으로부터) **벗어남**^{liberation}이라고 말할 수도 있다. 그리고 이 상태를 가리키는 또 다른 용어가 있으니 바로 **열반**^{nirvana}이다. 당신은 열반이라는 말을 들어보았을 것이다.

깨달음을 얻는 것이 과연 가능한가에 관하여 이견이 존재하는 것은 사실이다. 어떤 사람은 깨달음을 누구나 성취 가능한 현실적인 목표로 보는 반면, 어떤 이는 깨달음을 얻기란 결코 쉽지 않은 일이어서 깊은 산에 들어가거나 (몇 년은 아니라 해도) 몇 달 정도는 하루 24시간 온종일 매달려야 한다고 본다. 또 어떤 사람은 완전한 깨달음을 얻기란 아예 불가능하다고 말한다. 이들에 따르면 참되고 순수한 깨달음이란, 수학의 점근선과 비슷해 무한히 다가갈 수는 있어도 결코 완전히 도달할 수 없는 경지이다.

얼마나 많은 사람이 실제로 깨달음을 얻었을까? 깨달음을 얻은 사람이 정말로 있기나 할까? 나는 이 질문에 답할 자격이 없다. 그렇지만 자기 내면과 외면의 실재에 관한 환영을 철저하게 뿌리 뽑은 결과, 일정 수준 너머의 의식 상태로 나아간 사람은 분명 존재하는 것 같다. 그들은 우리의 일상적 의식과는 매우 다른 의식 상태를(그리고 그들의 말에 따르면 지극한 기쁨을 느끼는 의식 상태를) 성취하고 지속시킨 사람들이다.

여기서 당연히 이런 질문을 던지게 된다. "그들은 어떻게 그렇게 할 수 있었을까? 나도 깨달음을 얻을 수 있을까? 그렇게 하려면 어떻게 해야 할까? 그게 어렵다면 내가 이전과 조금이라도 달라졌다고 느끼려면, 또 완전히 새로운 세계에 들어갔다고 느낄 정도라도 되려면 도대체 어떻게 해야 할까?"

사람들은 이런 변화는 매우 갑작스럽고 강렬한 변화일 것이라고 짐작한다. 위대한 종교적 각성이란 결국엔 이처럼 극적으로 일어난다고 생각된다. 불타는 덤불 속에서 모세에게 말씀하신 하나님이나 동굴 속의 무하마드, 다마스쿠스 길에서 회심한 바울은 모두 극적인 영적 변화를 경험한 사례가 아닌가. 붓다도 단 한 차례의 명상에서 통찰의 빛을 보았다고 하지 않는가. 영화 〈리틀 붓다〉는 깨달음의 순간이 얼마나 생생하고 극적인 경험인지 보여준다(영화 〈매트릭스〉와 마찬가지로 이 영화도 키아누 리브스가 주연이다). 깨달음의 시각적 장엄함은 말로 표현하기 어렵다.

만약 명상의 목적이 이처럼 극적이고 엄청난 계시와 깨달음을 얻는 것이라면 당신은 앞서 말한 명상의 두 길 가운데 집중 명상이 더 적절하다고 판단할 것이다. 확실히, 내가 첫 수련회에서 장시간 집중 명상으로 뜻밖에 경험한 내용을 보아도 그렇게 생각할 만하다. 당시 나는 갑자기 세계에 관하여 더 진실에 가까운 시각을 갖게 되었다고 여겼다. 그래서 무언가 대단한 돌파구를 찾았다고 생각했다. 그 경험으로 내가 깨달음을 얻었다고 여기지는 않았지만 사람들 중에는 집중 명상으로 갑작스럽고 극적인 깨달음의 경지에 들어가거나 다가가는 경우도 있겠다 싶었다.

그런데 첫 명상 수련회 이후로 나는 마음챙김 명상으로도 집중 명상을 통해 이르는 경지, 즉 뚜렷하고 생생하게 지금까지와 다른 변화된 관점을 얻을 수 있다고 믿게 되었다(물론 극적이고 심오한 집중 명상에 비하면 마음챙김 명상은 그다지 흥미롭게 들리지 않을지 모른다). 마음챙김 명상에서 흔히 시도하는 작업은 자기 내면과 외면을 면밀히 관찰하는 것이다. 그런데 이를 통해 우리는 단지 우리의 문제적 느낌을 누그러뜨리고 주변의 아름다움에 대한 감각을 키우지만 않는다. 마음챙김은 나의 외면과 내면의 실재에 관한 견해를 점진적으로, 또 불규칙해 보여도 궁극에는 체계적으로 변화시킨다. 처음에는 스트레스와 불안을 줄이고 화를 가라앉히며 자기혐오를 누그러뜨리는 등 단순하고 실용적인 목적에서 시작한 마음챙김 명상이 궁극적으로는 **(3) 사물의 본성에 대한 심오한 깨달음을 얻어 자유와 행복의 심오한 느낌을 맛보게 한다.** 치료 목적으로 시작한 마음챙김 명상이 철학적이고 영적인 시도로 승화하는 것이다. 이것이 마음챙김 명상이 가진 세 번째 장점이다. 즉 마음챙김 명상은 우리가 빠져 있는 매트릭스의 환영에서 벗어나는 길을 제공한다.

앞 단락의 내용이 모두 나의 개인적 경험이면 좋겠다. 그리고 내가 모든 사물을 완벽에 가까운 명료함으로 바라보며, 지속적이고 의미 있는 관점의 변화와 극락의 상태를 경험했다고 말할 수 있으면 좋겠다. 아쉽게도 그렇지 않다. 그럼에도 나는 나보다 훨씬 멀리까지 간 명상가들과의 대화를 통해 앞 단락의 말이 진실이라고 확신한다. 이 책에서 우리는 그들의 '증언'을 들어볼 것이다. 그들의 증언을 통해 여러분도 내가 얻은 정도의 확신을 갖기를 바란다.

더욱이 나는 매우 극적인 관점의 변화를 개인적으로 경험했다(잠깐이긴 했어도). 앞에서 발표 불안이나 카페인 과다 증상과 맺는 관계를 급격히 변화시킨 내 경험에 대해 이야기했다. 내가 명상 고수들과 나눈 대화에서 알게 된 사실은 그들 역시 명상을 하는 과정에서 거의 언제나 이와 비슷한 경험을 했다는 점이다. 정말로, 많은 경우 이 경험들은 보다 광범위한 깨달음의 길로 나아가는 준비 단계로 보인다. 나는 아직 깨달음이라는 건물의 전경을 보지는 못했지만 건물의 기본 뼈대 정도는 본 것 같았다.

통찰 명상

엄밀히 말해 내가 깨달음이라는 건물의 기본 뼈대를 보게 해준 건 마음챙김 명상이 아니다. 내가 했던 마음챙김 명상은 위빠사나 명상의 한 분파다. **위빠사나**^{vipassana}는 '명료하게 본다'는 의미의 고대 팔리어로서 대개 **통찰**^{insight}로 번역된다. 내가 2003년에 참가한 수련회 장소인 통찰명상회 역시 위빠사나 명상을 하는 곳이었다.

위빠사나의 가르침이 마음챙김을 매우 중시하기 때문에 어떤 이는 '위빠사나'와 '마음챙김'을 동의어로 사용한다. 그러나 둘을 구분할 필요는 있다. 마음챙김 명상은 스트레스 감소 등 다양한 목적으로 활용할 수 있는 기술이다. 그런데 정통 위빠사나 명상의 틀에서 마음챙김 명상을 한다면 그 궁극적인 목적은 통찰의 획득이라는 더 야심찬 목적이어야 한다. 이때 '통찰'은 일상에서 무엇에 대해 새로 알게 된다는 의미가 아니다. 그보다는 실재의 참된 본성을 꿰뚫어보는 것을 말한다. 천년도 더 된 불교 경전들은 실재의 참된 본성이 무엇인지 자세히 이야기한다. **무상**^{無常}·**고**^苦·**무아**^{無我}라는 세 가지 특상^{特相}, 즉 **삼법인**^{三法印}이 그것이다.

통찰은 무상, 고, 무아라는 실재의 참된 본성을 꿰뚫어 아는 것이다

경전들은 삼법인을 꿰뚫어 아는 것을 위빠사나로 정의한다.

세 가지 특상 가운데 무상과 고는 어렵지 않게 이해할 수 있다. 첫째 특상인 무상은 세상에 영원히 지속되는 것은 아무것도 없다는 주장이다. 영원히 지속되는 것이 없다는 사실을 부정할 사람은 아무도 없을 것이다. 실재의 둘째 특상은 둑카, 즉 고통이나 불만족이 존재한다는 것이다. 우리 가운데 고통을 겪지 않고 불만족을 경험하지 않은 사람이 있을까. 위빠사나 명상의 핵심은 무상과 고를 단지 머리로 이해하기보다(무상과 고의 개념적 이해는 어려워 보이지 않는다) 이전과 다른 민감성으로 무상과 고를 분명하게 봄으로써 그 보편성을 깊은 차원에서 이해하는 것이다. 그런데 존재의 세 번째 특상인 무아는 좀 다르다. 무아는 머리로 이해하는 것 자체가 만만치 않다.⁵ 그럼에도 불교 교리에 따르면, 당신의 목표가 위빠사나라면(다시 말해 참된 명료함으로 실재를 통찰해 깨달음으로 가는 길을 닦는 것이라면) 무아에 대한 깨달음은 필수적이다.

나의 경우, 무아를 깨닫는 여정은 첫 명상 수련회에서 시작되었다. 더 정확히는 명상 중 호흡에 집중하려 해도 마음이 자꾸 딴 데로 달아난다는 말을 지도자 선생님에게 한 때였다. 사실, 마음이 방황하는 걸 알아차리는 일은 그리 대단한 통찰로 보이지 않는다(물론 선생님은 그런 나를 기립 박수로 격려하려 했지만). 그럼에도 그것은 나름의 의미가 있었다. 내가 인터뷰에서 선생님과 대화한 내용은 통제의 주체인 나의 자아가 내 정신의 가장 기본적인 일면(즉 머리에 떠오르는 생각을 통제하는 것)조차 간단히 해내지 못한다는 점이었다.

다음 5장에서 보겠지만 이런 통제감의 부재는 붓다가 무아에 대한 깨달음을 강조한 배경의 일부를(전부는 아니라 해도) 이룬다. 책의 뒤에 가서 우리는 '내가 존재하지 않는다'는 무아 주장의 의미에 대해 생각해볼 것이다. 그리고 내가 존재하지 않음을 깨달을 때 오히려 통제감을 더 갖게 됨을(매우 역설적으로 들리지만) 깨닫게 될 것이다.

5장

자아가 존재하지 않는다는 주장은 과연 진실인가

The Alleged Nonexistence of Your Self

서양에 위빠사나 명상을 알리는 데 기여한 태국의 고승 아잔 차Ajahn Chah 스님은 불교 사상 가운데 무아가 가장 이해하기 어렵다고 말했다. 무아 사상에 담긴 기본적인 생각은 자아가(나의 자아, 당신의 자아라고 할 때의 자아가) 어떤 의미에서 존재하지 않는다는 것이다. 아잔 차는 무아를 이해하려면 직접 명상 수행을 해야 한다고 했다. 또 무아를 단지 머리로 이해하려고 하면 머리가 터져버릴지 모른다고도 했다.(Kornfield와 Breiter 편저. 1985, p.173)

다행히 나의 경우, 아잔 차 스님의 경고는 적중하지 않았다. 우리는 명상을 하지 않고도, 또 머리가 터질까봐 걱정하지 않고도 무아의 의미를 미루어 짐작할 수 있다. 다만, 무아를 이해하는 데 '성공'한다고 장담하지는 못한다. 5장은 여러분이 무아를 이해하도록 최대한 도울 것이다. 하지만 분명하게 이해하지 못하더라도 걱정 말라. 당신만 그런 건 아니니까.

어쨌든 아잔 차 스님은 무아를 머리로 이해하기 어렵다는 점만을 강조한 것은 아니다. 스님의 의도는 불교의 핵심 사상을 명상 수행을 통해 실제 체험으로 이해해야 한다는 것이다. 무아의 교리를 추상적 개념으로 이해하는 것과 그 의미를 직접 체험하는 것은 매우 다르다. 만약 당신이 무아 사상을 머리로 이해하는 데서 나아가 더 행복하고 더 좋은 사람이 되는 실제적 목적을 가졌다면 더욱 그러하다. 즉, 주변의 생명체와 새로운 연결감을 느끼고 전과 다른 관대함으로 그들을 대하려면 무아를 단지 머리로 이해하기보다 직접 체험으로 깨닫는 것이 중요하다. 불교에 따르면 **자아가 존재하지 않음**self-less을 깨달으면 더 **이타적인**selfless 사람이 될 수 있다.

1959년 월폴라 라훌라Walpola Rahula 스님은 『붓다는 무엇을 가르쳤나 What the Buddha Taught』라는 유명한 책에서 무아에 대해 다소 격정적으로 말했다. "붓다의 가르침에 따르면 자아가 존재한다는 생각은 그에 상응하는 실체가 없는 머릿속의 거짓 믿음이다. 자아가 존재한다는 생각은 '나', '나의 것'이라는 해로운 생각과 이기적 욕망을 일으킨다. 또 갈애, 집착, 증오, 악의, 자만심, 우월감, 자기중심주의, 마음의 번뇌와 불순물 등 각종 문제를 낳는다. 자아가 존재한다는 생각은 개인적 갈등에서 국가 간 전쟁까지 세상 모든 문제의 근원이다. 요컨대, 세상에 존재하는 모든 악의 근원을 거슬러 올라가면 거기에는 자아가 존재한다는 잘못된 견해가 자리 잡고 있다."(Rahula (1959) 1974, p.51)

─────────────────────

세상에 존재하는 악의 근원을 거슬러 올라가면 거기에는 자아가 존재한다는 잘못된 견해가 자리 잡고 있다

이렇게 말하고 보면 당신은 무아의 진실을 더 많은 사람이 깨달으면 좋겠다고 생각할 것이다. 그런데 문제가 있다. 온전한 무아 체험은 대개 명상을 아주 오래 한(적어도 나보다는 오래 한) 사람에게나 가능하다는 사실이다. 세상의 많은 사람이 무아 체험을 해야만 세상을 구원할 수 있다면 우리는 아주 오랜 시간을 기다려야 할 것이다.

그러나 마냥 기다릴 수만은 없다. 우리는 어딘가에서 시작해야만 한다! 여기서 좋은 소식이 있다. 무아 체험을 반드시 '성공 아니면 실패'의 양자택일로 보지 않아도 좋다는 점이다. 즉 무아를, 일정한 문턱을 넘어 마침내 자기 변화를 체험하거나 아니면 영원히 문턱에 이르지 못해 어떤 정신적 고양감도 느끼지 못하는 문제로 보지 않아도 된다. 이상하게 들리겠지만 아주 단출한 일상의 명상으로도 무아를 조금은 체험할 수 있다. 이렇게 시간이 흐르면 무아를 조금 더 체험할 수 있고 그 다음에는, 누가 알겠는가, 당신이 무아를 완전히 체험해 지금과 전혀 다른 사람이 될지 말이다. 그러나 설령 무아를 완전히 체험하지 않는다 해도 중요하고 지속적인 정신적 향상을 이루는 일은 가능하다. 또 그 과정에서 당신 자신과 인류에게 이로움을 줄 수 있다.

그리고 나는 아잔 차가 말한 머리로 이해하기, 즉 무아를 추상적 개념으로 이해하는 방법도 명상의 향상에 도움이 된다고 본다. 특히 붓다 자신의 무아 주장을 살펴보는 것은 그만한 가치가 충분히 있어 보인다.

붓다의 주장을 곰곰이 생각해보기 전에 아잔 차의 경고에 하나를 더 해야겠다. 사실 붓다의 주장은 무아 개념의 이해를 어렵게 만드는, 상식과 조금 동떨어진 면이 있다. 붓다는 인간의 마음을 심리학자나 일반인과 다른 방식으로 분석한다. 그렇지만 5장이 끝난 뒤에 우리는 현대 과학이라는 좀 더 익숙한 영역으로 돌아올 것이다. 그때까지는 붓다가 세상을 어떤 식으로 보았는지 찬찬이 살펴볼 실제적 가치가 있다.

무아에 관한 중요한 설법

우선, 붓다가 무아에 관해 처음 설했다는 〈무아경〉을 보자. 설법은 다섯 비구와의 만남에서 이루어진다. 〈무아경〉의 가르침은 이런 만남에 공통되는 다음 패턴에 따라 전개된다. 붓다가 자기 가르침의 근본 이치를 비구들에게 가르치면 비구들은 이를 즉시 납득해 그 자리에서 깨달음을 얻는다. 설교가 끝날 즈음엔 모두가 평범한 비구에서 완전한 깨달음을 얻은 아라한(수행을 통해 이르는 성인의 최고 경지. 수다원-사다함-아나함-아라한으로 이어진다-옮긴이)이 된다. 이들이 붓다 이후 최초로 아라한이 된 다섯 비구이다.

무아를 깨달아 아라한이 된 역사적 사건은 불교 사상에서 무아의 교리가 차지하는 중요성을 말해준다. 그리고 무아에 관한 설법이 비구들에게 깨달음을 주었다는 사실은 불교 경전에서 〈무아경〉의 특별한 위치를 보여준다. 고대 철학과 종교의 여느 교리와 마찬가지로 무아의 교리에 대해서도 다양한 해석이 존재한다. 그럼에도 사람들이 무아의 참 의미를 주장할 때 인용하는 불교 경전 가운데 〈무아경〉은 가장 기본이 되는 텍스트이다.

〈무아경〉에서 붓다가 취한 가르침의 전략은 비구들이 가진 자아에 대한 강한 믿음을 통째로 뒤흔드는 것이었다. 붓다는 비구들에게 한 인간의 정확히 어디에서 '자아'라고 할 만한 것을 찾을 수 있느냐고 묻는다. 그런 다음 붓다는 이를 체계적으로 탐색해나간다. 불교철학은 인간과 인간의 경험을 구성하는 다섯 무더기(색·수·상·행·식의 오온五蘊)에 대해 말하는데 붓다는 이를 차례로 살핌으로써 자아가 존재하지 않음을 가르친다. 오온을 제대로 설명하려면 한 장章이 필요하나 여기서는 간략히 설명하기로 한다.

(1) **색**色: 신체(〈무아경〉에서는 이를 형상form이라고 부른다) (2) **수**受: 좋은 느낌, 싫은 느낌, 좋지도 싫지도 않은 느낌 등의 기본적 느낌 (3) **상**想: 인식 가능한 형상과 소리 등을 '그것'이라고 알아보는 정신 기능 (4) **행**行: 정신적 형성물(복잡한 감정, 생각, 성향, 습관, 의사결정 등을 아우르는 넓은 범주) (5) **식**識: 의식 또는 자각(위 네 무더기의 내용을 단지 아는 작용). 붓다는 다섯 무더기를 열거한 뒤 이 가운데 과연 '자아'라고 할 만한 것이 있느냐고 묻는다. 다시 말해 다섯 무더기 가운데 어느 것이 자아의 성질을 가졌느냐는 것이다.

그렇다면 여기서 이런 질문을 던질 수 있다. 즉 자아는 어떤 성질을 가졌는가? 근본적으로 붓다는 '자아'라는 말을 어떤 의미로 사용했을까? 아쉽게도 붓다는 자신이 사용한 용어의 의미를 정의하는 데 충분한 시간을 들이지 않았다. 그렇지만 붓다의 무아 주장을 면밀히 살피면 붓다가 자아를 어떤 의미로 사용했는지 짐작할 수 있다. 즉 '자아'라고 할 만한 것이 존재한다면 붓다는 그것이 어떤 성질을 가졌다고 보았는지 대강 알 수 있다.

우선 붓다는 자아를 **통제**control와 연결 지어 설명했다. 예컨대, 오온 가운데 육체를 뜻하는 색의 무더기에 관한 붓다의 설명을 보자. "만약 색이 자아라면, 그리고 색이 고통을 일으키지 않는다면 색에 관하여 이렇게 말할 수 있어야 한다. '내 몸이 이렇게 되기를, 내 몸이 이렇게 되지 않기를……'" 그러나 붓다는 우리 몸은 결국 고통을 겪게 되며, 내 몸이 특정한 상태가 되기를 원한다고 해서 상황을 마법처럼 바꿀 수는 없다고 말한다. 이 점에서 몸을 구성하는 색은 우리가 통제할 수 있는 대상이 아니다. 따라서 색이 자아가 아니라는 주장은 사실과 일치한다고 붓다는 말한다(5장과 7장은 다음의 〈무아경〉 영역본을 토대로 함: Mendis 2010). 내 몸이라고 해서 곧 나인 것은 아니라는 말이다.

**우리에게 고통을 안기며
우리가 통제할 수도 없는 것을
어떻게 자아라고 부를 수 있는가?**

그런 다음 나머지 네 무더기도 차례로 살핀다. "만약 느낌이 자아라면 고통을 일으키지 않을 것이다." 그리고 "내 느낌이 이렇게 되기를, 이렇게 되지 않기를"이라고 말함으로써 느낌을 마음대로 할 수 있어야 한다. 그러나 당연하게도 우리는 일반적으로 느낌을 통제하지 못한다. 불쾌한 느낌은 우리가 원치 않아도 계속 따라다닌다.[6] 그러므로 붓다는 느낌도 자아가 아니라고 결론짓는다. 나머지 상, 행, 식도 마찬가지다. 오온 가운데 우리에게 고통을 안기지 않으며 우리가 통제할 수 있는 것이 있는가? 없다면 우리가 통제할 수 없는 것을 어떻게 자아라고 부를 수 있는가?

여기서 일부 독자는 이런 질문을 던질지 모른다. "잠깐, 붓다는 지금 자아가 우리의 통제 '아래' 있지 않다고 말하고 있어요. 즉 자아가 통제의 대상이 아니라는 거죠. 그런데 내가 보기에 자아는 통제의 대상이 아니라 통제의 주체에요. 내 존재를 다스리는 주인이죠." 물론 당신은 이런 의문이 들지 않을 수도 있다. 그리고 이런 질문을 하는 이유조차 이해 못할 수도 있다. 자아에 관해 말할 때 생기는 문제는 '자아'라는 말의 의미에 대하여 사람마다 모두 다른 직관을 갖고 있다는 점이다. 어쨌든 당신에게 위의 의문이 든다면 대강의 답을 이렇게 제시할 수 있다.

나를 다스리는 통제 주체로서의 자아가 존재한다는 생각은 〈무아경〉이 아닌, 자아의 존재를 부정하는 다른 경전에서 더 명시적으로 반증된다. 한편 〈무아경〉에서 붓다가 통제 주체로서의 자아의 존재를 부정하는 방식은 다소 암묵적이다.[7] 나를 다스리는 주인, 즉 통제 주체로서의 자아가 존재하는가 여부에 관해서는 6장에서 자세히 살핀다. 여기서는 다만 〈무아경〉에서 펴는 붓다의 주장을 문자 그대로 따르지 않아도 좋다는 말을 하고 싶다. 중요한 것은 붓다가 펴는 주장의 전체 맥락을 파악해 자신의 수행에 도움이 되도록 사용하는 것이다(이는 초보 명상가라고 해서 다르지 않다). 즉 붓다가 자아라고 부를 만한 표식을 찾는 과정에서 인간 존재를 구성 요소에 따라 하나씩 분석해 살핀 방식은 무아 개념을 수행에 도움이 되도록 활용하는 방법이 될 수 있다.

그리고 자아가 가진 특성으로 간주되는 것에는 통제만 있지 않다. 또 통제는 붓다가 〈무아경〉에서 유일하게 검토하는 특성도 아니다. 나의 경우, '나의 자아'라고 할 때 떠오르는 특성은 시간상으로 일정하게 지속되는 무엇이다. 나는 열 살 이후 지금까지 많이 변했지만 내면의 핵심이라 할 만한 정체성과 자아는 어떤 의미에서 지속적이라고 생각된다. 끊임없는 변화의 와중에도 나의 정체성과 자아는 어느 정도 일정하게 유지된다고 생각되는 것이다.

붓다라면 이에 대해 그렇지 않다고 말했을 것이다. 붓다는 모든 것은 끊임없이 유동하며 세상에 영원한 것은 아무것도 없다고 보았다. 붓다는 〈무아경〉에서 자아의 존재에 대한 의심을 오온에 적용시킨다. "비구들이여, 어떻게 생각하는가? 느낌은 영원한가, 영원하지 않은가?" 비구들은 즉시 대답한다. "영원하지 않습니다." 그러자 붓다는 이렇게 이어간다. "그렇다면 상은 영원한가, 영원하지 않은가? 행과 색과 식은?" 비구들은 다섯 무더기 중 어느 것도 영원하지 않음을 이해한다.

이 과정을 거쳐, 흔히 자아가 지녔다고 여기는 두 가지 속성인 통제와 시간상 지속성이 인간을 구성하는 다섯 요소의 어디에도 실제로 존재하지 않다고 판명된다. 이것이 붓다가 무아에 관한 최초의 설법에서 편 주장의 핵심이다. 그리고 자아가 존재하지 않는다는 주장은 일반적으로 불교의 핵심 주장으로 받아들여진다.

무아는 정말 자아가 존재하지 않는다는 의미인가?

그런데 자아가 존재하지 않는다는 붓다의 혁명적 주장에는 특이한 점이 하나 있으니 바로 **자아의 존재 가능성을 언뜻 내비친다는 점**이다.

〈무아경〉의 마지막에 붓다는 자신의 핵심 가르침을 전하며 비구들에게 다섯 무더기를 차례로 살피게 한 다음 이렇게 말한다. "이것은 나의 것이 아니다. 이것은 내가 아니다. 이것은 나의 자아가 아니다." 또 붓다는 "이 가르침을 철저하게 따르는 비구는 욕망을 제거해 괴로움에서 벗어날 수 있다."고 말한다.

좋다, 그렇다고 하자. 그런데 만약 자아가 없다면 자아가 아닌 모든 것을 버린 '그'는 어떤 존재일까? 그리고 이때 버림의 주체는 누구일까? 애초에 '나'가 존재하지 않는다면 어떻게 나를 구성하는 다섯 무더기에 대해 "이것은 '내 것'이 아니다. 이것은 '나'가 아니다."라고 말할 수 있는가? 다시 말해 내가 소유하지 않는 것, 내가 아닌 무엇이 존재한다고 말하려면 애당초 '나'라는 게 있어야 하지 않는가? 어떻게 붓다는 자아가 존재하지 않는다고 하면서 '나, 너, 그, 그녀' 같은 단어를 계속 사용하는가?

이 질문에 대해 불교에서 흔히 내놓는 대답은 이렇다. "깊은 차원에서는 자아가 존재하지 않는다. 하지만 인간의 언어는 실재를 가장 깊은 차원에서 설명하는 데 한계가 있다. 언어적 관습이라는 실제적인 이유로 일단은 '나, 너, 그, 그녀'가 존재한다고 말하는 것이다. 궁극적 차원에서 자아는 존재하지 않지만 관습적 의미로는 존재한다."

자, 이제 모든 것이 분명해졌는가? 글쎄, 아닌 것 같다. 그렇다면 불교의 스승들이 무아에 관해 흔히 말하는 다음과 같은 표현은 어떤가? "당신은 실재한다. 그러나 정말로 실재하는 것은 아니다.You are real. But you're not really real."

　아직 헛갈리는가? 그렇다면 무아의 역설을 해결하는 다른 방법을 시도해봄직하다. 그것은 붓다가 〈무아경〉에서 실제로 가르치고자 했던 바는 자아의 존재를 부정하는 것이 아닐 수도 있다고 생각해보는 것이다. 이것은 주류 불교 사상가들이 보기에 매우 급진적인 생각이지만 독립적 입장을 취하는 몇몇 학자는 진지하게 받아들이므로 한번 살펴볼 필요가 있다(다음을 참조: Harvey 1995, Thanissaro 2013. Thanissaro에 대한 대답은 다음을 참조: Bodhi 2015).

이단을 기웃거리다: 〈무아경〉은 자아의 존재를 부정하지 않는다?

　이들 독립적 학자들이 내놓는 주장은 무아에 관한 붓다의 최초의 설법 어디에도 "자아가 존재하지 않는다."는 말이 등장하지 않는다는 점이다. 붓다는 다섯 무더기의 하나하나가 자아가 아니라고 말했을 뿐, 다섯 무더기를 차례로 살피면 그것으로 자아에 대한 탐색이 완결된다고 말하지 않았다. 그렇다면 인간을 구성하는 요소에 오온 외에 다른 것이 더 있는지 모른다!

　그런데 이런 가능성을 제기하면 주류 불교학자들의 반발을 살 것이다. 주류 학자들은 붓다가 〈무아경〉에서 정확히 말하지는 않았지만 불교철학은 오온을 인간을 구성하는 '모든 것'으로 본다고 주장한다. 그리고 실제로 오온 외에 인간은 아무것도 아니라는 주장은 불교철학의 교리가 되었다. 자아가 존재하지 않는다는 생각도 마찬가지다. 그런데 우리는 여기서 "오온 외에 인간이란 없다"거나 "자아가 존재하지 않는다"는 주장이 불교철학의 내용인지 묻는 것이 아니다. 우리는 이 주장들이 '원래부터' 불교철학의 일부였는지, 다시 말해 붓다 '자신'이 그런 생각을 했는지 묻고 있다. 두 주장 모두 무아에 관한 붓다의 첫 설법만으로는 명시적으로 드러나지 않는다.

어쨌든 붓다가 오온을 버리는 '나'와 버린 다음 거기서 벗어나는 '나'가 오온과 별개로 존재하는 것처럼 말한 의도를 설명하는 방법이 있을까? 있다면 무엇일까? 그것은 붓다는 인간에게 애당초 오온 외의 무언가가 더 있다고 보았다고 가정하는 방법이다.

오온을 버린 뒤 거기서 벗어나는 '나'를 어디서 찾을 수 있을까? 이를 설명하는 두 번째 시나리오는 다섯 무더기가 모두 똑같이 만들어지지 않았다고 보는 것이다. 다시 말해 오온 가운데 식識은 나머지 네 무더기와 조금 다르다고 보는 것이다. 어쩌면 오온을 모두 내려놓은 뒤 거기서 벗어나는 주체는, 그래서 다른 네 무더기에 '얽힌' 상태에서 벗어나는 주체는 식이라는 무더기인지 모른다. 그리고 자아라는 생각을 내려놓은 뒤의 나는 어떤 상태가 되느냐고 묻는다면 바로 식의 상태, 즉 일종의 **순수 의식**의 상태가 되는지 모른다.

물론 주류 학자들은 이런 시나리오가 가진 문제점을 즉각 지적할 것이다. 그들은 붓다가 무아에 관한 최초의 설법인 〈무아경〉에서, 다른 네 무더기를 버리는 것과 다르지 않게 식도 철저히 버려야 한다고 주장했다고 말한다. 다시 말해, 무더기에서 벗어난 뒤 남는 '나'는 식 외의 네 무더기와 단절하는 것과 똑같이 식과도 완전히 단절한다는 것이다.

일리가 있는 주장이다. 그러나 붓다가 이와 조금 다른 어조로 설한 설법이 일부 존재한다. 붓다는 어느 설법에서 우리가 무아의 가르침을 진지하게 받아들여 오온에 대한 집착을 완전히 버렸을 때 어떤 일이 일어나는

지 이야기한다. 거기서 붓다는 벗어남의 주체는 의식이라고 말한다. 붓다는 의식에 대해 이렇게 말한다. "벗어남으로 의식은 안정되고, 의식이 안정됨으로 만족하며, 만족함으로 의식이 동요하지 않는다. 동요하지 않으면 그는 열반을 얻는다."(Samyutta Nikaya 22:53, Bodhi 2000, pp.890-91)

붓다는 이처럼 벗어남의 주체가 의식이라고 말함으로써 의식과 나머지 네 무더기의 관계를 흥미롭게 설정한다. 일상적 상태의 의식, 즉 아직 깨닫지 못한 우리에게 익숙한 의식은 색, 수, 상, 행의 네 무더기에 **얽힌**engaged 의식이다. 붓다는 "아직 깨닫지 못한 자의 의식은 몸, 느낌, 지각, 정신적 형성과 얽혀 있다"고 말한다.

여기서 얽힘이란 아직 깨닫지 못한 자가 의식을 통해 네 무더기를 인지한다는 사실만을 의미하지 않는다. 얽힘에서 벗어나 깨달음을 얻은 자도 '의식을 통해야만' 네 무더기를 인지할 수 있다. 만약 의식을 통하지 않는다고 한다면 깨달은 자는 의식의 대상이 거의 남지 않게 될 것이다. 그보다 여기서 얽힘이란 의식과 네 무더기 사이의 강한 연결성을 가리킨다고 보아야 한다. 붓다의 표현에 따르면 얽힘은 오온이라는 다섯 무더기에 대한 욕망의 결과물이다. 사람들은 다섯 무더기에 집착한다[五取蘊]. 무더기를 자기 것으로 소유하려 한다. 그런데 무더기가 자아가 아님을, 즉 무아not-self임을 깨닫지 못하면 얽힘은 지속된다. 아직 깨닫지 못한 자는 자신의 감정, 생각 등의 무더기를 자기 소유로 집착한다. 그러나 사실, 무더기는 자아가 아니다.[8]

얽힘에 관한 붓다의 설법은 단순함의 매력을 가진 모형이다. 즉, 얽힘에서 벗어난다 함은 의식이 느낌이나 생각 등 의식의 내용물과 맺는 관계를 변화시키는 것이라는 점이다. 느낌과 생각 등 의식의 내용물이 자아

> 나의 느낌과 생각이
> '나'가 아님을 깨달으면
> 의식이 얽힘에서
> 벗어날 수 있다

가 아님을, 즉 무아임을 깨달으면 의식이 그것들과 맺는 관계는 얽힘에서 벗어나 관조와 바라봄에 더 가까워진다. 이런 과정을 거쳐 의식은 (무더기의 내용물에 대한) 얽힘에서 벗어날 수 있다. 그리고 이때 뒤에 남는 '나'는 (즉 무아에 관한 첫 설법에서 붓다가 벗어남의 주체라고 말한 '나'는) 얽힘에서 벗어난 의식이다.

이 각본이 내가 처음에 제기한 질문(오온이 한 사람을 구성하는 전부라면 〈무아경〉에서 붓다가 말한, 오온에서 벗어난 '나'는 어디에 존재하는가라는 질문)에 대한 명확하고 최종적인 답이었으면 좋겠다. 그러나 아쉽게도 얽힘에 관한 설법을 깊이 파고들수록(그 모호성과 모순성에 직면하고, 번역의 문제를 고려하며, 〈무아경〉의 고대 주석서를 참고하더라도) 확신을 갖고 이런 단순한 각본을 끌어내기는 어렵다.[9] 게다가 붓다가 무아에 관한 최초의 설법과 그 밖의 설법에서 의식이 자아가 아니며 벗어남을 위해서는 의식까지도 내려놓아야 한다고 여러 차례 설한 사실을 부정할 수도 없다. 이런 사정은 의식 외의 네 무더기에 대한 얽힘에서 벗어난 '나'는 의식의 무더기에 행복하게 안주한다는 전망과도 맞지 않는다.

그러나 이 전망을 미리 포기할 필요는 없다. 일부 불교철학자는 어쩌면 애당초 두 종류의 의식이 존재할지 모른다고 말한다. 의식의 두 가지 **양식**mode이랄까, 두 가지 **층위**layer라 할까. 하나는 우리가 벗어나야 하는 의식이고, 다른 하나는 벗어난 뒤에도 '나'와 함께 남는 의식이다. 첫 번째 종류의 의식이 식 이외 무더기의 내용물에 깊이 얽힌 의식이라면, 두 번째 종류의 의식은 다른 무더기의 내용물을 객관적으로 자각하는 의식이다. 즉 얽힘에서 벗어난 뒤에도 지속되는, 관조하는 의식이다.

명상의 고수들은 종종 지켜보는 의식, 즉 **관찰자 의식**witness consciousness을 경험한다고 말하는데 이는 아마도 두 번째 종류의 의식을 가리키는 듯하다. 개중에는 이런 의식 상태를 꽤 오랜 시간 경험하는 사람도 있다. 어쩌면 이 의식 상태가 한없이 지속되는 사람을 깨달은 사람이라고 할 수 있을지 모른다. 그리고 오온에 대한 집착에서 벗어난 '나'가 머무는 장소가 바로 관찰자 의식일 수도 있다.[10]

'어쩌면'이다. 아니면 무아를 머리로 이해하려면 머리가 터져버릴 거라는 아잔 차 스님의 경고가 사실일 수 있으니 머리로 이해하는 일은 이쯤에서 그만두는 게 좋을지 모른다.

물론 당신의 머리는 아직 터지지 않았을 테지만 여전히 아리송한 상태일 것이다. 여기서 좋은 소식이 있다. 당신이 느끼는 혼란스러움을 지금 당장 깨끗이 몰아낼 필요는 없다는 점이다. 앞으로 몇 년간 당신이 열심히 명상을 해서 완전한 깨달음을 얻기까지 기다려도 좋다. 그때 가서 당신이 무아를 직접 경험하면 내게 설명해주어도 좋겠다. 그때가 오기 전까지 내가 당신에게 주는 권고는 이렇다.

평생토록 당신이 품어온 전제, 즉 당신 안의 어딘가에 '나'라고 이름 붙일 만한 존재가 있다는 생각을 계속 즐기라는 것이다. 당신 자신을 자아로 간주한다 해서 불교의 주요 교리를 위반하는 '중죄'를 지은 것처럼 자책할 필요는 없다. 다만 당신의 자아가 가장 깊은 차원에서 당신이 줄곧 생각해온 '그것'이 전혀 아닐 수 있다는 급진적 가능성에 마음을 열어두자. 만약 붓다의 가르침을 따라, 지금껏 당신 소유로

지금까지 내 것이라고 여긴 내면 심리의 상당 부분이 내 것이 아님을 알 수 있다면 인간 존재를 바라보는 엄청난 관점 변화를 경험할 수 있다

여겼던 내면 심리 풍경의 상당 부분이 당신 것이 아님을 안다면 당신은 인간 존재를 바라보는 엄청난 관점 변화를 경험할 것이다. 그리고 붓다가 권하는 상태에 이르면 당신은 지금껏 자아를 지니고 살아온 것과는 완전

히 다른 상태가 될 것이다.

그렇다면 그 상태는 과연 어떤 느낌일까? 나는 이 질문에 답하기에 적합한 사람이 아니다. 왜냐하면 나는 '상당량의' 내면 풍경을 아직 완전히 버리지 못했기 때문이다. 다만 2장에서 말했듯이 명상에서 첫 '성공'을 거두는 경험 정도는 했다. 구체적으로 말하면 카페인 과다 섭취로 턱에 느끼는 긴장감 때문에 이를 갈고 싶은 느낌이, 명상을 통해 별안간 나의 일부가 아닌 듯 느낀 경험을 했다. 그 순간, 턱의 긴장감으로 이를 갈고 싶은 느낌은 더 이상 불쾌한 느낌이 아니었다. 나는 여전히 턱의 긴장되는 느낌을 '의식하고는' 있었지만 나의 의식은 그것을 나의 느낌으로 갖지 않았고 그것에 '얽혀 있지' 않았다. 나는 아직 붓다가 권한 대로 '모든' 느낌에 대한 집착을 내려놓지는 못했지만 적어도 턱에서 느껴지는 특정 느낌에 대한 집착은 내려놓았다. 턱에서 느끼는 긴장감이 반드시 내 자아의 일부일 필요가 없음을 깨달았다. 나는 자아가 개입되지 않은 방식으로 나의 자아를 새롭게 정의할 수 있었다.

분명히 턱의 긴장감을 여전히 의식하고는 있었지만 이제 나의 의식은 이전과 다르게 그 느낌을 '관조하고' 있었다. 마치 글을 쓰다가 창문 너머로 바람에 흔들리는 나뭇가지를 물끄러미 바라보는 것처럼 말이다. 이빨을 갈고 싶은 턱의 긴장감을 내가 갖고 있다는 감각이 사라지는 대신 이제 그 느낌을 초연함과 평정의 마음으로 보게 되었다.

치통에서 통증만 뽑아내다

이빨에 대해 말하고 보니 20세기의 저명한 불교학자 에드워드 콘즈

Edward Conze가 불교의 자아 개념에 관해 한 말이 떠오른다. "충치에서 통증이 느껴진다고 하자. 이때 통증은 이빨과 거기 붙은 신경에서 일어나는 과정이다. 만약 이빨에 '나'를 개입시켜 '나의 이빨'이라고 생각하면(이것은 거의 노력이 필요하지 않다) 그리하여 이빨에 일어나는 일은 반드시 '나'에게 영향을 미친다고 믿으면 불편한 생각이 더 크게 일어난다." 이런 차원에서 불교인은 자아가 존재한다는 믿음 때문에 괴로움이 일어난다고 믿는다. 다시 말해 나의 치통은 애당초 그것이 '나의 이빨'이기 때문에 나를 아프게 한다는 것이다(Conze 1959, p.18).

명상을 오래 한 내 지인 중에 실제로 이 주장을 실험한 이가 있었다. 그는 충치를 뽑은 자리에 보철물을 넣을 때가 되자 치과의사에게 치과용 마취제인 노보카인을 쓰지 말라고 부탁했다. 치료를 마친 그는 마취제를 쓰지 않은 치료 경험이 아주 좋았다고 말하지는 않았다. 그렇지만 반쯤 마비된 얼굴로 몇 시간을 다니는 것보다는 차라리 나았다고 말했다.

나 개인적으로는 차라리 반쯤 마비된 얼굴로 다니는 편을 택할 것이다. 나는 치과 의자에 앉은 채로 깊은 마음챙김 상태에 들어갈 것 같지 않다. 그렇기는 해도 나 역시 2주간의 명상 수련회 중 열흘째에 이와 비슷한 경험을 했다. 당시 내 이빨 중에 근관根管 치료가 필요한 치아가 있었는데 물을 마실 때마다 거기가 아팠다. 상온의 물을 마셔도 통증이 심해 견디기 어려웠다. 나는 어떤 일이 일어나는지 지켜보자는 마음으로 자리에 앉아 30분간 명상을 했다. 그런 다음 물을 꿀꺽꿀꺽 들이켜 아픈 이빨을 일부러 물에 푹 담갔다.

결과는 이상하리만치 놀라웠다. 나의 의식이 세차게 욱신거리는 이빨의 맥동에 완전히 몰입했음에도 맥동은 그다지 불쾌하게 느껴지지 않았다. 이빨의 욱신거리는 맥동은 쓰지도 달지도 않은, 그 중간에서 왔다 갔다 했다. 이빨의 맥동은 경외감을 자아낼 정도였다. 맥동은 그 힘과 장엄함, 아름다움에서 숨이 멎을 만큼 굉장했다. 이 특별한 경험이 나의 평소의 치통 경험과 다른 점을 간단히 말하라면 '아야!' 하는 비명이 줄고 '우와!' 하는 감탄사가 늘었다는 점이다.

만약 내가 명상 수련회에 참가하지 않았다면 이런 경험을 하지 못했을 것이다. 일상에서 하루 30분 정도 명상하는 것으로는 극심한 치통을 객관적으로 바라보며 상당량의 통증을 덜 수 있을 것 같지 않다. 그럼에도 나는 이 경험을 통해 아무리 심한 통증도 그것을 '나의 것'으로 취하느냐 하지 않느냐는 엄밀히 말해 나 자신이 선택하는 문제임을 알았다.

물론 현대 치의학의 발달로 치통은 붓다가 살던 시대만큼 큰 고통은 아니다. 오늘날 우리가 가진 더 큰 문제를 들라면 불안을 들 수 있다. 그리고 앞서 말했듯이, 나는 메인 주 캠던의 강연 전날 밤에 느꼈던 불안을 명상으로 어느 정도 다스릴 수 있었다. 명상을 함으로써 나는 그날 느끼던 불안을 초연하게 관찰했다. 만약 붓다라면 이렇게 말했을 것이다. "나의 의식은 더 이상 불안에 얽혀 있지 않다."

이것을 다른 관점에서 보면 이렇다. 내 자아의 한두 덩이를 내려놓는 열쇠는 그것을 단지 관찰하면서 판단하지 않는 것이다. 나는 여전히 불안을 느꼈지만 더 이상 불안을 '좋다', '나쁘다'로 판단하지 않았다. 2장에서 보았듯 느낌은 애초부터 사물과 상황에 대한 우리의 판단을 반영하도록 자연선택에 의해 설계되었다. 즉, 자연선택은 우리가 사물과 상황을 좋거나 나쁜 것으로 경험하기를 '원한다.' 이에 붓다는 우리가 (자기 마음의 내용물을 비롯해) 모든 것에 대해 덜 판단할수록 더 명료하게 볼 수 있으며, 명료하게 보는 만큼 미망에서 벗어날 수 있다고 보았다.

내려놓음으로써 더 통제권을 갖다

카페인 과다 섭취로 턱이 조이는 느낌과 치통, 불안 등의 불쾌한 느낌으로부터 초연해진 경험으로 얻은 교훈이 있다면 통제의 역설이다. 처음에 나는 이 느낌들이 무척 불편하게 느껴졌다. 나는 그것들을 통제할 수 없었다. 오히려 그것들이 나를 통제하고 있었다! 그리고 붓다의 '자아' 개념에 따르면 내가 느낌들을 통제하지 못하는 상황은 그 느낌들이 내 자아의 일부가 아니라는 반증이었다. 그런데 붓다의 논리를 따라가자, 즉 통제할 수 없는 느낌을 내 자아의 일부로 보지 않자 나는 그 느낌들에서 벗어날 수 있었다. 어떤 의미에서는 오히려 내가 그 느낌들을 통제하는 위치에 서게 되었다. 다르게 말하면, 내가 그 느낌들을 통제하지 못하는 상황이 더 이상 문제가 되지 않았다.

앞 문단에서 '나'란 단어가 얼마나 많이 등장하는지 보면 나는 아직 무아를 깨닫기에 멀었는지 모른다. 그 경험을 하는 중에도, 그리고 이후 그에 대해 생각하는 중에도 나는 자아 개념에서 완전히 벗어나지 못했다. 나는 자아에 관한 견해를 여전히 붙들고 있었다. 그럼에도 나는 지금까지와 다른 방식으로 나의 자아를 정의할 수 있었다. 누가 알겠는가, 이처럼 자아를 새롭게 정의하는 경험이 조금씩 쌓이면 어느 순간 무아를 완전히 깨닫게 될지!

어쩌면 당분간 자아 개념을 붙들고 있는 것이 실제로 '유용할' 수도 있다. 이렇게 자아 개념을 붙들고 있으면 더 이상 자아가 존재하지 않는 경지에 이르는 데 도움이 될지 모른다. 피터 하비Peter Harvey라는 학자는 이렇게 말했다. "자아 개념을, 지구 중력을 거슬러 우주에 장비를 나르는 로켓에 비유할 수 있다. 즉, 자아 개념은 마음이 오온이라는 개인적 요소에 대한 집착의 중력장에서 벗어나는 동력이 될 수 있다. 마음이 무더기에 대한 집착의 중력장에서 벗어나면 자아 개념은 떨어져 나가 연소한다."(Harvey 1995, p.45)

어쨌든 하비는 무아의 가르침은 그에 관해 생각하는 것보다 직접 실천하는 것이 더 중요하다고 보았다.(같은 책. Harvey는 〈무아경〉이 자아의 존재를 명시적으로 부정하지 않는다는 점을 넘어 테라와다불교에서 사용하는 초기 경전에는 자아의 존재를 명시적으로 부정하는 부분이 아예 보이지 않는다고 말한다.) 어쩌면 무아의 가르침에 대해 생각하는 대신 그것을 직접 실천하라는 것이 무아의 문제에 대해 붓다가 취한 입장인지 모른다. 붓다는 무아라는 특정 교리를 설한 것이 아니라 깨달음의 길에서 우리를 더 멀리까지 데려가고자 했다. 즉, 무아를 설한 붓다의 의도는 우리가 자아로 여기는 많은 부분이 실은 자아가 아님을 보이려는 것이었다. 이 점에서 무아에 관한 첫 설법에서 붓다는 몸-마음의 문제 등 철학적·형이상학적 주제를 설한 것이 아니라 비구들이 오온에 대한 집착에서 벗어나도록 자신의 마음에 대해 생각해보게 이끌었다. (특히 다음을 참조: Thanissaro 2013; Thanissaro는 〈무아경〉을 비롯한 많은 불교 텍스트를 영어로 번역했다.)

**무아에 관한 붓다의 설법은
형이상학적 주제를
설한 것이 아니라
오온에 대한 집착에서 벗어나도록
이끌기 위한 가르침이다**

이는 나를 다스리는 주인으로서의 자아를 염두에 두는 이들이 쉽게 납득하지 못하는 〈무아경〉의 성격을 보여준다. 그것은 붓다가 나의 일부를 자아가 아니라고 말할 때의 자아란 통제 '주체'로서의 자아가 아니라 통제 '대상'으로서의 자아라는 점이다. 어쩌면 붓다가 말한 무아는 단지 무더기들을 나의 자아로 여기는 것은 유용하지 않다거나 그것들을 나와 동일시하지 말라는 정도의 의미인지 모른다. 만약 그것이 맞는다면 붓다가 실제로 말하려 한 바는 이런 것이었을 테다. "보라. 당신이 통제하지 못하는, 그래서 당신을 괴롭히는 당신의 일부가 존재한다. 만약 괴로움을 줄이려면 그것을 당신의 자아로 동일시하지 말아야 한다!" 이 해석은 붓다가 〈무아경〉의 마지막에 제시한 지침과도 부합한다. 붓다는 오온 하나하나를 대할 때 "이것은 내 것이 아니다. 이것은 내가 아니다. 이것은 나의 자아가 아니다"로 보아야 한다고 했다.

어떤 의미에서 우리는 다시 원점으로 돌아왔다. 무아에 관해 머리로 생각하기보다 실천 수행으로 무아를 깨달아야 한다는 아잔 차 스님의 충고로 돌아온 것이다. 그러나 여러분이 무아에 대해 생각해보는 과정을 통해 도움을 받았으면 한다. 뒤에 가서 우리는 (단지 생각이 아니라) 실천 수행으로 무아를 깨달은 사람의 이야기를 들어볼 것이다. 그는 우리가 자아라고 여기는 것의 상당 부분을 버린 다음 마침내 그것을 모두 내려놓았다고 하는 사람이다. 다만 여기서 명상 초보자에게 주는 조언은 무아를 너무 심각하게 받아들이지 말라는 것이다. 앞으로 당신은 실제 명상 수행을 통해 마침내 완전한 무아의 깨달음에 이를 것이다. 그때가 되면 당신은 말로 할 수 없는 심오한 차원에서 '나'라는 것이 없다고 믿게 될 것이다.

그때까지는 무아에 관한 붓다의 설법 가운데 '덜 급진적인' 교훈을 따르자. 즉, 당신의 느낌과 생각, 욕망과 인식에 대해 지금까지와 다른 방식으로 관계를 맺어보자. 그럼으로써 그에 얽힌 상태에서 벗어나는 힘을 당신이 가졌다고 생각하자. 이 힘은 나의 느낌, 생각, 욕망, 지각이 실은 내 것이 아니라고 알아보고 내려놓는 힘이자 느낌, 생각 등을 내 것이 아니라고 여기며 자아의 경계를 다시 규정하는 힘이다. 이렇게 느낌, 생각, 욕망, 지각에 대한 얽힘에서 어느 정도 벗어날 수 있다고 생각하자. 이때 벗어남의 주체인 자아가 애당초 존재해야 하지 않느냐는 의문에 너무 얽매이지 말자. 그보다는 자아가 얽힘에서 실제로 벗어나는 일이 더 중요하다.

내가 보기에 자아에 관하여 붓다가 실제로 어떻게 생각했느냐에 관한 논쟁은 큰 의미가 없다(무아 논쟁에서 극적인 요소가 줄기는 하겠지만). 불교 텍스트에서 붓다가 했다고 전하는 발언이 모두 붓다의 말일 가능성은 크지 않기 때문이다. 실제로 일부 학자는 불교 텍스트에서 붓다의 말이라고 확신할 수 있는 부분은 별로(혹은 거의) 없다고 주장한다. 역사적 인물로서의 예수와 마찬가지로 역사적 인물로서의 붓다 역시 역사의 안개에 가려 명확한 구분이 어렵다. 복음서에 나오는 예수에 대한 묘사는 시간이 흐르면서 구전되고 텍스트가 첨가되는 등 진화의 산물이 되었다. 마찬가지로 붓다의 발언에 대한 고대의 설명도 그러했을 것이다. 설령 이런 설명의 대부분이 붓다가 실제로 한 말에 근거한다 해도, 여러 세대를 거치는 과정에서 의도했든 하지 않았든 수정되었을 것이다. 이 점에서 불교 경전 사이에 불일치와 명백한 모순이 존재하는 것은 놀라운 일이 아니다.

> 우리의 자아 개념은
> 진실과 크게 동떨어져 있다
> '나'라는 존재는
> 내가 통제할 수 없는 부분이 많으며
> 유동적 존재로서
> 고정적인 실체를 지니지 않았다

그러나 붓다의 말과 의도에 관한 많은 의견 불일치에도 불구하고, 초기부터 불교 전통의 일부라고 누구나 동의하는 주제는 있다. 그중 하나가 우리가 가진 자아 개념은 실제의 진실과 크게 동떨어져 있다는 점이다. 우리는 대개 자아가 '통제'와 '시간상 견고한 지속'이라는 속성을 지녔다고 믿지만 면밀히 살피면 나라는 존재는 내 마음대로 통제할 수 없는 부분이 많으며 시간의 흐름에서 고정적 실체를 지니지 않은 유동적인 존재이다.

다음 장에서는 이에 대해 현대 심리학이 어떻게 말하는지 살펴본다. 현대 심리학은 불교의 관점을 뒷받침하는가? 현대 심리학도 우리가 가진 일반적 자아 개념, 즉 나라는 시스템을 통제하는 견고한 핵심으로서의 자아를 환영으로 보는가? 현대 심리학은 자아를 구성하는 많은 부분이 '내 것'이 아님을 깨달으면(그리고 언제가 자아의 '모든 것'이 내 것이 아님을 깨달으면) 진실에 가까이 간다는 불교의 생각에 근거를 제공하는가? 내가 보기에 이 질문들에 대한 답은 모두 '그렇다'이다.

6장

나를 다스리는 주인은
어디에도 없다

Your CEO Is MIA*

　무아에 관한 붓다의 설법을 듣는다고 해서 모든 사람이 붓다의 생각에 즉각 동의하는 것은 아니다. 불교 문헌에 따르면 붓다는 〈무아경〉을 설한 얼마 뒤 악기웻사나^Aggivessana라는 허풍쟁이와 만난다. 악기웻사나는 자아에 관한 논쟁에서 붓다를 완파하는 모습을 보여주기 위해 사람들을 모은다. 그는 오온의 어디에서도 자아를 찾을 수 없다는 붓다의 주장에 대한 도전으로 논쟁을 시작한다. 악기웻사나는 이렇게 선언한다. "몸은 나의 자아이다. 느낌은 나의 자아이다. 지각도, 정신적 형성도, 의식도 나의 자아이다."(다음 번역을 사용: Thanissaro 2012)

　이는 붓다의 세계관에 정면으로 도전하는 당돌한 공격이었다. 그러나 붓다는 평온을 잃지 않은 채 말했다. "그렇다면 악기웻사나여, 나는 그대에게 이 문제에 관하여 따져 묻겠노라."

---

* Missing In Action: 전시 행방불명

붓다의 설법을 읽어보았다면 악기웻사나의 확신이, 뒤이은 붓다와의 대화에서 그대로 유지되지 않음을 알 것이다. 여기서 붓다는 대화 상대가 느끼는 혼란을 없애기 위해 왕의 비유를 들어 설한다.

붓다는 묻는다. "만약 꼬살라의 왕 빠세나디와 마가다의 왕 아자따삿뚜 웨데히뿟따 같은 성^聖 고귀한 전사 왕이 자기 영토에서 응당 사형에 처해야 하는 자를 자신의 권력으로 사형에 처하고, 벌금을 물려야 하는 자에게 벌금을 물리며, 추방 받아 마땅한 자를 추방한다면 그것이 합당한가?"

"네, 그러합니다. 고따마 존자여." 악기웻사나가 대답한다. "그는 자신이 가진 권력으로 그렇게 할 것입니다. 마땅히 그러해야 합니다."

붓다는 이렇게 말한다. "악기웻사나여, 그렇다면 어떻게 생각하는가? 그대는 그대의 몸을 자아라고 말하는데, 그렇다면 '내 몸이여, 이렇게 되어라 또는 되지 말아라' 하고 생각하면 몸이 그렇게 되는가?" 악기웻사나는 아무 말도 하지 못한다. 붓다가 다시 질문해도 악기웻사나는 침묵한다.

이에 붓다는 비장의 무기를 꺼내 악기웻사나에게 이렇게 상기시킨다. "여래^{如來}(붓다 자신을 지칭-옮긴이)가 던진 온당한 질문에 세 번 연속 답하지 않으면 그 자리에서 머리가 일곱으로 쪼개진다네." 그때 악기웻사나가 불길한 느낌으로 위를 보자 아니나 다를까 쇠로 된 번개를 쥔 정령이 보였다. 정령은 악기웻사나에게 여래의 질문에 세 번 답하지 않으면 머리가 일곱으로 쪼개진다고 경고한다.

재촉 받은 악기웻사나는 붓다의 질문에 답한다. "그렇지 않습니다, 고따마여." 악기웻사나는 몸을 자아로 여긴다고 해서 자신의 몸에 영향을 미칠 수 없음을 인정한다. 그런 다음 붓다는 느낌, 지각 등 나머지 네 무더기도 같은 방식으로 살핀다. 악기웻사나는 이 중 어느 것도 왕이 자기 영토에 권력을 행사하듯이 영향을 미칠 수 없다는 사실을 깨닫는다.

붓다는 이런 방식으로 자신의 주장을 입증한다. 붓다의 주장은 느낌과 지각을 경험하고 생각을 품는 주체로서의 '나'는 실제로 이것들을 완벽하게 통제하지 못한다는 것이다. 만약 자신의 머릿속 어딘가에 최고 통치자나 관리자가 존재한다면 머릿속의 정확히 어디에서 그것을 찾을 수 있는가라는 의문이 생긴다.

2천5백 년이 지난 오늘날, 심리학을 비롯한 현대 과학은 붓다의 말을 빌려 말하고 있다(물론 완전히 똑같이 말하지는 않지만). 심리학자들은 "당신은 자신의 영토를 지배하는 왕이 아닙니다."라고 말하지 않는다. 오늘날에는 실제적 권력을 행사하는 왕이 존재하지 않는

> 느낌, 지각, 생각의
> 주체인 '나'이지만
> 이것들을 완벽하게
> 통제하지 못한다

다. 대신 심리학자들은 현대에 적합한 용어를 사용한다. 펜실베이니아 대학의 로버트 커즈번^{Robert Kurzban} 심리학 교수는 이렇게 말한다. "당신은 대통령이나 책임 관리자, 총리가 아닙니다."(Kurzban 2010, p.61)

심리학자들 사이에는 **의식하는 자아**^{conscious self}가 권력을 가진 관리·집행의 주체가 아니라는 점에 큰 이견이 없다. 실제로 현대 심리학에 따르면 의식하는 자아가 가진 권력은 악기웻사나가, 의식하는 자아가 가졌다고 여긴 권력보다 훨씬 미미하다. 악기웻사나는 스스로의 숙고를 통해 여러 종류의 무더기가 자아의 통제 아래 있지 않음을 깨달았다. 붓다가 질문했듯이, 결국 여러 종류의 무더기가 자아의 완전한 통제 아래 있다면 왜 그토록 고통을 일으키겠는가. 현대 심리학은 이 주장을 더 강력하게 표현한다. "악기웻사나와 마찬가지로 당신은 자아가 완전한 통제력을 갖지 않았다는 점을 스스로의 숙고를 통해 알 수 있다. 실제로 당신의 자아가 가진 통제력은 생각보다 훨씬 미미하다."

'스스로의 숙고'라고 했지만 그것은 일주일간의 묵언 명상 수련회가 끝날 즈음에나 가능한 정도가 되어야 한다. 만약 명상 수련을 제대로 했다면 수련회 일정이 마무리될 즈음 당신의 마음은 평소보다 훨씬 고요해져 마음에서 일어나는 의식의 내용물을 이전보다 더 객관적으로 바라보게 될 것이다. 그리고 평소 당신의 자아가 만들어낸다고 여겼던 의식의 내용물 중 일부는 당신이 아닌 무언가가 만들어내고 있음을 보게 될 것이다. 어느 명상 지도자는 "생각은 스스로 생각한다.Thoughts think themselves."는 말을 종종 했다. 명상 수련회가 끝날 즈음이면 신기하게도 이 말의 의미를 체험으로 알 수 있다.

좋다. 의식하는 마음이 통제의 주체가 아니라는 건 알겠다. 그렇다면 무엇이 통제의 주체인가? 앞으로 보겠지만 이에 대해서는 딱히 통제의 주체라고 할 만한 것이 없다고 할 수밖에 없다. 마음을 들여다볼수록 그것은 서로 다른 참여자들players로 구성되어 있음을 볼 뿐이다. 이 참여자들은 때로는 협력하고 때로는 통제권을 놓고 다툼을 벌인다. 이때 가장 힘이 강한 참여자가 승리를 거머쥔다. 다시 말해 당신의 마음은 먹고 먹히는 정글과 같은 경쟁의 세계이다. 나쁜 소식은, 당신이 당신의 마음이라는 정글에서 왕이 아니라는 사실이다. 좋은 소식은, 당신이 왕이 아니라는 사실을 깨닫는 것이 역설적으로 참된 권력을 쥐는 첫걸음이라는 점이다.

당신은 당신의 마음을 다스리는 왕이 아니다
그러나 왕이 아님을 깨닫는 것이 참된 권력을 쥐는 첫걸음이다

물론 당신이 왕이 아니라는 사실을 인정하기란 쉽지 않다. 그런데 이것은 비단 왕이 되는 것이 멋진 일이기 때문만은 아니다. 그보다는 실제로 자신이 왕으로 '느껴지기' 때문이다. 우리는 자신의 행동을 책임지고 행하는 의식하는 자아가 존재한다고 생각한다. 그리고 무엇을, 언제 해야 하는지 결정하는 주체도 의식하는 자아라고 생각한다. 그러나 지난 수십 년간의 많은 실험을 보면 의식하는 자아가 존재한다는 생각에 의문을 가질 수밖에 없다.

두 개의 마음: 좌뇌와 우뇌

그중에서도 가장 극적인 실험은 유명한 **분리 뇌**split-brain 실험이다. 이 실험은 좌뇌와 우뇌를 연결하는 섬유 다발을 절단하는 수술을 받은 사람들을 상대로 한 실험이었다(이 수술은 심각한 간질 발작을 조절하기 위한 목적이었다). 결과적으로 이 수술은 그들의 행동에 별다른 영향을 주지 않았다. 좌우 뇌가 분리된 사람도 평상시에는 정상적으로 행동하는 것으로 나타났다. 그런데 1960년대에 신경과학자 로저 스페리Roger Sperry와 마이클 가자니가Michael Gazzaniga는 분리 뇌 환자들의 이상 행동을 끌어내는 영리한 실험을 고안했다.

실험의 핵심은, 환자의 한쪽 시야에만 정보를 보여주어 한쪽 뇌반구에 정보를 제한시키는 것이었다. 예를 들어 단어 하나를 왼쪽 시야에만 보여준다. 왼쪽 시야는 우측 뇌반구에서 처리하므로 양측 뇌반구가 완전히 단절된 상태에서 이 단어의 정보는 우측 뇌반구에만 전달되며 좌측 뇌반구에는 전혀 전달되지 않는다.

그런데 대부분 사람의 언어 처리 기능은 좌측 뇌반구가 담당한다. 그렇다면 '견과nut'라는 단어를 우측 뇌반구에 노출시킨 환자는 이 단어의 입력을 전혀 인식하지 못할 것으로 짐작된다. 그러나 우측 뇌반구가 통제하는 환자의 왼손으로 여러 물건을 담은 상자를 뒤지게 하면 견과를 찾아낸다고 한다.

이 발견만으로도 의식하는 자아에 관한 기존의 견해에 의문이 생긴다. 다음으로 좌측 뇌반구에게 우측 뇌반구에서 개시하는 행동을 설명하라고 하면 그럴 듯한 이야기를 지어내는 사실에 대해 생각해보자. 분리 뇌 환자들의 우측 뇌반구에 "걸어"라고 명령을 내리면 그들은 일어나 걸을 것이다. 그런데 그들에게 어디로 가느냐고 물으면 그에 대한 대답은 좌측 뇌반구로부터 나온다. 그러나 사실 좌측 뇌반구는 우측 뇌반구와 분리되어 있어 그 명령을 알지 못한다. 그러니까 이때 좌측 뇌반구는 그럴 듯한 답을 '지어낸다'고 볼 수밖에 없다. 분리 뇌 수술을 받은 어느 남자는 이 질문에 탄산음료를 가지러 간다고 답했다. 즉석에서 답을 내놓는 그는(혹은 적어도 그렇게 답하는 그의 좌측 뇌반구는) 그 이야기를 실제로 사실로 믿는 것 같다.

또 다른 실험에서는 이 환자의 좌측 뇌반구에 닭발 그림을 보여주고, 우측 뇌반구에는 눈이 내린 설경을 보여주었다. 그런 다음 일련의 사진을 환자의 양쪽 뇌에 보여주고는 그중에서 한 장을 고르게 했다. 그러자 환자는 왼손으로 삽 사진을 가리켰는데 이는 왼손을 통제하는 우측 뇌반구가 설경을 보았기 때문일 것이다. 환자는 오른손으로는 닭 사진을 가리켰다. 가자니가는 그 다음에 일어난 일을 말한다. "우리는 환자에게 왜 그 사진들을 골랐는지 물었습니다. 환자의 좌측 뇌반구의 언어중추는 자신이 아는 바를 쉽게 설명하며 이렇게 답했어요. '아, 그거야 간단하죠. 닭발은 닭의 일부이니까요.' 환자의 좌측 뇌반구는 닭발을 보았던 거죠. 그런 다음 환자는 삽 사진을 가리키고 있는 자신의 왼손을 내려다보며 조금도 주저하지 않고 이렇게 말했다. '그리고 닭장을 깨끗이 청소하려면 삽이 필요해요.'"(Gazzaniga 2011, pp.82-83) 여기서도 언어를 통제하는 뇌 부위는 자신의 행동에 관한 일관된 설명을(비록 거짓이지만) 지어냈다. 아마 이 남자는 이 설명이 '진실'이라고 스스로 확신했을 것이다.

분리 뇌 실험은, 실제로는 의식하는 자아가 상황을 통제하지 않음에도 통제한다고 자신에게 믿게 하는 능력을 설득력 있게 보여준다. 그런데 이 실험은 뇌가 정상이 아닌 사람을 상대로 한 실험이었다. 그렇다면 뇌가 정상인 우리들은 어떨까? 양쪽 뇌반구가 분리되지 않은 정상인의 뇌도 이 능력을 이용해 스스로를 기만할까?

위 질문에 대해 '그렇다'고 믿을 이유는 충분하다. 자주 인용되는 어느 실험에서 심리학자 리처드 니스벳^{Richard Nisbett}과 티모시 윌슨^{Timothy Wilson}은 쇼핑객들에게 팬티스타킹 네 족을 잘 살펴본 다음 그중 품질이 가장 우수한 제품을 고르게 했다. 그 결과, 사람들은 가장 오른쪽에 있는 팬티스타킹을 선택하는 경향성을 강하게 보였다. 그런데 왜 그 제품을 선택했느냐는 질문에 쇼핑객들은 "가장 오른쪽에 있으니까요."라고 답하기보다 품질을 내세워 자신의 선택을 설명하는 경향이 있었다. 때로 원단이나 촉감 등의 세부사항을 거론하는 쇼핑객도 있었다. 그러나 사실 네 족의 팬티스타킹은 모두 같은 제품이었다.

심리학자들은 사람들이 자신의 행동을 인식하지 못한 채로 특정 행동을 하게 만드는 다양한 방법을 고안했다. 흔히 사용하는 방법 중 하나가 의식이 일어나기 어려운 지극히 짧은 시간에 순간적으로 정보를 제시하는 방식이다. 예컨대, 의식적인 인식이 일어나기 어려운 1초도 안 되는 짧은 시간에 단어나 이미지를 순간적으로 화면에 보여준다.

영국에서 진행한 어느 연구에서, 실험 참가자들에게 악력기를 쥐는 세기에 따라 금전 보상을 다르게 주겠다고 했다. 악력기를 얼마나 세게 쥐었는지 보여주는 화면을 쳐다보는 동안에 참가자들에게 동전 그림을 순간적으로 화면에 보여주었다. 1페니짜리도 있었고, 그 100배인 1파운드 동전도 있었다. 동전 이미지를 의식적으로 인지하기 어려운 극히 짧은 시간에 보여주었음에도 보상의 크기에 따라 참가자들이 악력기를 쥐는 세기가 달라졌다.

이 실험에는 또 다른 차원이 존재했다. 즉, 실험 참가자들의 뇌를 영상 촬영한 것이다. 과학자들은 참가자들의 뇌 가운데 동기와 감정을 관장하는 부위와 보상에 관한 정보를 부호화하는 부위를 유심히 관찰했다. 그 결과, 금전적 보상이 높을수록 이 부위가 더 활성화되었다. 그리고 보상에 관한 정보를 아주 짧은 순간(즉 의식적 인지가 일어나기 어려운 짧은 순간) 보여주든 아니면 충분히 의식할 정도로 보여주든 이 부위가 활성화되는 정도는 같았다. 과학자들은 이렇게 말했다. "잠재의식적 동기와 의식적 동기 모두에서 기저 전뇌 영역이라는 동일 부위가 관여했다."(Pessiglione 외 2007)

그렇다면 '의식적 동기conscious motivation'라는 표현이 과연 정확하다고 할 수 있을까? '의식적 동기'라는 표현은 인간의 동기가 의식적인 의지와 함께 일어난다는 의미로 해석될 여지가 있다. 반면, 위 실험은 이와 다른 각본을 제시한다. 뇌가 유인incentive을 동기motivation로 전환시키는 실제 과정은, 유인을 의식적으로 인지하고 그 전환을 의식적으로 경험하는가와 무관하게 동일하다. 다시 말해 의식적으로 인지한다고 해서 뇌의 작동 과정이 실제로 달라지는 것은 아니다. 어쩌면 의식적 동기conscious motivation라는 표현보다 '동기를 의식함consciousness of motivation'이라는 표현이 더 적절한지 모른다. 의식적 인지 여부와 무관하게 동기를 일으키는 신체 기제는 동일하기 때문이다.[11]

당신은 실험 참가자들이 유인을 인지했기 때문에 악력기를 세게 쥐었다고 생각하겠지만 이 실험은 유인의 인지 때문에 악력기를 세게 쥐었다는 생각이 환영일 수 있음을 보여준다. 이것이 이 실험에 대한 유일한 해석은 아니지만

가장 중요한 해석이라고 할 수 있다. 그리고 만약 붓다라면 이 해석을 선호했을 것이다. 즉, 당신은 자신이 영화를 연출하는 감독이라고 여기지만 실은 당신은 단지 영화를 관람할 뿐이다. 이해하기 어려운 비유일지 몰라도, 어쩌면 "영화가 당신을 연출하는지" 모른다.

의식적 마음이 실제로 얼마만큼의 통제력을 갖느냐는 질문은 여러 실험에서 제기되었다. 1980년대 초에 벤저민 리벳Benjamin Libet이 처음 실시한 일련의 실험에서 연구자들은 실험 참가자들이 행동을 시작하기로 결심하는 동안 그들의 뇌를 모니터링 했다(다음을 참조: Libet 1985). 연구자들이 내린 결론은 행동을 시작하겠다는 자신의 결심을 인지하기도 전에 참가자들의 뇌는 이미 작동한다는 점이었다.

이를 보여주는 연구는 지금도 진행 중이다. 실험이 반복되는 과정에서 모든 연구 결과가 그대로 유지되는 것은 아니다. 리벳의 경우처럼 연구 결과의 해석에 이견이 존재하는 경우도 있다(다음을 참조: Jarrett 2016, Danquah 외 2008). 그럼에도 우리의 행동을 일으키는 데 의식적 자아가 하는 역할은 우리가 오랫동안 생각해온 것보다 크지 않다는 말은 크게 틀리지 않는다. 그렇다면 지금까지 의식적 자아의 역할을 크게 본 이유는 무엇일까? 그것은 의식적 마음이 강한 힘을 가졌다고 직감적으로 '느껴지기' 때문이다. 다시 말해, 의식적 마음은 자신의 본성을 잘못 알도록 처음부터 설계되었는지 모른다.

진화적 관점에서 본 자기 미망의 이익

만약 당신이 불교철학자라면 이상의 논의로 충분한 타당성을 얻었다고 여길지 모른다. 그러나 동시에 당신은 의문이 가시지 않을 것이다. 왜 자연선택은 인간이 위와 같은 자기 미망self-delusion에 빠지도록 뇌를 설계한 것일까? 이에 대한 한 가지 대답은, 내가 자신에 관하여 무언가를 믿어야만 다른 사람이 그것을 믿게 만드는 데도 도움이 되기 때문이다. 그리고 내가 통제력을 지닌 일관된 행동 주체임을 사람들이 믿게 만들 수 있다면 나에게(더 정확히는 인류의 수렵-채집 조상의 유전자 전파에) 유리했을 것이다.

**자연선택이 인간을
자기 미망에 빠뜨린 이유는
자신에 관하여 무언가를 믿어야만
다른 사람이 그것을 믿게 만드는 데도
도움이 되기 때문이다**

앞에서 우리는 우뇌에 걸으라는 명령을 내리고, 좌뇌에는 어디에 가느냐고 물었을 때 탄산음료를 가지러 간다고 대답한 남성의 사례를 살펴보았다. 탄산음료를 가지러 간다는 남자의 대답은 실제로 사실이 아니었음에도 이 대답은 남자에게 자신감을 불어넣었다. 이렇게 대답하는 그는 자신에게 책임지는 남자, 이유 없이 싸돌아다니지 않는 남자로 사람들에게 비친다. 이 남자를, 다음처럼 진실에 더 가깝게 말하는 남자와 비교해보라. "나는 내가 왜 자리에서 일어났는지, 어디로 가는지 정말 모릅니다. 나는 때로 나 자신도 전혀 이해할 수 없는 이유로 어떤 일을 하고는 하죠." 만약 이 두 남자가 수렵-채집 부락에서 당신 곁에 거주하는 이웃이라면 당신은 누구와 사냥을 가겠는가? 또 어느 남자와 친구가 되겠는가? 이런 질문에 대한 답은 인간의 진화 과정에서 매우 중요했다. 협력하거나 우정을 맺을 가치가 없는 사람으로 간주된다는 것은 곧 당신의 유전자가 위험에 처한다는 뜻이다.

간단히 말해, 자연선택의 관점에서 볼 때는 자신에 관한 일관된 이야기를 스스로 지어내는 것이 이롭다. 다시 말해 자신을 합리적 자기 인식력을 갖춘 행동 주체로 주변에 알리는 것이 자신에게 이익을 준다. 그러므로 타인과의 소통을 담당하는 뇌 부위가 자신의 특정 행동의 실제 동기를 납득하지 못하는 경우, 그에 관한 이야기를 지어내는 것도 무리가 아니다.

물론 동기의 일관성은 친구나 협력자로서 바람직한 자질이지만 그 자체로 결정적인 자질은 아니다. 만약 누군가 분명하고 일관된 목표를 가졌으나 매번 목표 달성에 실패한다면, 혹은 팀 차원의 시도에 기여하지 못하거나 약속을 지키지 않는다면 그의 주변에는 친구나 협력자가 별로 남지 않게 될 것이다. 그러므로 자신에 관한 '일관된' 이야기뿐 아니라 자신에 관한 다소 '부풀린' 이야기도 말하고 믿어야 한다.

그리고 우리는 대개 실제로 그렇게 한다. 즉, 우리는 자신에 관한 일관된 이야기와 부풀린 이야기를 말하고 다닌다. 1980년에 심리학자 앤서니 그린월드Anthony Greenwald는 사람들이 자신을 세상에 보여주는 방식을 표현하는 단어로 **베네펙턴스**beneffectance라는 말을 만들었다.(Greenwald 1980) 이것은 사람들이 자신을 세상에 이로움을 주는beneficial 유능한effective 사람으로 인식하는 경향을 말한다. 이후 수많은 실험을 통해 사람들은 자신에 관한 과대 평가적 자기 홍보를 드러내놓고 할 뿐 아니라 실제로 그것을 사실로 믿는 것으로 나타났다.

어쩌면 스스로를 선하고 유능한 사람으로 인식하는 그들의 생각이 옳을 수도 있다! 세상에 이로움을 주는 유능한 사람들이 실제로 존재한다. 그러나 '대부분의' 사람이 평균 이상으로 세상에 이로운 유능한 사람일 수는 없다. 그럼에도 여러 차례의 연구를 거듭한 결과, 대부분의 사람이 운동신경이나 사회적 관계 등 여러 기준에서 자신을 평균 이상으로 간주하는 것으로 나타났다. 자신에 대한 이런 과대평가 성향은 객관적 증거와 부합하지 않는다. 50명의 피험자를 상대로 한 어느 연구에서 대부분의 실험 참가자가 자신의 운전 실력을 전문가 수준으로 평가했다.(Preston 과 Harris 1965) 그러나 사실 그들 50명 모두 최근에 자동차 사고를 낸 적이 있었다. 게다가 그들 중 3분의 2는 사고 책임이 그들에게 있다고 경찰이 판정한 사람들이었다.

그런데 우리는 유능함만큼이나 자신의 도덕적 기질에 대해서도 스스로를 실제보다 낮게 평가하는 경향이 있다. 이 점을 여실히 보여주는 연구 결과가 있다. 대부분의 사람이 자신이 평균적인 사람보다 좋은 일은 많이 하고, 나쁜 일은 적게 한다고 믿는다는 사실이다.(도덕적 자기 평가에 관한 연구는 다음을 참조: Allison 외 1989) 몽테뉴가 죽은 지 거의 5백 년이 지난 지금에야 비로소 과학은 그의 지나치게 겸손한 발언에 담긴 논리를 입증했다. "나는 나를 평범한 사람이라고 생각하지만 다른 사람과 다른 점이 딱 한 가지 있다면 그것은 나를 평범한 사람으로 생각한다는 점이다."

그리고 우리는 막연히 머릿속에 그린 일반 사람과의 비교를 통해 자신을 평균 이상으로 간주하지 않는다. 아주 작은 규모의 팀에 소속되었을 때도 우리는 자신이 평균적인 팀원보다 중요한 존재라고 스스로 확신하는 경향이 있다. 어느 연구에서, 공동 연구 논문에 참여한 연구자들에게 각자가 팀의 공동 연구 성과에 얼마만큼 기여했다고 생각하는지 물었다. 평균 네 명으로 구성된 팀에서, 각자가 생각하는 자신의 기여 분을 합산했더니 140퍼센트가 나왔다. 앞 문장에서 중요한 단어는 **기여 분**credit이다. 이 단어에는 '칭찬'의 의미도 있다.(모두가 자신을 칭찬 받아야 하는 존재로 여긴다는 뜻-옮긴이) 한편, 팀의 시도가 실패했을 때는 각자 평가하는 자신의 기여 분이 줄어드는 것으로 나타났다.(팀 구성원의 자기 평가에 관한 연구는 다음을 참

조: Greene 2013, p.97. 더 일반적인 귀인 편향에 관해서는 다음을 참조: Mezulis 외 2004)

사람들은 때로 이런 자기 기만을 인식한다. 적어도 타인의 자기 기만에 대해서는 더 잘 인식한다. 미국에서 실시한 어느 연구에서 실험자들은 사람들이 흔히 갖는 여덟 가지 편견을 열거했는데 그중에는 이런 것이 있었다. "사람들은 성공은 자신의 공으로 돌리면서 실패는 책임지지 않으려 한다. 자신의 성공은 노력이나 능력 등 개인적 자질의 결과로 생각하는 반면, 자신의 실패는 불합리한 근무 조건이나 부적절한 지침 등 외부 요인의 결과로 본다." 여덟 가지 편견 모두에 있어서 평균적인 사람은 평균적인 미국인이 자기보다 이런 편견을 더 많이 갖는다고 말했다.(편견 취약성에 관한 연구: Pronin 외 2002) 커즈번은 연구 결과를 이렇게 요약했다. "우리는 자신이 평균적인 사람보다 우수하다고 생각하는 성향이 강하다. 그런 나머지 자신이 평균적인 사람보다 낫다는 편견을 내려놓는 데 있어서도 평균적인 사람보다 우수하다고 여긴다."(Kurzban 2010, p.105)

우리의 자기중심적 편향은 기억의 작동 방식에 의해 지지를 받고 부추겨진다. 어떤 고통스러운 사건은 기억에 눌러 붙어 같은 실수를 되풀이하지 않게 하지만 대체로 우리는 자신을 호의적으로 돌아보는 사건을 그렇지 않은 사건보다 더 잘 기억한다. 그리고 긍정적 경험을 부정적 경험보다 자세히 기억한다. 우리는 자신에 관한 긍정적 사건을 사람들과 상세히 공유하려는 만반의 준비를 하고 있다. 반면, 자신이 아닌 타인에게 일어난 좋은 일과 나쁜 일에 대한 기억은 이야기 디테일의 비대칭성이 잘 관찰되지 않는다.(자기중심적 편향과 기억에 관한 연구: D'Argembeau and Van der Linden 2008)

게다가 자신의 경험을 타인에게 이야기하는 과정에서 그 경험에 대한 기억이 바뀌기도 한다. 만약 자신에게 불편한 사실은 생략하고 편리한 사실은 과장하는 등 매번 이야기를 '다시 쓴다면' 일정 시간이 지난 뒤에는 실제 사건에 대한 믿음이 실제로 크게 달라질 수도 있다. 이렇게 되면 우리의 이야기가 진실이라고 사람들에게 설득하기가 더 수월할 것이다.

물론 사람들이 '항상' 자신에 관하여 사실과 다른 부풀린 생각을 갖는 것은 아니다. 이와는 반대로 자존감이 낮은 경우도 있다. 그리고 왜 특정 경험이 우리의 자존감을 짓밟는지, 그것이 왜 진화적 의미에서 타당한지에 관한 그럴 듯한 설명도 존재한다. 또 사람들 사이에는 자신에 관한 어떤 이야기를 들려주고 믿을 것인가에 영향을 미치는 다른 차이점도 존재한다. 어느 연구에서, 외향성 척도에서 높은 점수를 받은 사람과 신경증 척도에서 높은 점수가 나온 사람에게 일상의 감정에 관한 일기를 작성하도록 했다. 결과적으로 외향성 척도가 높은 사람은 긍정적 경험을 실제보다 더 많이 기억한 반면, 신경증 척도가 높은 사람은 부정적 경험을 더 많이 기억했다. 이것은 자기 부풀림self-inflation이 인간 종의 일반 규칙이기는 해도 불변의 법칙은 아님을 보여주는 증거다. 중요한 것은 두 부류 모두 진실과 다르다는 점에서 '틀렸다'는 사실이다. 두 부류는 각자의 성격에 따라 다른 종류의 환영을 가졌을 뿐, 둘 모두 진실이 아닌 환영이라는 점에서는 다르지 않았다.(성격과 자기인식에 관한 연구: Feldman Barrett 1997)

우리가 자신에 관하여 지어내는 이야기의 종류는 문화에 따라서도 달라질 수 있다. 어떤 기준에서 보면 동양인은 평균적으로 서양인보다 자기를 부풀리는 경우가 적은데, 또 다른 기준(예컨대 집단에 대한 충성 등 집단주의적 덕성의 기준)에서 보면 동양인은 서양인보다 자기를 부풀리는 일이 더 많다.(자기 부풀림의 문화간 차이에 대해서는 다음을 참조: Mezulis 외 2004, Sedikides 외 2005) 그러나 자기를 부풀리는 기본 패턴은 세계적으로 공통된 현상이다. 특히 공정함 등의 윤리적 덕성에 관해서는 자기를 부풀리는 성향이 다른 덕성보다 더 두드러지게 나타난다. 대개 사람들은 자신이 평균적인 사람보다 도덕적으로 더 우수하다고 여긴다. 그러나 이런 도덕적 우월성은 독선주의의 중요한 요소가 되어 개인 간 다툼에서 국가 간 전쟁에 이르기까지 갈등을 촉발하고 지속시키는 원료가 된다.

정리하면, 우리는 적어도 두 가지 종류의 환영을 갖고 산다. **하나**는 '의식적 자아'에 관한 환영으로, 우리는 의식적 자아가 실제로 가진 것보다 더 큰 통제력을 지녔다고 착각한다. **다른 하나**는 우리가 '어떤 사람인가'에 관한 환영으로, 우리는 자기를 실제보다 더 능력 있고 도덕적인 사람으로 여긴다. 이 두 개의 잘못된 인식을 각각 **우리의 자아**$^{our\ selves}$**에 관한 환영**과 **우리 자신**^{ourselves}**에 관한 환영**이라고 부를 수 있다. 이 둘은 서로 시너지를 내며 상승한다. 의식적 자아가 통제력을 지녔다고 믿는 첫 번째 환영은 우리가 일관된 행동의 주체라고 사람들에게 설득하는 데 도움을 준다. 즉 우리의 행동에는 언제나 그럴 듯한 이유가 있다고 사람들에게 설득한다. 그리고 우리의 행동이 칭찬이나 비난을 받는다면 칭찬과 비난을 받는 내면의 '나'가 존재한다고 여긴다. 한편 우리 자신에 관한 두 번째 환영은 우리가 '비난'이 아니라 '칭찬'을 받아야 하는 존재라는 점을 세상 사람들이 납득하도록 돕는다. 우리는 자신이 평균적인 사람보다 도덕적으로 우수하며, 평균적인 팀 구성원보다 더 유능하

> **우리는 두 가지 환영을 갖고 산다 우리의 자아에 관한 환영과 우리 자신에 관한 환영이 그것이다**

다고 믿는다. 이렇게 우리는 자신을 착한 일을 하는 유능한 사람이라고 여기는 '베네펙턴스'를 갖는다.

다시 말해, 만약 당신이 자기 홍보를 담당하는 요소를 뇌에 집어넣는다고 하면 그것은 의식적 자아와 비슷한 무엇일 것이다. 인류학자 제롬 바코$^{Jerome\ Barkow}$는 이렇게 말했다. "자아가 가진 주요한 진화적 기능은 자기

이미지를 관리하고 홍보하는 일이다(상식심리학에서 말하는 의사 결정자로서의 자아가 아니라).ʺ(Barkow 1989, p.104) 내가 덧붙이고 싶은 말은 어쩌면 상식심리학 자체도 인간의 진화적 기능의 일부일 수 있다는 점이다. 자기를 유능하고 정직한 사람으로 타인에게 내보이는 이유는 자아의 능력에 대한 신념을 가졌다고 여기기 때문이다.(상식심리학folk psychology은 인간의 행동을 신념과 욕구라는 정신적 과정으로 설명한다-옮긴이)

마음은 하나가 아니다

만약 나를 다스리는 주인이 의식적 자아가 아니라면, 즉 자아가 통제한다고 여겼던 행동이 실제로 자아가 통제하는 게 아니라면 우리의 행동은 어떤 식으로 다스림을 받는 것일까? 또 우리는 어떤 과정을 거쳐 의사 결정을 내리는 걸까?

이 질문에 대해 심리학, 특히 진화심리학에서 흔히 내놓는 대답은 마음이 **모듈**module로 되어 있다는 것이다. 쉽게 말해 마음이 여러 가지 '부품'으로 구성되어 있다는 것이다. 이 관점에서 보면 우리의 마음은 자신이 처한 상황을 평가하고 판단해 그에 대처하는 수많은 특화된 모듈로 이루어져 있다. 그리고 우리의 행동을 결정하는 주체는 모듈끼리의 상호작용이며, 이것은 많은 부분 우리가 의식하지 못한 상태에서 일어난다.

마음을 모듈로 보는 모형modular model of mind은 제기된 지 오래지 않아 충분히 구체화되지 않았지만 매우 유망한 모형이다. 그 이유는 우선, 마음을 모듈로 보는 모형은 마음이란 것이 인간이 새로운 도전에 직면할 때마다 새로운 부분이 조금씩 추가되면서 만들어졌다고 보는 진화적 관점에서 볼 때 매우 설득력이 있다. 앞으로 보겠지만, 마음에 관한 모듈 모형은 우리가 살면서 경험하는 내면의 커다란 갈등을 이해하는 데도 도움이 된다. 예컨대 배우자 몰래 부정을 저지를 것인가, 중독성 약물에 탐닉할 것인가, 설탕 도넛을 한 개 더 먹을 것인가 같은 내면의 갈등 말이다. 그리고 아마도 이 책의 목적에 가장 중요한 점을 들라면, 마음을 모듈로 생각할 때 우리는 불교 명상 지도자들이 흔히 하는 다음과 같은 말의 의미를 이해할 수 있다는 점이다. "생각은 스스로 생각을 만들어내며, 이 사실을 깨달을 때 우리는 괴로운 생각에서 벗어날 수 있다."

그렇지만 마음을 모듈로 보는 모형은 한 가지 커다란 문제를 안고 있으니 '모듈'이라는 말이 오해를 일으키기 쉽다는 점이다. 모듈로서의 마음의 작동을 살펴보기 전에 우선 '모듈'이라는 말을 잘못 사용하는 세 가지 경우를 들어 오해를 막고자 한다.

1. 모듈은 특정 신체 부위를 가리키는 말이 아니다. 우리는 자신의 뇌의 특정 부위를 가리키며 이렇게 말할 수 없다. "이 부위가 바로 상대방의 말과 몸짓언어, 얼굴 표정을 통해 그들의 생각을 짐작케 하는 모듈입니다." 그런데 심리학자들은 실제로 타인의 생각을 짐작하는 모듈이 존재한다고 본다. **마음이론 모듈**theory of mind module*이 그것인데(자폐증은 마음이론 모듈이 발달하지 않았기 때문으로 생각된다) 과학자들은 뇌 영상을 통해 마음이론 모

---

* 다른 사람의 마음을 읽는 모듈. 오해하기 쉬운데 여기서 마음이론(theory of mind)이란 마음에 관한 특정 이론을 가리키는 말이 아니다. 영어 theory는 '이론'이라는 뜻도 있지만 증거를 대지는 못하나 그럴 것이라고 짐작하는 행위를 말한다. 그러므로 실제 뜻은 '마음 짐작' 정도로 보면 된다. 다만 현실적으로 '마음이론'이라는 용어가 통용되고 있으므로 여기서도 그대로 사용한다. 마음이론이 발달된 사람은 타인의 마음 상태를 인지하고 이해하는 공감 능력이 우수한 반면, 마음이론에 결함이 있으면 호혜적인 사회적 상호 작용에 어려움을 보인다.(옮긴이 주)

듈을 찾아내려고 시도했다. 그러나 실제로 마음이론 모듈은 뇌의 여러 영역에서 다양한 부위를 사용한다는 걸 알게 되었다. 어떤 경우에는 뇌의 이 부위를, 어떤 경우에는 저 부위를 사용하는 식이다.

2. 마음을 구성하는 모듈은 스위스 군용 칼이나 스마트폰 앱과 다르다. 이렇게 단정 짓기는 약간 조심스러운데 왜냐하면 마음에 관한 모듈 패러다임의 주창자들이 흔히 드는 비유가 스위스 군용 칼과 스마트폰의 비유이기 때문이다. 그러나 실제로 마음을 구성하는 모듈들 사이에는 스위스 군용 칼이나 스마트폰보다 훨씬 큰 상호작용과 중첩이 존재한다.

예를 들어, 어떤 심리학자는 상대방이 신뢰할 수 있는 사람인지 알아보는 '사기꾼 탐지 모듈'이 존재한다고 주장한다. 이 모듈은 아마 위에 말한 마음이론 모듈을 사용할 것인데 그렇다고 오직 마음이론 모듈에만 의존하는 것은 아니며, 그 외의 뇌 부위도 사용한다. 사기꾼 탐지 모듈은 예컨대 사기꾼 테스트의 통과 여부에 따라 상대방을 부정적/긍정적으로 평가하는 이른바 '이름표 붙이기 모듈'과도 소통해야 한다.

게다가 문제를 더 복잡하게 만드는 사정이 있으니, 탐지해야 하는 사기꾼에도 여러 종류가 있다는 사실이다. 비양심적인 중고차 판매상처럼 '거래 사기꾼'이 있는가 하면, 배우자를 속이고 외도하는 '성적 사기꾼'도 있다. 서로 다른 종류의 사기꾼을 탐지하는 데 같은 모듈을 사용한다는 주장은 타당해 보이지 않는다. 물론 이 두 가지 탐지에 중첩되는 부분도 있다. 예컨대 두 사례 모두에서, 미심쩍은 말을 하는 상대가 나의 눈을 똑바로 쳐다보는지 관찰할 수 있다. 그러나 이처럼 중복되는 부분은 일부에 불과하다. 왜냐하면 이 두 경우에 사기꾼 탐지 기제를 작동시키는 동기 체계가 서로 다르기 때문이다. 구체적으로, 중고차 판매상의 얼굴 표정을 자세히 관찰하는 동기는 부정한 배우자의 얼굴을 살피는 동기인 질투심과 다르다. 설령 내가 중고차 판매상을 못 믿을 사람으로 결론 내렸다 해도 부정한 배우자를 대할 때처럼 질투심에 찬 분노를 일으키지는 않을 것이다(만약 그가 나에게 판 차가 고장 난 뒤에 이런 결론을 내렸다 해도 나는 질투심과는 성격이 다른 분노를 일으켰을 것이다). 종합하면, 우리의 마음을 구성하는 모듈들 사이의 분업 원칙은 '모듈'이라는 말이 암시하는 것만큼 명확하지 않다. 다시 말해 모듈들 사이의 상호작용은 모듈이라는 말이 의미하는 것보다 훨씬 다양하다. 그러므로 모듈 대신 '네트워크'나 '시스템' 같은 용어가 더 적합할 수도 있다.

3. 모듈은 기업 조직도를 구성하는 개별 부서와 다르다. 이 점은 방금 말한 것처럼 모듈이 매우 유동적으로 상호작용하며 기능이 서로 중첩된다는 점을 감안하면 당연하다. 또 지금 논의의 맥락이 우리 마음에 통합 관리자가 존재하지 않는다는 것이라는 점을 감안할 때도 당연한 말이다. 그럼에도 마음의 작용이 이상적인 기업 활동과 완전히 다르다는 점을 생각해 볼 가치는 충분히 있다. 기업 활동은 복종과 조화로 영위되는 반면, 모듈에는 복종과 조화라는 특성이 없을 수도 있다. 그렇다. 모듈은 서로 협력할 때도 있지만 어떤 때는 서로 경쟁한다. 그것도 아주 격렬하게 경쟁한다. 주요 대기업의 조직도를 우스꽝스럽게 그린 사람이 있었다. 그는 내분으로 악명 높은 마이크로소프트사를 그룹 구성원들이 서로에게 총구를 겨누는 원형 총살대에 비유했다. 물론, 우리 마음이 언제나 내면의 갈등으로 원형 총살대만큼 갈기갈기 찢어져 있는 것은 아니다. 하지만 가끔은 마이크로소프트의 공식 조직도만큼 내면의 갈등을 겪는 수도 있다. 분리뇌 실험의 선구자인 가자니가는 이렇게 말했다. "각각의 모듈 안에서는 계

층적 처리가 발생하지만 모듈들 사이에는 어떠한 계층 구조도 존재하지 않는 것으로 보인다. 이 모듈들은 부서 책임자에게 보고하지 않는다. 모듈은 무질서한 자체 조직화 시스템이다."(Gazzaniga 2011, pp.69-70)

앞 문장에서 약간의 모순을 느낄지 모른다. 왜냐하면 '무질서'와 '자체 조직화'란 말의 의미가 상충하기 때문이다. 그런데 여기서도 무질서와 자체 조직화를 동시에 마음에 적용시킬 필요는 없다. 마음이 무질서하게 느껴지는 때가 있는가 하면, 무질서가 해소되어 조직화되었다고 느끼는 때가 있다. 또 '조직화'라는 말도 오해의 소지가 있다. 왜냐하면 무의식 차원에서 발생한 무질서가 의식 차원으로 떠오르지 않고 무의식 차원에서 그대로 해소되는 경우도 있기 때문이다. 이 경우, 의식 차원에서는 그것을 무질서로 느끼지 않을 것이다. 가자니가의 말이다. "당신이 특정 순간에 의식하는 모든 견해는 거품이 일어나듯 불현듯 나타나는 견해이다. 그것은 특정 순간에 다른 의견들을 이기고 지배력을 쥔 견해이다. 당신의 머릿속은 서로 다른 시스템이 당신의 의식적 인식이라는 상賞을 놓고 의식 표면에 떠오르기 위해 먹고 먹히는 치열한 경쟁의 세계다."(같은 책, p.66)

당신의 머릿속은 서로 다른 시스템이 의식 표면에 떠오르기 위해 먹고 먹히는 치열한 경쟁의 세계다

가자니가가 우리 머릿속을 먹고 먹히는 치열한 경쟁의 세계라고 했을 때 그것은 단지 도넛을 먹고 싶은(혹은 훔치고 싶은!) 당신과, 그렇게 하면 안 된다고 충고하는 당신 사이에 벌어지는 내면의 분명한 갈등(지킬 박사와 하이드 씨의 갈등 같은)만을 의미하지 않는다. 사실, 이런 종류의 갈등에서는 갈등 자체가 종종 의식의 일부이다. 이런 모듈 간 갈등에 대해서는 **자기 통제**self-control의 문제를 다루는 9장에서 더 자세히 살필 것이다. 어쨌든 가자니가는 무의식 차원 또는 거의 의식되지 않는 차원에서 해소되는 갈등에 대해 더 말한다. 내가 관심을 기울이는 대상과 그 대상에 관하여 내가 만들어내는 이야기, 그리고 나 자신에 관하여 내가 지어내는 이야기는 모두 일정한 선택을 내린 결과로 만들어진다. 그런데 이때 선택을 내리는 주체는 대개의 경우 의식하는 나, 즉 우리가 자아로 여기는 나가 아니다.

그러면 지금까지 당신의 자아로 생각하던 것이 과연 '자아'라는 이름을 가질 자격이 있는지 의아할 것이다. 커즈번은 이렇게 말했다. "만약 당신의 뇌가 다양한 기능을 가진 수많은 작은 모듈로 된 것이 사실이라면, 그리고 그중 소수의 모듈만이 의식을 가졌다면 특정 모듈을 두고 '나'라거나 '진짜 나', '나의 자아', 혹은 특별한 무엇이라고 생각할 근거는 전혀 없다."(Kurzban 2010, p.56) 『왜 (나만 빼고) 모두 위선자인가: 진화와 모듈성 마음Why Everyone (Else) Is a Hypocrite: Evolution and the Modular Mind』이라는 책에서 커즈번이 이렇게 말했을 때 그가 불교의 무아 개념을 염두에 둔 것은 아니다. 하지만 붓다가 무아를 처음 말하고 수천 년이 지난 지금, 과학이 과학자들을 무아 개념에 다가가도록 안내하고 있다.

여기서 나는 의식적 마음이 '특별하지' 않다고 말한 커즈번의 주장에 이의를 제기하고 싶다. 내가 보기에 의식하는 마음은 특별하다. 왜냐하면 무엇보다 그것은 '의식을 하기' 때문이다. 의식을 하기 때문에 쾌락과 고통, 기쁨과 슬픔을 느낀다. 느낄 수 있는 주관적 경험이 존재하기에 인간은 삶에 의미를 부여하고 도덕적 질문에 관심을 갖는다. 만약 인간의 모습을 했지만 주관적 경험을 하지 못하는 로봇을 파괴한다면 그것이 명백히 잘못된 행위일까? 또 그런 로봇을 더 많이 만들어내는 것이 명백히 선한 행위일까?

그럼에도 의식하는 마음, 즉 의식하는 자아는 일반적으로 "의식하는 자아는 특별하다"고 말하는 의미에서는 그리 특별할 게 없다. 의식하는 자아는 우리가 생각하는 것만큼 통제권을 쥐고 있지 않기 때문이다. 의식하는 마음은 대통령보다는 하원의장과 더 비슷해서 투표를 주재하고 투표 결과를 발표하지만 투표 결과에 직접 영향을 미치지는 못한다. 물론 하원의장도 막후에서 모종의 실력을 행사해 투표 결과에 영향을 미칠 수는 있다. 마찬가지로, 의식하는 마음도 이곳저곳에서 실력을 행사할 가능성을 완전히 배제할 수는 없다.

여기서 '약간의' 실력을 행사하는 의식적 마음을 '상당한' 실력을 행사하는 마음으로 바꾸는(어쩌면 하원의장을 대통령으로 바꾸는) 과정이 있다면 그것을 명상이라고 생각해도 좋다. 그렇다면 뇌는 특정 순간에 어떤 모듈이 권력을 갖는 자리에 오를지 어떤 과정을 거쳐 결정하는 것일까? 이 점을 이해할 필요가 있어 보인다. 다음 장에서 살필 내용은 이것이다.

7장

우리의 삶을 움직이는
정신 모듈

The Mental Modules That Run Your Life

대학 1학년 때 나는 나에게도 **시점 간 효용함수**^{intertemporal utility function}라는 게 있다는 사실을 알았다. 이건 무슨 진단명이나 심각한 질병 이름이 아니다. 모든 사람이 가진 것으로, 대충 말하면 우리가 얼마나 기꺼이 만족을 지연시키는지 보이는 방정식이다. 다시 말해 무언가를 나중에 더 많이 갖기 위해 현재 그것을 포기할 용의가 얼마나 있는지 가리키는 말이다.

예컨대 나는 오늘 100달러를 받는 대신 지금부터 1년 뒤 125달러를 확실하게 받을 수 있다면 오늘 100달러를 기꺼이 포기할 의사가 있다. 그러나 시점 간 효용함수가 나와 다른 내 친구는 1년 후 150달러는 줘야 지금의 100달러를 포기하겠다고 한다.

이것을 **시간 할인**^{time discounting}이라고 한다. 사람들은 1년 후에 받는 100달러가 오늘 받는 100달러의 값어치에 미치지 못한다고 여긴다. 이처럼 사람들은 미래를 할인하는 경향을 가지고 있다. 위 사례에서 내 친구는 나보다 미래를 더 많이 할인했다.

어쨌든 내가 들었던 경제학 수업에서 제시한 모형에 따르면 나의 시점 간 효용함수가 어떠하든(즉 내가 미래를 얼마나 많이 할인하든) 그것은 내일과 다음 주, 그리고 내년에도 똑같을 거라고 가정한다. 다시 말해 내가 가진 시간 할인율은 나의 심리에 내재하는 지속적이고 불변하는 속성이라는 것이다.

붓다라면 아마 이런 주장에 이의를 제기했을 것이다. 붓다는 일체의 모든 것이 유동流動한다고 보았다. 사람의 심리는 더욱 그렇다. 만약 붓다가 나와 함께 경제학 수업을 들었다면 수업 중 일어나 이렇게 말했을 것이다. "비구들이여, 이에 대해 어떻게 생각하는가? 정신의 형성물mental formations 은 영속적인가, 영속적이지 않은가?"

물론 붓다가 그 정도로 수업에 어깃장을 놓지는 않았을 것이다. 그러나 불교 경전에 따르면 붓다는 5장에서 살펴본 무아에 관한 최초의 설법에서 실제로 그렇게 말한 적이 있다. 5장과 6장에서 나는 붓다의 기본적인 무아 주장의 한 가지 측면을 살폈다. 그것은 오온이라는 다섯 무더기가 나의 통제 아래 있지 않다는 것, 그래서 왕이 자신의 영토를 다스리듯이 내가 오온을 통제할 수 없다는 것이다.

붓다의 무아 주장의 또 한 가지 주요한 측면은 앞에서 가볍게 다루었는데, 그것은 끊임없는 유동, 즉 무상에 관한 것이다. 붓다가 "정신의 형성물은 영속하는가, 영속하지 않는가?"라고 묻자 비구들은 예상하듯이 "영속하지 않습니다, 오 세존이시여."라고 답한다.

이어서 붓다는 "영속하지 않는다면 정신의 형성물을 '내 것이다, 나다, 나의 자아이다'라고 말할 수 있는가?"라고 묻는다.

"진실로 그렇지 않습니다. 세존이시여."

붓다는 색, 수, 상, 식의 나머지 네 무더기도 같은 방식으로 논증해간다. 붓다는 오온의 모든 경우에서 변화할 수밖에 없는 무엇을 자아의 일부로 간주해서는 안 된다고 주장한다. 그러나 그 이유는 명시적으로 밝히지 않는다.[12] 이에 대해 완벽히 설명하려면 붓다 당시에 통용되던 자아 개념을 자세히 들여다봐야 한다. 그렇지만 붓다 당시의 지적 분위기를 논외로 하더라도 우리가 아이에서 성인, 노인으로 겉모습이 바뀌어도 우리의 자아, 즉 나의 내면에 존재하는 '나'는 변하지 않고 지속된다고 여기는 경향이 있다는 붓다의 주장은 상식적으로 일리가 있다.

그러나 생각과 달리 우리는 실제로 변화하고 있다. 이때 변화란, 단지 아이에서 어른으로 바뀐다는 의미의 변화만이 아니다. 우리는 '매순간' 변한다. 흔히 불변하다고 생각되는 기준에서 보더라도 우리는 매순간 변하고 있다.

이로써 다시 앞에서 말한 시점 간 효용함수를 살펴보게 된다. 심리학자들은 매력적인 여성의 사진을 남성들에게 보여주자 남성들의 시점 간 효용함수, 즉 미래를 할인하는 정도에 변화가 생긴다는 사실을 발견했다. 매력적인 여성의 사진을 본 남성들은 나중에 더 많은 현금을 준다 해도 웬만해서는 당장의 현금을(실험자들은 남성들에게 진짜 현금을 지급했다) 포기하려 하지 않았다.(시간 할인과 짝 구하기 모드에 관한 연구는 다음을 참조: Wilson과 Daly 2004. 다음도 참조: Kim과 Zauberman 2013)

여성의 사진을 본 남성들의 돈에 관한 기본적 관점에 변화가 생긴 이유는 무엇일까? 한 가지 힌트를 주자면 여기에는 앞의 6장에서 살펴본 정신 모듈이 개입된다는 점이다. 넓게 보아, 불교에서 말하는 정신적 유동, 즉 무상은 자아의 존재를 의심하는데 이는 정신 모듈의 작용으로 설명할 수 있다. 이렇게 볼 때 불교 명상 수행의 핵심적인 역설이 드러난다. 그것은 자아가 통제권을 쥐지 않았다는 사실을, 심지어 자아가 애당초 존재하

명상 수행의 핵심적인 역설은 자아가 통제권을 쥐지 않았다는 사실을 받아들일 때 오히려 더 큰 통제권을 쥔다는 사실이다

지 않는다는 사실을 받아들일 때 오히려 자아는(아니, 자아가 없다고 했으니 자아 비슷한 무엇이) 더 큰 통제권을 쥔다는 사실이다.

이 시간 할인 실험은 심리학자들이 사람들의 마음 상태를 인위적으로 조작했을 때 그들의 성향이 어떻게 변하는지 살펴본 실험이다. 이 실험의 중요한 메시지는, 매우 고정적이라고 여겼던 한 사람의 특징이 실은 그다지 고정적이지 않다는 것이다.

예를 들어 당신은 대중의 성향을 추종하는 유형인가, 아니면 사람들이 잘 가지 않는 자신만의 길을 가는 유형인가? 이 질문에 대한 답은 "상황에 따라 다르다!"이다. 〈마케팅 리서치 저널〉의 연구는 광고 카피를 선택할 때 미디어 맥락에 적합한 카피가 광고 효과가 더 크다는 사실을 발견했다.(Griskevicius 외 2009) 실험자들은 한 그룹의 실험 참가자들에게 〈샤이닝〉 같은 공포영화의 장면을, 또 다른 그룹에는 〈비포 선라이즈〉 같은 로맨스 영화의 장면을 보여주었다. 그런 다음 각 그룹에 미술관 광고 카피를 각각 다르게 제시했다. 공포영화를 본 그룹에는 "매년 백만 명 넘게 방문합니다"라는 카피를, 로맨스 영화를 본 그룹에는 "사람들과 같아지지 마세요. 특별해지세요"라는 카피를 보여주었다.

〈샤이닝〉을 본 사람들은 미술관을 호의적으로 생각하며 방문하고 싶어 했다. 이는 아마도 공포영화를 보고 두려움에 빠진 실험 참가자들이 사람이 많은 장소를 안전한 피난처로 여겼기 때문일 것이다. 반면, 〈비포 선라이즈〉를 본 사람들은 앞의 그룹과 반대로 행동했다. 영화를 보고 로맨틱한 기분을 느낀 참가자들은 사람들이 없는 은밀한 장소를 선호했다.

이것은 그다지 놀라운 일이 아니다. 누구나 기분에 따라 행동이 달라진다는 사실을 우리는 안다. 로맨틱한 기분에 빠지면 두려움을 느낄 때와 다르게 행동하는 것은 당연해 보인다. 그러나 이 연구를 실행한 사람들은 '기분 패러다임'을 여기서 적용할 최적의 패러다임으로 보지 않았다. 이 연구를 공동 진행한 더글러스 켄릭Douglas Kenrick과 블라다스 그리스케비시우스Vladas Griskevicius는 우리들 각자는 다중의 **하위 자아**sub-selves(켄릭은 이를 때로 '모듈'이라고 부른다)를 갖고 있다고 말한다. 그래서 이 경우 어떤 영화를 보느냐에 따라 어떤 하위 자아가(즉 어떤 모듈이) 광고에 대한 우리의 반응을 통제할지 결정된다. 즉, 로맨스 영화를 보면 짝 구하기 모듈이 통제권을 쥐고, 공포 영화를 보면 자기 방어 모듈이 주도권을 쥐는 식이다.

붓다라면 위와 같은 표현을 선호했을 것이다. 그런데 만약 "기분에 따라 '내가' 다르게 행동한다."고 말한다면 이는 붓다가 던진 다음 질문을 회피하는 것이다. "만약 당신이 좋아하는 대상이 매순간 달라진다면 그런 당신을 동일한 사람이라고 할 수 있는가? 매순간 당신의 기분이 바뀐다고 말한다면 그것은 '오늘의 당신'과 '내일의 당신'이 같은 존재가 아니라는 사실을 덮어 가리는 것 아닌가?"

이는 온종일 논쟁해도 끝나지 않는 문제다. 그런데 지난 20년간 많은 심리학자가 모듈 모형으로 마음의 역동을 온전히 파악할 수 있다는 켄릭과 그리스케비시우스의 생각에(그리고 앞의 6장에 소개한 커즈번과 가자니가의 생각에) 동의했다는 점은 언급할 필요가 있다. 이 관점에서는, 만약 인간과 똑같은 뇌를 가진 로봇을 만들어 컴퓨터 과학자에게 이 로봇의 작동 방식을 설명하라고 하면 그는 로봇의 뇌는 부분적으로 중첩되는 많은 모듈과 모듈 속의 모듈로 구성된다고 답할 것이다. 그리고 특정 순간에 어떤 모듈이 로봇을 움직일지는 로봇이 처한 상황에 따라 결정된다고 말할 것이다. 그러나 이 컴퓨터 과학자는 로봇의 프로그래밍 일부를 가리키며 이렇게 말할 수는 없을 것이다. "이 부위가 바로 로봇의 자아입니다."

그럼에도 로봇의 자아에 가장 근접한 것을 들라면, 특정 상황에서 어떤 모듈을 사용할지 결정하는 알고리즘 정도가 될 것이다. 그런데 이 알고리즘은 인간의 의식적 자아, 즉 나를 다스리는 의식하는 자아와는 다르다. 인간은 예컨대 로맨틱 모드나 두려움 모드에 들어가기로 의식적으로 결정을 내리지 않는다. 실제로 앞의 실험에서 심리학자가 실험 참가자들에게 영화를 본 뒤에 광고 카피에 대한 그들의 반응이 달라졌다고 말하면 참가자들은 깜짝 놀랄 것이다. 또 여성의 사진을 본 뒤에 남성들의 시간 할인율에 변화가 생겼다고 말하면 참가자들은 크게 놀랄 것이다.

이처럼 우리의 '채널을 바꾸게' 만드는(다시 말해 바로 전과 다른 모듈이 통제권을 쥐게 만드는) 주체는 의식적 자아가 아니다. 그렇다면 무엇이 그렇게 하는 것일까? 특정 모듈이 활성화되는 현상은 우리가 느끼는 느낌과 밀접한 관계가 있어 보인다. 영화 〈샤이닝〉은 영화를 본 사람들에게 두려움의 느낌을 느끼게 했을 테고 이것이 사람들의 자기방어 모듈을 활성화시켜 군중 속에서 피난처를 찾도록 만들었을 것이다. 또 〈비포 선라이즈〉는 사람들의 로맨틱한 느낌을 자극했을 것이고 이 느낌이 사람들의 짝 구하기 모듈을 자극해 사적이고 친밀한 공간을 찾도록 유도했을 것이다.

느낌이 모듈을 촉발한다는 생각은 불교의 두 근본 사상인 느낌에 대한 비집착과 무아의 관계에도 새로운 빛을 던진다. 앞서 우리는 이 둘의 관련성을 살펴보았다. 즉 느낌을 마음챙김으로 알아차림으로써 거기에 집착하지 않으면 지금까지 나의 자아라고 여기던 것을 내려놓을 수 있다는 점이었다. 이렇게 우리는 자아라는 것을 조금씩 벗겨낼 수 있다. 그런데 여기서 '벗겨낸다'는 표현은 느낌에 집착하지 않으려는 우리의 노력이 갖는 의미를 제대로 드러내지 못할 수도 있다. 즉, 느낌은 단지 우리가 자아라고 여기던 것을 구성하는 작은 일부가 아니라 어쩌면 자아의 핵심에 더 가까운 것일 수도 있다. 지금까지 '내가' 한다고 여겼던 행위의 주체, 즉 내 행위의 통제권을 쥔 주체는 내가 아니라 어쩌면 느낌인지 모른다. 매 순간 우리가 실제로 어떤 행동을 취할지 결정하는 주체는 모듈인데, 특정 순간 어떤 모듈이 주도권을 쥘지 결정하는 주체는 느낌이기 때문이다. 이 관점에서 보면 느낌에 대한 집착을 버릴 때 자아가 사라지는 지점에 이르는 이유가 더 분명해진다.

질투심: 마음의 폭군

때로 느낌과 모듈 사이의 관계는 너무도 확실해서 거의 틀릴 수 없을 정도다. 느낌 자체가 매우 압도적인 경우, 느낌이 작동시키는 모듈은 우리를 완전히 '다른 사람'으로 바꾼다. 그 예로 성적 질투심을 들 수 있다. 1980~90년대에 진화심리학의 기초를 놓았다고 평가받는 레다 코스미데스Leda Cosmides와 존 투비John Tooby는 성적 질투심을 분석했다.(Cosmides and Tooby 2000) 코스미데스와 투비는 마음에 관한 모듈 관점을 주창한, 초창기의 영향력 있는 학자였다. 연구가 진전되는 과정에서 그들은 정신 모듈이 어떤 식으로 감정과 연결되는지 질문했다. 두 사람은, 다윈설의 관점에서 볼 때 감정이 하는 일, 즉 감정의 목적은 특정 순간에 가장 적합한 모듈의 기능을 활성화시키고 조정하는 것이라고 결론 내렸다(그렇다고 특정 순간에 적합한 모듈의 기능이 도덕적 관점에서도 적합하다거나 당사자의 행복을 증진시킨다는 의미는 아니다. 단지 우리 조상들이 유전자를 퍼뜨리는 데 도움을 주었다는 의미일 뿐이다). 투비와 코스미데스는 질투심이라는 감정을 예로 들어 이렇게 말했다.

성적 질투심의 감정은, 배우자의 부정^{不貞}이 들통 났을 경우 그에 대처할 만
반의 준비를 갖추게 한다. 이 목적을 위해 성적 질투심은 각각의 심리 매커
니즘을 지배하는 프로그램을 배치하도록 설계된 조직화된 작동 모드를 구
성한다. 신체적 과정은 폭력 등의 사태에 준비한다. …… 경쟁자를 단념시
키고 해를 입히고 죽이려는 목적이 생긴다. 배우자에게 벌을 주고 단념시키
며 그를 버리려는 목적이 생겨난다. 자신을 다른 이성에게 더 매력적인 사람
으로 보이려는 욕망도 일어난다. 지나간 과거를 다시 분석하기 위해 기억력
이 활성화되고, 단란했던 과거에 대한 확신에 찬 평가는 의심으로 바뀐다.
또 상대방 성^性에 대한(또는 모든 사람에 대한) 전반적인 신뢰도가 떨어진다.
부정을 행한 짝에게 수치심을 안기는 프로그램이 촉발되어, 연약함의 사회
적 개념에 반하는 폭력과 처벌 행위를 공공장소에서 시연하려고 시도한다.

질투심이라는 느낌 하나로 조금 전까지 없던 수많은 반응이 일어난다.
한 사람의 태도와 관심의 초점, 기질 등에 큰 변화가 일어나므로 완전히
'새로운 자아'가 출현해 그의 마음을 통제한다고 해도 과언이 아니다. 17
세기에 존 드라이든^{John Dryden}은 〈질투심: 마음의 폭군〉이라는 제목의 시
를 썼는데 이 제목은 질투심의 실제 작동 방식과도 일치한다. 질투심은,
적어도 그것이 발동하는 동안은 우리 마음에서 무소불위의 권력을 행사
하는 폭군과 같다. 질투심에 찬 분노에 휩싸인 적이 있다면 누구나 그 순
간 자신의 행동을 지배한 장본인이 결코 평상시의 자신이 아니라고 말
할 것이다.
질투심의 느낌은 너무나 강력해서 그것에 저항하는 것은 생각조차 하

기 어렵다. 그런데 엄밀히 말해, 저항은 질투심에 대
처하는 명상적 방법이 아니다. 명상으로 질투심에 대
처하는 방법은 질투심이 일어날 때 마음챙김으로, 즉
깨어있는 마음으로 알아차리며 관찰하는 것이다. 질
투심에 집착해 거기에 단단히 붙들리지 않는 것이다.

집착하지 않으면, 즉 붓다가 말했듯이 당신의 의식이 질투의 느낌에 '얽
히지' 않으면 질투심 모듈은 활성화되지 않을 것이다. 집착하지 않는 채
로 느낌을 관찰하는 것이야말로 모듈이 당신의 의식을 통제하지 못하게
만드는 비결이다. 안다, 말하기는 쉬워도 실제로 행하기는 어렵다는 것을.

　당신이 질투심에 대한 집착을 끊어낸다고 해서 이 상황에 제대로 대처
하지 못하는 일은 생기지 않을 것이다. 당신은 배우자의 부정이라는 객관
적 사실에 대해 곰곰이 생각한 뒤 이것이 관계를 끝내라는 의미인지 판단
할 수 있다. 질투심에 끌려가지 않을 때 당신은 배우자의 부정이 '실제로'
사실인지 더 잘 판단할 수 있고, 더 현명한 행동을 취할 수 있다. 뿐만 아
니라 어떤 경우에도 사람을 죽이는 일은 일어나지 않을 것이다.

　다시, 질투심은 모듈이 마음의 통제권을 쥐는 것을 보여주는 매우 극
적인 사례. 물건을 집어던지고 소리를 지르는 것은 뇌가 '새로운 관리
자'의 지배를 받는다는 신호다. 게다가 분노 단계에 이르지 않아도 질투
심은 매우 강박적인 성격을 갖기에 당신의 마음은 특정한 일련의 생각을
반복적으로 하게 된다.

　그런데 질투심만큼 분명하게 드러나지 않는 미묘한 감정도 완전히 새
로운 마음의 틀이 작동하게 만드는 정도의 작은 변화를 일으킬 수 있다.
앞서 로맨스 영화를 본 사람들이 사람 많은 장소를 피했던 실험을 떠올려
보자. 그들의 이런 행동 자체가 그들을 완전히 '다른 사람'으로 만들었다

고 할 수는 없지만 여기서도 그들의 행동은 그 자체로, 즉 저절로 일어난 행동이 아니다. 그것은 켄릭과 그리스케비시우스가 말한 '짝 구하기 하위 자아'가 작동함으로써 일어난 여러 변화 중 하나로 보아야 한다.

여기서 앞에 말한 시점 간 효용함수, 즉 매력적인 여성을 본 남성은 여성을 보기 전보다 미래를 더 많이 할인한다는 사실을 다시 보자. 이때 무슨 일이 일어나고 있는 걸까? 이것은 우리가 가정한 짝 구하기 모듈의 일부인가?

시간 할인 연구를 실시한 마고 윌슨^{Margo Wilson}과 마틴 데일리^{Martin Daly} (투비와 코스미데스처럼 이들도 진화심리학을 개척한 선구자였다)는 인간이 지나온 역사에 관해 숙고함으로써 이 실험에 대한 영감을 얻었다. 인류가 진화를 거치면서 음식 등의 자원과 사회적 지위를 지닌 남성은 짝을 유혹하기가 더 용이했다는 점은 쉽게 납득할 수 있다. 그러므로 실제로 짝 구하기 모듈이 존재한다면 다음과 같은 알고리즘을 따른다고 추론할 수 있다. 즉, 가까운 미래에 짝짓기에 필요한 구애 기회가 존재한다는 신호를 감지한 남성은 설령 먼 장래의 기회를 놓치더라도 가까운 장래에 자원을 획득하는 기회를 잡으려 할 것이다. 그 남성들은 자원을(오늘날로 하면 현금을) '지금 당장' 손에 넣기를 원한다.

물론 실험에 참가한 남성들은 실제로 짝짓기 기회를 감지한 게 아니라 여성의 사진만 보았을 뿐이다. 그러나 오랜 옛날에는 사진이 없었으니 실제와 비슷한 여성의 이미지만으로도 여성이 눈앞에 존재한다고 여겼을 것이다. 이것이 실험에 참가한 남성들이 여성의 사진만으로 여성이 눈앞에 있다고 '속아 넘어간' 이유이다. 이 남성들도 의식 차원에서는 이 여성들과 실제로 짝짓기를 할 수 없다는 사실을 '알고' 있었다. 따라서 이 실험은 의식적 자아가 관여하지 않고도 모듈이 촉발될 수 있다는 사실을 보여준다. 다시 말해 모듈이 촉발된 이면의 진화론적 논리를 의식적 자아가 인지하지 못한 상태에서도 모듈이 작동한다는 것을 보여준다.

짝 구하기 모드에서 유동적으로 변하는 심리적 특징에는 시간 할인 외에도 또 있다. 그것은 사람들의 직업적 포부에 관한 것이다. 아마 당신은 사람들의 직업적 포부가 매순간 급격히 바뀐다고는 생각하지 않을 것이다(물론 시간의 흐름과 함께 어느 정도 바뀔 수는 있겠지만). 그러나 이런 생각과 달리 사람들의 직업적 포부는 실제로 '매순간' 바뀐다고 한다. 어느 연구에서 심리학자들이 남성들에게 자신의 커리어 플랜에 관한 설문지를 작성하도록 했다. 어떤 남성들은 여성들과 함께 있는 장소에서 작성하도록 했고, 어떤 남성들은 남성들만 있는 장소에서 작성하도록 했다. 그 결과, 여성들과 함께 설문지를 작성한 남성들은 남성들만 있는 장소에서 작성한 이들보다 부의 축적을 주요 목표로 설정하는 성향이 더 크게 나타났다.(직업적 포부와 짝 구하기 모드에 관한 연구: Roney 2003)

이 현상을 두고 남성들의 직업적 포부에 실제로 변화가 일어난 것은 아니라고 볼 수도 있다. 어쩌면 짝 구하기 모듈이 남성들의 장기적 직업 플랜은 변화시키지 않은 채 단지 '자기 과시'라는 하위 모듈을 순간적으로 발동시켰을 수도 있다. 다시 말해, 여성들과 같은 장소에 있자 남성들의 마음이 미래의 부에 관한 더 대담한 플랜을 내놓았을 수 있다. 이것은 그 플랜이 얼마나 현실성이 있는지, 또 그 대담함이 얼마나 오래 지속될지와 무관하게 여성들의 환심을 사려는 남성들의 행동일 수 있다. 그러나 그렇다 해도 남성들의 의식적 자아는 이런 전략적 논리를 인식하지 '못한' 것으로 보인다. 어차피 남성들은 여성들이 볼 거라고 기대할 이유가 전혀 없는 설문지 형식으로 자신들의 대담한 플랜을 전했다.

우리는 다시 분리 뇌 실험이 주는 교훈으로 돌아오게 된다. 그것은 사람들이 자기 행동의 동기에 관하여 어떤 이야기라도 지어내 스스로에게 납득시킨다는 사실이다. 만약 그 이야기를 타인에게 말하는 것이 그들에게(다시 말해 자연선택의 유전자 전파에) 유리하다면 말이다. 이 남성들은 분리 뇌 환자가 아닌 해부학적으로 정상인 인간이었다. 그 순간 남성들은 마음의 본래적 작동 방식에(아니면 적어도 그 순간에 주도권을 쥔 특정한 마음에) 지배당했을 뿐이다.

지금까지 우리는 짝짓기 기회를 감지한 사람에게 일어나는 세 가지 변화를 살폈다. 첫째, 그들은 사람 많은 곳을 피해 갑자기 은밀한 공간을 찾아들었다. 둘째, 그들의 시점 간 효용함수에 변화가 생겼다. 셋째, 그들의 직업적 목표가 적어도 그 순간에는 더 물질적인 성격을 띠었다.[13] 물론 짝짓기 모드에 있는 사람의 마음에 일어나는 변화는 이 세 가지 외에도 많을 것이다. 그런데 이것만으로도 매력적인 잠재적 짝을 눈앞에 둔 사람의 마음을 지배하는 주체를 모듈(켄릭과 그리스케비시우스라면 '하위 자아')로 보는 것이 타당한 이유를 알 수 있다.

뒤죽박죽인 모듈

그러나 동시에 우리는 마음이 뒤죽박죽인 성질을 가졌다는 점에 유의해야 한다. 그래서 마음을 모듈에 비유하는 데 지나치게 빠지는 것도 경계해야 한다. 그런데 켄릭과 그리스케비시우스는 종종 모듈의 비유에 지나치게 경도되는 듯하다. 그들은 마음을 다음 임무를 지닌 일곱 개의 하위 자아로 '깔끔하게' 분류한다. 이는 1) 자기 방어 2) 짝 유혹 3) 짝 유지 4) 친선(친구를 사귀고 유지하는 것) 5) 친족을 보살핌 6) 사회적 지위 7) 질병 회피의 일곱 가지다. 이 분류법은 나름의 장점이 있다. 의심할 바 없이, 정신 기능의 이 일곱 가지 영역은 자연선택이 인간의 마음을 설계할 때 커다란 중요성을 부여받은 영역이다. 그럼에도 이 목록을 들여다보면 모듈들 사이에 명확한 선을 긋는 일이 말처럼 쉽지 않음을 알게 된다.

예를 들어, 앞서 커리어 설문조사에서 남성들이 자신의 직업적 목표를 실제보다 과장한 것은 짝을 유혹하려는 시도로 볼 수도 있지만, 잠재적 짝의 눈에 비치는 사회적 지위를 높이려는 시도로 볼 수도 있다. 게다가 남성들은 잠재적 짝이 '아닌' 사람들의 눈에 비치는 사회적 지위를 높이려는 시도로 그런 행동을 보이기도 한다. 그렇다면 짝 획득 모듈에 '사회적 지위'라는 하위 모듈이 있다고 보아야 하는가, 아니면 짝 획득 모듈은 그와 별개로 존재하며 켄릭과 그리스케비시우스가 상정한 사회적 지위 모듈의 기능 중 일부를 빌려왔다고 보아야 하는가? 이런 난제 때문에 마음을 스위스 군용 칼이나 스마트폰에 지나치게 비유하는 것을 경계해야 한다.

스마트폰 비유의 또 다른 문제점은 모듈들 사이의 전환이 스마트폰 앱을 전환하는 것만큼 간단하지 않다는 데 있다. 짝 획득 모드는 다른 모드와 구분되는 고유한 성격을 가졌다고 보이지만 그것이 촉발하는 느낌은 질투심을 일으키는 느낌만큼 드라마틱하지 않다. 거기에는 사랑이나 욕정이 개입되지 않은 채 단지 끌림과 호기심이 증가하는 느낌만 있을 수도 있다. 그리고 짝 획득 모드에 뒤이어 생기는 마음 상태도 질투심이라는 마음 상태만큼 우리를 안달 나게 만들지 않는다. 그렇지만 그것은 다른 상태와 구분되는 나름의 성격을 지니며 느낌에 의해 촉발된다.

이처럼 모듈 비유의 깔끔함에 내포된 오해의 소지를 감안하면 '통제권을 쥔 모듈'이라는 표현보다는 내가 좀 전 사용한 '마음 상태'라는 표현을 써도 무방하다. 어찌 됐든 여기서 중요한 메시지는 첫째, 마음 상태는 의식적 자아가 거기에 들어가기로 '선택한' 것이 아니라는 점이다. 그보다, 마음 상태는 느낌에 의해 촉발되며 의식적 자아는 (원칙적으로 느낌에 다가 갈 수는 있어도) 느낌을 알아보지 못하거나 자신이 새로운 마음 상태에 들 어갔다는 사실을 알지 못할 수도 있다. 둘째, 왜 붓다가 마음의 여러 부분 이 영속적이지 않고 유동적임을 강조했는지, 또 왜 붓다가 마음의 이러한 유동적 상태가 무아 주장에 적합하다고 생각했는지 알 수 있다. 그것은 자아가 변하지 않는 본질적 무엇이라면 매순간 변화하는 마음 상태의 정 확히 어디에 자아가 존재하는지 추론하기 어렵다는 점이다.

유동하는 와중에 변하지 않는 무언가가 있다고 본다면, 즉 시간이 흘 러도 본질적으로 변하지 않고 지속하는 무언가가 존재한다고 본다면 그 것은 환영이다. 그것은 나를 다스리는 왕이 존재한다는 환영이며, 의식하 는 나가 바로 그 왕이라고 생각하는 환영이다. 우리는 앞 장에서 이러한 환영이 진화적 관점에서 볼 때 타당하다는 것을 보았다. 의식적 자아는 타인을 상대로 말하는 '나'이자 세상과 의사소통하는 '나'이다. 그렇기에 일정한 견해를 갖는다. 이 견해의 목적은 세상 사람과 소통하는 것이다. 이런 견해들 중에는 실행자로서의 자아, 그것도 매우 효율적이고 훌륭한 자아가 존재한다는 생각이 있다. 이 장에서 우리는 의식적 마음이 이런 고질적 환영을 만들어낸다는 것을 보았다. 뿐만 아니라 느낌이 어떤 모듈 에 주도권을 주느냐에 따라 달라지는, 그리고 그 모듈이 타인과 공유하기 를 원하는 견해에 따라 달라지는 더 일시적인 환영(예컨대 직업적 포부에 관 한 환영)도 만들어낸다는 사실도 보았다.

그런데 이런 환영을 작정하고 파헤쳐야 하는 이유가 무엇일까 의아할 수도 있다. 남자와 여자가 서로에게 좋은 인상을 주기 위해 자기 미망에 빠지는 것이 그토록 잘못된 일일까? 나 역시 그렇지는 않다고 생각한다.

어떤 환영은 해를 입히지 않는다. 심지어 이롭기까지 하다. 나는 당신이 가진 환영을 모두 꺼내 보일 생각은 조금도 없다. 각자 자기 방식대로 살아가자는 게 나의 전반적인 인생철학이기도 하다. 매트릭스가 좋으면 그걸 즐기며 살면 된다.

그런데 당신이 가진 환영이 당신의 삶에 등장하는 사람에게 피해를 주거나 세상에 문제를 일으킨다면 어떨까? 그런 일은 실제로 일어난다. 예를 들어 자기 방어 모드에 있을 때 우리는 단지 사람이 많은 장소를 선호하기만 하는 것이 아니다. 어느 연구에서 〈양들의 침묵〉 같은 무서운 영화를 본 남성들에게 다른 인종 그룹의 남성들 사진을 보여주고는 그들의 얼굴 표정을 평가하게 했다. 그랬더니 공포 영화를 보지 않은 남성들보다 타인종 남성들의 사진을 더 화난 표정으로 평가했다고 한다.(Maner 외 2005)

물론 위협에 대한 과장된 인식 등의 환영이 도움이 되는 때도 있다. 한 번도 가본 적 없는 낯선 지역을 지날 때 지나칠 정도로 조심하는 것은 도움이 된다. 그런데 한편으로 낯선 사람들이 실제보다 큰 적의를 가졌다고 보는 성향은 다른 집단과의 건설적이고 우호적인 상호작용을 방해할 수도 있다. 게다가 그로 인해 치러야 하는 대가는 낯선 동네를 지나다 맞을 수도 있는 비극적 운명보다 클 수도 있다. 정치인들은 타 집단의 적의를 과장하는 사람들의 성향을 자극해 위협을 과대평가 하도록 부추긴다. 이는 민족 간의 적대감으로, 심한 경우 전쟁으로 이어지기도 한다.

짝 획득 모듈 역시 사람 많은 곳을 피해 은밀한 선술집을 찾도록 부추기는 일만 하지 않는다. 짝 획득 모듈은 선술집에서 일어나는 대화도 결정한다. 예컨대 테이블 너머에 앉은 이성의 애정을 획득하기 위해서라면 잠재적 라이벌로 인식되는 모든 사람에 대해 비호의적인 말을 내뱉을 것이다. 그리고 라이벌에 대한 이런 '바람빼기' 작업은 자신에 대한 부풀리

기만큼이나 진실에서 멀다. 하지만 이런 바람빼기는 진실이라고 '느껴지기에' 우리는 라이벌에 부여하는 나쁜 평판을 사실로 믿는다. 그러나 이는 나쁜 평판을 주변에 더 잘 퍼뜨리기 위한 목적이다.(다음을 참조: Buss and Dedden 1990) 붓다는 마음의 이런 역동을 명료하게 통찰했다.

> 감각이 제시하는 증거는
> 타인을 향한 거대한 경멸과
> 자기가 옳다는 거만한 확신을 일으킨다.
> 그 결과 모든 경쟁 상대를 이렇게 평가한다.
> "딱하구나, 어리석은 바보들이여."
>
> (Burtt 1982, p.37)

그렇다면 이에 대해 우리는 무엇을 할 수 있는가? 우리의 마음이 계속해서 서로 다른 모듈에 낚인다면 그리고 각각의 모듈이 서로 다른 환영을 가졌다면 이 상황을 어떻게 변화시킬 수 있을까? 답은 간단하지 않다. 하지만 이제 분명한 것은 이런 상황에서 통제권을 쥐는 방법은 느낌에서 힌트를 얻을 수 있다는 점이다. 느낌과 환영의 관계는 3장에서 살펴본 것처럼 어느 정도 분명해 보인다. 3장에서 우리는 어떤 느낌들은 이러저러한 의미에서 '거짓'이므로 그로부터 거리를 둘 때 사태를 더 분명히 볼 수 있다는 것을 알았다. 그런데 느낌의 노예가 되지 말라는 권고는, 느낌이 또다른 차원에서 환영과 연결되어 있음을 깨달을 때 설득력을 더한다. 그것은 느낌이 일시적으로 특정한 환영을 일으킬 뿐 아니라 한 사람의 사고방식을 완전히 새롭게 만들어 그의 지각과 성향을 (좋은 쪽으로든 나쁜 쪽으로든) 바꿔놓을 수 있다는 사실이다.

불교와 현대 심리학이 만나는 지점이 있다
면 인간의 일상의 삶을 지배하는 단 하나의
자아, 의식적 주인이 없다는 사실이다. 그보다
는 매순간 번갈아가며 삶이라는 쇼를 연출하
는(어떤 의미에서 쇼의 통제권을 일시적으로 위임받

은) 자아'들'의 집합이 있을 뿐이다. 그리고 이 자아들의 집합이 쇼를 연출
하는 방법은 느낌을 통해서다. 그렇다면 쇼에 변화를 주는 한 가지 방법
이 우리의 일상에서 느낌이 하는 역할을 변화시키는 것이라는 점은 타당
해 보인다. 그리고 내가 아는 한, 일상의 삶에서 느낌의 역할을 변화시키
는 방법으로 마음챙김 명상보다 좋은 것은 없다.

8장

생각은 어떻게
스스로 생각하는가

How Thoughts Think Themselves

참선 명상과 티벳 명상, 그리고 위빠사나 명상에 관한 오랜 격언이 있다. "참선 명상은 시인을 위한 것, 티벳 명상은 화가를 위한 것, 위빠사나는 심리학자를 위한 것"이라는 격언이다. 이 격언은 위 세 가지 불교 명상법의 차이를 그대로 드러낸다. 참선 명상이 수수께끼 같은 화두에 참구하고 티벳 명상이 마음의 시각 이미지를 그리는 데 집중한다면 위빠사나는 마음챙김을 강조한다.

대부분의 정형화된 생각과 마찬가지로 이 격언 역시 차이점을 강조하지만 나름의 일리는 있다. 마음챙김 명상은 위빠사나의 주요 도구로서 인간의 마음을 탐구하는 좋은 방법이다. 적어도 마음챙김 명상은 한 사람의 마음, 즉 당신 자신의 마음을 탐구하는 데 적절하다. 어떻게 탐구하는가? 그저 자리에 앉아 마음의 먼지가 가라앉도록 내버려둔 채 마음이 어떻게 작동하는지 지켜보면 된다.

엄밀히 말해 이것은 심리학자들이 하는 방법은 아니다. 심리학은 과학이며, 과학은 그 정의상 누구나 관찰 가능한 데이터와 실험 결과를 생산한다. 반면, 자기 마음을 지켜보았을 때 관찰되는 내용은 나 말고는 누구도 볼 수 없다. 이 때 관찰되는 내용은 엄밀한 의미에서 '데이터'가 아니다. 그러므로 명상을 하는 당신은 실험 심리학자와는 다른 상황에 있다. 만약 당신이 명상의 깊은 몰입 상태에서 빠져나와 자아라는 건 존재하지 않는다고 선언한다 해도 이것은 자아가 존재하지 않음을 증명하는 과학적 증거가 될 수 없다.

과학과 명상의 관계는 오히려 반대다. 즉, 명상에서 자신의 마음에 관하여 관찰한 내용으로 과학 이론을 증명하는 방식이 아니라, 과학 이론의 도움으로 명상에서 관찰한 내용을 입증하는 방식이다. 만약 마음의 작동에 관한 믿을 만한 과학 모형과 일치하는 내용을 명상 중에 관찰했다면 당신은 명상으로 마음의 역동을 분명히 볼 수 있다고 믿을 이유를 갖게 된다.

마음에 관한 모듈 모형을 예로 들어보자. 마음에 관한 모듈 모형을 진지하게 받아들일 과학적 이유는 충분하다. 마음에 관한 모듈 모형이 진실로 마음에 관한 정확한 그림을 그려준다고 하자. 그리고 '통찰 명상'이라고도 불리는 위빠사나 명상이 정말로 마음의 작동 방식에 관한 통찰을 준다고 하자. 그렇다면 당신은 위빠사나 명상으로 모듈로서의 마음이 실제로 작동하는 방식을 관찰할 수 있다고 기대해도 좋다.

그리고 나는 실제로 위빠사나 명상이 모듈로서의 마음이 작동하는 방식을 보여준다고 생각한다. 즉, 마음챙김 명상에서 우리가 경험하는 내용은 마음에 관한 모듈 모형에 비추어도 타당성을 갖는다. 여기서 내가 말하는 명상 경험은 반드시 특별한 경험이 아니다. 수개월 동안 명상 수련회에 참가하고 하고 난 다음에나 얻는 특별한 체험, 예컨대 자아가 존재하지 않는다는 갑작스러운 깨달음을 말하는 것이 아니다. 그것은 명상을 해나가는 과정에서 누구나 경험하는 단계들이다. 그 경험들이 쌓이면 언젠가는 매우 특별한 체험을 하겠지만 현재로서는 그저 매우 평범한 경험들이다.

명상을 하는 과정에서 많은 사람이 경험하는 단계 중 하나가, 도대체 마음이란 놈이 한 곳에 가만히 있지 않아 명상을 하기 어렵다고 느낀다는 점이다. 앞서 말했듯이, 우리의 마음이 한군데 가만있지 않고 방황하는 현상을 보면 붓다가 우리의 통상적인 자아 개념을 통째로 뒤흔든 취지를 알 수 있다. 만약 나를 다스리는 주인으로서의 자아가 존재한다면 마음은 주인의 명령에 따라 호흡에만 집중할 것이다. 그러나 실제로 마음은 한곳에만 집중하지 못한다. 이렇게 제멋대로인 마음을 관찰함으로써(즉 마음의 디폴트 모드 네트워크가 맹위를 떨치는 현상을 관찰함으로써) 우리는 '의식하는 나'가 쇼를 진행하는 주관자가 아니라는 점을 깨닫는다. 뿐만 아니라 그렇다면 대체 무엇이 쇼를 진행하는지, 마음에 관한 모듈 모형에 더 부합하는 그림을 그릴 수 있다.

이를 위해 다음 네 가지 간단한 단계를 따라해 보자. (1) 바닥에 방석을 깔고 앉는다. (2) 호흡에 집중하려고 노력한다. (3) (이 단계가 가장 쉬운데) 호흡에 오래 집중하는 데 '실패'한다. (4) 실패한다면 어떤 생각 때문에 호흡 집중에 실패하는지 관찰한다. 호흡에 집중하지 못하게 만드는 생각의 종류는 연령 등 여러 요인에 따라 다르겠지만, 마음이 흔히 하는 방황에는 다음과 같은 것이 있다.

1. 직장에서 만난 매력적인 이성과 데이트 하는 장면을 상상한다. 당신이 하

고 싶은, 상대를 혹하게 할 만한 위트 있는 멋진 멘트가 떠오른다.

2. 어제 그(녀)와 직장에서 만난 장면을 떠올리고는 그(녀)의 말이 당신의 호감을 사려는 의도였다고 지레짐작한다.

3. 당신의 경쟁 상대가 당신을 은근히 무시한 상황을 떠올린다.

4. 그 경쟁 상대가 사람 많은 곳에서 크게 창피를 당해 그의 비열함과 무가치함이 만천하에 드러나는 복수극에 잠시 푹 빠진다.

5. 퇴근 후 집에 돌아가 마실 시원한 맥주 한 잔을 떠올린다. 경쟁 상대를 '궤멸'시킬 방법을 궁리하느라 힘든 하루를 보냈으므로 그 정도 보상은 당연하다고 여긴다.

6. 어제 18번 홀에서 날린 당신의 멋진 어프로치샷을 떠올리고는 당신의 골프 파트너가 큰 감동을 받았으리라 상상한다. 샷을 날린 뒤 당신의 위트 있는 말에 상대가 웃음을 터뜨린 걸 보면 분명하다.

7. 내일 하기로 예정된 파워포인트 발표가 걱정된다.

8. 딸아이가 유치원에서 잘 생활하는지 걱정된다. 또 병약하신 어머니에게 어제 전화를 드리지 않은 일이 자꾸 마음에 걸린다.

9. 내가 베푸는 만큼 호의를 베풀지 않는 친구 녀석을 떠올리자 은근히 부아가 난다.

10. 다른 친구와 예정된 저녁 약속을 기대한다. 그 친구와 만나 앞의 녀석을 단단히 성토해줄 작정이다. 등등……

이런 생각들에 공통되는 세 가지 주제가 있다. **첫째**, 이 생각들 모두 현재가 아닌 과거와 미래에 관한 것이다. 다시 말해, 이 생각들을 하는 동안에 당신은 지금 이 순간 실제 세계에서 일어나는 일에 주의를 기울이지 않고 있다. **둘째**, 모두 '나'와 관련된 생각들이라는 점이다. 인간은 원래 자기중심적으로 생각하는 존재다. 이는 자연선택이 인간으로 하여금 자신의 이익(즉, 자연선택의 관점에서 보는 유전자 전파라는 이익)에 집중하도록 뇌를 설계했다는 점을 감안하면 그리 놀랍지 않다. **셋째**, 위의 생각 대부분이 다른 사람과 관련되었다는 점이다. 이 역시 인간이 사회적 동물이라는 점을 고려하면 그리 놀라울 게 없다. 실제로, 마음이 한 곳에 집중하지 못하고 이리저리 방황하는 디폴트 모드 네트워크와, 뇌 영상으로 확인되는 마음이론 네트워크(다른 사람들이 나에 대해 어떻게 생각하는지를 생각하는 뇌 부위)가 상당 부분 중첩되는 것으로 드러났다.(Mars 외 2012)

여기에 이들 정신적 방랑에 공통된 **네 번째** 주제가 있다. 무엇인지 짐작할 수 있는가?

힌트는, 앞서 5장과 6장에서 다룬 내용이라는 점이다. 그렇다! 바로 이 생각들 모두 모듈의 관점에서 설명할 수 있다! 당신을 직접 경험에서 멀어지게 만드는 연쇄적 생각들은 당신을 여러 장소로 데려갈 수 있지만 그중 꽤 많은 부분은 앞서 말한 정신 모듈, 즉 진화적으로 충분히 근거가 있는 모듈 가운데 하나에 속한다. 이 모듈들 모두 짝을 유혹하고 유지하며 자신의 사회적 지위를 높이고(다시 말해 경쟁 상대를 깎아내리고) 친족을 돌보며 나만 이용당하지 않는 호혜적 관계가 되도록 친구관계를 관리하는 것과 관련된 모듈이다.

여기서 예외인 생각이 하나 있다면(다시 말해 위의 주요 모듈에 딱 들어맞지 않는 한 가지가 있다면) 5번, 즉 당신이 누릴 자격이 있다고 믿는 맥주 한 잔에 대한 기대다. 짐작컨대, 인간의 진화 과정에서 '맥주 마시기 모듈'은 우리 안에 만들어지지 않았을 것이다. 그러나 맥주도, 다른 기분 전환용 약물처럼 진화의 논리에서 지름길로 가기 위한 발명으로 볼 수 있다. 즉,

맥주는 보통은 힘들게 활성화되는 보상 중추를(즉, 우리 조상들이 유전자를 퍼뜨리는 데 유리한 행위를 했을 때 활성화되는 보상 중추를) 빠르게 그리고 직접적으로 자극하는 발명인 것이다.

우리 마음이 방황하는 현상은 마치 여러 모듈이 늘어선 장소를 마음이 이리저리 거니는 중에 잠시 특정 모듈에 빠졌다가 조금 뒤 다른 모듈로 갈아타는 상황과 비슷하다. 그런데 마음이 방황하는 현상을 조금 다르게 보면 모듈들이 우리의 관심을 얻으려고 경쟁하는 상황으로 볼 수도 있다. 마음이 하나의 모듈에서 다른 모듈로 방황할 때 실제 일어나는 일은 두 번째 모듈이 힘을 얻어 우리의 의식에 대한 통제권을 첫 번째 모듈로부터 빼앗아가는 것이다.

물론 방황하는 마음을 바라보는 위의 몇 가지 방식에 당신이 반드시 동의해야 하는 것은 아니다. 지금으로서 나는 다음 두 가지를 말하고자 한다. **첫째**, 마음에 관한 모듈 모형을 고수하는 심리학자들은 위의 관점 가운데 두 번째를 더 선호한다. 즉, 의식하는 당신이 여러 모듈 가운데 선택하는 것이 아니라, 경쟁하는 모듈들 가운데 다른 모듈을 누르고 힘을 쥔 모듈에(6장에 소개한 가자니가의 표현을 빌면 의식적 인식이라는 상*을 거머쥔 모듈에 의해) 의식하는 당신이 납치당한다는 것이다. **둘째**, 만약 당신이 위빠사나 명상 수련회에 참가해 서서히 조금씩이라도 전보다 더 호흡에 집중한다면 당신 역시 위의 두 번째 가설이 진실에 더 가깝다고 느낄 거란 점이다. 즉 마음이 자신의 영역에서 이리저리 노닌다기보다, 자기 영역에 침입한 외부자에 의해 납치되는 것처럼 생각될 것이다.

그런데 명상을 하면 마음이 모듈에 그저 납치되고 마는 게 아니라 '납치 미수'에 그치게 만들 수 있다. 다시 말해 생각이 일어나 거기에 주의를 붙들려도 얼마 안 가 호흡으로 다시 돌아올 수 있다. 이제 생각은 당신을 엉뚱한 곳으로 데려가지 않는다. 꼬리를 문 생각의 열차가 역에 들어오더라도 당신은 냉큼 열차에 올라타지 않는다. 당신은 다시 출발하는 열차를 플랫폼에 서서 그저 바라볼 수 있다.

명상을 하면
마음이 모듈에 납치되더라도
'납치 미수'에 그칠 수 있다
생각의 열차에 냉큼 올라타지 않고
출발하는 열차를 플랫폼에서
그저 바라볼 수 있다

그런데 실은 앞의 문장을 너무 믿으면 안 될지 모른다. 왜냐하면 역에 들어왔다가 다시 출발하는 생각의 열차를 내가 완전한 초탈의 마음으로 지켜본다는 의미로 해석될 수 있기 때문이다. 나의 실제 명상 경험은 그렇지 못하다. 나는 생각의 열차에 올라탔다가 열차가 역을 출발해 속도를 올린 다음에야 열차에 타고 싶지 않음을 깨닫고 황급히 열차에서 내리는 일이 더 많다.

이런 상황은 나에게 좌절감을 안겨주기도 했다. 그렇지만 한편으로 나는 느낌을 조금은 객관적으로 살피는 데 꽤 익숙해졌다. 마치 연극배우가 무대 위로 걸어 나오는 모습을 지켜보듯이 나는 그 순간 일어나는 느낌을 지켜볼 수 있었다(나는 적어도 명상을 하는 동안에는 느낌 관찰을 꽤 잘 하는 편이다. 일상에서는 그보다 못하지만). 그러나 '느낌'이 아닌 '생각'을 초연하게 지켜보기는 더 어려운 것 같다. 나의 문제를 다르게 표현하자면 이렇다. 앞서 가자니가는 우리가 특정 순간에 의식하는 생각은 마치 '거품이 일듯이' 생겨난다고 했는데 내가 관찰하지 못하는 부분도 생각의 거품이 이는 순간이다. 만약 이에 대한 더 생생한 설명을 듣고 싶다면 내가 아닌 다른 사람의 말을 들어볼 필요가 있다. 조셉 골드스타인Joseph Goldstein이 그중 한 사람이다.

1975년 골드스타인은 샤론 샐즈버그Sharon Salzberg, 잭 콘필드Jack Kornfield 와 함께 통찰명상회Insight Meditation Society를 설립했다. 2003년에 내가 처음

명상 수련회에 참가한 곳도 이곳이었다. 세 사람 모두 젊었을 때 동양에서 위빠사나의 가르침을 접한 뒤 활발한 저작과 가르침을 펴는 서양 불교의 주요 인물이다. 골드스타인은 1976년에 『통찰의 경험The Experience of Insight』이라는 중요한 책을 썼는데, 그는 말 그대로 통찰의 경험에 관하여 이야기 나누기에 적합한 사람이다. 한번은 내가 그에게 초연한 태도로(그의 표현을 빌면 집착하지 않는 태도로) 생각을 관찰한다는 게 어떤 경험인지 말해 달라고 부탁한 적이 있다.

생각을 관찰한다는 것은 무엇인가

골드스타인은 생각을 관찰하는 경험을 이렇게 표현했다. "당신의 마음에서 일어나는 모든 생각이 당신 옆에 앉은 사람에게서 나온다고 생각해보세요." 이럴 경우 당신은 그 생각에 대해 어떤 관계를 맺을까? 골드스타인의 요점은, 나에게 떠오르는 생각을 내 생각이 아니라 옆 사람의 생각이라고 여기면 나를 생각과 동일시하지 않을 거라는 것이다. "생각 자체는 마치 주변의 소리처럼 일어나고 사라져요. 그런데도 우리는 생각이 곧 자신이라고 여기죠. 그리고 이 때문에 불필요하게 괴로움을 키워요."

나는 물었다. "그렇다면 명상에서 생각은 어디선지 모르게 불현듯 나타나는 거군요? 마치 어디선가 들려오는 사람 목소리처럼요."

"맞아요." 그가 대답했다.

평소 멀쩡한 사람이 이상한 사람 취급 받지 않도록 돕는 데 기쁨을 느끼는 나는 이렇게 덧붙였다. "물론 실제로 목소리가 들리는 건 아니지만요."

"네, 바로 그래요."

나는 그의 다음 말이 좋았다. 그는 생각이란 녀석은 흔히 우리가 의식적 '자아로부터' 흘러나온다고 여기는 것과 달리 실제로는 의식적 '자아에게' 다가온다고 말했다. 그리고 그렇게 의식적 자아에게 다가온 생각임에도 우리는 그것을 자아가 만들어낸 소유물로 착각한다는 것이다. 생각에 대한 이런 관점은, 모듈이 의식 외부에서 생각을 만들어낸 뒤 의식에 주입한다고 보는 관점과도 일치한다. 나는 짐짓 이 점을 강조하려고 이렇게 말했다.

"내가 제대로 이해했는지 보죠. 그러니까 명상을 했을 때 알게 되는 사실은 평생토록 내가 한다고 여겼던 생각이란 놈이(그러니까 '나'라는 자아가 한다고 여겼던 생각이) 실은 지금껏 나라고 생각한 무엇을 포로로 잡으려 했다는 겁니다."

"맞아요."

"그리고 생각은 우리 몸 어딘가, 아마 뇌 어딘가에서 생겨나는 것일 테고요."

"네."

여기까지는 좋았다. 그런데 그 다음의 내 말은 골드스타인이 보기에는 조금 많이 나간 듯했다. 나는 이렇게 말했다. "우리가 '나'로 여기는 뇌나 신체 일부가 마치 생각의 포로가 된 것 같은 상황이죠. 생각이 손을 뻗어 우리의 뇌 혹은 신체 일부를 포로로 잡으려고 시도하는 상황이요."

"흥미로운 표현이군요. 확실히 그렇게 느껴지는 부분이 있습니다. 그렇지만 나는 조금 다르게 말하고 싶어요. 생각은 그냥 일어날 뿐이고, 그렇게 일어난 생각을 곧 '나'로 여기며 동일시하는 마음의 습관이 우리 안에 강하게 형성된 거죠. 그러니까 생각이란 놈이 손을 뻗어 우리를 포로로 잡으려는 의도를 가졌다기보다 우리는 생각을 나로 동일시하는 성향을 습관처럼 가졌다는 겁니다. 이는 우리가 평생 이렇게 살아왔기 때문인데, 이렇게 조건화된 상태에서 벗어나기 위해서는 일정한 훈련이 필요합니다. 즉, 생각이 일어났을 때 거기 빠지지 않고 생각이 일어나는 자체를 알아차리는 훈련이 필요해요."

그가 마지막에 편 주장, 즉 생각을 나로 여기는 동일시가 우리의 조건화된 습관이라는 주장에 대해 나는 생각이 조금 달랐다. 내가 보기에 우리의 보다 총체적인 환영들(예컨대 생각을 만들어내는 장본인이 나라는 견해를 비롯한 환영들) 중 일부는 자연선택에 의해 우리 안에 깊이 뿌리박힌 환영이다. 물론 살면서 경험에 의해 만들어진 환영도 있지만 전체적으로 그것들은 '나쁜 습관'이라기보다 인간의 '본능'에 가깝다. 그렇기 때문에 완전히 뿌리 뽑기가 매우 어렵다.

그러나 나는 그런 말은 하지 않았다. 골드스타인이 전하고자 한 요점은 나의 생각과 크게 다르지 않았기 때문이다. 나 역시 우리가 떠올리는 생각이 말 그대로 우리의 주의를 포획하려고 시도한다는 의미는 아니었다.

사실, 마음에 관한 모듈 모형을 접한 뒤로 나는 생각이란 녀석이 일부 명상 지도자가 보는 것보다 **작용력**agency의 성질을 적게 가졌다고 여기게 됐다. 명상 지도자들은 "생각은 스스로 생각한다.Thoughts think themselves."는 말을 하는데 나는 '생각'이 생각하는 것이 아니라 '모듈'이 생각한다고(즉 생각의 주체는 생각이 아니라 모듈이라고) 말하고 싶다. 아니면 모듈이 생각을 만들어내며 그렇게 만들어진 특정 생각이 경쟁 모듈이 만든 생각보다 힘이 셀 때 비로소 '생각된 생각thought thoughts', 즉 의식에 진입한 생각이 되는 것이다. 그럼에도 명상에서 자기 마음을 관찰하는 동안에는 생각이 스스로 생각하는 '것처럼' 보일 수 있다. 왜냐하면 모듈은 의식 바깥에서 작용하기 때문에 의식적 마음이 인식하는 한에서는 생각이란 놈이 어디선지 모르게 불현듯 나타나는 것처럼 보이기 때문이다.

어쨌든 이들 명상 지도자들이 말하는 핵심은 마음에 관한 모듈 모형의 결론과 일치한다. 즉, 의식적 자아는 생각의 주체가 아니라 오히려 일어난 생각을 받아들이는 쪽이라는 것이다. 그리고 골드스타인이 나보다 더 객관적이고 명료하게 관찰한 과정도 바로 일어난 생각을 받아들이는 부분이었다. 다시 말해, 골드스타인은 나보다 생각이 의식적 인식에 들어오는 순간, 즉 생각이 거품처럼 일어나는 순간을 더 객관적이고 명료하게 관찰했다.

나는 골드스타인에게 내 말의 의미가, 실제로 생각이 우리의 인식을 포로로 잡으려는 욕구를 가졌다는 의미는 아니라고 설명했다. 그런 다음, 그럼에도 생각은 때로 수동적이 아닌 매우 활동적인 무언가로 느껴지지 않느냐고 물었다. 나는 말했다. "그러니까 생각이란 놈은 의식이라는 무대에서 연기하는 배우와 같아서 어쨌든 우리는 그놈을 상대해야 하는데 평소 우리는 생각에 끌려가는 습관에 푹 젖어 있다는 거죠. 반드시 그래야 하는 건 아닌데 말이죠."

"맞아요. 우리가 생각을 단지 생각으로, 있는 그대로 알아본다면 생각이 지어내는 온갖 가상의 이야기에 빨려 들어가지 않습니다. 그러면 생각의 활동성은 훨씬 줄어듭니다. 마치 영화관에서 영화를 보는 것과 비슷해요. 영화에는 우리를 몰입하게 만드는 스토리가 있죠. 우리는 스토리에 빠져 흥분과 두려움, 사랑 등 다양한 감정을 느껴요. 그렇지만 우리는 이 모든 게 단지 스크린에 반사된 빛에 불과하다는 사실도 알아요. 실제로 일어나는 일이라고 생각했지만 실은 일어나지 않은 거죠. 생각도 마찬가집니다. 우리는 생각이 만들어내는 온갖 스토리와 드라마에 빠져든 나머지 생각에 본질적으로 어떤 실체가 없다는 사실을 잊고 있어요."

생각이 지어내는 드라마에서 빠져나올 수 있다면(즉 생각이 나로부터 나오는 게 아니라 내 앞으로 그저 지나갈 뿐임을 볼 수 있다면) 무아의 경험에 더 가까이 갈 수 있다. 그 순간, 당신은 지금까지 생각의(또는 다른 모든 행위의) 주체로 여겼던 '나'가 실제로 존재하지 않음을 보게 된다. 그 순간, 자아의 실체 없음이라는 형이상학적 진실이 드러난다. 그러나 앞서 5장에서 본 것처럼 무아에 관한 붓다의 최초의 가르침은 난해한 형이상학적 진실이라기보다 실용적인 전략으로 이해하는 편이 적절하다고 보는 입장도 있다. 즉, 자아의 존재 여부와 무관하게 우리가 자신의 자아라고 생각하던 것을 일부 내려놓는다면 세상을 바라보는 관점이 더 명료

생각의 드라마에서 빠져나오면
무아의 경험에 더 가까이 갈 수 있다
생각의 주체로 여겼던
'나'가 존재하지 않음을 알면
자아의 실체 없음이 드러난다

해지고 더 좋은 사람, 더 행복한 사람이 된다는 것이다. 무아의 이런 실용적 전략은 골드스타인이 말하는 다음의 관점으로 더 분명하게 드러난다.

그는 이렇게 말한다. "우리가 생각의 본성에 관한 기본적 지혜를 갖는다면 건강한 생각은 선택하고 건강하지 않은 생각은 내려놓는 힘을 갖게 됩니다."

지금까지 살펴본 바로, 생각을 그저 생각으로 있는 그대로 바라보는 위빠사나 명상은 마음에 관한 모듈 모형과 궁합이 잘 맞는다. 특히, 명상을 할 때 경험하는 두 가지 단계에서 그렇다. 첫 단계는, 명상을 하려고 방석에 앉아도 생각의 침입 '덕분에' 호흡에 집중하지 못해 도저히 가망이 없다고 느끼는 때다. 그 다음 단계는, 명상을 꽤 오래 해서 골드스타인처럼 생각이 거품처럼 일어나 의식에 들어와 비활성 상태로 머문 뒤 우리의 마음을 홀리지 못한 채 이내 사라져가는 과정을 지켜보는 단계다. 첫 단

계, 즉 호흡에 집중하지 못하는 단계에서 우리는 생각이 우리를 포로로 잡는 것을 본다. 또 두 번째 단계에서는 생각이 우리를 포로로 잡는 데 실패하는 것을 본다. 어쨌든 두 경우 모두에서 우리는 생각이 나, 즉 의식적 자아로부터 나오는 것이 아님을 깨닫는다. 그러므로 만약 우리의 의식 안으로 생각을 밀어 넣는 주체가 모듈이 맞는다면(의식적 인식이 도달하지 못하는 모듈이 맞는다면) 위의 두 경험 모두 타당하다. 다시 말해, 마음에 관한 모듈 모형이 맞는다면 명상을 통해 생각의 본성에 관하여 갖는 견해는 우리가 평소 생각에 대해 갖는 비성찰적 견해(즉 생각은 나를 다스리는 주인으로서의 자아에서 나온다고 보는 견해)보다 진실에 더 가깝다.

위빠사나 명상이 마음에 관한 모듈 모형으로부터 얻을 수 있는 지지는 이것 말고 또 있다. 생각을 단지 생각으로 보는, 즉 **생각을 마음챙김으로 바라보는 관점**mindful view of thoughts이 마음에 관한 모듈 모형에 비추어 타당하다는 점은 좀 전에 보았다. 하지만 사실 이는 **느낌을 마음챙김으로 바라보는 관점**mindful view of feelings도 마찬가지다. 이미 보았듯, 마음에 관한 모듈 모형에서 어떤 모듈이 일시 통제권을 쥘지 결정하는 주체는 느낌이었다. 매혹적인 느낌을 일으키는 이성을 보았다면 당신은 순간적으로 짝 구하기 모드에 돌입해 친밀함을 구하면서 평소보다 사려 깊은 태도를 보일 것이다. 또 잘난 척 으스대기도 하고 여러 면에서 평소와 다른 사람으로 변할 것이다. 반면, 거슬리는 경쟁 상대를 만났다면 그에 따라 일어나는 느낌은 친밀함이 아닌 다른 무엇을 구하게 만든다. 만약 이런 느낌들(매력적인 이성에 대한 끌림과 애정의 느낌, 경쟁자에 대한 증오의 느낌)이 애당초 일어나지 않았다면 그 느낌에 상응하는 모듈도 통제권을 쥐지 못했을 것이다. 그러므로 마음챙김 명상의 논리(즉, 느낌으로부터 일정한 거리를 유지할 때 당신은 어느 순간에도 당신 자신일 수 있는 통제권을 더 쥔다는 논리)는 마음에 관한 모듈 모형에 비추어도 충분한 타당성이 있다.

생각을 밀고 가는 연료는 무엇인가

느낌을 마음챙김으로 바라보는 관점과 마음에 관한 모듈 모형 사이에는 미묘하고 섬세한 관련성이 존재한다. 이 관련성은 물론 나의 추론이다. 이 관련성을 알아보는 첫 단계는 명상을 하는 동안 면밀히 주의를 기울이는 것이다. 아니, 이 문장은 이렇게 바꾸는 게 낫겠다. "당신이 명상에 **실패하는** 동안 면밀히 주의를 기울이라"고 말이다. 왜냐하면 여기서 명상이란 의식에 자꾸 침범하는 생각 때문에 호흡에 집중하지 못하는 상황을 가리키기 때문이다. 그런데 역설적이게도 명상에 '실패하는' 경험에 주의를 기울이는 것은 오히려 명상에 실패하는 것이 아니다. 마음챙김 명상은 일어나는 어떤 현상이든 주의를 기울이는 것이기 때문이다.

어쨌든 호흡에 집중하려고 노력했음에도 의식에 자꾸 침범하는 생각들을 관찰했을 때 알 수 있는 것은 생각이란 놈에는 흔히 느낌이 달라붙어 있다는 것이다. 그리고 생각이 나의 주의를 얼마나 세게 붙잡는가는 (다시 말해 나를 혹하게 만들고, 생각이 나의 주의를 붙잡고 있음을 '관찰하지' 못하게 만드는 생각의 힘은) 생각에 달라붙은 느낌이 얼마만큼의 힘을 가졌느냐에 달려 있다. 못 믿겠다면 지금 바로 자리에 앉아 눈을 감고 호흡에 집중해보라. 그리고 호흡에 집중하는 데 실패하면(오래 걸리지 않을 것이다!) 호흡에 집중하지 못하게 만드는 그것에 집중해보라. 그렇다고 집중하지 못하도록 주의를 산만하게 하는 생각에 무조건 집중하라는 의미는 아니다. 그보다 당신이 집중하지 못하게 만드는 생각들에 느낌이 달라붙어 있지 않은지 보라.

생각과 느낌 사이의 이런 관련성은 때로 매우 분명하게 감지된다. 특히 그 느낌이 매우 강하거나 원시부터 존재했던 원초적 느낌이라면 더욱 그렇다. 만약 당신이 옆집 이웃의 아내(또는 남편)와 자는 장면을 상상한다고 하자. 혹은 당신의 배우자가 옆집 남편(또는 아내)과 잠자리를 갖는 장면을 상상하자. 또는 그 이웃이 당신의 배우자와 잔 데 대해 응분의 조치를 갚아주는 장면을 상상한다고 하자. 이때 이 생각들과 함께 일어나는 욕정, 질투, 복수의 느낌은 너무나 생생하고 강력해서 도저히 그냥 지나칠 수 없을 정도다.

그러나 이보다 덜 동물적인 마음의 헤맴, 그러니까 더 '인간적인' 마음의 헤맴에도 그와 연관된 느낌이 따라붙는다. 당신이 최근에 인간관계에서 거둔 승리의 장면을 머릿속에 떠올려보라. 예컨대, 당신이 던진 농담을 상대방이 아주 재미있게 받아주었다. 그 생각을 하자 기분이(즉, 느낌이) 좋아진다. 그래서 한동안 그 장면을 머릿속에 계속 되새긴다. 그리고는 만약 위트 있는 한마디를 마지막에 덧붙였다면 더 좋았을 거라고 속으로 중얼거린다. 다음에는 반드시 위트 섞인 한마디를 더할 거라고 다짐한다. 그러다가 이번에는 아무래도 지키기 어려울 것 같은 중요한 마감이 머리에 떠오른다. 슬슬 염려하다 이윽고 이 염려로 인해 당신은 대실패가 임박했다는 생각에 꼼짝없이 붙들린다. 그러다가 또 이를 해결할 행동 계획을 머릿속에 그린다. 아니면 그 마감이 그리 중요한 일이 아니라고 스스로 납득한다. 이렇게 하자 걱정은 사그라지고 그와 함께 생각도 시들해진다.

느낌은 마음의 헤맴 가운데 가장 이성적인 헤맴^wandering이라고 할 수 있는 호기심^wondering에도 따라붙는다. 만약 내가 명상을 하려고 자리에 앉았을 때 어떤 것에 대한 호기심을 즐기는 자신을 발견했다고 하자. 면밀히 주의를 기울이면 호기심을 즐기는 지적 활동에도 뭔가 즐거운 느낌이 배어 있음을 알 수 있다. 보일락 말락 하는 '당근'이 감질난 미끼처럼 드리워지고 퍼즐이 제시한 길을 따라 정답을 찾기 위해 애쓴다. 마침내 정답을 찾으면 절정의 만족감을 맛본다. 19세기 영국의 비평가 존 러스킨은 호기심을 이렇게 말했다. "호기심은 앎에서 기쁨을 느끼는 능력이다."

항상 그런 것은 아니지만 호기심은 때로 무척 고상한 기쁨이어서 우리는 거기에 기쁨의 느낌이 따라붙는다는 사실을 잘 알아차리지 못한다. 그런데 18세기 영국의 문학가 새뮤얼 존슨은 호기심에 관해 조금 다른 말을 했다. "호기심에서 느끼는 만족감의 본질은 호기심이 선사하는 앎의 기쁨이 아니라 무지의 불편함에서 벗어나는 것이다. 우리는 앎의 기쁨보다 무지의 고통을 더 크게 느낀다."

존슨의 말은 때로 사실이다. 즉, 무언가를 알고자 하는 욕구가 급박한 충동이나 불편한 갈망처럼 느껴지는 때가 있는 것이다. 일생 동안 모은 노후 저축을 주식에 쏟아 부은 당신, 그런데 주식 시장이 최근 날마다 급락한다고 하자. 이 상황은 당신이 1929년 주식 시장의 붕괴 이유를 궁금해 하는 것과는 차원이 다르다. 또 다른 예로 당신의 배우자가 이웃 사람과 잠자리를 가졌는지 알고 싶다고 하자. 이 경우는 당신 이웃의 배우자가 다른 이웃과 잠자리를 가졌는지 궁금해 하는 것과는 차원이 다르다. 또 왜 기혼자들이 이웃집 사람과 잠자리를 갖는지 궁금해 하는 것과도 다르다. 또 왜 새가 노래하고 별이 반짝이며 어떤 것이 어떤 것의 원인이 되는지 궁금한 것과도 차원이 다르다. 이처럼 호기심이 절박한 갈구에 가까우냐 아니면 즐거운 유혹에 가까우냐를 결정짓는 것은, 그 호기심이 자연선택이 정의한 우리의 이해관계(즉 유전자 전파)와 얼마나 직접적이고 절박하게 관련되느냐에 달려 있다. 그 관련성이 직접적이고 절박하지 않을수록 우리가 호기심에서 느끼는 느낌도 더 미지근하고 즐거운 느낌이 된다.

그러나 요점은, 무언가를 알고자 하는 급박한 욕구이든 사색의 샛길을 따라가는 즐거운 산책이든 모든 종류의 호기심에는 느낌이 따라붙는다는 사실이다. 그러므로 마음에 호기심이 발동한 상태에서 뇌를 촬영했을 때 동기, 보상, 욕구, 쾌락과 관련된 도파민 시스템이 활성화되는 것은 그리 놀랍지 않다.(Sample 2014. 다음도 참조: Ikemoto와 Panksepp 1999. 러스킨과 존슨의 인용문 출처: Litman 2005. 리트먼은 호기심에는 서로 다른 두 가지 뇌의 작용(때로 중첩되는 작용)이 존재한다고 가정한다.)

따라서 내가 꽤 오랜 시간 명상에 실패함으로써(여기서 '명상에 실패한다' 함은 명상을 제대로 못하는 와중에 간혹 이 실패를 제대로 관찰한 것을 말한다) 얻은 깨달음이 있다면, 내 마음을 낚아채 엉뚱한 곳으로 데려가는 생각이란 놈에는 아무리 미세하더라도 느낌이 달라붙어 있다는 사실이다. 느낌과 생각 사이의 이런 관련성은 나보다 훨씬 명상적 내관의 힘이 강한 사람들이 실제로 명상 체험에서 말하는 내용이기도 하다. 2015년 6월, 이 책의 초고를 편집자에게 보낸 직후 나는 나에게 주는 보상으로 2주간의 명상 수련회에 다녀왔다. 장소는 명상 경험자를 상대로 하는 숲속 수행처Forest Refuge라는 곳으로, 통찰명상회의 부속 시설이었다. 당시 2주 동안 나의 지도자는 심리치료사이자 예전에 불교 승려였던 아킨차노 마크 웨버Akincano Marc Weber였다. 어느 날 저녁 법문에서 그는 이렇게 말했다. "모든 생각에는 생각을 추진시키는 연료가 있습니다. 그리고 생각을 추진시키는 연료는 감정과 관련이 있습니다."

여기서 추진 연료propellant라는 단어는 다음의 중요한 질문에 해답의 실마리를 제공한다. 그것은 마음이 방황할 때, 즉 디폴트 모드 네트워크가 통제권을 쥐었을 때 어떤 과정을 거쳐 특정 모듈이 생각을 의식에 떠오르게 만드는가라는 질문이다. 모듈들 사이에 벌어지는 주도권 경쟁에 대해서는 이미 살펴보았다. 그곳은 모듈들이 의식의 경계 너머에서(즉, 우리가 의식하지 못하는 영역에서) 서로 먹고 먹히는 치열한 경쟁의 세계였다. 그렇다면 특정 모듈이 다른 모듈을 이기고 승리하는 요인은 무엇일까? 특정 모듈이 다른 모듈보다 힘이 센 이유는 무엇일까?

중요도에 따라 생각을 분류하는 느낌

내가 아는 한, 위 질문의 답으로 가장 적합한 후보는 느낌이다. 무의식에서 의식 표면으로 올라오려고 경쟁하는 생각들 가운데 생각에 딸린 느낌이 가장 강한 녀석이 실제로 의식에 들어가는 입장권을 쥔다.[14]

이것은 순전히 나의 추측이므로 틀릴 가능성도 있다. 그렇지만 자연선택이 마음을 조직하는 방법으로는 충분히 타당해 보인다. 왜냐하면 결국 느낌이란 주변 사물과 상황이 특정 생명 개체의 진화적 관심사(즉, 유전자 전파)와 어떤 관련이 있는가에 관한 판단이기 때문이다. 그러므로 자연선택의 관점에서 볼 때 느낌은 '최우선 순위, 중간 순위, 후순위' 같은 식으로 생각에 꼬리표를 붙이는 기능을 한다. 중요한 발표나 당신이 주관하는 큰 파티 등 당신의 사회적 지위에 크게 영향을 주는 일이 바로 내일로 다가왔다면 이 일의 준비와 관련된 생각이 최우선 순위로 부상해 가장 큰 걱정 대상이 될 것이다. 반면, 그 일들이 아직 몇 주 남았다면 이 일과 관련된 생각은 후순위로 밀리며 그에 따라 이 일들에 대한 걱정도 그리 크지 않을 것이다. 또 친한 친구와 크게 싸웠을 때 어떻게 말하고 행동할지 고민하는 문제는, 우연히 알게 된 사람에게 당신의 말과 행동이 무례하지 않았는지 걱정하는 것과는 차원이 다르다. 당신 내면에서 폭풍이 지나가느냐 아니면 그저 가벼운 염려에 그치느냐도 이에 따라 달라진다.

이 모든 사례에서 특정 생각이 자연선택의 관점에서 볼 때 얼마만큼의 중요도를 갖느냐에 따라 그 생각과 관련된 느낌의 중요도가 결정된다. 그리고 디폴트 모드 네트워크가 휩쓰는 동안(즉, 특별히 누군가와 대화를 나누거나 책을 읽거나 운동을 하거나 몰입하는 과제에 빠져 있지 않은 동안에) 주도권을 쥐는 생각은 가장 '중요한'(즉 가장 강한 느낌이라는 꼬리표가 붙은) 생각이다.

물론 의식에 들어오려고 경쟁하는 중요한 생각이 결국엔 그리 중요하지 않은 생각으로 판명되는 수도 있다. 다행인 사실은 우리가 살면서 급박한 주의를 기울여야 하는 사안이 항상 존재하는 건 아니라는 점이다. 이 경우에는 디폴트 모드 네트워크를 통해 의식에 들어오는 생각에 느낌이 달라붙었다 해도 그리 강하지 않을 수 있다. 그럼에도 면밀히 주의를 기울여보면(명상을 한다면 이를 훨씬 쉽게 할 수 있다) 불쑥 우리의 의식 안에 들어오는 생각들과 연관된 느낌의 톤을(전반적으로 긍정적이거나 부정적인 느낌의 톤을) 거의 언제나 감지할 수 있다. 만약 우리의 의식 안에 들어오는 생각들에 느낌이 붙어 있지 않았다면 그 생각은 애당초 우리의 주의를 잡아끌지 못했을 것이다. 그러므로 느낌이란 무엇보다 우리의 뇌가 각 생각의 중요도에 따라 그것에 꼬리표를 붙여 어떤 생각이 의식에 들어올지를 (자연선택의 관점에서) 결정하는 일을 한다고 볼 수 있다.

다시 말하지만, 이것은 심리학계에서 의견 일치를 본 견해는 아니다. 실제로, 내가 방금 말한 마음에 관한 모듈 모형을 수용하는 심리학자들 사이에서도, 특

느낌은 뇌가 생각의 중요도를 평가해 어떤 생각이 의식 안으로 들어올지 자연선택의 관점에서 결정하는 일을 한다

정 순간에 어떤 모듈이 주도권을 쥘 것인지 결정되는 방식에 관한 통일

된 견해는 존재하지 않는다. 그럼에도 이 가설은 지금 존재하는 것 가운데 내가 보기에 가장 그럴듯한 가설이다. 진화론적 관점에서 볼 때도 타당하며, 명상을 통한 내면 관찰의 결과와도 잘 부합한다. 물론, 명상을 통한 내면 관찰이 곧 과학적 데이터는 아니지만 어떤 가설을 더 탐구해야 하는지 판단하는 데 도움을 줄 수는 있다.

위에 말한 가설은 명상의 향상 과정에 관한 설명에도 도움이 된다. 앞에서 말했듯, 나의 경우에는 느낌을 초연하게 관찰하는 것이 생각을 초연하게 관찰하는 것보다 더 수월했다. 그런데 나만 유독 그런 것은 아닌 것 같다. 명상을 하는 많은 사람이 생각 관찰보다 느낌 관찰이 더 수월하다고 말한다. 만약 정말로 느낌이 생각을 의식에 달라붙게 만드는 '접착제'라면, 즉 느낌이 당신으로 하여금 생각을 자기 소유로 당연히 주장하게 한다면, 생각보다 느낌을 관찰하는 것이 더 수월하다는 그들의 말은 타당해 보인다. 결국, 우리가 느낌을 분명하게 보기 전까지는, 즉 느낌을 어느 정도 객관적으로 관찰하기 전까지는 접착제를 녹일 수 없고 그렇다면 생각으로부터도 일정한 거리를 유지할 수 없다.

정말 이 시나리오에서 당신은 매우 '미세한' 느낌이라도 객관적으로 관찰하는 데 충분히 익숙해진 다음에야 다양한 생각들도 그런 식으로 관찰할 수 있다. 이런 관점에서 보면, 생각이 의식에 들러붙지 못하는 과정을 (그러니까 생각이란 놈이 마음 안에서 힘을 받지 못한 채 일어났다가 바로 사라지는 과정을) 분명하고 생생하게 바라볼 수 있는 사람은 골드스타인처럼 매우 능숙한 명상가라는 건 어쩌면 당연하다.

느낌은 무엇보다 중요도에 따라 생각에 꼬리표를 붙이는 역할을 한다는 가설은 지난 수십 년간 심리학계의 주된 흐름과도 일치한다. 이제 심리학계는 **정동**affective 과정과 **인지**cognitive 과정을, 상호 교류가 없이 단절된 마음의 구성물로 보지 않는다. 이제 심리학계는 정동과 인지가 매우 밀접히 관련되었음을 깨닫고 있다. 심리학계의 이런 흐름은 고대의 불교가 현대의 심리학을 내다본 또 하나의 사례이다. 〈갈애의 파괴에 관한 큰 경〉이라는 유명한 경에서 붓다는 마음이 의식하는 대상(여기에는 생각도 포함된다)은 맛이나 냄새 등 다른 감각 대상과 다르지 않다고 말한다. 즉, 혀로 맛을 보든 코로 냄새를 맡든 마음으로 마음의 대상을 인지하든 상관없이 대상이 즐거운 느낌을 일으킬 때 우리는 욕망을 품고, 불쾌한 느낌을 주면 혐오한다는 것이다.(Majjhima Nikaya 38:30, Nanamoli와 Bodhi 1995, p.266)

지금부터 몇 장에 걸쳐 살펴보겠지만, 정동과 인지의 미묘한 얽힘은 선뜻 이해되지 않는 불교의 다음 명제를 이해하는 데도 도움이 된다. 그것은 나무, 비행기, 조약돌 등 우리가 인지하는 세상 사물은 적어도 우리가 그것의 존재를 당연하게 여기는 차원에서는 실제로 존재하지 않는다는 것이다. 그리고 다음 9장에서 보겠지만 정동과 인지의 이런 얽힘은 내가 앞서 넌지시 내비친 난제를 해결하는 데도 도움이 된다. 그것은 만약 **자기**self라는 것이 존재하지 않는다면 이른바 **자기 통제**self-control가 실제로 작동하는 역동은 무엇인가라는 질문이다. 그리고 정동과 인지의 얽힘은 '자기 통제'를 얻는 법에 관하여 불교가 어떻게 말하고 있는지 살피는 데도 도움을 준다.

9장

'자기' 통제에 관하여

'Self' Control

　　18세기 스코틀랜드의 철학자 데이비드 흄은 "인간의 이성은 정념 passion의 노예"라고 말했다.(Hume 1984, p.462) 만약 흄이 말한 '정념'이 오늘날 흔히 말하는 욕망의 의미라면 그의 말은 언급할 가치가 없는 당연한 이야기다. 강한 욕정과 원한에 사로잡혔을 때 이성이 제 기능을 발휘하지 못하는 건 당연하다. 그러나 흄이 말한 정념은 조금 다른 의미를 갖는다. 흄의 정념은 우리가 느끼는 '느낌 일반'을 가리킨다. 흄은 인간의 동기에서 이성적 사고가 중요한 역할을 하지만 동기를 일으키는 주도권은 결코 이성이 쥐고 있지 않다고 보았다. 무언가를 하기로 결정할 때 우리는 이성이 아니라 느낌에 근거해 결정을 내린다.

　　흄은 어디에서 이런 생각을 떠올렸을까? 아마도 자기 마음의 작동 방식을 주의 깊게 관찰하는 내성內省의 방법을 썼을 것이다. 어쩌면 마음챙김 명상이 유행하기 훨씬 이전에 흄은 이미 마음챙김을 하고 있었는지 모른다. 많은 서양 철학자가 그렇듯, 흄 역시 매우 동양적인 사상을 가진 철학자였다. 자아의 존재를 부정하는 흄의 견해 중 상당 부분이 불교 사상과 놀랍도록 유사하다. 일부 학자들은 이것이 우연이 아니라고 주장한다. 그들은 불교가 동양에서 서양으로 전파되기 전에 흄이 이미 불교 사상을 알고 있었다고 본다.(흄과 불교의 만남은 다음을 참조: Gopnik 2009) 어쨌든 느낌이 인간 행동의 동기에서 우리가 아는 것보다 훨씬 큰 역할을 한다는 생각은 확실히 불교적이다.

흄이 불교를 따라잡은 지 250년이 지난 지금, 과학이 흄을 따라잡고 있다. 과학은 인간이 품는 동기의 작동 방식을 들여다보는 도구를 개발했다. 즉, 과학은 우리가 결정을 내릴 때 실제로 뇌의 어느 부분이 활성화되는지 알아보는 도구를 만들었다. 그리고 지금까지 오랫동안 급진적이라고 간주되어온 이성과 느낌의 관계에 관한 흄의 생각은 이제 꽤 타당성을 얻고 있다.

물건 구매를 결정하는 경우처럼 간단한 예를 생각해보자. 우리는 물건을 구매할 때 자신이 이성적으로 판단한다고 생각한다. 물건을 살 때 품질과 가격을 따진 뒤 스스로에게 묻는다. "저 제품을 얼마를 주고 살까? 구매하기로 한다면 현금을 꽤 써야겠지? 만약 그 돈으로 다른 걸 산다면 무얼 살 수 있을까?" 우리는 이런 질문에 답한 뒤 구매 찬성 요인과 반대 요인을 합리적으로 비교해 결정을 내린다고 생각한다.

그러나 스탠퍼드 대학, 카네기멜론 대학, MIT 대학의 인지 과학자들이 수행한 실험에 따르면 구매의 찬반 요인을 비교하는 작업은 생각만큼 합리적인 과정이 아니라고 한다. 실험에서 과학자들은 사람들에게 실제 돈을 주고 그 돈으로 살 수 있는 일련의 물건을 제시했다. 무선 헤드폰, 전동 칫솔, 〈스타워즈〉 DVD 등이었다. 그리고 각각의 물건을 보여주고 가격을 알려주는 과정에서 피험자들의 뇌를 영상 촬영했다. 과학자들은 피험자들의 뇌에서 어느 부분이 활성화되는지(또는 덜 활성화되는지) 관찰함으로써 특정 제품의 구매 여부를 꽤 정확히 예측했다. 그런데 과학자들이 살핀 뇌 부위에는 이성적 판단과 관련된 뇌 부위는 하나도 없었고, 주로 느낌과 관련된 부위였다. 예컨대 **중격의지핵**nucleus accumben이 그중 하나인데 이 부위는 쾌락을 분배하는 역할을 하며 보상을 기대하거나 좋아하는 물건을 보았을 때 활성화되는 부위다. 피험자들이 제품을 보는 동안 중격의지핵이 활성화될수록 물건을 구매할 확률이 높았다. 반면, **뇌섬엽**insula은 통증 등 불쾌한 경험을 예상할 때 활성화되는 부위로 피험자들에게 가격을 보여주었을 때 뇌섬엽이 많이 활성화될수록 제품을 구매할 확률이 낮았다.(Knutson 외 2007. 연구자들이 피험자의 구매 행동을 예측하는 데 사용한 또 하나의 뇌 부위는 고등사고를 관장하는 전전두엽 피질mesial prefrontal cortex이었다. 이 부위는 상품을 샀을 때의 쾌감과 지출의 고통을 저울질해 제품을 살지 말지 결정하는 역할을 한다.)

이처럼 제품 구매의 득실을 비교하는 작업이 매우 합리적인(심지어 기계적인) 과정으로 보여도 우리의 뇌는 실제로 상충하는 느낌들을 서로 견주어가면서 비교를 수행하고 있음을 이 실험으로 알 수 있다. 심지어 지극히 정량적 지표인 '가격'조차 결국에는 느낌의 형식으로, 즉 '끌림과 싫음'이라는 형식으로 구매 결정의 방정식에 들어온다. 그리고 끌림이건 싫음이건 세기가 더 강한 느낌이 승리한다.

물론 느낌 역시 이성에 의해 결정되는 부분이 있다. 예컨대 지난번에 구매한 전동 칫솔을 거의 쓰지 않았다는 생각이 떠오르면(그리고 이번에 구매하는 전동 칫솔도 똑같은 운명일 거라고 생각되면) 전동 칫솔에 끌리는 당신의 느낌은 시들해질 것이다. 그러지 않고 만약 20달러라는 전동 칫솔 가격이 지난 금요일 저녁의 외식비에도 못 미친다는 생각이 들면 이 가격에 대한 당신의 반감은(그리고 당신의 뇌섬엽의 활동은) 줄어들 것이다.

느낌이 생각을 지배하는 이유

따라서 이성은 한 사람의 최종적 행동을 결정하는 데 일정한 역할을 한다. 그런데 이 실험은 이성이 역할을 하는 기제는 궁극의 동기 유발 요인인 느낌에 영향을 미침으로써 가능하다는 사실을 보여준다. 흄은 "이성만으로는 의지적 행동에 대한 동기를 유발시킬 수 없다."고 말했다.(Hume 1984, p.460) 무언가를 구매한다는 것은 궁극적으로 그 구매에 대한 좋은 '느낌'을(적어도 사지 않았을 때보다는 좋은 느낌을) 느끼기 위해서라고 볼 수 있다. 물론 사지 않았을 경우 나중에 가서 후회할 수도 있다. 비구매자의 후회는 구매자의 후회만큼 분명하다고 하니까 말이다. 어쨌거나 여기서 핵심은 '후회'라는 느낌이다. 지나고 나서 뒷북을 치며 후회한다 해도 우리는 그것을 언제나 '느낌'이라는 형식으로 경험한다.

진화의 관점에서 보면 이것이 모두 설명된다. 결국, 느낌이란 원래부터 동기 유발의 도구였던 것이다. 좋은 느낌, 나쁜 느낌은 자연선택이 생명체로 하여금 특정 대상에 다가가거나 특정 대상을 피하게 만드는 도구였다. 그래서 잡아먹는 활동에는 좋은 느낌이, 잡아먹히는 활동에는 나쁜 느낌이 할당되었다. 시간이 지나면서 동물들은 조금씩 더 똑똑해졌지만, 그 핵심은 느낌을 다른 것으로 대체한 것이 아니라 느낌에 더 좋은 정보를 주는 것이었다. 이때 느낌에 더 좋은 정보를 주기 위해 사용한 도구가 바로 지능이었다. 지능은 동물들이 무엇에 접근해야 하고, 무엇을 피해야 하는지 파악하도록 도왔다. 다시 말해 무엇을 좋게 느끼고, 무엇을 나쁘게 느껴야 하는지 알게 해준 것이 지능이다. 오랜 진화의 과정에서 느낌에 유용한 정보를 주는 계산법은 점점 정교해졌지만 삶의 동기를 유발하는 궁극의 요인이 느낌이라는 사실은 조금도 변하지 않았다. 최신 유행의 롱패딩을 구매할 때 장시간의 인터넷 검색과 오랜 고민을 거치는 이유도 이 모든 합리적 분석을 통해 결국 자신의 구매에 대해 '좋은 느낌'을 갖기 위해서다. 또 애당초 롱패딩에 대한 분석을 시작하는 이유도 겨울에 추우면 '나쁜 느낌'이 들기 때문이다. 이처럼 느낌은 우리가 무엇을 생각해야 하는지, 또 생각을 끝낸 뒤 무엇을 해야 하는지 알게 해준다. 진화의 역사에서 생각은 점점 더 큰 역할을 해왔지만, 생각의 시작과 끝에는 언제나 느낌이 있었다.

오랜 진화의 시간을 거치면서 일어난 일은 또 있다. 점점 더 많은 일에 느낌이 할당되었다는 사실이다. 인류가 점점 복잡한 사회적 동물이 되면서 음식을 얻고 섹스를 하기 위해서는 내 편을 만들고 사람들의 존경을 얻는 등 사회적 상황에서

> 진화의 역사에서
> 생각의 역할은 점점 커졌지만
> 생각의 시작과 끝은
> 언제나 '느낌'이었다

적절히 처신해야 했다. 그래서 친구를 사귀고 사람들의 존경을 받으면 좋은 느낌이 들고, 반대로 사람들에게 거부를 당하면 나쁜 느낌이 들게 되었다. 그리고 이런 사정은 사람들에게 새로운 생각이 연쇄적으로 일어나게 했다. "저 친구는 왜 나에게 발끈했을까?" "어떻게 하면 사람들에게 좋은 인상을 심어줄까?" 그러나 이렇게 확장된 일련의 느낌과 생각도 결국 생존과 유전자 전파라는, 진화가 애초에 인간에게 심어놓은 기본 가치 체계의 단순한 연장에 불과했다.

자연선택의 왕성한 확산성을 감안할 때 느낌과 생각의 이면에 작동하는 생물학은 곧 생존과 유전자 전파라는 기본 가치를 실현하는 생물학적 작용의 연장이었다. 뇌에서 신체적 통증을 전달하는 부위가 사회적 거부의 고통을 전달하는 부위와 같다는 사실이 뇌 영상 연구를 통해 밝혀졌다. 아편 등 신체 통증을 덜어주는 진통제가 사회적 실패의 아픔을 덜어

주는 이유도 이로써 설명이 가능하다. 타이레놀을 장기간 복용하면 사회적 거부의 통증이 무뎌진다는 연구 결과도 있다.(Lieberman 2013, pp.64-66)

이성과 초콜릿

이제 다시 초콜릿 문제로 돌아와보자. 우연히도 고디바 초콜릿 바는 앞에 소개한 MRI 쇼핑 연구의 소재 가운데 하나였다. 그런데 그게 아니라도 초콜릿 이야기를 꺼낼 때가 되었다. 왜냐하면 여기서 말하려는 자기 통제의 문제에서 초콜릿은(설탕 도넛이나, 책 쓰기 대신 스포츠 시청과 함께) 나의 도전 목록에서 꽤 상위를 차지하기 때문이다.

사람들은 흔히 자기 통제의 본질을 이성이 느낌을 제압하는 문제로 설명한다. 플라톤은 마부의 비유를 들어 마부가 말을 통제하는 것처럼, 제멋대로인 정념을 이성이 통제해야 한다고 했다. 이런 생각은 2천5백 년도 넘게 이어졌다. 실제로 뇌 과학을 통해 '마부'가 정확히 뇌의 어디에 위치해 있는지 찾아냈다고 주장하는 이도 있다. 그곳은 이마 바로 뒤의 **전전두엽 피질**prefrontal cortex이다. 전전두엽 피질은 고등학교 교과서와 박물관 전시에서 우리의 인간됨의 근거로 칭송하는 부위다. 전전두엽 피질은 확장 추론, 계획, 자기 통제의 능력을 인간에게 부여한 뇌의 '집행부'로 불린다. (전전두엽 피질과 자기 통제에 관해서는 다음을 참조: Sapolsky 2005) 인류의 조상인 오스트랄로피테쿠스의 당혹스러우리만치 평평한 이마는 아직 그의 전전두엽 피질이 발달하지 않았음을 보여준다.

물론 전전두엽 피질은 매우 중요한 부위다. 나 역시 어느 누구 못지않게 나의 전전두엽 피질이 자랑스럽다. 게다가 자기 통제력을 발휘하는 데 전전두엽 피질이 중요한 역할을 한다고 믿을 만한 근거도 상당수 존재한다. 강한 유혹에 저항할수록 전전두엽 피질의 활동이 더 활발함을 보인 연구도 있다.

그러나 "이성은 정념의 노예"라는 흄의 말이 옳다면 전전두엽의 활동을 이성으로 유혹을 제압하거나 이성을 가지고 느낌에 저항한다는 식의 해석은 곤란하다. 이성이 효력을 발휘하는 방식은 느낌을 이성으로 대체하는 식이 아니라 하나의 느낌이 다른 느낌보다 힘이 세지는 식이다. 그렇다, 허쉬 초콜릿바를 보면 먹고 싶고 실제로 먹는다고 생각하면 좋은 느낌이 든다. 하지만 고혈당이 신체에 미치는 해로운 영향에 관한 기사를 떠올리면 초콜릿바를 먹고 싶은 생각에 죄책감이 든다. 이렇듯 초콜릿바의 충동에 맞서 싸우는 주체는 성찰과 숙고가 아니라 죄책감이라는 느낌이다. 흄은 "이성 하나만으로는 의지의 방향에 있어 결코 정념의 상대가 되지 못한다."고 했다.(Hume 1984, p.461) 흄은 또 "정념의 충동을 제어하거나 지연시킬 수 있는 것은 (이성이 아니라) 오직 앞의 정념과 반대되는 정념뿐"이라고 했다.(앞의 책, p.462)

이 관점에서 보면 전전두엽 피질은 인류가 단순 동물에서 인간으로 '승격'되면서 진화가 만들어낸 지휘통솔 모듈이 아니다. 우리의 제어하기 힘든 느낌을 마침내 길들여 인간을 이성적 통제 아래 둔 장본인은 전전두엽 피질이 아니다. 전전두엽 피질이 가진 이성의 힘은 그 자체로 느낌의 지배를 받는다. 느낌에 내포된 가치 체계(무엇이 좋고 나쁜지, 무엇을 추구하고 피해야 하는지에 대한 자연선택의 인식)는 지금도 여전히 우리를 지배하고 있다.

전전두엽 피질은 인류의 진화가 만들어낸 지휘통솔 모듈이 아니다 전전두엽 피질이 가진 이성의 힘은 그 자체로 느낌의 지배를 받는다

자연선택은 우리가 단맛을 지닌 음식을 원하는 동시에 무병장수의 삶을 원하도록 만들었다. 적어도 이 경우에 자기 통제의 어려움은 이 두 가치 사이의(그리고 이 가치와 관련된 느낌들 사이의) 충돌이라고 할 수 있다. 이 싸움에서 이성은 가치의 '대리인'으로서 역할을 할 뿐이다. 설탕 섭취가 무병장수에 해롭다는 인과 고리에 이성의 빛을 비추는 주체는 무병장수라는 '욕망'이다. 그리고 이성적 기능의 결과로 초콜릿에 대한 욕망을 이겨내는 주체도 무병장수의 욕망이다. 이런 의미에서 흄이 말했듯이 이성은 지금도 여전히 정념의 노예이다. 다시 말해 이성은 여전히 자연선택이라는 지배적 가치의 노예 상태에 있다.

뇌의 기능에 대해 알면 알수록 흄의 견해는 타당성을 얻는다. 하버드 대학의 신경과학자 조슈아 그린Joshua Greene은 전전두엽 피질의 **배외측 전전두피질**dorsolateral prefrontal cortex이라는 부위에 대해 이렇게 말했다. "추상적 이성 기능을 담당하는 DLPFC는 사물과 행동에 가치를 매기는 도파민 시스템과 관련이 있다. 신경학적, 진화적 관점에서 볼 때 인간의 이성은 독립된 논리 체계가 아니다. 인간의 이성 체계는 자신에게 이로운 행동을 선택하도록 만들어진 원시 포유류 체계의 자연스런 결과물이다. 인간의 이성은 모험적인 포유류에게 필요했던 인공적인 인지기관이다." 그린 자신도 흄의 말이 정확하다고 말한다.(Greene 2013, 5장)

오랫동안 지나치게 단순화된 것은 전전두엽 피질만이 아니다. 변연계라는 뇌 부위는 흔히 '감정의 자리seat of emotion'로 여겨졌으나 이 역시 오해의 소지가 있는 표현이다. 신경과학자 루이즈 페소아Luiz Pessoa는 말한다. "감정을 주관하는 뇌 부위가 인지에 관여하며, 인지를 주관하는 뇌 부위도 감정에 관여한다."『인지-감정 뇌The Cognitive-Emotional Brain』라는 교과서에서 페소아는 과거 많은 심리학자들처럼 플라톤의 마차의 비유를 든다. 하지만 페소아가 이 비유를 드는 까닭은 그들과 달리 마차의 비유를 '거

부하기' 위해서다.(Pessoa 2013, pp.2-3)

실제로 당신 내면의 판사가 판단을 내리는가

완벽하게 이성적인 마부가 존재한다는 플라톤의 견해는 오랫동안 지배력을 행사해왔다. 그도 그럴 것이 당신이 초콜릿을 먹을지 말지 결정할 때 그 문제에 대해 숙고하는 '합리적 당신'이 어쨌든 존재하는 것처럼 보이기 때문이다. 초콜릿을 먹을지("초콜릿을 먹으면 활력이 넘쳐 밀린 일을 해치울 수 있어. 그리고 어제 열심히 일했으니 나에게 그 정도 보상은 줄 만해.(고맙게도 어제 일한 것도 초콜릿 덕이었다)") 아니면 먹지 않을지("체중이 불 텐데. 밤늦게 초콜릿을 먹으면 잠도 안 올 거야.") 찬반 주장을 주의 깊게 경청하는 '판사' 같은 존재가 있는 것처럼 생각된다.

양측의 주장을 경청하고 숙고한 당신은 이제 마치 판사처럼 판결을 내린다. 만약 엄격한 판사라면 오늘은 초콜릿을 먹으면 안 된다고 판결할 것이다. 또 어느 날에 당신은 좀 관대한 판사여서 초콜릿바 하나 정도는 먹어도 된다고 판결을 내린다. 아니면 잠시 휴정을 선언하고는 일단 초콜릿을 집에 가져간 뒤 판결하기로 마음먹는다.

어쨌거나 이 상황에서 결정의 주체는 '당신'인 것처럼 느껴진다. 그렇다면 이성적인 '당신'이 존재하며 그가 판결을 내린다는 생각에 어떤 잘못이 있는가? 나는 자아가 존재하지 않는다고 주장하는 심리학자 가운데 한 사람인 로버트 커즈번에게 이 문제를 물은 적이 있다. 나는 우리가 초콜릿에 관한 결정을 내릴 때 이성적 '당신'이 판사로서 관여하지 않는다는 점에 관하여 커즈번이 무언가 할 말이 있을 거라고 생각했다.

그래서 나는 "초콜릿을 먹는 행위의 장단점을 따져본 뒤 먹지 않기로 결정을 내렸다."는 표현에 어떤 문제가 있는지 커즈번에게 물었다. 아니나 다를까, 그는 그것보다는 이렇게 표현하는 것이 더 정확하다고 말했다. "당신의 머릿속에는 고칼로리 음식을 먹도록 설계된 특정 시스템이 있어요. 이 시스템은 특정한 동기와 신념, 생각을 갖고 있죠. 또 당신의 머릿속에는 이와 다르게 당신의 장기적 건강과 관련된 동기를 가진 시스템도 있는데 이 시스템 역시 초콜릿에 관한 나름의 신념을 갖고 있어요. 당신이 초콜릿을 먹지 않기로 결정했다면 그것은 장기적 건강을 중시하는 모듈이, 단기 모듈로 촉진되는 행동을 억제한 결과입니다. 다시 말해, 두 모듈 중 어느 것이 다른 것보다 더 '이성적'인 것이 아니라 서로 다른 목적을 가진 두 모듈 가운데 그 날은 유독 하나가 다른 것보다 힘이 셌을 뿐입니다."

여기서 '힘이 세다'는 건 정확히 무슨 뜻일까? 만약 흄의 말이 옳다면, 그리고 앞서 소개한 쇼핑 실험의 결론이 옳다면 힘이 세다는 것은 결국 느낌들 사이의 경합에서 승리하는 것을 말한다. 장기 모듈은 당신이 초콜릿바에 손을 내밀었다면 죄책감이라는 느낌을 만들어낼 것이고, 초콜릿의 유혹을 이겨냈다면 뿌듯함의 느낌을 선사할 것이다. 여기서 경합의 상대는 단기 모듈이 만들어낸 초콜릿에 대한 욕망이다. 단기 모듈 역시 자신의 논리를 합리화시키는 정교한 전략을 갖고 있다. 예컨대, 초콜릿의 장기적 항산화 효과에 관한 기사를 불러와 장기 모듈이 관심을 갖게 만든다.

그렇다면 궁금한 점이 생긴다. 왜 우리의 의식적 마음은 이성의 행위를 지켜보고 그에 관해 숙고하는 데 시간을 들이는 걸까? 결국 모든 것이 모듈들 사이의 경합이라면, 즉 자기 명분을 세우는 논리는 무엇이든 가져오는 모듈들 사이의 힘의 경합이라면 이 모든 과정이 무의식적으로 일어나면 더 좋지 않을까? 한편 의식적 마음은 보다 건설적인 주제에 관해(예컨대 정신과 육체 간의 문제mind-body problem에 관해) 숙고하는 게 좋지 않을까? 여기서 의식적 마음은 당신의 마음에서 세상과 소통을 담당하는 부위라는 점을 떠올려보자. 의식적 마음은 비유하자면 '홍보 대행사'와 비슷하다. 커즈번은 우리의 의식적 마음이 모듈들끼리의 논쟁을 지켜보는 이유가, 누군가 우리의 이러저러한 행동의 이유를 물었을 때 그럴 듯한 논리를 대기 위해서라고 한다.

그래서 만약 당신이 커다란 초콜릿바를 입에 한가득 문 채로 가게를 나오던 중에 지나가던 사람이 당신을 쳐다보며 약간 놀란 표정을 짓는다면 당신은 이렇게 말할 수 있다. "너무 놀라지 마세요. 오늘 오후에 일을 더 많이 하기 위해서랍니다." 이렇게 말하면 지나가던 행인은 당신이 눈을 치켜뜨며 이렇게 대꾸했을 때보다 당신을 더 좋게 생각할 것이다. "그래요, 자기 통제력을 상실했어요. 됐어요?"

그런데 치러야 하는 사회적 대가가 행인이 당신을 어떻게 보느냐보다 훨씬 큰 경우도 있다. 즉, 당신이 아내 몰래 외도한 사실을 당신의 모든 지인이 알게 된다면 당신은 그저 이렇게 말할 수만은 없을 것이다. "유전자를 최대한 퍼트리도록 자연선택에 의해 설계된 성적 충동에 잠시 눈이 멀었던 것뿐이에요." 사람들은 당신이 배우자를 속이고 외도한다고 소문을 낼 것이다. 물론 당신은 '그런 사람'이 아니다! 그래서 당신은 다음처럼 항변의 논리를 세워야 한다. "하지만 여러분이 알아야 하는 사실이 있습니다. 나는 배우자에게 아무런 감정을 못 느껴요. 함께하는 친밀감을 원하지만 아내는 나의 깊은 감정 욕구를 전혀 충족해주지 못해요." 이렇게 말하면 사람들은 당신을 마냥 비난하기만은 어렵다고 여길 것이다. 이처럼 당신이 배우자가 아닌 사람과 놀아나기 위해서는 일정한 논리를 밟아 설득력을 얻는 작업을 선행해야 한다. 이 과정을 마쳐야 비로소 바람

피울 준비가 된다.

그렇다고 인간이 자신의 이성적 과정을 의식하는 유일한 이유가, 잘 속아 넘어가는 대중을 상대로 자기 행동의 정당성을 납득시키는 것이라는 의미는 아니다. 때로 우리는 중요한 문제에 대해 숙고할 때 어떤 결정을 내리는 것이 좋은지 친구나 가족과 상의한다. 이때 그 결정에 대한 찬성과 반대의 논리를 숙지하고 있으면 더 생산적으로 상의할 수 있다. 물론 이때도 '홍보'라는 의제가 일정 부분 개입한다. 이 경우에도 상의는 가까운 사람들이 싫어할 만한 행동을 하지 않겠다는 신호를 미리부터 보내는 방법인 것이다. 또 상의는 내가 내린 결정을 다른 사람들(가깝지 않은 사람들)이 싫어하는 경우, 가까운 사람들(가족과 친구)의 지지만이라도 확실히 얻어내는 방법이 된다. 물론 나의 이익을 자신의 이익처럼 여기는 사람과의 상의는 말 그대로 조언을 구하는 행위일 것이지만.

어쨌거나 경합하는 모듈들이 지어낸 이유와 구실을 의식적 마음이 인지하면 좋은 점은 결정을 내리기 전에 타인과 공유하며 그들의 피드백을 받는다는 점이다. 더 정확히 말하면 모듈이 지어낸 이유를 타인과 공유하는 과정에서 그들의 피드백을 통해 찬성과 반대 각각의 선택에 대해 당신이 얼마나 좋게(또는 나쁘게) '느껴야' 하는지 더 정확히 파악할 수 있다.

이제 9장의 전체적인 흐름을 파악했을 것이다. 이성이 느낌과 밀접한 관련이 있다는 점을 떠올릴수록 우리의 행동을 순전히 이성만으로 통제할 수 있다는 전망은 흐려진다. 우선 우리는 이성적 기능이 인간의 행동을 통제하지 않는다는 흄의 말이 옳았음을 보았다. '무엇에 대해' 이성적 기능을 사용할 것인가라는 이성적 기능의 대상은 이성이 아니라 느낌에 의해 결정된다. 이성적 기능이 우리의 행동에 영향을 미친다 해도 그것은 이성적 기능이 '느낌에 영향을 주는' 과정을 통해서만 가능하다. 다음으로 우리는 '이성적 기능reasoning faculty'이라는 용어 자체도 실은 '이성'이라기보다 인간의 마음에 흔히 보이는 것보다 조금 더 '정돈된 숙고'에 가깝다는 점을 보았다. 이렇게 인간은 하나의 이성적 기능이 아니라 여러 개의 이성적 기능'들'을 가졌다고 볼 수 있다. 이 기능들은 결국 각각의 모듈을 가리키며, 모듈은 자신의 목적 달성을 위해서라면 얼마든지 이유와 구실을 갖다댈 수 있다.

이처럼 '이성적 기능'에서 '이성적reasoning'이란 표현은 실은 이성적 기능들이 하는 역할을 두루뭉술하게 표현한 것일 뿐이다. 물론 어떤 모듈은 "초콜릿을 먹으면 잠을 못 자."처럼 참으로 이성적이고 근거가 충분한 발언을 한다. 그러나 다른 모듈은 또 이렇게 말한다. "초콜릿을 먹으면 일을 더 많이 할 수 있어."(지금까지 경험으로 볼 때 당신은 초콜릿을 먹은 뒤 일보다 SNS를 더 열심히 했다.) 이처럼 타당한 이유와 타당하지 않은 이유를 구분하기가 만만치 않다. 더욱이 문제는, 가장 타당하지 않은 이유가 종종 가장 좋게 느껴진다는 점이다. 게다가 거의 언제나 느낌이 이성을 누르고 승리한다.

그러나 힘내시라! 이 드라마에서 느낌이 중요한 역할을 한다 해서 우리가 무기력하게 손을 놓고 있어야 하는 건 아니다. 사실, 우리는 느낌의 차원에서 개입해 느낌의 영향력을 변화시키는 도구를 갖고 있다. 바로 마음챙김 명상이라는 도구다. 이로써 지금까지 흔히 '자기 통제'의 문제로만 여겼던 난제(즉 여러 가지 욕구에 대한 탐닉의 문제)를 다룰 수 있는 희망이 생긴다.

마음챙김 명상은 느낌이 우리에게 미치는 영향력을 변화시키는 도구이다 마음챙김 명상을 통해 중독 등의 '자기 통제' 문제를 더 잘 다룰 수 있다

실제로, 사람들이 담배 중독 등의 도전에 대처하도록 돕는 명상 기법이 있다. 그것을 살펴보기 전에 먼저 특정 욕구가 애초에 지배력을 얻는 이유와 과정을 알아보는 것이 좋겠다. 다시 말해 특정한 욕구가 당신의 마음에 축적한 힘의 이면에 어떤 진화적 논리가 깔려 있는지 이해할 필요가 있다.

정말 '자기 통제'가 문제인가

만약 담배를 피운다면(또는 마약이나 포르노, 초콜릿에 중독되었다면) 당신은 아마도 담배가(마약, 포르노, 초콜릿이) 주는 만족감에 계속 탐닉할 것인지 한번쯤은 깊이 고민한 적이 있었을 것이다. 처음 몇 번 담배를 펴본 당신은 담배의 유혹을 알게 되고 그것이 마침내 당신의 주인이 될 수도 있음을 깨달았을 것이다. 어쨌거나 당신이 처음에 했던 고민은 어느 순간, 단기 만족감을 충족시키는 방향으로 나아갔다. 그리고 시간이 흘러 욕구를 만족할 기회가 많아진 당신은 이제 만족감에 탐닉할지 안 할지 고민하는 시간이 점점 줄었을 것이다. 이제 즉각적 만족의 욕구가 너무 커져 그에 저항하는 것은 소용없는 일이 되고 만다. 일은 그렇게 흘러간다.

고등학교 풋볼 감독들은 이 상황을 흔히 이렇게 묘사한다. 즉, **자기 규율**self-discipline은 근육을 키우는 것과 같다고 말이다. 근육은 쓸수록 단단해지며 쓰지 않을수록 약해진다는 논리다. 당연한 말이다. 이는 우리가 가진 보다 일반적인 경향성을 드러낸다. 즉, 탐닉에 반대하는 내면의 목소리가 몇 차례 승리하면 다음번에 승리할 가능성도 커지고, 반대로 몇 차례 패하면 다음에 패할 가능성도 더 커진다는 것이다.

사실 근육의 비유는 매우 적절해 보여서 어떤 심리학자는 자신의 연구 결과를 설명하는 데 이 비유를 사용하기도 한다. 그런데 그들이 던지지 않는 흥미로운 질문이 있다. 근육의 비유가 '왜' 적절한가 하는 점이다. 다시 말해 왜 자기 규율에 있어 처음 몇 차례 성공이 더 많은 성공으로 이어지고, 처음 몇 번의 실패가 계속해서 실패로 이어지는가 하는 것이다. 만약 탐닉을 절제하는 자기 규율이 정말로 생명체에 유익하다면 처음 몇 차례 실패만으로 자기 규율이 그토록 쉽게 무너지도록 자연선택이 설계했다고 생각하기 어렵다. 그러나 사실 수차례의 헤로인 투여만으로 향후 건강한 삶을 영위하기 어렵다는 사실을 부정할 수 없다. 왜 그럴까?

이 질문에 답하는 한 가지 방법은 (쓸수록 단단해지고 쓰지 않을수록 약해진다고 보는) '근육으로서의 자기 규율'이라는, 적절해 보이나 제한적인 비유에서 벗어나는 것이다. 이 질문을 모듈의 관점에서 해석해보자. 탐닉에 찬성하는 모듈이 논쟁에서 몇 차례 승리하면 이제 힘이 커져 반대 모듈이 아예 반론을 제기하지 못할 정도가 된다. 그렇다면 왜 자연선택은 몇 차례 승리를 거둔 모듈이 계속 힘이 커지도록 만들었을까?

20만 년 전 우리 조상을 생각해보자. 우리 할아버지의 할아버지의 할아버지…… 로 거슬러 올라가보자. 그리고 그 할아버지가 아주 젊었을 때를 상상해보자. 그가 가진 모듈 가운데 하나인 성충동(즉 프로이트가 말한 리비도)이 그로 하여금 특정 여성에게 성적인 대시를 하도록 부추긴다. 한편 할아버지의 안에 있는 또 다른 모듈(신중 모듈)은 조심하라고 충고한다. "그녀가 너의 성적 대시를 거부할지도 몰라. 그러면 너는 창피를 당하겠지. 게다가 그녀는 사람들에게 그 사실을 떠벌리고 다닐 거야. 그러면 너는 더 크게 창피를 당하겠지." 아니면 그녀에게 이미 짝이 있다면 신중 모듈은 이렇게 말할 것이다. "그녀가 우람한 덩치의 남편에게 당신이 치근덕거린 사실을 고하면 어쩌려고? 그러면 남편이 당신을 사자의 먹잇감으로 줄지도 몰라."

이제 처음의 리비도 모듈이 승리한다고 하자. 그래서 당신의 먼 조상이 여성에게 성적인 대시를 했다고 하자. 그리고 리비도 모듈의 생각이 결과적으로 옳았다고 하자. 즉 여성이 당신 조상의 성적 대시를 거부하지 않고, 성관계가 이루어졌다. 한편, 그녀의 덩치 건장한 남편은 이 사실을 꿈에도 모르고 있다. 그렇다면 다음번에 이 두 목소리가(성적 대시를 권하는 목소리와 조심하라고 충고하는 목소리가) 충돌할 때 첫 번째 목소리의 말을 믿는 것이 더 타당하지 않을까? 지난번에 그 목소리의 의견이 옳았으니까 말이다. 그리고 그것의 말이 옳았다는 사실은 두 가지를 암시한다. 즉, 여성들이 이 남성에 매력을 느낀다고 여기는 것이 이상하지 않다는 점, 그리고 이 조상의 뇌가 여성들이 보내는 관심의 신호를 캐치하는 데 능숙하다는 점이다.

한편 여성이 성적 대시를 거부했다면, 그리고 당신의 조상이 수렵-채집 마을에서 창피를 당해 웃음거리가 되었다면(아니면 웃음거리가 되기도 전에 여성의 건장한 남편에게 흠씬 두들겨 맞았다면) 사정은 달라졌을 것이다. 이 경우에는 다음번에 리비도 모듈에 무게가 적게 실리는 한편, 신중을 권하는 모듈에 더 힘이 실릴 것이다. 신중 모듈의 판단이 지난번에도 옳았기 때문이다.

여기서 핵심은 자연선택이 모듈로서의 마음을 이런 식으로 설계했다는 점이다. 즉, 자연선택은 '승리하는' 모듈의 판단이 결과적으로 옳았으면 그것이 이후에 더 큰 힘을 갖도록 마음을 설계했다. 이때 옳음을 인정받는 형식은 감각적 만족이라는 형식이다. 만약 리비도 모듈이 성적 대시를 권해 결국 오르가즘으로 이어졌다면 이 권고가 다음번에도 더 큰 무게를 가질 것이다.

물론 현대의 환경에서 이 역동이 작동하는 방식은 수렵-채집 사회와는 매우 다르다. 포르노 사이트에 방문하도록 권고하는 모듈은 성적 만족감을 주어 다음번에 이 모듈이 더 큰 무게를 가질 것이지만 포르노 사이트에서 시간을 보내는 행위는 당신의 자손 번식 확률을 높여주지 않는다 (오히려 당신의 생식 능력에 해가 되는 수도 있다). 또 현대 사회에서는 코카인을 권하는 모듈이 당신의 자기 존중감을 향상시킨다면 수렵-채집 사회에서는 (코카인 흡입이 아니라) 주변에 좋은 인상을 준 결과로 당신의 자기 존중감이 향상되었다. 그 결과로 (코카인을 권한 모듈이 아니라) 주변에 좋은 인상을 심은 행동을 다시 하도록 독려하는 모듈이 강화되었을 것이다. 이렇듯, 현대의 환경에서 감각적 만족은 원래 그것이 강화시키도록 되어 있는 행동이 아닌 전혀 다른 행동을 강화시킨다.

자기 통제의 문제를 '자기 규율'이라는 만능의 근육이 점점 약화되는 방식이 아니라 특정 모듈이 점점 강화된다는 관점에서 설명할 때 좋은 점은 두 가지다. **첫째**, 이 관점은 왜 자기 통제의 문제가 애당초 매우 까다로운 문제인지 설명해준다. 자연선택이 왜 자기 규율이라는 '근육'을 최초 몇 차례의 실패만으로 영구 불능으로 만들었는지 알기는 쉽지 않다. 반면, 자연선택이 왜 반복적 성공을 통해 모듈이 강해지도록 설계했는지, 그리고 왜 감각적 만족을 성공의 기준으로 삼았는지는 그보다 이해하기가 수월하다.

자기 규율 문제에 대한 새로운 접근법

모듈의 관점에서 자기 규율의 문제를 생각할 때 좋은 점은 **또** 있다. 바로, 자기 규율의 문제에 접근하는 새로운 방식을 제안할 수 있다는 점이다. 자기 규율이라는 근육을 강화시키는 것을 목적으로 삼는 것과, 현재 장악하고 있는 모듈의 힘을 약화시키는 것을 목적으로 삼는 것은 차이가 있다.

만약 자기 규율이라는 근육을 강화시키는 것을 목적으로 취한다면 당신은 유혹과 '맞서 싸워야' 한다. 담배를 사고 싶은 충동을 느낄 때 그 생각을 마음에서 몰아내기 위해 당신은 '자기 규율'이라는 근육을 사용해야 한다. 담배라는 적을 제압하기 위해 자기 규율이라는 병사를 전장에 내보내야 한다.

그러나 지금 당신의 문제가, 습관으로 강하게 굳어진 특정 모듈이라고 본다면 당신이 이 문제에 접근하는 방식도 바뀌지 않을까? 이에 당신은 어쩌면 마음챙김 명상을 시도해볼지 모른다. 여기서 마음챙김 명상이 중독을 이겨내는 방식에 관한 최신의 설명을 들어보자.

이 방식은 예일대학 의과대학에서 중독과 마음챙김을 연구하는 저드슨 브루어Judson Brewer가 나에게 설명해주었다(그는 명상이 디폴트 모드 네트워크를 잠잠하게 한다는 것을 보여준 주요 연구를 수행하기도 했다). 브루어는 마음챙김 명상에서 중독을 대하는 기본 태도는 예컨대 담배를 피고 싶은 충동에 맞서 싸우는 것이 아니라고 했다. 그렇다고 흡연 충동에 굴복해 담뱃불을 붙이라는 의미는 아니다. 단지, 담배를 피우고 싶은 충동을 마음에서 몰아내려고 애쓰지 말라는 뜻이다. 마음챙김 기법은 불안, 후회, 우울, 증오 등 우리를 괴롭히는 감정들과 마찬가지로, 담배를 피우고 싶은 충동에 대해서도 그저 평온한 마음으로(또는 그 상황에서 최대한 평온하게) 그것이 어떤 느낌인지 관찰한다. 신체 어느 부위에서 흡연 충동이 느껴지는가? 흡연 충동의 질감은 어떠한가? 급격하고 뚜렷한가? 아니면 둔중하고 무거운가? 이렇게 흡연 충동이 주는 느낌을 제대로 관찰할수록 충동은 점점 당신의 일부가 아니게 된다. 다시 말해, 당신은 마음챙김 명상의 기본적인 역설, 즉 가까이 다가가 제대로 관찰할수록 오히려 일정한 거리를 두고 대상을 보게 된다는 역설을 이용한다. 이렇게 흡연 충동이 당신에게 갖는 장악력이 느슨해지면 그것은 더 이상 당신의 일부가 아니게 된다.

이 기법을 RAIN이라는 약어로 설명하기도 한다. 우선 당신은 흡연 충동의 느낌을 인지한다.[Recognize] 그런 다음 그 느낌을 밀쳐내지 않고 받아들인다.[Accept] 그런 다음 그 느낌이 당신의 신체 어느 부위에서 나타나는지 면밀히 살핀다.[Investigate] 마지막으로 그 느낌을 나로 동일시하지 않는다.[Non-identification](RAIN이라는 머리글자는 명상 지도자 Michele McDonald(2015)가 처음 만들었다) 동일시하지 않는다는 것은 곧 느낌에 집착하지 않는다[Non-attachment]는 의미이기도 하다. 우리를 괴롭히는 것들에 대한 만능 처방전으로 붓다가 제시한 방법도 거기에 집착하지 말라는 것이었다.

브루어는 이 치료법을 흡연 욕구에 '먹이를 주지 않는 것[not feeding]'이라고 표현한다. 그는 "먹이를 주지 않으면 길 잃은 고양이가 문 앞에 다시 나타나지 않을 것"이라고 했다.

내가 보기에 우리 안의 어딘가에 길 들여야 하는 동물이 존재한다는 이 비유는 매우 적절하다. 결국, 마음에 관한 모듈 이론은 어떤 의미에서 우리의 마음 안에 수많은 '동물'이 존재한다고 보는 것이다. 이 동물들은 어느 정도 독립성을 가지며 때로 지배권을 놓고 서로 갈등을 일으킨다. 게다가 나는 조금 전, 모듈의 행동이 동물들처럼 긍정 강화에 의해 형성된다는 점을 암시했다. 즉, 특정 행동에 대해 계속 보상을 받으면 그 행동을 더 자주 하게 된다. 이것이 바로 중독이다. 실험용 쥐가 막대를 누르면 알갱이로 된 먹이가 나온다는 것을 학습하듯이, 당신의 모듈은 담뱃불을 붙이고 싶은 충동을 일으키면 니코틴을 얻을 수 있다는 사실을 학습한다.

충동에 맞서 싸우는 것은
쥐가 막대에 다가왔을 때
막대를 누르지 못하게 쫓아버리는 것이다
마음챙김으로 충동을 다루는 것은
쥐가 막대를 눌러도
먹이가 나오지 않는 것이다

이 비교는 흡연 충동에 맞서 싸우는 것과 흡연 충동을 마음챙김으로(즉 깨어있는 마음으로) 다루는 것의 차이를 잘 드러낸다. 충동에 맞서 싸우는 것은 쥐가 막대에 접근할 때마다 막대를 누르지 못하게 쫓아버리는 것과 같다. 이것은 단기적으로는 효과가 있다. 쥐가 막대를 누르지 못하면 알갱이로 된 먹이가 나오지 않을 것이고, 이렇게 시간이 지나면 쥐는 막대에 접근하는 것 자체를 포기할 것이다. 그렇지만 막대에 다시 접근하도록 허용하면 쥐는 또다시 막대를 누를 것이다. 왜냐하면 막대를 눌렀을 때 먹이가 나오지 않는다는 신호를 보지 못했기 때문이다.

한편 마음챙김으로 충동을 다루는 방식은 쥐가 막대를 눌러도 먹이가 나오지 않는 것과 같다. 막대를 누르고 싶은 충동이 일어나더라도 더는 강화되지 않는다. 깨어있는 마음으로 관찰하면 충동이 힘을 잃어 충동과 보상 사이의 연결성이 끊어진다. 시간이 지나 충동이 다시 일어나더라도 만족이 주어지지 않으면 더 이상 충동은 일어나지 않고 사라진다. 중요한 것은 이 방법이 실제로 효과가 있느냐인데, 브루어가 실행한 흡연 연구에서 이 방법이 미국 폐협회가 권장한 다른 금연법보다 효과가 큰 것으로 나타났다.(Brewer, Mallik 외 2011)

중독의 관점에서 보는 주의력 결핍

그러나 우리가 가진 대부분의 자기 통제 문제는 니코틴이나 코카인처럼 극적이고 분명한 성격을 갖지 않는다. 어떤 문제는 우리의 일상에 매우 미묘하게 스며 있어 우리는 그것을 자기 통제의 문제로 여기지 않는다.

예를 들어, 나는 어릴 때 주의 집중 시간이 짧았다. 사실은 지금도 짧다. 다만 지금은 사람들이 나를 보고 주의 집중 시간이 짧다고 말하지 않을 뿐이다. 대신에 사람들은 나에게 '주의력 결핍 장애'가 있다고 말한다. 주의 집중 시간의 짧음과 주의력 결핍 장애라는 두 표현에 공통점이 있다면 문제의 성격을 규정하는 방식이다. 즉, 이 두 표현은 사람은 처음부터 특정 기능(여기서는 '주의'라고 부르는 기능)을 갖고 있으며, 나의 주의 기능에 무언가가(결여되지 않았으면 더 좋은 무언가가) 결여되어 있다고 보는 것이다. 그러나 나의 주의력 결핍 장애를 실제로 살펴보면(즉 주의 산만의 역동에 자세히 주의를 기울여 살펴보면) 문제의 성격을 이런 방식으로 규정하는 것은 잘못돼 보인다. 즉, 내가 집중을 오래 유지하지 못하는 문제는 나의 특정 기능이 무언가 결여되었다기보다 나의 '느낌'을 제대로 다루지 못하는 문제에 더 가까워 보이는 것이다.

예를 들어보자. 지금 당장 나는 이 문장을 쓰는 데 집중하고 있다. 그리고 이 문장을 쓰는 느낌은 좋다. 나는 무언가에 성공하는 걸 좋아하는데, 이 문장이 나의 컴퓨터 화면에서 중단되지 않고 계속 써지는 한, 나는 성공하고 있는 것이다. 그러나 뒤이어 어떤 문장을 써야 할지 판단이 안 서는 때가 되면 약간의 불편함을 느끼기 시작한다. 그리고 만약 뒤이어 어떤 문장을 쓰느냐를 넘어 글 전체의 방향에 관한 보다 큰 문제라면 '정말로' 불편함을 느낀다. 나는 문장을 요리조리 가지고 노는 건 좋아하지만, 글의 전체 구조에 관한 문제로 골머리를 앓는 건 질색이다.

그런데 아직 쓰지 않은(게다가 앞으로 잘 써질 것 같지도 않은) 문장 때문에 느끼는 불편함에 대처하는 내 나름의 방법이 있다. 지금 내 컴퓨터의 브라우저가 열려 있다. 문득 쇼핑할 물건이 있다는 생각이 떠오른다. 새 스마트폰을 사야 하는 것이다. 꼭 사야 하는 건 아니지만, 지금 사용하는 스마트폰이 오래 되어 문제가 좀 생겼다. 통화를 할 때 이어폰을 꽂거나 스피커폰을 켜야만 상대방과 통화가 가능하다. 이런 스마트폰을 평생 써야 한다면 불편하지 않을까? 그렇다면 지금부터 몇 분 동안 인터넷 쇼핑으로 스마트폰을 검색해야 할 것 같다. 어쨌거나 디지털 애호가인 나는 스마트폰을 검색하는 생각만 해도 기분이 좋아진다. 적어도 무슨 문장을 써야 할까 고민하는 것보다는 훨씬 기분 좋은 일이다. 결국, 나는 인터넷 쇼핑에서 스마트폰 검색에 나선다.

여기서 나는 어떤 모듈이 스마트폰 검색에 관한 생각을 내 마음에 집어넣었는지 정확히 알지 못한다. 아마도 물건을 소유하기 좋아하는 모듈일 것이다. 어쨌거나 이 모듈은 아주 적절한 시점에(즉, 글쓰기가 싫어지기 시작하는 시점에) 스마트폰 검색 생각이 떠오르게 만들었다. 모듈은 이렇게 술수가 능하다.

어쨌거나 여기서 핵심은 주의 산만의 문제를 담배를 끊는 문제에 빗대어 생각해볼 수 있다는 점이다. 즉, 당신이 지금 하고 있는 일에서 멀어지게 만드는 모듈의 힘을 약화시키는 것을 목표로 잡으면 문제를 다루는 방법이 달라질 수 있다.

보통은, 일에 집중하기 싫은 강한 욕구에 맞서 집중하겠다고 단단히 마음을 먹었음에도 스마트폰을 검색하고 싶은 생각이 떠오르면 당신은 자신을 질책하며 속으로 이렇게 말할 것이다. "안 돼, 스마트폰은 생각하지 마. 글 쓰는 일로 돌아가. 지금 당장!" 그러나 마음챙김이라는 접근 방식을 취한다면 당신은 이렇게 말할 것이다. "괜찮아, 스마트폰에 대해 생각해도 돼. 눈을 감고 최신 스마트폰의 최근 상품평을 검색하는 게 어떤 느낌인지 상상해봐. 멋진 새 스마트폰을 갖고 싶다는 게 어떤 느낌인지, 또 인터넷으로 스마트폰을 검색하고 싶은 마음이 어떤 느낌인지 가만히 살펴봐. 그 느낌을 찬찬히, 자세히 살펴봐. 힘이 약해질 때까지 말이야. 실컷 살펴본 뒤 글쓰기로 돌아가면 돼."

일반적으로 니코틴 중독과 주의 지속 시간이 짧은 문제에 공통점이 있다고는 잘 생각하지 않는다. 그런데 두 문제 모두 충동 조절의 문제이다. 그리고 두 경우 모두, 충동을 약화시키는 비결은 원칙적으로 충동에 맞서 싸

충동을 약화시키는 비결은 충동에 맞서 싸우는 것이 아니다 충동이 자연스레 일어나는 과정을 주의 깊게 관찰하는 것이다

우는 것이 아니라 충동이 자연스레 일어나도록 내버려둔 채로 그 과정을 주의 깊게 관찰하는 것이다. 이렇게 하면 충동을 발생시킨 모듈의 긍정 강화 기제를(즉, 다음번에 더 큰 힘을 부여하는 강화 기제를) 약화시킬 수 있다.

중독의 관점에서 보는 증오심

원칙적으로 마음챙김 명상의 많은 부분을 이렇게 설명할 수 있다. 즉, 마음챙김 명상은 지금까지 모듈에 계속 힘을 실어주던 긍정 강화 기제를 약화시키는 과정이다. 왜냐하면 깨어있는 마음으로(마음챙김으로) 느낌을 관찰하면 그 느낌을 만들어낸 모듈이 보상을 얻지 못하기 때문이다. 만약 누군가에 대한 미움의 느낌을 단지 계속해서 관찰한다면 당신은 그 사람에게 어떻게 복수할지 생각하는 데 골몰하지 않는다. 만약 당신이 복수의 환상에 빠졌다면 그것은 좋은 느낌일 것이다. 그렇지 않은가? 철천지 원수가 불행의 나락에 떨어지는 장면을 상상하는 것보다 즐거운 일이 있

을까? 그렇다면 복수를 상상할 때 좋은 느낌이 드는 이유는 무엇일까? 아마도 모듈이 그렇게 하도록(즉, 경쟁자를 약화시키고 적에게 해를 입히도록) 자연선택에 의해 처음부터 설계되었기 때문일 것이다. 그러므로 자연선택의 관점에서 보면 이 모듈은 당신이 복수의 환상에 빠지게 만드는 임무를 '성공적으로' 수행한 데 응분의 보상을 받아야 한다. 그리고 이 보상은 그 모듈을 다음번에 더 강하게 만들어줄 것이다.

그런데 증오심이 수행하도록 설계한 임무에는 복수의 환상에 빠지는 것만 있지 않다. 증오심은 싫어하는 사람에게 증오에 찬 말을 실제로 내뱉도록(그래서 팔정도 가운데 하나인 '바른 말'을 실천하지 못하도록) 만들기도 한다. 증오에 찬 말을 뱉으면 후련한 느낌까지 든다. 그런데 이때 증오의 느낌에 끌려지지 않고 깨어있는 마음으로 그것을 관찰하면 긍정 강화는 절대 일어나지 않는다.

간단히 말해 우리는 일반적으로 '자기 통제'라는 말을 명백한 자기 탐닉의 행위, 즉 마약이나 초콜릿에 탐닉하는 행위 등과 결부시키지만, 사실 명백한 탐닉의 사례에서 얻는 교훈은 그 밖의 많은 사례에도 똑같이 적용된다. 예컨대 증오심과, 주의 지속 시간이 짧은 문제 역시 자기 통제의 문제이며 마음챙김으로 이 문제들을 다룰 수 있다.

자기 통제self-control는 다소 모호한 용어다. 어떤 사람은 '자기를' 통제한다는 의미로 해석하고 어떤 이는 '자기가' 통제한다는 뜻으로 받아들인다. 어느 경우든, 불교에 관한 책에서는 어색한 용어다. 불교에 따르면 자아self 자체가 존재하지 않는다. 자아가 존재하지 않는데 어떻게 자기 통제에 대해 말할 수 있는가? 이성적 마부로서의 자아가 존재하지 않는다면 예컨대 우리는 어떻게 마음챙김 명상을 하기로 결심하는 것일까?

여기서는 다만 앞에서 한 말, 즉 '자아'가 존재한다는 생각에 너무 구애받지 말라는 조언으로 답하고자 한다. 무아의 교리 중 자신에게 유용한 부분이 있다면 그것을 활용하라. 특히, 당신이 느끼는 느낌 가운데 어느 것도(흡연 충동도, 스마트폰 검색 충동도, 증오심의 충동도) 본질적으로 나의 일부가 아님을 기억하라. 이 느낌들을 있는 그대로 관찰하라. 당신이 느끼는 느낌은 특정 모듈이 거기에 힘을 실은 것일 뿐임을 알라. 깨어있는 마음으로(마음챙김으로) 느낌을 관찰할수록 느낌이 갖는 힘은 줄 것이다. 그러면 느낌은 당신의 일부가 아니게 된다.

흄은 그 자신 자아가 존재한다는 주장에 반대했지만 우리가 자기 통제력을 발휘하는 것은 가능하다고 본 것 같다. 그는 복수심이나 증오 같은 '폭력적인' 정념과, 아름다움에 대한 사랑 같은 '고요한' 정념을 구분지으며 이렇게 말했다. "일반적으로 폭력적 정념이 의지에 더 강한 영향을 미친다. 그러나 고요한 정념이라도 성찰과 결심이 동반된다면 난폭한 정념을 통제할 수 있다." 흄은 고요한 정념이 "마음에 절대적 통제권을 가질 수 있다"고 했다.(Immerwahr 1992)

이 점에서 마음챙김 명상은 고요한 정념이 가진 힘을 키우고 폭력적 정념이 가진 힘을 줄이려는 시도로 볼 수 있다. 흄이 불교철학을 알았는지 모르지만 마음챙김 명상에 대해 알았던 것 같지는 않다. 그렇지만 고요한 정념의 힘을 키우는 유익함에 대해 말한 흄은 현재 순간을 살라고 가르치는 오늘날의 명상 지도자와 별반 다르지 않아 보인다. 흄은 고요한 정념의 힘을 키우지 못하면(다시 말해 폭력적 정념이 지배하게 내버려두면) 평범한 일상에 깃든 큰 기쁨을 놓치게 된다고 말했다.(같은 논문)

우리는 자기 통제력이 부족한 사람을 돕는 문제를 흔히 순전히 치료적 행위로 간주한다. 물론 사람들이 담배를 끊고 마약을 멀리하도록 돕는 일은 치료[therapy]라는 말의 의미로 보자면 치료가 맞다. 그러나 자기 통제에 관한 논의가 증오심을 극복하는 문제로(그리고 일상의 아름다움을 발견하는 문제로) 자연스럽게 어어진다는 점에서 치료와 도덕적 교화, 치료와 영적 향상이 언제나 명확히 구분되는 것은 아닌 것 같다.

사실 이것은 놀라운 일이 아니다. 불교철학에 따르면, 치료의 문제든 도덕적·영적 문제든 우리가 현상을 있는 그대로 명료하게 보지 못한 결과로 생긴다. 그리고 치료 영역과 도덕적·영적 영역 모두에서, 우리가 현상을 있는 그대로 보지 못하는 이유는 '느낌'에 잘못 이끌리기 때문이다. 그렇다면 느낌을 꿰뚫어보기 위해서는 먼저 느낌이 우리의 사고와 행동에 광범위하고 미묘한 방식으로 영향을 미친다는 점을 자각해야 한다.

다음 몇 장에 걸쳐, 느낌이 미묘한 차원에서 우리의 사고와 행동에 미치는 영향을 살펴볼 것이다. 그와 동시에 치료에서 영성으로 이어지는 스펙트럼에서 영성 쪽으로 조금 더 깊이 들어가볼 것이다.

10장

형상 없음과의 만남

Encounters with the Formless

2세기경의 경전인 〈삼매왕경^{Samadhiraja Sutra}〉에 이런 구절이 나온다.

모든 것은 신기루이자 백일몽이다.
꿈이며 환영이다.
본질이라고 할 만한 것은 어디에도 존재하지 않는다.
그러나 눈에 보이는 성질은 갖고 있다.

나는 어느 명상 수련회에서 이 경전 구절을 처음 접했다. 그곳 명상
지도자인 로드니 스미스^{Rodney Smith}(아래 소개한다)가 **형상 없음**^{the formless 無}
^色에 관하여 이야기한 자리였다. 나는 그의 말을 다음과 같이 해석했다.
'만약 명상 수행을 통해 '형상 없음'을 이해하는 경지에 이르면 테이블, 트
럭, 볼링공 같은 형상의 세계에 머물렀을 때보다 실재를 더 진실에 가깝
게 인지할 수 있다.'

'형상 없음'은 흔히 알려진 불교 용어는 아니다. 위의 지도자가 의미하는 바를 드러내는 더 잘 알려진 용어가 바로 **비어 있음**^{emptiness}, 즉 **공**空이다.[15]

어떤 용어를 사용하건 그 의미는 이렇다. 즉, 무척 단단하고 구조화되어 보이는 이 세상도 실은 분명한 실체가 없다는 것이다. 다시 말해, 확실하고 구체적인 정체성을 가진 사물들로 가득해 보이는 이 세상이 실은 눈에 보이는 것과 달리 명확한 실체를 갖지 않는다는 것이다. 눈에 보이는 형상으로 가득한 이 세상은 어떤 의미에서 〈삼매왕경〉이 말하듯 "신기루이자 백일몽이며 꿈과 환영"이라는 것이다. 아니면 〈반야심경〉의 유명한 구절에서 말하듯 "형상 있는 모든 것은 비어 있다色卽是空"는 것이다.(Conze, trans., 1959, p.162)

확실히, 수행 단계가 높은 몇몇 명상가는 형상 있는 모든 사물이 비어 있다는 진리를 뼛속깊이 체득한 경지에 이르렀을 것이다. 그들은 언제나 이 세상이 형상 없이 비어 있다고 볼 것이다. 만약 깨달음을 얻는 것이 목표라면 이것은 중요한 성취이다.

그런데 '형상 없음'과 공을 생각할 때 나에게 떠오르는 두 단어가 있으니 바로 '미친^{crazy}'과 '우울한^{depressing}'이라는 형용사다. 우리 눈에 보이는 세상이 실재하지 않는다는 생각은 다소 미친 생각이다. 다시 말해, 엄연한 실체로 존재하는 사물이 내용이 없이 텅 비어 있다는 생각은 조금은 미친 생각으로 들린다. 또 '우울한'이라는 단어가 떠오르는 이유는, 정상적이고 긍정적인 사람 가운데 실체 없는 세상에서 기쁨을 발견하는 사람은 별로 없을 것이기 때문이다.

그렇지만 나는 세상이 실재하지 않는다는 생각이 그리 '미친' 생각이 아닐 수도 있겠다는 생각이 조금씩 들었다. 아닌 게 아니라 이 생각은 현대 심리학의 발달과 함께 실제로 점점 타당성을 얻고 있다. 우리가 인지하는 세상이 실체가 없이 비어 있다고 해서 우리 삶의 의미가 사라지는 것은 아니다. 어쩌면 세상이 비어 있다는 생각은, 지금까지의 낡은 의미 체계보다 더 유효한(어쩌면 당신의 행복에 더 도움이 되는) 새로운 의미 체계를 부여할지 모른다.

여기서 덧붙이고 싶은 말은, 형상 없음과 공을 어떤 의미로 사용하느냐에 따라 주장의 내용도 달라진다는 점이다. 실제로 불교 사상가들은 이 말을 서로 다른 의미로 사용한다. 나는 이 책에서 극단적 불교를 주장할 생각은 없다. 즉, 우리 눈에 보이

> 세상이 실체가 없이 비어 있다고 해서
> 삶의 의미가 사라지는 것은 아니다
> 어쩌면 낡은 의미 체계보다 유효하며
> 당신의 행복에 더 도움이 되는
> 새로운 의미 체계를 부여할지 모른다

는 모든 것이 궁극적으로 실재하지 않으며 모든 것은 "오직 마음뿐"이라고 주장할 생각은 아니다. 또 협소하고 기술적인 차원에서, 따라서 그 유효성이 매우 미미한 차원에서 형상 없음과 공을 주장할 생각도 아니다. 나는 우리가 실재에 과도한 형상과 내용을 덧씌우고 있음을 깨달을 때 우리 삶에 의미 있는 변화가 일어날 수 있다는 차원에서 형상 없음과 공을 말하고자 한다.

우선은 그다지 급진적이지 않은 주장부터 해보자. 우리 눈에 보이는 세계를 인식한다 함은 세계 자체를 인식하는 것이 아니라 실제로는 세계를 '구성하는constructing' 것이라는 데는 별 이견이 없다. 우리는 세계와 '직접' 접촉하지 않는다. 눈으로 보고, 코로 냄새 맡고, 귀로 듣는 사물은 실제로 우리 몸에서 어느 정도 거리를 두고 떨어져 있다. 그래서 뇌가 하는 일이란 고작해야 길 건너 빵집에서 솔솔 풍겨오는 냄새 입자를 가지고 그것이 빵일 거라고 '추론하는' 정도다. 또는 제트 비행기에서 나오는 소

리의 파동이나 나무에서 튕겨 나오는 빛의 입자 등 간접 증거를 토대로 그것이 비행기와 나무일 거라고 추론하는 정도다.

예를 들어 우리가 사는 세계는 3차원이지만, 우리는 2차원의 데이터 필드를 통해 세계를 본다. 즉, 우리는 3차원의 세계를 눈으로 '직접' 본다고 여기지만 실제로는 두 눈의 망막에 부딪히는 빛의 점들을 통해 보는 것뿐이다. 우리의 마음이 3차원의 세계를 깊이 보려면 세계에 관한 피상적인 2차원의 데이터를 가지고 '이론'이라는 것을 세워야 한다.

그런데 이론은 틀리는 수가 있다. 3D 안경을 쓰고 영화를 볼 때 당신의 뇌는 영화 속 괴물이 금방이라도 스크린에서 뛰쳐나와 객석으로 돌진한다고 착각한다. 그러나 안경을 벗고 보면 당신 앞에 있는 것이라고는 흩어진 팝콘뿐이다. 또 기하학적 착시의 고전적 사례인 뮐러–리어 도형(같은 길이의 두 직선을 나란히 놓고 양쪽 끝에 화살표시를 한 도형. 화살이 안으로 향한 직선은 길게 보이고 밖으로 향한 직선은 짧게 보인다–옮긴이)에서도 우리는 두 선의 길이가 실제로 같음에도 서로 다르다고 느낀다.

이 착시 현상의 원리는, 우리의 마음이 안구에 박힌 2차원의 패턴을 가지고 만들어낸 가설을 이용하는 것이다. 즉, 2차원의 패턴에 대해 마음이 만들어낸 가설이 실제 사실과 부합하지 않는 경우에 착안한 것이다.

물론 일상생활에서 인간의 마음이 만드는 가설은 대부분 실제 사실과 부합한다. 우리의 마음은 2차원의 데이터를 가지고 3차원의 실재에 관한 모형을 '꽤 잘' 구성해낸다. 일반적으로 인간이 가진 다섯 감각은 각자 맡은 일을 아주 잘 해낸다. 대개 우리가 눈으로 보는 나무는 나무가 맞고, 귀로 듣는 비행기 소리는 실제로 비행기 소리가 맞다. 그런데 여기서 핵심은, 엄밀히 말해 우리가 오감으로 지각하는 내용이 실은 **구성된 것**construction이라는 점이다. 세계에 관한 모형을 끊임없이 세워가는 **지**

각^{perception}은 수동적이 아닌 능동적 과정이다.

로르샤흐 검사의 잉크 반점에 대한 해석이 사람마다 다른 이유도 인간의 마음은 아무리 모호한 패턴도 자신에게 의미 있는 패턴으로 변환시키기 때문이다. 인간은 특정 사물이 '무엇'이고 '어떤 의미'를 갖는가에 관한 '이야기'를 지어내기 좋아한다.

그런데 명상을 하는 동안에는 사물에 관하여 지어내는 이야기가 조금씩 떨어져나간다. 예를 들어 나는 가끔 소리 명상을 하는데, 숨을 들이쉴 때는 호흡에 집중하고 숨을 내쉴 때는 주변의 소리에 집중하는 식으로 한다. 아니면 들숨, 날숨과 상관없이 소리에만 집중하기도 한다. 실제로 명상 수련회에서 나는 한 세션 내내 소리 명상만 하기도 한다. 소리 명상에 깊이 침잠하면 실제로 우리가 지금껏 소리에 덧씌웠던 이야기가 떨어져나갈 수 있다.

예를 들어, 비행기가 당신의 머리 위로 날아간다고 하자. 평상시 같으면 당신은 '머리 위로 날아가는 비행기 소리'를 들었을 것이다. 그러나 소리 명상을 하면 "아, 저건 비행기 소리야." 같은 생각이 자동으로 일어나지 않는다. 즉, 소리의 질감 자체에 집중하기 때문에 "아, 저건 ……의 소리야" 같은 생각이 즉각적으로 일어나지 않는다. '저것은 특정 사물의 소리'라는 생각에 붙들리지 않은 채 단지 순수한 소리 감각으로만 듣는 것이다. 마치 비행기를 모르는 미개인이나 무소음 비행체가 날아다니는 고도 문명의 외계인이 듣는 것처럼 말이다. 이때의 소리는 '……의 소리'가 아니라 단지 '소리 자체'이다.

여기서 떠오르는 질문 하나. "저 소음이 비행기 소리라는 사실을 잠시 잊는 것이 무슨 의미가 있는가?" 좋은 질문이다. 이에 대한 답은 "별 의미가 없다"이다. 그렇지만 비행기 소리가 아닌, 다른 예를 생각해보면 사정이 달라진다. 이런 종류의 망각이 실제로 의미가 '있는' 경우를 생각해보자.

소음을 음악으로 바꾸는 마음챙김 명상

내가 한번은 명상 수련회에 참가했을 때 그곳 숙소를 새로 짓느라 망치와 전기톱 소리가 요란했다. 고요히 자기 내면에 침잠하는 명상에 공사 소음이 방해가 된다는 건(그리고 전혀 유쾌한 소리가 아니라는 건) 누구나 짐작할 수 있다(전기톱 소리를 핸드폰 벨소리로 사용하는 사람을 나는 보지 못했다). 사실, 그곳 명상 지도자는 그 주 내내 소음이 날 거라며 미리 양해를 구하는 공지를 띄웠었다. 그런데 그 지도자는 마음챙김 명상은 우리가 처한 현실을 받아들이는 것이라는 말도 했다. 평소 우리는 귀에 거슬리는 소음에 어떻게 반응하는가? 창문을 닫거나 소리를 차단하는 등의 조치를 취한다. 그러나 마음챙김 명상에서는 소음이 귀에 거슬린다는 생각에 빠지지 않은 채로 소리 자체를 있는 그대로 받아들이는 연습을 한다.

물론 쉬운 일은 아니다. 하지만 원리는 아주 간단하다. 이렇게 할 수 있는 비결은 무엇일까? 바로, 귀에 거슬리는 감각을 그 자체로 받아들이는 것이다. 다시 말해, 소음으로 인해 느껴지는 불편함 자체에 주의를 기울이는 것이다. 예컨대 귀에 거슬리는 혐오감이 나의 몸 어디에 자리 잡고 있는지 살핀다. 그 느낌의 질감은 어떠한가? 이런 것을 면밀히 살필수록 더 온전히 받아들일 수 있다. 그럴 때 느낌이 가진 부정적 에너지가 떨어져나간다.

이렇게 하자 나는 망치와 전기톱 소음이 불쾌하다는 생각을 실제로 내려놓을 수 있었다. 뿐만 아니라 소리의 파동에 나를 내맡긴 채 거기에 흠뻑 빠지자 모든 소리가 '음악'처럼 들리기 시작했다. 평소 전기톱 소리를 귀에 거슬리는 소리로 인식하던 나였지만, 소리 명상을 하자, 잦아들었다가 다시 빠른 템포로 올라가는 전기톱 소리에서 어떤 우아함까지 느꼈다.

이제 나는 전기톱 소리가 너무도 아름답게 들려 한동안 들리지 않자 오히려 불안해졌다. 자리에 앉아서도 인부가 얼른 작업을 재개해 합판을 자르기를 기대할 정도였다. 물론 이것은 내가 깨달음을 얻기에 아직 멀었다는 증거다. 불교 교리에 따르면, 우리는 즐거운 것에 집착해서는 안 된다. 어쨌거나 여기서 핵심은, 평소 같으면 '소음'으로 받아들이는 소리에서 내가 '음악'을 발견했다는 사실이다.

이제 내가 어떤 이야기를 할지 여러분은 알 것이다. 만약 우리가 소음을 음악으로 바꿀 수 있다면 비유적 의미의 '소음', 즉 평소 우리가 빠져 있는 온갖 종류의 달갑지 않은 지각과 생각과 느낌도 음악으로 바꿀 수 있지 않을까? 설령 음악으로 바꾸지 못해도 거기에서 불쾌함을 조금은 덜어낼 수 있지 않을까? 이에 대한 답을 여러분은 알 것이다. 그렇다, 명상 수행을 제대로 열심히 한다면 내면의 온갖 소음에서 상당량의 불쾌함을 덜어낼 수 있다.

명상의 실용성을 살피기 전에 원래 문제로 돌아가자. 그것은 내가 경험한 '전기톱 교향악' 이야기가 '형상 없음'이나 공과 정확히 어떤 관계인가 하는 문제였다. 우선 나는 명상 수련회에서 소위 '전기톱의 형상'을 내려놓는 데 성공했다. 전기톱 소리는 전기톱과 관련한 전체 의미 구조의 일부를 구성한다. 물론 그 의미 구조에서 가장 중심적인 것은 '이것은 전기톱이다'라는 생각이다. 그리고 전기톱 소리가 우리 귀에 거슬리는 이유 중 하나는 전기톱 소리가 그 의미 구조의 일부이기 때문이다. 즉, 그 소리가 전기톱에서 나온다는 사실을 알기 때문에 우리 귀에 거슬리는 것이다. 많은 사람이 목재나 동물 뼈를 자르는 전기톱을 가까이하는 걸 꺼린다. 이렇듯 전기톱에 내포된 의미와, 그 의미가 일으키는 부정적 느낌이 우리로 하여금 전기톱 소리를 싫어하게 만든다.

물론 인간은 전기톱 소리를 좋아하지 않는 성향을 본성으로 가졌을 수도 있다. 확실히 우리는 특정 맛과 냄새, 특정 형상과 소리처럼 어떤 것은 좋아하고 어떤 것은 좋아하지 않는 성향을 갖고 태어난다. 그렇지만 지각된 사물에 어떻게 반응하느냐는 일정 정도 경험의 산물이라는 점도 부정하기 어렵다. 내가 명상을 하던 중 어느 시점에 전기톱 소리가 평소의 전기톱 형상에서 벗어나 다른 형상을 취했다. 즉, 치과 병원의 드릴 소리를 생각나게 했다. 물론 그것 역시 매우 불쾌한 소리였다. 그러나 조금 지나 '전기톱 형상'과 '치과 드릴 형상'에서 모두 벗어나자 비로소 유쾌한 소리로 들리기 시작했다.

무아를 머리로만 이해하려 하면 머리가 터져버린다는 아잔 차 스님의 충고를 기억하는가? 스님이 한번은 명상을 하려고 앉았는데 근처 마을의 축제 소리 때문에 명상이 방해를 받았던 이야기를 들려주었다. 순간, 스님은 깨달음을 얻었다. "저 소리는 단지 소리일 뿐인데 내가 나서서 그걸 성가신 소리로 여긴다. 그냥 소리 자체로 놓아두면 소리는 나를 괴롭히지 않을 것이다. 내가 나서서 소리에 참견하지 않으면 소리도 나를 참견하지 않을 것이다."(Amaro 2002)

나는 물론 이 일화를 말 그대로 받아들이지 않는다. 즉, 당신이 소리에 참견한 데 대한 '보복'으로 소리가 당신에게 참견하는 것은 아니다. 여기서 핵심은, 소리는 그 자체로 유쾌하거나 불쾌하지 않다는 점이다. 소리는 능동적이지 않은 수동적 질료일 뿐이다. 소리가 불쾌하려면 당신이 나서서 소리에 대해 '무언가를 행해야' 한다.

〈삼매왕경〉의 마지막 구절을 다시 보자. "모든 것에는 본질이라고 할 만한 게 존재하지 않는다. 그러나 눈에 보이는 성질은 갖고 있다." 이 경전은 나의 귀에 부딪히는 전기톱의 소리 파동, 즉 내가 관찰한 소리의 성질이라는 실재를 부정하지 않는다. 그렇지만 우리가 눈에 보이는 성질의 근저에 존재한다고 여기는 전기톱의 본질이 실은 해석의 문제임을 말한다. 즉, 전기톱이라는 본질이 실은 내가 그 성질들을 가지고 구성하기로 선택한(혹은 선택하지 않은) 무엇이라는 것이다. 이렇듯 본질은 우리의 지각과 별개로 존재하지 않는다.

이것이 내가 공의 교리를 이해하는 방식이다. 그리고 이것은 실제로 불교 학자들이 널리 인정하는 방식이기도 하다. 여기서 공은 모든 사물이 존재하지 않는다는 의미가 아니라, 존재한다고 여겼던 사물의 본질이 실은 존재하지 않는다는 의미이다. 공을 지각한다는 것은 데이터의 중심에 있는 특정 대상에 관한 이론을 세워 그것을 '본질'이라는 말로 요약하지 않고 날것의 감각 데이터만을 지각하는 것을 말한다.

> 공은 모든 사물이 존재하지 않는다는 의미가 아니라 존재한다고 여겼던 사물의 본질이 존재하지 않는다는 의미이다 공을 지각한다는 것은 특정 대상을 '본질'이라는 말로 요약하지 않고 날것의 감각 데이터만을 지각하는 것이다

여기서 이런 질문이 나올 법하다. "음, 그렇지만 전기톱 소리의 중심에는 무언가가 실제로 존재하잖아요? 그러니까, 비어 있지 않고 실제로 특정한 형상을 가진 '전기톱'이라는 물건이 있잖아요? 물론, 전기톱이라는 물건이 존재한다는 사실을 잠시 잊고 전기톱 소리를 음악으로 바꿔 듣는 건 좋아요. 하지만 전기톱이 거기에 엄연히 존재한다면 당신이 그려 보이는 실재의 모습은 오히려 명료함에서 멀어지는 게 아닐까요? 그렇다면 세

계를 '더' 명료하게 봄으로써 우리의 괴로움을 덜어준다는 불교의 주장은 또 어떻게 되죠?"

다음 몇 문단은 이 질문에 대한 충분한 답을 담지 않았다. 공과 같은 급진적 생각을 전기톱 일화만으로 설득력 있게 설명하기란 쉽지 않다. 그럼에도 나는 앞으로 몇 장에 걸쳐, 공이라는 생각이 적어도 우리가 처음 생각한 것보다는 '덜 미친' 소리로 들리기를(누구도 부정할 수 없는 타당성을 갖지는 못하더라도) 바란다. 우선, 이 질문들에 대한 예비 답변을 이렇게 하고자 한다.

그렇다, 전기톱은 존재한다. 전기톱은 전선, 톱날, 제동기 등으로 이루어진 물건이다. 이것들을 전기톱이 가진 성질이라고 할 수 있을 것이다. 그런데 내가 말하는 전기톱의 본질이란, 전기톱의 이 성질들을 다 합한 것 '이상의' 무엇을 가리킨다. 다시 말해, 내가 말하는 본질은 이런 성질들을 넘어 그 자체로 고유한 의미와 감정적 울림을 갖는 무엇을 말한다. 수련회에서 내가 전기톱이 갖는 고유한 의미와 울림으로부터 나 자신을 어느 정도 떼어놓자(즉, 전기톱의 소리를 즐길 정도가 되자) 전기톱의 본질이 약화되기 시작했다.

다르게 표현하면 이렇다. 당시 명상 수련회에 참가하기 전이었다면 나는 아마 이렇게 말했을 것이다. "전기톱이 불쾌한 소리를 내는 건 전기톱이 원래 그런 본질을 가졌기 때문이야." 그러나 나는 명상을 통해 불쾌한 소리가 전기톱이 본래부터 가진 성질이 아님을 알았다. 본래부터 갖지 않은 무엇을 전기톱의 본질이라 할 수 있을까?

다음 11장에서 나는 전기톱뿐 아니라 많은 사물의(어쩌면 모든 사물의) 본질이 실은 그 사물에 본래부터 내재한 것이 아님을 주장하려 한다. 그 증거로 현대 심리학의 다양한 발견을 살펴볼 것이다. 독자들은 11장을 읽고 나면 형상 없음이나 공과 같은 불교의 생각이 조금 더 타당하게 느껴질 것이다. 그러면 내가 형상 없음과 공의 타당성을 주장하는 취지를 조금은 더 분명히 이해할 것이다.

다음 장으로 넘어가기 전에 명상 수련회에서 있었던 일화를 하나 더 소개한다.

우리는 언제나 이야기를 지어낸다

내가 형상 없음에 대해 처음 들었던 명상 수련회에서 수행자들은 지도자와 일대일로 10분간의 인터뷰 시간을 가졌다. 수행에서 잘 안 되는 부분을 질문하면서 지도자의 안내를 받는 자리였다. 나는 나라얀 리벤슨^{Narayan Liebenson}이라는 지도자와 인터뷰를 했다. 그녀는 앞에 소개한 〈삼매왕경〉의 구절을 읽어준 지도자였다. 그런데 형상 없음에 관해 설법한 사람은 로드니 스미스라는 명상 수련회의 다른 지도자였다. 나는 로드니가 한 말의 의미를 나라얀과의 인터뷰를 통해 정확히 이해하고 싶었다.

나라얀은 정통파 수행 지도자였다. 통찰명상회의 다른 지도자와 마찬가지로 그녀도 오랜 기간 명상 수련회에 참가한 경험이 있다. 동남아 숲 속에서 혼자 몇 달 동안 수행한 적도 있었다. 그녀가 명상을 가르치는 목적은 단지 사람들의 스트레스를 줄이는 것이 아니다. 물론 그녀는 스트레스 감소가 명상 수행의 여러 이익 가운데 하나라는 데 기쁨을 느낀다. 하지만 그녀가 명상을 가르치는 진짜 목적은 사람들이 **벗어남**^{liberation}을 이루게 하기 위해서다.

이런 이유로 나라얀은 내가 이 책을 쓰는 데 찬성하지 않았다. 그녀는 불교 명상에 관한 책을 쓰는 것은 오히려 명상 수행에 방해가 된다고 말했다. 책에 적기 위해 특정한 명상 상태를 성취하려 '애쓴다면' 오히려 그 상태를 경험하기 어렵다고 했다. 그녀는 책을 쓰려는 생각을 가지면 모든 욕심을 내려놓고 수행에 임했을 때 일어나는 다양한 변화를 경험하기 어렵다고도 말했다. 한번은 나라얀이 진지한 표정으로 내게 말했다. "책을 쓰는 것과 벗어남 가운데 하나를 선택해야 합니다."

나는 이렇게 말했다. "하지만 내가 쓴 책을 읽고 사람들이 법을 닦는 데 도움을 받는다면 내가 벗어남을 이루지 못한 데 대한 보상이 되지 않을까요?" 그러나 나라얀의 생각에는 변함이 없었다. 그녀의 임무는 사람들이 벗어남을 이루도록 이끄는 것이고, 그 순간 그녀는 나의 지도 선생님이었다. 거기다 그녀는 우리들 각자가 완전히 벗어난 존재가 되는 것이 세상에 가장 유익함을 주는 일이라고 여기는 듯했다. 그녀가 보기에, 벗어남을 이루지 못한 작가가 사람들을 벗어남으로 이끄는 것은 작가 스스로 벗어난 존재가 되는 것만큼 가치 있는 일이 아니었다.

어쨌거나 나는 나라얀에게 앞서 말한 로드니의 관점이 위빠사나 명상 지도자들 사이에 널리 공유되는 관점인지 물었다. 그리고 나라얀은 자신이 '형상 없음'을 진리로 받아들인다고 대답했다. 또 로드니가 '형상 없음'에 대해 말한 내용은 그녀가 속한 집단에서는 급진적인 생각이 아니라고 했다. 그녀는 조셉 골드스타인을 언급하며 "조셉이라도 그렇게 말했을 겁니다."라고 했다.

나는 나라얀에게 '형상 없음'의 의미에 대해 더 캐물었다. 그녀는 '형상 없음'이 곧 물리적 세계가 존재하지 않는다거나 물리적 세계에 구조가 없다는 의미는 아니지 않느냐는 나의 생각에 그렇다고 답했다. 테이블도 존재하고, 전기톱도 엄연히 존재한다. 몇 분간 대화를 나눈 뒤 나는 그녀가 말하는 핵심을 알았다. 나는 물었다. "그러니까 '형상 없음'은 세계에 관하여 우리가 의미 있다고 여기는 모든 것이 실은 우리가 거기에 의미를 덧붙였기 때문이라는 거죠?" 그녀가 말했다. "정확해요."

여기서 '형상 없음'이라는 가르침이 주는 메시지는 우리가 무의미한 세상에 살고 있다는 것이 아니라는 점을 분명히 해야 한다. 주관적 경험을 하며 고통과 즐거움을 느끼는 인간을 비롯한 모든 생명체에는 고유한 도덕적 가치가 있다는 생각은 불교 사상에 깊숙이 자리 잡은 생각이다. 생명체가 본래 지닌 도덕적 가치는 다른 사람을 돕고 개에게 친절을 베푸는 등의 행위들에 가치를 부여한다. 이런 의미에서 도덕적 의미는 본래부터 생명에 내재해 있다.

다만 나라얀이 말한 핵심은, 우리가 일상생활에서 '이야기'라는 형식으로 모든 것에 의미를 부여한다는 점이다. 그리고 그 이야기들은 거대한 형상을 취하게 마련이라는 것이다. 예를 들어, 자신이 커다란 실수를 저질렀다고 판단될 때 우리는 만약 실수를 하지 않았다면 모든 일이 훨씬 좋았을 거라는 이야기를 지어낸다. 또 특정 물건을 소유해야 하고 특정한 성취를 이루어야만 한다고 판단하고는 그렇게 하지 못할 경우 모든 것이 끔찍해진다고 자신에게 이야기한다. 이렇듯 우리는 모든 것의 좋음과 나쁨에 대해 이야기라는 형식으로 판단을 내린다.

예컨대 내가 이번 명상 수련회에 참가한 게 큰 실수였다며 장황한 이야기를 지어낸다고 하자. 이 이야기의 근저에는 많은 의심스러운 가정이 자리 잡고 있다. 만약 명상 수련회에 오지 않고, 다른 일을 했더

> 우리는 모든 것의 좋음과 나쁨에 대해
> 이야기라는 형식으로 판단을 내린다
> 이야기 위에 이야기를 덧씌운다
> 마음챙김 명상은
> 우리가 지어내는 이야기를
> 근저에서 찬찬이 살펴
> 가공을 걷어내고 진실만을 보게 한다

라면 훨씬 생산적이었을 거라는 가정도 그중 하나다. 그러나 실은 수련회에 오지 않았다면 길을 건너다 버스에 치어 죽었을지 누가 아는가. 또 실제로 명상 수행의 장기적 효과를 아직 알 수 없음에도 이번 주 명상에서 고통스런 경험을 몇 차례 했다고 그것이 전체적으로 나에게 좋지 않았다고 가정하는 수도 있다. 이런 이야기들의 근저에 자리 잡은 가장 기본적인 가정에는 "명상 중에 들려오는 전기톱 소리는 나쁜 거야." 같은 단순한 지각적 판단이 있다. 그런데 이런 종류의 의미들은 모든 사물의 질감에 원래부터 단단히 들어 있는 것처럼 보여도 실은 실재가 본유적으로 가진 특성이 아니다. 이 의미들은 우리가 실재에 덧씌운 것이다. 다시 말해, 실재에 관하여 지어낸 이야기이다.

우리는 이야기 위에 이야기를, 또 그 위에 이야기를 덧씌운다. 그리고 이야기가 가진 문제는 가장 근저에서부터 시작된다. 마음챙김 명상은 무엇보다 우리가 지어내는 이야기를 그 근저에서부터 찬찬히 살피는 도구다. 이렇게 마음챙김 명상은 '가공'을 걷어내고 '진실'만을 보게 한다.

11장

공이 가진 좋은 면
The Upside of Emptiness

어느 날 59세 남자가 자기 아내를 보고 아내가 지금 어디에 있느냐고 물었다. 프레드라는 가명의 이 남자는 농담을 하는 게 아니었다. 〈신경과학Neurological Science〉 저널에 이 사례를 소개한 연구자들은 이렇게 썼다. "그때 곁에 있던 아내가 놀란 나머지, 여기 있지 않느냐고 반문했더니 프레드는 그녀가 자기 아내가 아니라며 부인했다."(프레드의 사례: Lucchelli와 Spinnler 2007)

문제는 프레드가 아내의 얼굴을 알아보지 못하는 게 아니었다. 여자는 겉으로 봤을 때 분명 프레드의 아내였다. 그러나 프레드는 그녀가 겉은 똑같이 생겼어도 속은 '가짜'라고 주장했다. 프레드는 자신의 진짜 아내는 지금 외출 중이며 나중에 귀가한다고 여겼다.

프레드는 가족이나 친척, 가까운 친구가 가짜라고 믿는 **캡그라스 망상증**Capgras delusion을 앓고 있었다. 캡그라스 망상증 환자는 상대가 겉으로는 진짜와 똑같이 생겼어도 속은 가짜라고 여긴다. 예컨대 겉모습은 아내와 같아도 '아내의 본질'을 갖고 있지 않다고 여긴다.

앞서 보았듯 **본질**essence은 불교의 공 개념에서 매우 중요하다. 더 정확히 말하면 본질의 '부재'가 공 개념의 핵심이다. 공은, 엄연히 존재한다고 우리가 여기는 외부 세계의 사물에 '본질'이라 할 만한 것이 없다는 생각이다. 그렇다면 눈으로 보면서도 아내의 본질을 보지 못한 프레드는 공을 체험한 것일까? 프레드는 이제 불교에서 말하는 깨달음에 들어갈 준비가 된 것일까?

글쎄, 그런 것 같지는 않다. 깨달음이란 망상에서 '벗어나는' 것인데 자기 아내를 보고 아내가 아니라고 여기는 건 망상을 '더하는' 꼴이 아닌가. 달리 캡그라스 '망상증'이란 이름이 붙었을까. 프레드의 뇌에서 어떤 일이 벌어지건 그건 결코 불교적 의미의 깨달음이라 할 수 없다.[16] 그렇지만 나는 프레드의 뇌가, 깊은 명상 상태에서 세상이 완전히(또는 일부분) 비어 있다고 보는 사람들의 뇌와 공통점도 있다고 본다. 이런 관점은 공이 무엇이고, 사람들이 공을 체험하는 이유는 무엇이며, 공을 어떻게 이해해야 하는가 등 공의 체험에 중요한 빛을 던져준다.

캡그라스 망상증을 일으키는 원인은 아직 정확히 밝혀지지 않았다. 그나마 오래된 이론이라면 뇌에서 시각 정보를 처리하는 부위(얼굴 인식과 관련이 있는 방추상회fusiform gyrus)와 감정을 처리하는 부위(편도체)의 연결이 끊어졌기 때문으로 보는 이론이다. 분명한 것은 캡그라스 망상증 환자는 감정과 느낌이 줄어든다는 사실이다. 이들은 자신의 어머니를 보고도 일반적으로 우리가 어머니를 볼 때 생기는 느낌이 일어나지 않는다. 어머니를 보았을 때 일어나는 느낌을 주지 않는 사람을 당신의 어머니라 할 수 있을까?

사람 얼굴을 알아보는 것은 일반적으로 순전히 시각 지각의 문제라고 여긴다. 컴퓨터도 할 수 있는 기계적인 일로 보인다. 실제로 컴퓨터는 사람 얼굴을 스캐닝해서 인식할 수 있다. 그런데 인간이 사물을 알아보는 방식은 좀 더 복잡하다. 사람은 단지 겉으로 보이는 모습만으로 인지하지 않는다. 겉모습이 불러일으키는 '느낌'을 가지고도 인지한다. 적어도 캡그라스 망상증 환자는 가족과 친구를 알아볼 때 그들이 불러일으키는 느낌으로 그들을 알아본다.

그런데 사람 얼굴을 알아보는 일 외에도 그렇지 않을까? 즉, 사물을 인지할 때 우리는 그것이 내게 일으키는 느낌으로 그것을 인지하지 않는가? 예컨대 내가 사는 집이나 내가 운전하는 자동차, 심지어 내가 사용하는 컴퓨터에 대한 나의 인지는 그 사물이 내게 일으키는 '느낌'에 따라 결정되지 않는가? 만약 느낌이 없다면 어떨까? 사물에 대한 인지 자체는 방해받지 않는다 해도 그 사물이 '무엇'이고 '어떤 의미'인지에 관한 우리의 견해는 느낌이 있는 경우와 다르지 않을까? 예컨대 '바다'라는 단어의 의미는(사전적 의미가 아니라 '당신에게' 갖는 의미는) 당신이 바다와 연관시키는 복합적인 느낌들에 의존하지 않을까? 당신이 갑자기 이 연관으로부터 차단당한다면 바다는 당신에게 텅 비어 있는 것으로, 즉 공으로 보이지 않을까?

나는 그렇다고 생각한다. 그렇다면 공이라는 불교 교리가 생겨난 사정을 짐작할 수 있다. 즉, 명상은 지각·생각과 그에 따르는 감정적 여운, 즉 느낌 사이의 연관성을 약화시킬 수 있다. 만약 당신이 지각과 느낌의 연관성을 철저히 약화시켜 당신의 지각이 감정적 연관에서 점차 벗어난다면 세계를 바라보는 당신의 관점도 크게 변화할 수 있다. 겉모습은 동일한 사물이지만 이제 그것은 내면의 '무언가'를 결여한 것처럼 보인다. 〈삼매왕경〉의 표현으로 하면 이제 그 사물은 "본질이 없어 보인다. 그렇지만

지각과 느낌의 연결을
철저히 약화시켜
당신의 지각이 감정적 연관성에서
점점 더 벗어난다면
세계를 바라보는 당신의 관점도
크게 변화할 수 있다

눈에 보이는 성질은 여전히 갖고 있다." 공이라는 불교 사상은 아마 깊은 명상 상태에 이른 사람들의 마음속에서 처음 생겨났을 것이다. 매우 깊은 명상 상태에 이른 그들은 우리가 흔히 하듯이 세상을 감정으로 채색하는 방식에서 크게 벗어났을 것이다. 다시 말해, 다양한 사물과 연관 지었던 느낌이 명상을 통해 떨어져나가자 그 사물은 더 이상 특정한 실체를 갖지 않은, 지금까지와 완전히 다른 사물로 보였을 것이다.

물론 당신은 이런 가능성에 의문을 제기할 수도 있다. 예컨대 바다와 컴퓨터에 대해 당신은 자신이 이 사물들의 정체성을 이루는 데 필요불가결한 정도의 강한 느낌을 갖고 있지 않다고 생각할 수도 있다. 그렇지만 나는 느낌이 사물에 대한 지각에 있어서 우리가 일반적으로 아는 것보다 더 큰 역할을 한다는 사실을 보이고자 한다.

사물에 대한 지각에서 느낌이 큰 역할을 함을 보이는 첫 번째 근거는 캡그라스 망상증이다. 우리는 일반적으로 뇌를 '인지' 활동과 '감정' 활동으로 구분한다. 하지만 캡그라스 망상증은 사람 얼굴을 알아보는 정도의 단순한 인지 행위조차 실은 감정적 반응에 의존함을 보여준다. 이어 두 번째, 세 번째 근거를 접하고 나면 여러분은 공이 불교의 교리가 되기 전에 수행자들이 수행을 통해 직접 경험한 내용이었음을 알게 될 것이다. 다시 말해 불교철학자들이 공에 대한 설명과 주장을 내놓기 전에 수행자들은 오랜 시간의 명상을 통해 느낌을 덧씌우지 않은 채로 사물을 보고 들음으로써 공을 자신의 체험으로 직접 깨달았을 것이다.

그러나 느낌을 덧씌우지 않고 사물을 인지하는 훈련의 핵심은 이런 추측이 아니다. 여기서 핵심은 수행자들의 경험적 앎의 원리를 더 깊이 탐구하는 일이다. 다시 말해, 공을 깨달은 전문 수행자들의 뇌에서 어떤 일이 일어났는지 분명히 아는 것이다. 수행자들의 뇌에는 그들보다 훨씬 많은 일반 사람들(즉 어디서든 본질을 보는 사람들)의 뇌에서 일어나는 것과는 매우 다른 일이 일어났을 것이다. 이는 다시 이런 질문으로 이어진다. 그렇다면 우리처럼 평범한 사람들은 지금껏 줄곧 망상에 사로잡혔던 것인가. 만약 그것이 사실이라면 망상이 우리에게 미치는 영향은 얼마나 심대한가. 미리 이야기를 흘리자면 그렇다, 이 망상이 미치는 영향은 매우 중대하고 심각하다.

특별한 본질 vs 평범한 본질

심리학자 폴 블룸Paul Bloom은 **본질주의**essentialism를 인간의 보편적 성향으로 간주한다. 여기서 본질주의란, 무엇이 되기 위해 그것이 없으면 안 되는 근본 속성이 존재한다고 보는 관점이다. 블룸이 제시하는 본질주의의 몇 가지 사례는 다소 특이하다. 그는 존 F. 케네디가 썼던 줄자를 무려 4만 8,875달러(한화 약 5천 5백만 원)에 구입한 남자의 예를 든다. 남자는 아마도 그 줄자에 대통령의 '본질'이란 게 깃들어 있다고 생각했을 것이다. 블룸이 드는 사례 중에는 이보다 덜 특이한 물건도 있다. 예컨대 결혼반지는 (적어도 결혼 당사자에게) 특별한 느낌을 일으키지만 똑같이 생긴 반지라도 결혼반지가 아니면 특별한 느낌이 생기지 않는다. 그럼에도 줄자와 결혼반지 모두 강한 본질 감각을 일으킨다는 점에서 특별하다고 말할 수 있다. 이 점에서 그 밖의 많은 사물도 다르지 않다.

블룸은 『우리는 왜 빠져드는가?How Pleasure Works』라는 책에서 특정 사물이 특별한 이유는 그것이 가진 내력 때문이라고 말한다. 즉 그 사물에 얽힌 존경하는 인물이나 주요 사건, 개인적 의미가 있는 사람과의 연관성 때문에 특별하게 여겨진다는 것이다. 블룸은 말한다. "사물에 깃든 이런 내력은 눈에 보이지 않으며 손으로 만질 수도 없다. 또 대부분의 경우 나에게 특별한 의미를 갖는 물건과, 겉모습만 같을 뿐 완전히 다른 물건을 구별할 방법도 없다. 그럼에도 그 물건은 우리에게 기쁨을 준다. 반면 복제품은 아무런 감흥을 일으키지 못한다."(Bloom 2010, pp.3-4)

**인간은 넓은 의미에서
원래부터 본질주의자다
우리는 그리 특별하지 않은 사물에도
감정적 의미가 담긴 본질을 부여한다**

나는 인간은 넓은 의미에서 원래부터 본질주의자라는 블룸의 생각에 동의한다. 이 장의 요지도 이것이다. 즉, 우리는 그리 특별하지 않은 사물에도 감정적 의미가 담긴 본질을 부여한다.[17]

그렇지만 이 분석을 일단은 아주, 아주 특별한 사물에 한정시키는 것은 나름의 장점이 있다. 이렇게 하면 비공식적인 실험을 할 수 있기 때문이다. 예컨대 대통령 줄자 경매에서 승리해 마치 왕관의 보석인 양 줄자를 들고 있는 사람에게 "앗, 실수예요. 지금 당신이 들고 있는 건 어느 배관공이 쓰던 줄자입니다. 존 F. 케네디가 쓰던 줄자는 나중에 집으로 배송해 드릴게요."라고 말했다고 하자. 이 말을 들은 남자의 표정은 급변할 것이다. 이를 보면 남자의 느낌에도 분명 변화가 있음을 알 수 있다. 조금 전까지만 해도 경외감과 존경심을 자아내던 줄자가 이제 아무런 영감도 주지 못하는 평범한 물건으로 전락했다. 값비싼 유물이 한 순간에 그 본질을 잃고 평범한 물건으로 바뀌었다.

이런 '실험'은 실제로도 일어난다. 블룸은 나치 전범인 헤르만 괴링이 소유한 그림 중에 네덜란드 화가 베르메르가 그린 것으로 알았던 그림을 예로 든다. 괴링의 곁에 있던 누군가는 그 순간을 이렇게 묘사했다. "그 순간 괴링은 세상의 악을 처음으로 알게 된 사람의 표정이었어요."(Bloom 2010, p.1)

그 순간 괴링과 줄자 소유자의 얼굴 표정을 보면 지각된 본질과 감정affect 사이에 관련성이 있음을 알 수 있다. 이 실험들은 특정 사물이 특정한 본질을 가졌다고 보는 것만으로 그 물건에 대해 특정한 느낌을 갖게 된다는 사실을 보여준다.

그렇다면 대통령의 줄자나 베르메르의 그림이 아닌 주변에서 흔히 보는 특별하지 않은 물건은 어떤가? 예컨대 우리는 화물 열차나 화물 트럭, 산골짜기의 시내를 볼 때도 특정한 느낌을 일으키는가? 뱃고동 소리나 귀뚜라미 울음소리, 아침의 새소리에도 우리는 특정한 느낌을 일으키는가? 이들 경우에는 본질과 감정 사이의 관련이 분명하게 드러나지 않는다. 우선, 사람들이 이들 사물에도 본질이 들어 있다고 '생각하는지'가 분명하지 않다. 사람들은 사비를 털어 이런 물건을 구입하지 않는다. 또 이 물건들을 잃어버렸다고 해서 대체 불가하다는 이유로 펑펑 울지도 않는다. 사람들이 열차나 트럭처럼 무덤덤한 사물을 보고 특별한 느낌을 일으키는지는 분명하지 않다.

그런데 일부 학자는 평범한 물건도 사람들의 감정 반응을(비록 미미한 반응이기는 해도) 일으킨다고 보았다. 1980년에 심리학자 로버트 자이언스Robert Zajonc는 당시로는 특이한 견해를 내놓았다. "일상의 지각과 인지 중에 뜨겁거나 미지근한 감정적 요소를 갖지 않은 것은 거의 없을 것이다. 아마도 모든 지각에는 어느 정도 감정이 포함되어 있다. 집을 볼 때 우리는 단지 집 자체를 보는 것이 아니라 '멋진 집', '못 생긴 집', '으스대는 집'으로 본다. 태도 변화에 관한 논문은 '흥미로운 논문'으로, 인지 부조화에 관한 논문은 '중요한 논문'으로, 또 제초제에 관한 논문은 '쓸데없는 논문'으로 읽는다."

여기서 자이언스는 사물에 대한 느낌은 곧 사물에 대한 판단이라고 본다. 이런 등식은 앞서 3장에서 설명한 진화적 관점, 즉 기능적으로 볼 때 '느낌은 곧 판단'이라는 관점과도 일치한다. 또 이 점에서 느낌을 비판적으로 살펴 판단을 잠시 내려놓는 명상 기법의 타당성이 드러난다. 자이언스는 이어 이렇게 말한다. "우리는 일몰, 낙뢰, 꽃, 보조개, 손거스러미, 바퀴벌레, 키니네(말라리아 특효약)의 맛, 소뮈르 포도주, 움브리아 지방의 흙 색깔, 42번가의 교통 소음, 1000헤르츠 진동수의 소리, 영어 대문자 Q를 대할 때도 느낌을 일으키는 방식으로 반응한다."(Zajonc 1980, p.154)

대문자 Q라고? 그건 좀 과한 것 같다. 그러나 그리 많이 과한 것은 아니다. 나는 우리가 (특별히 멋진 자동차, 특별히 못난 자동차처럼) 특정한 사물뿐 아니라 (자동차 일반처럼) 사물 일반에 대해서도 감정으로 반응한다고 생각한다. 줄자의 경우를 보자. 나는 줄자를 매우 좋아한다. 대통령이 사용하던 줄자가 아니라도 좋아한다. 나는 줄자를 죽 빼는 느낌이 좋고, 갈아 끼워야 하는 형광등 길이가 궁금할 때 줄자로 답을 얻는 것이 좋다. 또 줄자를 사용한 뒤 손에서 놓았을 때 착 하고 감기는 느낌도 좋다. 그렇다고 줄자를 감상하려고 일부러 공구점을 찾지는 않지만 어쨌든 줄자를 보면 나는 미세하지만 긍정적인 반응을 보인다. 이런 반응은 아마도 줄자에 대한 나의 관념, 즉 줄자가 내게 갖는 의미에서 나왔을 것이다.

여러분은 이제 케네디의 줄자나 괴링의 베르메르 위작처럼 매우 특별한 물건을 대상으로 한 '실험'이 왜 우리 일상의 평범한 물건에 대해서는 하기 어려운지 알 것이다. 특별한 물건에 부여하는 감정적 의미는 그 물건의 내력에 대한 명백한 믿음의 결과물이어서 그 믿음이 실은 틀렸다고 말해주면 이 새 소식이 당사자의 감정에 어떤 영향을 주는지 쉽게 알 수 있다. 그러나 훨씬 '덜 특별한' 물건에 대해서는 이런 조작을 행하기가 쉽지 않다. 당신은 줄자에 대한 나의 긍정적 경험이 실제로 일어나지 않았다고 나에게 납득시킬 수 없다. 그리고 설령 납득시킨다 해도 별로 달라지는 건 없다. 왜냐하면 줄자에 대한 나의 호의적 성향은 과거 나의 줄자 경험에 대한 의식적 믿음의 결과가 아니기 때문이다. 줄자에 대한 나의 호감은 지금까지 살면서 무의식적으로 일어난 감정적 조건화의 결과일 뿐이다.

모든 지각에는 느낌이 배어 있다

그럼에도 사람들은 거의 모든 물건에 대해 긍정적이거나 부정적인 연관을 짓는다는 증거가 다수 존재한다. 이를 보여주는 두 가지 방법이 있다. 하나는 미묘하지만 영리하게 드러내는 방법이고, 또 하나는 그다지 미묘하지 않은 방법이다.

우선 그다지 미묘하지 않은 방법부터 살펴보자. 그것은 사람들에게 사물에 대해 어떻게 생각하는지 직접 물어보는 방법이다. 어느 연구에서 사람들에게 여러 물건들의 사진을 보여주고 4점부터 −4점까지 물건의 '좋고 나쁨'에 관한 점수를 매기게 했다. 어떤 사진은 사람들로 하여금 분명하고 예측 가능한 판단을 내리게 했다. 예컨대 백조는 사람들에게 거의 긍정적인 반응을, 뱀의 머리나 벌레는 거의 부정적인 반응을 보이게 했다. 그런데 어떤 사진은 다소 애매한 반응을 일으켰다. 사람들은 체인, 빗자루, 쓰레기통에는 평균보다 조금 더 부정적인 반응을, 호박, 칫솔, 봉투에는 평균보다 조금 더 긍정적인 반응을 보였다.(사진 평가에 관한 연구: Giner-Sorolla

외 1999. 다음도 참조: Jarudi 외 2008)

이제 사물에 대해 사람들이 내리는 감정적 판단을 보다 미묘하면서 영리하게 드러내는 방식을 보자. 이 방식은 인간이 사물에 대해 평가를 내리는 존재로 타고났을 뿐 아니라 그런 평가가 거의 자동적으로 이뤄진다는 사실을 보여준다. 즉, 사람들은 머리로 생각하기도 전에 이미 사물에 대한 감정 반응을 일으킨다는 것이다.

이 질문을 탐구하는 방법을 **프라이밍**^{priming} 또는 **점화**라고 하는데 선행 사건이나 자극이 후속 반응에 영향을 미치는 현상을 말한다. 당신에게 두 단어를 연속으로 보여주면서 두 번째 단어를 보는 즉시 소리 내어 발음해야 한다고 하자. 첫 번째 단어는 '새'이고 두 번째 단어는 '개똥지빠귀'다. 이때 첫 번째 단어가 '새'라면 첫 번째 단어가 '도로'인 경우보다 당신은 두 번째 단어인 '개똥지빠귀'를 단 0.1초라도 더 빨리 발음할 것이다. 첫 번째 단어인 '새'가 그와 연관된 단어를 발음하도록 당신에게 미리 준비시킨 것이다. 이것을 의미론적 점화라고 한다. 그런데 '감정적 점화'도 있다. 즉, '햇빛'이란 단어를 먼저 보여주면 '질병'이라는 단어를 먼저 보여주었을 때보다 '찬란한'이라는 단어를 더 빨리 발음할 것이다. 마찬가지로 '질병'이라는 단어를 먼저 보여주면 '햇빛'이라는 단어를 먼저 보여주었을 때보다 '끔찍한'이라는 단어에 더 빨리 반응할 것이다.(감정적 점화 연구는 다음을 참조: Ferguson 2007)

물론 이 실험은 우리가 질병에 관하여 '오래' 생각한 뒤에 어떤 느낌을 느끼는지 보여주는 실험이 아니다. 위 실험은 의식적인 생각이 개입하기 어려운 매우 빠른 시간에 진행된다. 즉, 첫 번째 단어인 **점화 단어**^{priming word}를 제시하고 0.5초도 되지 않아 두 번째 단어인 **표적 단어**^{target word}를 제시한다. 이 실험이 보여주는 바는 우리가 '질병'이라는 점화 단어를 의식하기도 전에 거기에 부정적 꼬리표를 단다는 사실이다.

이것은 그리 놀라운 일이 아닌지 모른다. 질병은 정말로 끔찍하고, 햇빛은 정말로 찬란하기 때문이다. 그런데 분명한 감정을 일으키지 않는 사물에 대해서도 동일한 역동이 작용한다. 앞의 사진 평가 실험자들은 체인, 빗자루, 쓰레기통, 호박, 칫솔, 봉투 등 평범한 물건에 대한 사람들의 감정 반응을 살폈다. 사실 실험자들은 동일한 사진을 가지고 다른 그룹의 사람들을 상대로도 점화 실험을 했다. 처음 그룹에서 '의식적으로' 부정적 평가를 내린 사진들은 두 번째 그룹에서도 부정적으로 평가했다. 즉, 두 번째 그룹은 이 물건들에 대해 판단을 내린다는 사실조차 의식하기 어려운 극히 짧은 시간에도 긍정적이거나 부정적인 평가를 '암묵적으로' 내리고 있었던 것이다.(Giner-Sorolla 외 1999)

이를 보면 인간은 자동적 평가자라는 자이언스의 생각이 옳은 것 같다. 우리는 의식적이든 무의식적이든, 명시적이든 암묵적이든 '명사 앞에 형용사를 붙이는' 성향을 가졌다.

조금만 생각해보면 자이언스의 말이 옳을 수밖에 없음을 알 수 있다. 자연선택의 관점에서 볼 때, 생명체가 사물을 지각하는 목적은 자신의 진화적 관심사에(즉 자신의 유전자 확산에) 적합한 정보를 가려내기 위함이다. 그렇다면 생명체는 특정 정보가 자신의 유전자 확산에 적합한지 어떻게 아는가? 바로, 자신이 지각한 정보에 긍정적이거나 부정적인 가치를 부여하는 방법을 통해 안다. 이처럼 생명체는 원래부터 사물에 대해 판단을 내리도록 만들어졌고, 이 판단은 '느낌'이라는 형식으로 부호화된다.

> 자연선택의 관점에서 볼 때 생명체가 사물을 지각하는 목적은 자신의 진화적 관심사에 적합한 정보를 가려내는 것이다 생명체는 '느낌'의 형식으로 사물에 관한 긍정적이거나 부정적인 판단을 내린다

인간처럼 복잡한 종에 있어서는, 특정 사물이 자신의 진화적 관심사에 얼마나 적합한지가 항상 분명하게 드러나는 것은 아니다. 예를 들어, 줄자는 인간이 지금까지 진화해온 수렵-채집 환경에 없었던 물건이다. 그렇지만 인간은 궁금한 점에 대한 답을 알아내는 데서 만족감을 느끼도록 자연선택에 의해 설계되었다. 그리고 시간이 흐르면서 나 같은 사람이 물건의 길이가 궁금할 때면 줄자가 답을 주었다. 내가 줄자를 좋아하는 이유도 이 때문일 것이다. 아니면 줄자를 사용하면 나 스스로에게 느끼는 느낌이 달라지기 때문인지 모른다. 그리고 나 자신에 대한 느낌이 달라지는 이유는 어릴 적 내가 존경했던 사람이 줄자를 사용하는 모습을 보았기 때문인지 모른다.

어쨌거나 분명한 점은, 사물을 지각할 때 언제나 느낌이 따라붙는다고 해서 긍정적·부정적 느낌을 갖는 모든 사물이 실제로 나의 유전자 확산에 긍정적·부정적 영향을 준다는 의미는 아니라는 점이다. 단지, 사물에 느낌을 부여하는 우리 마음의 기제가 '원래는' 유전자 확산을 극대화시키는 목적이었다는 의미일 뿐이다. 그런데 이 기제가 수렵-채집 환경이 아닌 현대에서 더 이상 유전자 확산이라는 목적에 걸맞게 작동하지 않는다는 사실은 인간이 처한 모순적 상황 가운데 하나이다.

여자들의 눈에 안 띄는 우리 형의 비애

공의 논의로 돌아가기 전에 한 가지 더 분명히 할 것이 있다. 나는 '모든 사람'이 '모든 사물'에 대해 감정 반응을 일으킨다고 주장하는 것이 아니다. 내가 제시한 연구들은, 대부분의 연구와 마찬가지로, 전체적인 통계를 보고한 것이다. 전체적 통계 안에는 특정 단어나 사진에 무덤덤한 반응을 보인 사람도 있었다. 이 역시 놀라운 일이 아니다. 어차피, 오래 전 수렵-채집 시대에도 유전자 확산에 영향을 주지 않는 사물이 존재했을 것이기 때문이다. 즉, 사람들에게 별다른 느낌을 일으키지 않는 사물은 어느 시대에나 존재했다.

사람들은 이런 물건들에 별로 관심을 두지 않는다. 진화적 관점에서 별로 중요하지 않기 때문이다. 생명체가 관심을 갖는 사물은 대개 진화적 중요성을 가진 사물로서 이 사물들은 느낌을 불러일으킬 가능성이 높다. 그 결과, 지각의 풍경(즉, 사람들이 관심을 기울이고 또 사람들의 의식을 지배하는 사물들로 이루어진 풍경)에는 아무리 미세하게라도 느낌이 배어 있다. 만약 전혀 느낌을 일으키지 않는 사물이라면 당신은 애당초 그것을 알아보지 못할 것이다. 그러므로 느낌이 전혀 배어 있지 않은 지각이란 아예 존재하지 않는다고 해도 과언이 아니다.

우리 형은 중년에 이르러 더 이상 여성들이 자신에게 관심을 보이지 않자 이렇게 말했다. "여자들이 내게 관심이 없는 이유는 내가 못생겼기 때문이 아냐. 단지 내가 존재한다는 '사실 자체'를 몰라서야." 정확한 말이다! (동성애자가 아닌) 어느 여성이 도시의 한 구역을 걷고 있다고 하자. 그곳에는 그녀가 관심을 가질 만한 사물이 엄청나게 많다. 그래서 이때 그녀의 지각 기관은 시간을 들여 의식적으로 평가할 가치가 없는 사물들을 먼저 쳐낸다. 그리고 슬프게도 이런 사물에는 우리 형도 포함된다(더 슬픈 일은 형이 이 '지위'를 얻었을 때 나이가 지금의 나보다 젊었다는 사실이다).

한편, 평가가 더 필요한 사물이면 '느낌'이라는 형식으로 그녀의 평가에 반영될 것이다. 잘생긴 젊은 남성이라면? 그리 잘생기진 않아도 착해 보이는 남성이라면? 잘생겼지만 성깔이 좀 있어 보이는 남성이라면? 또 우리 형과 비슷한 연배로 형과 다르게 롤렉스시계를 차고 1억 원짜리 차를 모는 남성이라면? 이 모든 남성들은 나름의 느낌을 불러일으킬 것이다. 자연선택의 관점에서 관심을 가질 가치가 있는 사물은 원칙적으로 느낌을 불러일으킨다.

그리고 느낌은 사물에 본질을 불어넣는다. 그렇다. 명상가들이 사물에서 본질을 '더 적게' 보는 이유는 명상을 통해 느낌이 줄었기 때문이라는 것이 나의 가설이다. 나는 이 이론을 '형상 없음'에 대해 내게 처음으로 설법한 로드니 스미스에게 말한 적이 있다. 로드니는 키가 크고 건장한 체격의 회색 머릿결을 가진 전도사 분위기의 남성이다. 명상 지도자들에게 흔히 보이는 풍모는 아니다. 그는 남침례 교회의 설교단에 서도 전혀 어색하지 않은 풍모를 가졌다. 형상 없음에 대해 말하기 전까지는 말이다. 그는 에둘러 말하는 스타일이 아니어서 그와 이야기하면 시간을 낭비하는 일은 없다. 내가 한번은 그가 줄곧 이야기하던 형상 없음과 대승불교에서 말하는 공의 관계에 대해 물었다. 그는 어깨를 으쓱하며 손사래를 치더니 같은 것이라고 했다.

이후 로드니 스미스와 더 대화를 나누면서 나는 사물에 대한 감정 반응을 줄이면 공 체험에 가까이 간다는 나의 가설을 실험해보기로 했다. 로드니는 이전부터 공 체험이 어떤 것인지 나에게 설명하고자 했었다. 그랬기에 나는 로드니의 인식의 장場에서는 아마 우리들 대부분에게 보이는 사물의 독립된 정체성이 보이지 않을 거라고 추측했다. 그러나 로드니는 공을 체험했다고 해서 사물의 정체성을 못 알아보는 것이 아님을 강조했다. "공을 체험했다 해서 안경을 연필이라고 여기지는 않습니다." 그가 말했다. "공을 체험했다 해서 사물의 형상과 색깔을 알아보지 못하는 건 아닙니다. 다만 지금껏 사물과 당신을 구분 짓던 공간이 더 이상 사물과 당신을 구분하지 않게 됩니다."

나는 물었다. "그러니까 공 체험을 하면 지금까지 우리가 일으키던 사물에 대한 강한 감정 반응이 줄어든다는 거군요? 다시 말해 사물에 감정적 의미를 덜 부여한다는 거죠?"

그가 대답했다. "그럴듯해요. 사물이 우리가 생각한 만큼 분명한 실체를 갖지 않았다고 본다면 사물에 대한 우리의 반응도 잦아들겠지요. 실제로 그런 일이 일어납니다. 당신도 알듯이, 모든 평정 상태는 우리가 그것이라고 여기던 사물이 실제로는 그것이 '아님'을 깨닫는 데서 생겨나니까요."

내 생각이 인정받은 것처럼 느껴졌다. 그러나 완전히 인정받는다는 느낌은 아니었다. 로드니 역시 형상 없음과 공을 인식하는 것은 사물에 대한 감정 반응이 줄어드는 것과 관련이 있다고 본다는 점에서 나의 이론을 뒷받침해주었다. 그러나 공의 인식과 사물에 대한 감정 반응의 관련성에 대한 해석에 있어서는 나와 다른 부분이 있었다. 나는 감정 반응이 줄면 그것으로 공을 인식할 수 있다고 본 데 비해 로드는 반대 방향, 즉 공을 인식하면 그 결과로 감정 반응이 줄어든다고 보았다. 다시 말해 로드니의 생각은, 우리가 습관처럼 강한 감정 반응을 보이던 사물이 실은 애당초 그리 분명한 실체를 가진 사물이 아님을 깨달을 때 사물에 대한 강한 감정 반응이 줄어든다는 것이었다.

누구의 생각이 맞을까? 아마 둘 다 맞을 것이다. 어쩌면 그와 나의 생각이 결과적으로 다르지 않은지도 모른다. 우선 감정과 느낌이 준다고 말할 때 나는 그것이 '나쁜' 일이라고 보지 않는다. 실제로 이 책에서 나는 어떤 느낌은 실재에 대한 미덥지 못한 안내자라는 점을 보이려 했다. 그리고 더 넓게는 느낌이라는 토대 전체를 어느 정도 의심해야 한다고 말했다.

느낌의 궁극적 목적은 명료한 지각과 사고가 아니라 유전자 전파에 유리한 지각과 사고를 일으키는 것이기 때문이다. 그러므로 내가 로드니의 경험을 느낌이 줄어드는 것으로 해석한다 해서 세계를 보는 로드니의 관점이 명료하지 않다는 의미는 아니다.

이 점을 염두에 두고 로드니의 핵심 주장 두 가지를 살펴보자. (1) 형상 없음과 공에 대한 깨달음은 사물에 관한 우리의 일상적 관점보다 더 진실에 가까운 인식이라는 점. (2) 우리가 사물에 대해 일상적으로 갖는 느낌은 그 사물의 진실을 드러낸다는 차원에서는 그다지 적절하지 않다는 것. 이 주장들은 나의 생각과 일치한다. 로드니와 나는 다만 통찰의 역학에 대해서만 의견이 다를 뿐이다. 불교의 정통 입장을 대변하는 로드니는 우리의 관점이 명료해지면 느낌이 줄어든다고 말하는 한편, 나는 우리가 사물에 대해 느끼는 느낌이 줄어들면 관점이 명료해진다고 보는 것이다. 나는 느낌이 줄어드는 것 자체가 곧 관점이 명료해지는 것이라고 말하고 싶다. 그만큼 느낌과 지각은(특히 본질에 대한 지각에 있어서는) 밀접하게 얽혀 있다.[18]

느낌과 이야기

본질은 느낌뿐 아니라 이야기와도 밀접하게 얽혀 있다. 우리가 사물에 관하여 주변에서 듣는 이야기, 또 우리 스스로 자신에게 들려주는 이야기는 사물에 대한 느낌에 영향을 미친다. 이렇게 하여 이야기는 우리가 지각하는 사물의 본질을 형성시킨다. '케네디가 사용한 줄자'라는 이야기는 배관공의 줄자였다면 일으키지 못하는 느낌을(즉, 본질을) 만들어낸다. 성공적인 결혼 생활을 하며 자녀를 훌륭하게 키운다고 생각하는 이야기는 억압적 결혼생활로 자녀를 형편없는 아이로 키운다는 이야기보다 긍정적인 느낌으로 가정을 바라보게 한다. 이런 예는 수도 없이 많다.

앞서 소개한 폴 블룸이 말하는 핵심도 우리가 사물에 관해 지어내는 이야기와 사물의 내력 및 성질에 대한 믿음이 그 사물에 대한 우리의 경험을 결정하며, 그리하여 사물의 본질에 대한 감각을 형성시킨다는 것이다. 블룸이 자주 드는 사례에 와인 감정가에 관한 연구가 있다. 동일한 보르도 와인에 하나는 '그랑 크뤼 클라세'라는 프리미엄 라벨을 붙이고, 다른 하나는 '뱅 드 따블'이라는 저렴한 식사용 와인 라벨을 붙였다. 그랬더니 프리미엄 라벨을 붙인 와인에 대해서는 꼭 맛봐야 한다고 답한 감정가가 40명이었던 반면, 식사용 라벨을 붙인 와인에 대해서는 고작 12명만이 그렇게 답했다.(와인 시음 연구는 다음을 참조: Bloom 2010, p.45)

이는 우리가 와인에서 느끼는 쾌락("그해 포도주가 최고야" 같은 쾌락)의 원천이 이야기라는 점을 분명히 보여준다. 하지만 블룸은 자세히 보면 와인뿐 아니라 우리가 느끼는 모든 쾌락의 이면에 특정한 이야기가 놓여 있다고 말한다. 한번은 그가 내게 말했다. "그 자체로 존재하는 쾌락은 없습니다. 쾌락 대상에 대한 당신의 믿음이 덧입혀지지 않은 쾌락이란 존재하지 않아요." 그는 음식을 예로 들었다. "만약 당신이 건네준 음식을 내가 먹는다고 합시다. 이 경우, 내가 신뢰하는 사람이 음식을 주었다는 사실이 내 앎의 일부를 구성합니다. 이때 이 음식은 거리에서 우연히 발견했거나 천 달러를 주고 산 음식과는 맛이 다를 겁니다. 전시회의 그림도 그렇습니다. 누가 그렸는지 몰라도 당신은 그 그림을 두고 그저 벽에 아무렇게나 페인트를 흩뿌렸다고는 생각하지 않습니다. 전시하기 위해 누군가가 공들여 그렸다는 사실을 아는 채로 보는 거죠. 그리고 이 앎은 당신이 그림을 어떻게 보느냐에 영향을 미칩니다. 이것은 아주 단순한 신체감각, 예컨대 성적 오르가즘이나 갈증 날 때 마시는 물, 스트레칭 등 모든 신체감각에 적용됩니다. 우리가 느끼는 감각에는 언제나 '설명'이 따라붙어요. 그 감각이 특정 범주의 한 가지 사례라는 설명이요." 이처럼 우리가 느끼는 감각에는 언제나 함축된 이야기가 존재한다.

우리가 느끼는 쾌락이 본질 감각, 이야기, 믿음에 의해 형성된다는 사실은 블룸이 보기에 쾌락이 어떤 의미에서 우리가 아는 것보다 더 심오하다는 것을 의미한다. 그는 이렇게 말했다. "쾌락에는 언제나 어떤 깊이가 존재합니다."(같은 책, p.53)

사물에 관한 믿음을 덧씌우지 않은 채로 '사물 자체'를 경험할 때 더 깊은 쾌락이 가능하다 이것이 불교의 관점에 더 근접한 관점이다

그러나 이와 반대로 볼 수도 있다. 즉, 가짜 라벨을 붙이는 것만으로 우리가 느끼는 와인 맛이 달라지는 것을 보면 우리가 느끼는 쾌락에는 깊이가 아니라 어떤 '피상성'이 존재하는지 모른다. 그리고 어쩌면 와인에 대한 믿음(진실일 수도 있고 아닐 수도 있는 믿음)에 물들지 않은 채로 와인 자체를 맛볼 때 더 깊은 쾌락이 가능한지 모른다. 사물에 관한 믿음을 덧씌우지 않은 채로 '사물 자체'를 경험하는 것, 이것이 불교의 관점에 더 근접한 관점이다.

이야기를 지어내지 '않는' 사람

사물에 관한 믿음을 덧씌우지 않고 사물 자체를 경험한 사례를 소개한다. 게리 웨버Gary Weber의 와인 체험이다. 웨버는 회색 머리카락을 가진 단단한 체구의 활력 넘치는 남자로 수십 년 동안 명상을 해왔다. 그에 따르면 자신은 명상을 통해 일상의 의식이 이전과 확연히 다른 경지에(그리고 나의 의식과도 매우 다른 경지에) 이르렀다고 한다. 그는 자신의 체험에는 우리 대부분의 의식을 지배하는 자기중심적 사고가 거의 개입하지 않았다고 말한다. 즉, '왜 내가 어제 그런 멍청한 말을 했지? 내일 어떻게 하면 사람들에게 강렬한 인상을 심어줄까? 저 초콜릿바를 먹고 싶어 못 견디겠어.' 같은 생각 말이다. 그는 이런 생각들을 '감정의 무게가 실린 생각, 나 중심적 사고'라고 부른다.

물론 직접 웨버가 되어보아야 그의 경험을 알 수 있겠지만 이런 드문 의식 상태를 성취했다는 그의 주장에는 과학적 근거가 없지 않다. 웨버는 예일 대학 의과대학에서 저명한 명상가들을 상대로 실시한 획기적인 뇌 영상 연구에 참가한 적이 있다. 앞서 4장에서 언급한 연구(깊은 명상 상태에서는 디폴트 모드 네트워크가 잠잠해진다는 사실을 발견한 연구)가 바로 그것이다. 그러나 연구를 통해 웨버의 경우에는 좀 다른 점을 발견했다. 그의 디폴트 모드 네트워크는 처음부터, 즉 명상을 하기 이전부터 아주 잠잠했다는 사실이다.

지금 나는 웨버의 사례로 불교의 공 사상을 설명하고 있지만 그는 공 사상을 설명하기에 그리 적합한 인물이 아닐 수도 있다. 불교의 선 전통을 깊이 공부했지만 힌두교 전통에도 많은 영향을 받은 웨버는 불교의 교리 가운데 수용하지 않는 것도 있다. 그중에서 우리의 논의에 가장 중요한 것이 공이다. 그는 공이라는 단어가 오해의 소지가 있다고 말한다. 그는 말하기를, 심오한 명상 상태에 이르러 마침내 "아, 모든 것이 거대한 공이다."라고 말하는 사람을 아직 보지 못했다고 한다. 자신의 세계 체험을 단지 공이라고 부르기에는 너무 풍부하다고 보는 그는 이렇게 말한다. "나는 '텅 빈 충만' 또는 '충만한 텅 빔'이라는 말을 사용합니다."

그러나 웨버의 세계 체험을 뭐라고 부르건 로드니 스미스의 말과 크게 다르지 않다. 즉, 세계는 자기만의 고유한 본질을 가진 사물들로 이루어져 있지 않다는 것이다. 물론 웨버도 스미스처럼 의자와 테이블과 전등을 구별하며 이 각각의 사물들에 적절히 대응한다. 하지만 이들에게 이 사물은 예전만큼 뚜렷한 독립된 정체성을 갖지 않는다. 말하자면, 사물들 사이에 어떤 '연속성'이 생겨난다. 웨버는 말하기를 "이제 사물과 그 배경이 예전만큼 명확히 구분되지 않습니다. 모두가 하나로 보이는 거죠." 웨버는 때로 이 '하나'를 일종의 에너지로 표현한다. "에너지는 서로 구분되지 않잖아요."

한번은 내가 웨버에게, 그가 세계에서 느끼는 즐거움과 내가 느끼는 즐거움의 성질이 어떻게 다른지 설명을 부탁했다. "그러니까 당신은, 문제되는 감정의 개입 없이 우리의 감각을 통해 얻는 즐거움이 존재한다고 말하는 거군요."

"맞습니다." 그가 대답했다. 하지만 그는 서둘러 이렇게 덧붙였다. "그렇다고 해서 당신의 신경 말단이 없어지는 건 아닙니다. …… 녹차는 여전히 녹차 맛이 나고, 적포도주는 정확히 적포도주 맛이 납니다. 그걸 잃어버리는 건 아니에요. 당신이 잃는 것은 미각에 덧붙이는 '이야기'입니다. '환상적인 와인이군. 그해 포도주가 최고야.' 같은 이야기 말입니다."

이에 나는 그러나 '좋은' 와인이라는 생각조차 하지 않고 산다면(즉 그 와인을 애호할 정도의 감정적 개입조차 일어나지 않는다면) 무슨 재미로 사느냐고 물었다.

그는 대답했다. "대신, 사물을 훨씬 또렷하게 지각하게 되죠. 만약 내가 음식 평론가나 와인 애호가 친구에게 자랑하려는 의도로 와인 한 잔을 맛본다면 그 와인에 대한 이야기를 지어내게 됩니다. 즉 와인 맛이 어떠해야 한다는 일종의 기대를 갖는 거죠. 이렇게 되면 또렷하고 단순하게 와인 맛을 지각할 수 없습니다. …… 감정이 실린 생각에서 놓여날 때 어떤 감각이든 직접적으로 지각할 가능성이 커집니다."

그가 하는 말의 의미를 조금은 알 것 같았다. 명상 수련회의 식당에서 음식을 먹을 때 나는 음식의 향과 질감에 몰입한 나머지 내가 '무슨' 음식을 먹는지, 즉 그것이 무슨 과일이며 무슨 야채인지 의식하지 못한 적이 있다. 당시 나는 우리의 감각에 늘 따라붙는 가장 기본적인 차원의 이야기조차 떠올리지 않았다. 다만 내가 기억하는 것은 그 감각이 매우 좋은 느낌이었다는 것이다.

내가 보기에 본질은 두 가지 방식으로 명확한 지각을 방해한다. 하나는 앞에 본 환상적 와인의 사례처럼 본질 감각이 너무 강해 경험의 본질 없음이라는 성질과는 전혀 다른 느낌을 일으키는 경우다. 또 하나는 본질에 대한 감각이 매우 약해져 경험으로부터 멀어지는 경우다. 앞에서 보았듯이 내가 명상 수련회에서 나무 둥치의 질감에 몰입했던 것은 평소 나무에 대해 가진 나의 본질 감각이 줄었기 때문이었다. 나무에 대한 본질 감각이 줄면 그것은 이렇게 말한다. "이건 그저 나무일 뿐이야. '나무'라는 이름에 걸려들지 말고 나무의 질감처럼 더 중요한 부분에 주의를 기울여." 우리는 각각의 사물에 이름표를 붙일 때 본질 감각을 이용한다. 다시 말해 이름표의 기능은 사물을 일목요연하게 정리해 각각의 사물을 알아보는 데 들이는 시간을 절약하는 것이다.

어쩌면 아기들이 사물의 모양과 질감에 완전히 몰입하는 이유도 아직 사물에 대한 정리 시스템, 즉 사물에 대한 본질 감각이 발달하지 않았기 때문인지 모른다. 자신을 둘러싼 사물이 '무엇인지' 알지 못하는 아기들에게 세상은 신나는 모험으로 가득한 곳이다. 이로써 '비어 있음(공)은 실제

**비어 있음은 실제로는 가득 차 있다
때로 사물의 본질을 보지 않을 때
사물의 충만함을 깨닫게 된다**

로 가득 차 있다'고 한 웨버의 말을 이해할 수 있다. 때로 사물의 본질을 보지 않을 때 사물의 충만함을 깨닫게 된다.

본질에 의해 생겨나는 이야기는 어떤 때는 경험을 축소시키는 이야기이고("이건 단지 나무일 뿐이야.") 어떤 때는 경험을 확대시키는 이야기이다("이 와인은 환상적이야. 이 줄자는 JFK가 사용하던 줄자야."). 그래서 본질이라는 이름표를 붙이면 경험 자체에서 멀어지거나 아니면 경험을 부풀려 왜곡시키는 수도 있다.

어쨌건 웨버는 사물에 대한 감정 반응을 강하게 일으키면 사물에 대한 이야기를 짓게 된다고 본다. 내가 보기에 그의 관점은 타당하다. 또 이야기와 감정을 내려놓을 때 사물의 고유한 본질이라고 여겼던 것이 줄어든다는 그의 말도 내게는 타당해 보였다. 그런데 이것이 정말로 가능한 일일까? 즉 우리의 감각 경험의 이면에 자리 잡은 이야기와 배경 지식을 모두 벗겨내고 허무는 일이 가능할까? 이것이 가능하다면 이때 우리의 뇌에서는 과연 어떤 일이 벌어질까?

이야기와 뇌 영상

위의 마지막 질문에는 와인과 뇌 영상 촬영 장치를 이용한 실험에서 답을 얻을 수 있다. 실험자들은 다른 가격을 매긴 몇 종류의 와인을 사람들에게 나눠주었다. 그런데 그중 90달러 가격표를 붙인 와인과 10달러 가격표를 붙인 와인만은 실제로 동일한 와인이었다.

당연히 사람들은 90달러 와인을 10달러 와인보다 더 좋아했다. 그런데 흥미로운 것은 이런 평가를 내리는 동안 사람들의 뇌에서 일어난 일이다. 즉, (동일한 와인임에도) 90달러 가격표가 붙은 와인을 마실 때 10달러 가격표의 와인을 마실 때보다 **내측 안와전두피질**medial orbitofrontal cortex, mOFC이 더 많이 활성화되었다. 내측 안와전두피질은 맛뿐 아니라 냄새, 음악 등 다양한 쾌감을 느낄 때 활성화되는 부위다. 이 실험은 내측 안와전두피질이 또한 우리가 느끼는 쾌감에 관한 이야기가 심어주는 선입견에 영향을 받는 부위이기도 하다는 사실을 보여준다. "이 와인은 90달러"라는 이야기는 "이 와인은 10달러"라는 이야기보다 내측 안와전두피질을 더 크게 활성화시켰다.

그러나 쾌감을 느낄 때 활성화되지만 와인 가격표에 영향을 받지 않는 뇌 부위도 있었다. 실험을 진행한 연구자들은 이렇게 말했다. "섬 피질, 시상 안쪽중심핵, 뇌교 팔곁핵 등 1차 미각 영역에서는 가격표 효과가 관찰되지 않은 점에 주목할 필요가 있다." 그들은 이어 말하기를 "가격표에 반응하는 내측 안와전두피질은 맛에 대한 기대를 부호화하는 하향식 인지 처리와, 미각을 통한 상향식 정보 처리 과정이 합쳐지는 부위로 보인다."고 했다. 다시 말해 내측 안와전두피질은 와인에 대한 이야기, 즉 와인 맛에 대한 기대가 날것의 감각 데이터와 합쳐져 와인 맛에 대한 쾌락 경험을 조절하는 부위라는 것이다.(Plassmann 외 2008)

당신은 그깟 와인 시음이 그만한 연구 가치가 있는지 의아할지 모른다. 이야기에서 벗어나 와인을 마시는 것이 이야기에 빠진 채 마시는 것보다 더 순수하고 즐거운 경험이라 해도 그것이 그리 중요한가? 내가 보기에 대부분의 와인 음주자는 '온갖 이야기'로 가득한 지금의 시음 방식에 아주 만족해한다. 사람들이 이야기에 빠진 채 와인을 마신다고 해서 지구가 위기에 빠지는 것도 아니다.

그러나 이 실험의 의미는 와인 시음에 국한되지 않는다. 이 실험의 취지는 인간의 뇌가 환영을 만들어내는 데 얼마나 능한지 보여주는 것이다. 이 실험은 와인의 맛이 우리가 거기에 덧붙이는 이야기에 따라 달라진다는 특정한 환영을 연구했다. 하지만 와인은 인간이 가진 더 광범위한 환영의 한 가지 사례에 불과하다. 여기서 광범위한 환영이란, 우리가 사물에서 느끼는 본질이 실제로 존재한다고 믿는 환영을 말한다. 그러나 사실, 본질이란 마음의 구성물에 지나지 않는다. 다시 말해, 본질에 상응하는 실체는 존재하지 않는다. 우리는 늘 사물에 이야기를 덧붙인다. 또 이야기는 사물에 대한 진실 또는 거짓인 느낌을 형성시킴으로써 사물 자체를 형성시킨다. 우리가 지각하는 모든 사물은 이런 과정을 거쳐 완전한 형상을 취하게 된다.

이처럼 본질을 구성하는 정신 행위는 비단 90달러 와인을 10달러 와인보다 맛있게 느끼는 사례를 넘어 우리에게 훨씬 큰 의미를 갖는다. 특히 우리가 줄자와 집 등의 무생물이 아닌, 살아 있는 사람에게 본질을 부여할 때가 그렇다. 이것이 12장에서 다룰 내용이다.

12장

'잡초'가 사라진 세상

A Weedless World

첫 명상 수련회의 며칠째 되던 날, 나는 숲속을 걷던 중 나의 '오랜 적수'와 마주쳤다. 적수의 이름은 왕질경이였다. 흔히 질경이 잡초라고 부르는 풀이다. 오래 전 워싱턴 DC에 살 때 우리 집 잔디밭이 이 잡초로 완전히 뒤덮인 적이 있었다. 그때 나는 잡초를 뽑느라 무척 고생을 했었다. 어떤 때는 제초제를 쓸 정도로 필사적이었다. 당시 이 식물에 대한 나의 태도는 적대감이었다는 사실을 부인하기 어렵다.

그랬던 첫 명상 수련회에서 나는 질경이 잡초의 '아름다움'에 처음으로 빨려들었다. 아름다워 보이는 풀을 '잡초'라고 부를 수 있을까? 수련회에서 나는 오랜 적수를 바라보며 나 스스로에게 이런 물음을 던졌다. 초록 잎의 이 식물에 대해서는 '잡초'라고 부르면서 주변의 다른 식물은 '잡초'라고 부르지 않는 이유는 뭐지? 주변의 식물과 질경이 잡초를 번갈아 보았지만 나로서는 이 물음에 답할 수 없었다. '잡초'를 '잡초 아닌 것'과 구분해주는 객관적이고 시각적인 기준은 존재하지 않는 것 같았다.

지금 와서 보면 이것이 나의 첫 번째 공 체험이었다. 이 경험은 로드니 스미스와 게리 웨버가 11장에서 묘사한 만큼 드라마틱하거나 철저하거나 지속적인 경험은 아니었다. 하지만 당시 나의 공 체험은 두 사람이 경험한 핵심 특징을 그대로 가지고 있었다. 즉, 나의 공 체험에서 잡초는 이제 자신의 정체성을, 지금껏 지녔던 것보다 '약하게' 드러내고 있었다. 물론 나는 여전히 질경이 잡초와 여타 초목을 눈으로 구분할 수 있었지만 이제는 질경이 잡초가 주변 식물과 예전만큼 '확연히' 달라 보이지 않았다. 질경이 잡초는 이제 '잡초의 본질'을(예전 같으면 다른 식물보다, 그리고 실제보다 못생겨 보이게 만들었던 '잡초의 본질'을) 상당 부분 결여하고 있었다.

그렇다. 중요한 것은 **본질**essence이다! 예컨대 우리는 잡초에서 '못생김'이라는 특정한 본질을 보고는 잡초를 제거하려 한다. 그러다 바로 다음 순간, 못생김이라는 본질이 사라지면 잡초를 없애려는 마음도 함께 사라진다. 물론, 잡초의 경우는 그리 중대한 의미를 갖지 않는다. 쾌락이나 고통을 느끼지 못하는 잡초를 뽑는 행위를 중대한 도덕적 위반이라 하기는 어렵다. 그럼에도 잡초의 경우는 램프, 연필, 안경의 경우보다는 다른 존재를 대하는 우리의 방식에 영향을 주는, 선악에 관한 도덕심리적 판단에 더 가깝다. 만약 논의의 대상을 살아 있는 생명체, 예컨대 인간으로 확대할 경우, 선악에 관한 도덕심리적 판단의 중요성은 더욱 커진다.

내가 공의 교리를 논의하는 데 많은 지면을 할애하는 이유도 이런 도덕적 판단이 갖는 중요성 때문이다. 우리가 다른 사람을 대하는 방식의 근저에는 그 사람이 가졌다고 보는 '본질'이 자리 잡고 있다. 그러므로 본질에 대한 우리의 지각이 진실인지 거짓인지, 혹시 환영이 아닌지 살피는 일은 매우 중요하다.

다윈의 진화론적 관점에서 볼 때, 우리가 타인에게 본질을 부여하는 이유는 여타 사물에 본질을 부여하는 이유와 다르지 않다. 즉, 우리 주변의 사람들은 음식, 도구, 약탈자/포식자, 거주지와 마찬가지로 인간이 진화해온 환경의 일부를 구성했다. 그래서 자연선택은 다른 사물과 마찬가지로 주변 사람에 대해서도 특정한 방식으로 반응하도록 우리를 설계했다. 즉, 자연선택은 우리가 주

변 사람들에게 특정한 느낌을 갖게 만들었고, 이러한 느낌은 주변 사람이 특정한 본질을 가졌다고 지각하게 만들었다. 그런데 주변 사람들은 우리가 처한 환경에서 거주지나 도구보다 더욱 복잡하고 중요한 일부였다. 그러므로 우리가 주변 사람을 평가하고 그들에게 본질을 부여하는 데 특화된 정신 기제를 가졌을 것이라고 추론하는 데 무리가 없다.

사람에 본질을 부여하는 기제

수십 년 동안 사회심리학 실험은 주변 사람에게 본질을 부여하는 인간 정신 기제의 작동 방식을 밝혀왔다. 우선 이 정신 기제는 매우 빠른 속도로 작동한다. 우리는 누군가를 처음 대하는 순간부터 그를 평가하기 시작한다. 허술한 증거를 가지고도 꽤 정확한 평가를 내리는 경우도 있다. 예를 들어, 특정인이 말을 하거나 사회적 상호작용을 하는 짧은 동영상을 보고 그 사람의 직업적 역량이나 지위에 대한 평가를 내리는데 이는 상당 부분 객관적 평가와 일치한다고 한다. 음성 없는 동영상을 보여주어 비언어적 단서밖에 갖지 못했을 때도 마찬가지였다. 게다가 30초 뒤에

내린 평가도 5분 뒤에 내린 평가와 거의 비슷한 정확도를 보인다고 한다.

하버드 대학의 두 심리학자는 이런 단편적 판단에 관한 수십 개 연구를 분석했다.(Ambady와 Rosenthal 1992) 그들이 내린 결론은 판단자는 아주 짧은 시간을 관찰하고도 관찰 대상의 근저에 놓인 안정적 본질을 포착해 낸다는 것이다. 여기서 판단자란 위 실험에서 사람들을 관찰한 피험자들을 가리키지만 실은 '우리 모두'를 가리킬 수도 있다. 우리는 누구나 대상에 대해 일정한 판단을 내리도록 만들어진 존재이다.

우리는 터무니없이 피상적인 증거를 가지고 판단을 내리기도 한다. 예를 들어, 외모가 매력적인 사람이 업무 역량도 더 뛰어나다고 판단하는 경우가 그렇다. 물론 이런 판단이 타당할 수도 있다. 외모가 매력적이면 사회적으로 더 수월하게 자기 생각을 관철할 수 있고, 폭넓은 인간관계를 지렛대로 삼아 업무 역량을 발휘할 수 있기 때문이다.

물론 도덕적 판단의 경우에는 외모를 그다지 중요하게 고려하지 않는다. 외모가 매력적이라고 해서 더 사려 깊거나 더 양심적인 사람이라고 판단할 근거는 전혀 없다.[19] 그럼에도 사람의 도덕성에 대한 판단과, 능력과 지위에 대한 판단의 경우에 공통되는 점이 있다. 그것은 '한 가지' 기준만으로 판단을 내린다는 점이다. 많은 실험이 이 점을 보여주지만 일일이 소개할 필요는 없다. 다음 경우에 당신이 어떻게 행동할지 떠올리기만 해도 알 수 있다. 가던 길을 멈추고 길에 엎어져 다친 사람을 돕는 누군가를 당신이 본다고 하자. 아마 당신은 그를 두고 정말 '착한 사람'이라고 생각할 것이다. 반면, 길에 엎어진 사람을 무시한 채 급히 걸어가는 사람에게는 '나쁜 사람'이라는 평가를 내릴 것이다.

당신은 이렇게 생각할 것이다. '그래도 곤경에 처한 이를 도우려고 가던 길을 멈춘 사람은 착한 사람이 아닌가? 반면, 아무리 바빠도 다친 사람을 그냥 지나쳤다면 나쁜 사람이 아닌가?'라고.

그러나 이런 생각은 사실과 다르다! 1973년에 발표된 유명한 연구는 이 점을 보여준다. 연구를 수행한 프린스턴 대학의 두 심리학자는 실험에서 피험자가 곤경에 처한 낯선 사람을 돕는 '착한 사마리아'인이 될 기회를 미리 준비해 놓았다. 두 심리학자는 실험 장면을 이렇게 설명했다. "피험자가 지나는 길에, 털썩 주저앉아 머리를 숙이고는 눈을 감은 채 미동도 하지 않는 노숙자 같은 사람을 배치한다. 피험자가 곁을 지나가면 이 사람은 머리를 숙인 채로 두 번 기침을 하고 신음소리를 낸다."(Darley 와 Batson 1973, p.104)

피험자 가운데 일부는 곤경에 처한 사람을 도우려고 가던 길을 멈추었고, 일부는 그냥 지나쳤다. 만약 당신이 옆에서 이 장면을 줄곧 지켜보았다면 당신은 도움을 준 사람에게서 '선한 사람'의 본질을, 그냥 지나친 사람에게서 '나쁜 사람'의 본질을 보았을 것이다. 그런데 왜 어떤 사람은 도움을 주고 어떤 사람은 그러지 않았는지에 대하여 이와 전혀 다른 방식으로 설명할 수도 있다.

그 실험은 장차 목사가 될 프린스턴 신학대학원생을 대상으로 한 실험이었다. 대학원생들에게 학교 근처 건물에서 간단한 즉석 설교를 해줄 것을 요청했다. 어떤 원생에게는 설교 시간에 늦었으니 서둘러 달라고 말했고, 또 어떤 원생에게는 시간적으로 여유가 있다고 말했다. 설교 시간에 늦었다는 말을 들은 원생 중에는 단 10퍼센트만이 노숙자를 도운 반면, 여유가 있다는 말을 들은 원생 중에는 63퍼센트가 노숙자를 도왔다. 시간 여유가 있다고 전해들은 원생의 63퍼센트가 도움을 준 이유는 무엇일까? 그들이 '좋은 사람'의 본질을 가졌기 때문일까. 그보다는 '급하지 않음'이라는 본질을 가졌기 때문이라고 보는 편이 정확하지 않을까.

실험자들이 조작한 변수에는 긴급함의 정도 외에 한 가지가 더 있었다. 실험 대상의 절반에게는 설교 장소에 가기 전에 착한 사마리아인 이야기(아무도 도와주지 않는 부상자를 도와준 사마리아인에 관한 성경 이야기-옮긴이)를 읽고 그에 관한 설교를 요청했고, 나머지 절반에게는 타인을 돕는 일과 무관한 글을 읽게 한 것이다. 그 결과, 착한 사마리아인에 관한 글을 읽었다고 해서 실제로 가던 길을 멈추어 노숙자를 돕는 착한 사마리아인이 될 확률은 높아지지 않았다.

이 실험은 **근본적 귀인 오류**^{fundamental attribution error}에 관한 방대한 심리학 논문과 일치한다. 여기서 **귀인**歸因이란 사람의 행동을 설명할 때 '그가 어떤 사람인가'라는 기질적 요인 또는 '설교에 늦었나 늦지 않았나'라는 상황적 요인에서 근거를 찾는 경향을 말한다. 그리고 '오류'라는 말은 이러한 귀인이 종종 진실과 다르다는 것을 의미한다. 즉, 우리는 상황 요인을 과소평가하고 기질 요인을 과대평가하는 경향을 가졌다. 다시 말해 우리는 상황보다 기질(즉 본질)을 더 중요하게 고려하는 편향을 가지고 있다.

우리는 상황 요인을 과소평가하고 기질 요인을 과대평가한다 우리는 상황보다 본질을 더 중요하게 고려하는 편향을 가졌다

'근본적 귀인 오류'라는 용어는 1977년 심리학자 리 로스^{Lee D. Ross}가 처음 만들었는데, 이 말이 함축하는 바는 우리를 어리둥절하게 만든다. 예컨대 일반적으로 우리는 범죄자와 성직자가 근본적으로 '다른 부류'의 사람이라고 직관적으로 판단한다. 그러나 로스와 그의 동료 심리학자 리처드 니스벳^{Richard Nisbett}은 이런 직관에 대해 재고할 필요가 있다고 말한다. "성직자가 맞닥뜨리는 곤란한 상황과 범죄자가 맞닥뜨리는 곤란한 상황이 같거나 비슷할 가능성은 별로 없다. 다시 말해 성직자들은 성직자'답게', 또 범죄자는 범죄자'답게' 보고 행동하고 느끼고 생각하는

상황에 (스스로 또는 타인에 의해) 놓이기 쉽다."(다음을 참조; Harman 1999, p.320)

철학자 길버트 하면Gilbert Harman은 근본적 귀인 오류에 관한 연구문헌을 리뷰한 뒤 정직, 자비, 친절 같은 성격 특성이 그 자체로 존재하는가에 대해 의문을 제기했다. 그는 이렇게 말했다. "특정한 성격 특성이 존재한다는 일반적 믿음은 특정한 환영에서 생긴 것임을 설명할 수 있다. 그러므로 성격 특성이 따로 존재한다는 실증적 근거는 없다고 보아야 한다."(같은 책, p.316)

물론 많은 학자들이 귀인 오류에 관한 연구문헌을 이처럼 극단적으로 해석하는 것은 아니다. 이 분야의 대부분의 심리학자는 평균적인 사람에게 있어서 몇몇 성격 특성은 시간상으로 어느 정도 안정적으로 지속된다고 본다. 그럼에도 한 사람의 도덕적 본질(선함, 비열함, 친절함, 불친절함 등의 본질)을 가지고 그 사람을 판단하는 경우가 더 많다는 것은 부정할 수 없는 사실이다.

나는 공공장소에서 무례하고 경망스럽게 행동하는 사람을 보면 즉각 그 사람을 '나쁜 사람'으로 판단한다. 그런데 나 자신에 대해서는 예외이다. 나 역시 스트레스를 받으면 무례하고 경망스럽게 행동한 적이 있음에도 나 자신에 대해서는 '나쁜 사람'이라고 생각하지 않는다. 나중에 돌아볼 때도 적어도 나를 '본질적으로' 나쁜 사람이라고 생각하지는 않는다.

이렇게 나 자신에게만 면죄부를 주는 이유는 무엇일까? 그것은 내가 나쁜 행동을 저지른 이유가 스트레스 때문이었음을 알기 때문이다. 나는 '진짜 나'가 나쁜 짓을 행한 장본인이라고 여기지 않는다. 그렇지만 타인에 대해서는 그렇지 않다. 근본적 귀인 오류의 핵심은, 타인의 행동의 원인을 그들이 처한 상황이 아니라 그들이 가진 기질(본질)에서 찾으려 한다는 것이다. 나는 다른 사람들이 처한 상황이 아니라 '그들'이라는 사람에게서 나쁨의 본질을 찾아낸다.

그렇다면 왜 인간의 마음은 타인을 평가할 때 상황적 요인을 무시하거나 평가절하 하도록 설계되었을까? 우선, 자연선택은 타인을 '정확하게' 평가하도록 인간의 마음을 설계하지 않았다는 점이다. 자연선택은 정확성이 아니라 평가자의 유전자 확산에 유리한 방식으로 주변 사람을 평가하게끔 인간의 마음을 설계했다.

사람들이 흔히 하는 한심한 논쟁을 보자. 논쟁은 대개 다음과 같은 확언으로 시작된다. "그녀는 정말 좋은 사람이야." 또는 "그는 진짜 착한 사람이야." 이때 누군가가 이견을 제시하며 "아니요, 그녀는 그렇게 좋은 사람이 아니에요."라거나 "아뇨, 그는 실제로는 나쁜 사람이에요."라고 반박한다. 논쟁이 끝없이 이어져도 이런 말은 잘 하지 않는다. "글쎄요, 아마 그녀는 나에게는 좋았지만 당신에게는 좋지 않았나 봅니다."라거나 "그는 아마도 내가 만났을 땐 좋은 사람이었고, 당신이 만났을 땐 나쁜 사람이었나 보군요."

자연선택의 관점에서는, 좋음과 착함이 특정인이 가진 본질적 속성이 아닌 상황적 속성일 수 있다는 가능성에 무게를 둘 이유가 없다. 왜냐하면 그 가능성을 고려하지 않아도 본질 모형(즉, 각각의 사람은 선하거나 전체적으로 나쁜 성향을 가졌다는 믿음)은 꽤 잘 작동하기 때문이다. 꾸준히 당신에게 잘해주는 사람과 '우정'이라는 상호적 호혜 관계를 맺는 것은 합리적인 행동이다. 이때 그 사람이 '본질적으로' 선하다는 믿음을 가지면 더 깊은 우정을 맺는 데 도움이 된다.

더욱이 그가 선한 사람이라는 믿음

자연선택의 관점에서는
좋음과 착함이
인간의 본질적 속성이 아닌
상황적 속성일 수 있다는 가능성을
고려할 이유가 없다

을 가지면 그가 좋은 사람이라고 주변에 알리고 다니는 데도 편리하다. 친구에 대해 좋게 이야기하는 것은 우정에 있어 상부상조하는 부분이다. 그런데 친구가 선함이라는 본질을 가졌다고 여기면 친구에 대해 좋게 이야기하는 일을 힘들이지 않고 해낼 수 있다. 또 친구가 선함이라는 본질을 가졌다고 여기면 그가 당신이 안 보는 데서 노인들을 등쳐먹을지 모른다는 불편한 생각에서도 벗어날 수 있다.

한편 당신에게 계속 비열하게 구는 사람이 있다고 하자. 이때 그 사람이 '나쁨'이라는 본질을 가졌다고 여기면 당신의 자기 보호 행동에 도움이 된다. 즉, 당신이 베푼 호의에 대해 어떤 식으로든 보답 받지 못하면 당신은 앞으로 절대 그에게 베풀지 않을 것이다. 뿐만 아니라 확신을 갖고 그가 '나쁜 사람'이라고 소문을 내고 다닐 것이다. 당신의 적이 나쁜 사람이라고 소문을 내는 것은 합리적인 행동이다. 적의 평판을 허물수록 그가 당신에게 해를 입히는 능력은 떨어진다. 물론 현대 사회에서는 그다지 효과적인 전략이 아닐 수도 있다. 그렇지만 인간이 진화해온 소규모 수렵-채집 사회에서 당신이 지속적으로 퍼뜨리는 험담은 험담 대상의 사회적 평판을 크게 훼손시켰을 것이다. 게다가 주변의 다른 사람들은 당신이 퍼뜨리는 험담을 당신에게 밉보이면 손해라는 경고로 받아들였을 것이다.

타인에 대한 평가가 언제나 편견에 빠지게 되는 상황적 요인이 있다면 무엇일까? 그것은 사람들의 행동이 내 눈에 들어올 때 그것은 언제나 내가 지켜보는 상황이라는 점이다. 물론 그들이 내가 곁에 없거나 내가 아닌 다른 사람에게 행동할 때는 지금과 다르게 행동할 수 있다는 점을 우리는 알고 있다. 그럼에도 우리는 이 변수를 무시한 채 단지 눈에 보이는 행동만을 그들의 본질로 본다. 이는 사람들이 선함과 악함이라는 본질을 지녔다고 보는 것이 자기 보호 측면에서 유리하기 때문이다. 친구와 우군은 선의 본질을 지녔고, 경쟁자와 적은 악의 본질을 지녔다고 보는 것이 자기 보호라는 측면에서 편리한 것이다.

인간은 본질을 보전시키는 기제를 가졌다

그러나 이 '편리한 환영'이 실제와 충돌을 일으킨다면 어떻게 될까? 우연찮게 나의 적이 착한 일을 하는 장면을 본다면? 또 나의 친구가 나쁜 짓을 하는 장면을 목격한다면? 이때는 적과 친구에게서 보았던 본질이 사라질 위험이 있지 않을까?

그렇다. 그럴 위험이 있다. 그런데 인간의 뇌는 본질이 사라질 위험마저 잘도 피해간다! 실제로 인간의 뇌는 본질이 사라질 위험에 대비하는 메커니즘을 가진 듯하다. 이 메커니즘을 **본질 보전 기제**essence-preservation mechanism라고 이름 붙일 수 있겠다.

그런데 근본적 귀인 오류, 즉 한 사람의 기질을 과장하는 한편 그가 처한 상황을 간과하는 우리의 성향은 심리학자들이 처음에 생각한 만큼 그리 단순하지 않다. 때로 우리는 거꾸로, 기질을 간과하고 상황을 과장하기도 한다.

기질을 간과하고 상황을 과장하는 경우에는 두 종류가 있다. (1) 적과 경쟁자가 착한 일을 했다면 우리는 그들의 행동을 상황에 귀인 시키는 경향이 있다(나의 적이 거지에게 돈을 준 이유는 우연히 거기 있던 낯선 여성의 호감을 사기 위해서였다 등). 그리고 (2) 가까운 친구와 우군이 나쁜 행동을 했을 때도 거기에는 피치 못할 상황이 작용했다고 본다(귀찮게 구걸하는 거지에게 내 여자친구가 소리를 지른 이유는 극심한 업무 스트레스 때문이다 등).

고무줄 같은 이런 해석의 자의성은 개인으로서 우리의 삶뿐 아니라 국제 관계에도 영향을 준다. 사회심리학자 허버트 켈먼$^{\text{Hebert C. Kelman}}$에 따르면 우리가 지닌 해석의 자의성 때문에 '한 번 적은 영원한 적'이 된다. "특정 대상이 특정한 본질을 지녔다고 보는 귀인 메커니즘 때문에 …… 처음에 그린 적 이미지는 더욱 공고해진다. 상대의 적대적 행동의 원인을 그들이 가진 속성, 즉 본질에서 찾음으로써 공격적이고 무자비한 적의 성격에 더 확실한 증거를 댄다. 반면, 적이 보이는 유화적 행동은 전술적 책략이나 외압에 대한 불가피한 대응으로 해석한다. 아니면 불리한 입장을 일시 모면하려는 상황적 요인으로 파악한다. 이렇게 하면 처음에 그린 적 이미지를 수정하지 않아도 된다."(Kelman 2007, p.97) 이로써 전쟁이 임박해 전쟁 지지자들이 상대국 지도자를 악마로 묘사하는 이유를 알 수 있다. 미국이 이라크와 치른 두 차례 전쟁에서 당시 미국의 강경파 잡지 〈뉴 리퍼블릭$^{\text{The New Republic}}$〉은 사담 후세인 이라크 대통령의 얼굴을 표지에 실으면서 그의 콧수염을 히틀러처럼 짧고 숱이 많게 그렸다. 이것은 매우 효과적인 전략이었다. 누군가를 한번 적으로 분류하고 나면 우리가 가진 귀인 메커니즘으로 인해 거기서 벗어나기 어렵다. 예를 들어, 후세인 같은 '나쁜 사람'이 국제 조사관을 자국에 들여보내 대량살상무기 사찰을 받아도(후세인은 실제로 2003년 이라크 전쟁 직전에 사찰을 받았다) 우리는 그것을 속임수라고 여긴다. 후세인이 대량살상무기를 어딘가 감추었음이 틀림없다고 생각한다. 왜냐하면 후세인은 '나쁨'이라는 본질을('악'의 본질까지는 아니어도) 지녔다고 보기 때문이다! 분명 후세인은 끔찍한 일을 저질렀다. 그러나 후세인을 '있는 그대로' 보지 못한 탓에 더 끔찍한 일이 일어났다. 이라크 전쟁과 그 후유증으로 10만 명이 넘는 무구한 생명이 희생되었다.

전쟁은 본질이 어떻게 개인적 차원에서 사회적, 국가적 차원으로 확장되는지 보여주는 좋은 사례다. 우리는 애초에 특정 국가의 지도자가 본질적으로 '나쁜 사람'이라는 생각을 품는다. 그리고 이 생각은 그 국가 전체(이라크, 독일, 일본 등의 국가)가 적이라는 생각으로 확장된다. 다음에 이 생각은 그 나라 군인들(또는 그 나라 국민들)이 근본적으로 나쁜 사람이라는 생각으로 변질된다. 이윽고 당신은 '나쁜 사람'을 죽이는 것은 양심의 가책을 느끼지 않아도 된다는 생각에 이른다. 미국은 일본의 두 도시(군사기지가 아닌 도시)에 원자폭탄을 떨어뜨렸지만 당시 미국 국민들로부터 어떤 항변도 받지 않았다.

다행히도 우리 대부분은 전쟁과 같은 치명적 결과를 낳는 집단이기주의 심리에 아무렇게나 휩쓸리지는 않는다. 그럼에도 우리의 인식과 도덕 판단이 집단이기주의 심리에 영향 받는 사례는 얼마든지 있다. 이를 잘 보여주는 사례가 1951년에 일어났다. 앞에 소개한 1973년의 착한 사마리아인 실험이 진행된 프린스턴 신학대학원의 동쪽 1마일 지점에서 일어난 일이다.

반대편이 가진 본질

사건 장소는 프린스턴 대학과 다트머스 대학의 미식축구 시합이 있었던 파머 스타디움Palmer Stadium이었다. 당시는 아이비리그 미식축구가 세계적 수준을 자랑하던 시절이었다. 시합이 있기 바로 일주일 전, 미국 최고의 테일백(풀백 뒤의 포지션-옮긴이)인 프린스턴 대학의 딕 카즈마이어Dick Kazmeier가 〈타임〉지 표지 기사에 실렸다.

시합은 거칠었다. 어떤 이는 추잡하다고 표현했다. 카즈마이어는 2쿼터에 코가 부러졌고 3쿼터에는 다리가 부러진 다트머스 선수 하나가 실려 나갔다. 프린스턴 대학의 심리학 교수 해들리 캔트릴Hadley Cantril과 다트머스 대학의 앨버트 하스토프Albert Hastorf는 나중에 이렇게 말했다. "시합 도중은 물론이고 시합이 끝난 뒤에도 관중들은 분을 삭이지 못했다. …… 봇물 터지듯 비난과 야유가 쏟아졌다." 하스토프와 캔트릴은 이 시합을 사례로 인간의 집단이기주의 심리에 관한 연구를 시작했다.(Hastorf와 Cantril 1954, pp.129, 131). 프린스턴과 다트머스 대학 학생들에게 시합 영상을 보여주자 두 집단의 시각차가 확연히 드러났다. 프린스턴 학생들은 다트머스 팀이 평균 9.8회 반칙을 범했다고 평가한 반면, 다트머스 학생들은 평균 4.3회에 불과하다고 보았다. 이런 사실은 별로 놀랍지 않다. 특정 집단에 속하면 인지가 왜곡될 수 있음은 누구나 아는 상식이다. 이 연구의 의의는 집단이기주의 심리의 실제 사례를 일화에서 데이터로 격상시켰다는 데 있다. 이 연구는 이 분야의 고전적 연구가 되었다.

그런데 우리가 가진 편견을 계량화한 것 외에 이 연구의 의의로서 잘 알려지지 않은 부분이 있다. 두 연구자는 '편견'이라는 단어가 과연 적절한지 의문을 제기했다. 보통 '인지적 편견'이라는 표현은 편견을 갖지 않았다면 더 명료한 관점으로 사물을 지각했을 거라는 의미다. 즉, 편견을 가졌기에 사물에 대한 왜곡된 견해를 갖게 되었다는 말이다. 그런데 이 말은 지각 대상인 사물이 지각과 별개로 '존재함'을 전제로 한다. 하스토프와 캔트릴은 말한다. "동일한 대상에 대해 서로 다른 태도를 보인다'는 표현은 부정확하고 오해의 소지가 있다. …… 이 연구 데이터는, 관찰 대상으로서 '그 자체로' 존재하는(즉, 관찰자와 무관하게 존재하는) 사물이란 없다는 점을 시사한다. 관중과 무관하게 존재하는 '객관적 시합'은 허구이다. 시합은 특정 시합 장면이 특정 관중에게 갖는 특정한 의미의 틀 안에서만 존재하고 경험된다. 관객은 전체 매트릭스(모체, 기반)에서 자기중심적 관점에서 의미가 있는 것들만 취사선택한다."(같은 책, p.133)

물론 위에서 두 연구자가 말한 '매트릭스'는 영화 〈매트릭스〉가 아니다. 그렇지만 그들은 영화 〈매트릭스〉와 마찬가지로, 눈앞에 벌어지는 현실은 그것을 지각하는 마음과 별개로 존재하지 않는다고 본다. "지금껏 객관적으로 존재한다고 여겼던 사물도(미식축구든 대통령 후보든 공산주의든 시금치든) 사람마다 모두 다르게 받아들인다."(위와 같은 책)

내가 레다 코스미데스와 나눈 대화가 생각난다. 7장에 소개한 코스미데스는 마음에 관한 모듈적 관점을 발전시킨 연구자이다. 그런데 그녀는 이제 그것을 '모듈적 관점'이라고 부르지 않는다. '모듈'이라는 용어가 많은 부분 오용되고 있기 때문이다. 나는 7장에서 모듈이라는 용어에 관한 오해를 해결하려 했지만 실제로는 여전히 오용되고 있다. 그녀는 이제 '모듈' 대신 **영역 특수적 심리 기제**domain-specific psychological mechanism라는 용어를 사용한다. 덜 우아하지만 더 정확한 용어라고 보기 때문이다. 인간 심리의 특정 영역에서만 작동하는 심리 기제가 존재한다는 것이다.

어쨌거나 레다와 나는 모듈과, 인간의 세계 이해를 방해하는 여러 편견의 관계에 대해 이야기했다. 나는 세계에 대한 우리의 관점은 그 순간 어떤 모듈이 의식을 지배하는가에 따라 다르게 '채색'된다고 말했다. 이에 그녀는 **채색**coloration이라는 단어가 과연 적절한가에 대해 의문을 제기했다. 즉, 우리가 사물에 색을 입히기 전의, 전혀 물들지 않은 견해가 따로 존재한다고 보는 것이 과연 타당한가 하는 문제 제기였다. 레다에 따르면, 인간의 마음에는 언제나 특정한 심리 기제가 작동한다. "특정한 심리 기제가 우리가 사는 세계를 창조하고 있어요. 세계에 대한 우리의 지각을 만들어내는 겁니다. 나는 영역 특수적 심리 기제가 우리의 지각에 '색을 입

힌다'기보다 지각을 '창조한다'고 표현합니다. 인지적으로 분해하지 않고 세계를 지각하는 방법은 없습니다."

불교의 견해와 매우 비슷해 보인다. 시금치에서 미식축구 시합까지 모든 사물은 그 고유한 존재성을 갖고 있지 않다. 사물, 즉 형상들은 지각의 장에서 개별 요소들을 특정한 방식으로 조합한 뒤 거기에 집합적 의미를 부여한 다음에야 우리의 의식에 존재하게 된다. 하스토프와 캔트릴은 미식축구 시합을 비롯한 모든 사회적 사건은 그것에 특정 의미를 부여하기 전에는 경험적 사건이 되지 않는다고 본다. 그리고 이 특정한 의미는 한 사람이 가정한 형상 세계 안에 존재하는 의미 데이터베이스로부터 나온다.(같은 책, p.132) 사물에 의미를 부여하기 전까지 세상은 형상이 없다고 말할 수 있다. 일단 의미를 부여하고 나면 형상이 존재하고 따라서 본질도 존재하게 된다.

> 사물에 의미를 부여하기까지
> 세상은 형상이 없다
> 그런데 일단 의미를 부여하고 나면
> 형상이 존재하고
> 따라서 본질도 존재하게 된다

어쩌면 본질 안에 또 여러 본질이 있는지 모른다. '미식축구'라는 본질 안에는 '미식축구 시합'이라는 본질, '미식축구 팀'이라는 본질, '미식축구 선수'라는 본질이 있다. 이 본질들은 서로 영향을 준다. 시합을 벌이는 두 팀의 본질이 무엇이냐에 따라 시합의 본질도 달라진다. 어느 팀을 얼마나, 왜 좋아하는지에 따라서도 시합의 본질이 달라진다. 또 이렇게 달라진 시합의 본질은 선수의 본질에도 영향을 준다.

그런데 본질의 영향력은 이와 반대 방향으로 작동하는 경우도 있다. 즉, 특정 선수가 가졌다고 여기는 본질에 따라 어느 팀을 응원할지 결정되기도 한다. 그리고 이에 따라 특정 시합의 형상이 우리의 기억 속에 만들어진다. 1951년 미국 어딘가에 살던 어느 소년은 프린스턴 대학 미식축구 팀에 대해 한 번도 들어본 적이 없었지만 〈타임〉지에 실린 카즈마이어의 커버스토리를 읽고는 프린스턴 팀의 열렬한 팬이 되었을 것이다. 그리고 이후 프린스턴 미식축구 팀의 시합 뉴스는 하나도 빼놓지 않고 일정한 형상으로 소년의 머릿속에 정리되었을 것이다.

그렇다면 좋아하는 미식축구 팀이 없는 사람에게 미식축구의 세계는 형상이 없는 세계일까? 그렇지 않을 것이다. 해스토프와 캔트릴도 그렇게 생각하지 않았다. 만약 당신이 공항 로비를 걷다가 우연히 텔레비전에서 미식축구 시합을 본다고 하자. 이때 당신은 어느 팀의 경기인지 인식하기도 전에 이것이 미식축구 시합이라는 것을 지각한다. 즉, 당신은 미식축구 시합의 더 일반적인 본질을 지각한다. 딱히 응원하는 팀이 없다 해도 이러한 일반적 본질 감각에도 언제나 일종의 호불호가 따라붙음을 알 수 있다. 특정 팀을 응원하지 않더라도 미식축구라는 '종목'의 팬인 당신은 관심 있게 화면을 응시한다. 출전 선수가 궁금할 수도 있고, 아니면 하이라이트 장면만 보고 싶을 수도 있다. 만약 미식축구 팬이 아니라면 당신이 인지하는 미식축구 시합의 본질은 당신의 마음을 그다지 사로잡지 못할 것이다. 어쩌면 당신은 공항 텔레비전의 미식축구 시합 화면에 살짝 반감이 들 수도 있다.

이 점에서 집단이기주의 심리는 인간이 가진 여타 심리 가운데 그리 특기할 만한 것이 아닌지 모른다. 우리는 매일 매일을 사물에 긍정적이거나 부정적인 이름표를 붙이며 살고 있지 않은가. 미식축구 팀이든 국가든 인종이든 특정 집단에 속하는 순간, 우리는 이름표를 붙인다. 자기가 속한 집단은 '매우' 착하다고 여기면서 자기와 대적하는 집단은 '아주' 나쁘다고 생각한다.

그러나 집단이기주의 심리를 그저 인간이 가진 일반적 심리의 조금 지나친 사례로 간주하며 그에 따라 행동하는 것은 우리를 잘못된 길로 이끌 수 있다. 자연선택은 인간의 마음을 개인 간, 집단 간에 벌어지는 갈등을 어떻게든 견디며 살도록 설계했다는 사실을 잊어선 안 된다. 갈등을 견디는 데 최적화된 정신 기제 중 하나가 바로 사물의 본질을 보전시키는 심리 기제다. 그래서 똑같은 악행을 저질러도 내 편보다 적에게 비난의 화살을 더 많이 돌린다. 또 내 편의 고통보다 적의 고통을 더 무심하게 바라본다. 어쩌면 '무심하다'보다 '만족감을 느낀다'는 표현이 더 정확한지 모른다. 자연선택은 인간의 뇌에 정의감이라는 도덕적 장치를 심어놓았다. 정의감은 선한 행동은 보상받아야 하고 악한 행동은 처벌 받아야 한다는 직관이다. 우리는 악행을 저지른 자가 고통 받는 모습을 보며 정의가 실현되었다는 만족감을 느낀다. 대개 나쁜 행동의 유죄 책임은 '편리하게도' 적과 경쟁자에게 주어지는 반면, 친구와 우군이 악행을 저질렀을 때에는 특정 상황의 희생양이므로 가혹한 처벌을 면해야 한다고 생각한다. 단, 친구와 우군이 '나에게' 나쁜 짓을 한 경우는 예외다. 친구와 우군이 나에게 나쁜 짓을 한다면 우리는 그를 '친구와 우군'의 범주에서 삭제할 것이다.

원수를 '잠깐' 사랑한 나

이제 앞에 제기한 질경이 잡초의 문제로 돌아오자. 질경이 잡초에 대한 나의 오랜 반감(나아가 적대감)에는 도덕적 차원이 그다지 들어 있지 않았다. 반감이나 적대감의 도덕적 차원이 정말 문제가 되는 경우는 타인을 대할 때다. 그런데 타인을 대할 때도 착한 사람과 나쁜 사람을 구분 짓는 우리의 경계는 매우 자의적이다. 착한 사람과 나쁜 사람의 구분은 잡초와 잡초 아닌 식물의 구분만큼이나 자의적이다.

그런데 착한 사람과 나쁜 사람을 구분 짓는 경계를 약화시키는 명상법이 있다. 바로 자애 명상이다('자애'를 뜻하는 고대 팔리어 멧따^{metta}를 사용해 '멧따 명상'이라고도 한다). 자애 명상은 먼저 자신을 향해 자애의 마음을 보내는 것으로 시작한다. 다음으로 자신이 좋아하고 사랑하는 사람을 떠올리면서 자애의 마음을 보낸다. 다음에는 특별한 감정이 느껴지지 않는 사람을 떠올리며 자애의 마음을 보낸다. 그 다음에는 원수를 떠올리며 자애의 마음을 보낸다. 자애 명상의 순서대로면 이제 당신은 원수에게도 자애의 마음을 갖게 된다.

자애 명상이라고 했으니 강요가 아닌 '자애로운 말' 한마디 정도는 해야겠다. 즉, 자애 명상이 누구에게나 맞는 것은 아니란 점이다. 자애 명상은 어떤 사람에게는 맞고 어떤 사람에게는 맞지 않는다. 나는 맞지 않는 사람에 속한다. 나의 어려움은 나 자신에게 자애의 마음을 향하는 단계에서 벌써 시작된다. 그렇지만 나는 다행히도 자애 명상이 아닌 일반적인 마음챙김 명상으로도 자애 명상이 주는 효과를 보았다. 마음챙김 명상으로 나는 악한 의도를 잠재우고 타인에게 공감하는 마음을 키울 수 있었다.

실제로 명상 수련회에서 나는 일주일간 집중적으로 마음챙김 명상을 한 뒤 나의 철천지원수 두세 명 중 하나인 전 동료 래리를 떠올렸다. 원래 나는 래리에게 동료의식이라고는 눈곱만큼도 느끼지 못했다. 래리를 보거나 떠올리기만 해도 불쾌한 느낌이 일어났다. 이 느낌을 '래리의 본질'이라 할 수 있겠다. 그러나 명상 수련회에서 나는 불쾌한 느낌을 일으키지 않은 채 래리를 떠올릴 수 있었다. 수련회에서 나는 래리의 불쾌한 행동, 아니 더 정확히는 '내가 불쾌하게 느낀' 래리의 행동을 그의 내면의 불안이 겉으로 드러난 현상으로 볼 수 있었다. 나는 키가 크고 비쩍 마른 데다 운

동신경이 둔한 래리의 청소년 시절을 생생하게 떠
올렸다. 래리는 운동장에서 친구들로부터 소외되
어 있었다. 이런 래리가 자신의 정체성을 찾고자
애쓴 나머지 공교롭게도 나의 화를 돋우는 정체

성을 갖게 되었는지 모른다. 이렇게 생각하는 순간 나는 래리에게 연민을
느꼈다. 나는 래리의 '본질'을 느끼지 않았다. 예전에 늘상 지각하던 래리
의 본질을 이제 지각하지 않았다. 래리가 가졌다고 생각한 오래된 본질을
허물자 나는 진실에 더 가까운 래리를 마음에 품게 되었다.

13세기의 이슬람 신비주의 시인 루미는 이렇게 말했다. "당신이 할 일
은 사랑의 마음을 억지로 일으키는 것이 아닙니다. 단지 당신 안에서 사
랑을 가로막고 있는 장벽을 걷어내는 것입니다." 루미가 실제로 이 문장을
썼는지는 논란이지만(wikiquote.org에 따르면 이 말은 루미가 아니라 Helen Schucman
의 말이라고 한다. https://en.wikiquote.org/wiki/Rumi) 그가 쓴 게 맞는다면 나는
루미가 올바로 이해했다고 본다. 물론 내가 마주친 사랑의 장벽(즉, 오랜 시
간 내 마음이 공들여 만들어온 래리의 본질)을 '허물자마자' 래리를 사랑하게
되었다고 하면 과장일 것이다. 그렇지만 당시 명상 수련회에서 나는 래리
를, 친구 관계에 어려움을 겪는 자녀를 둔 부모의 입장에서 볼 수 있었다.
물론 지금은 수련회에서 경험한 그 느낌이 가고 없다. 그러나 당시의 짧은
경험은 이후 나에게 지속적인 영향을 미쳤다. 이후 래리를 만났을 때 나
는 악수를 나누고 인사를 건넸다. 가식이 아니었다. 가식이 100퍼센트 떨
어져나간 건 아니어도 40~50퍼센트는 떨어져나갔다.

질경이 잡초에 '잡초'의 본질이 없음을 깨달은 수련회에서 내가 흥미로
운 만남을 가진 대상은 또 있었다. 바로 파충류였다. 고개를 숙인 채 숲길
을 걷던 중 도마뱀 한 마리가 미동도 않고 멈춘 모습이 내 눈에 들어왔다.

녀석은 아마 나를 발견하고는 정지 모드에 돌입한 듯했다. 예민하게 주위를 살피고 다음 행동을 계산하는 녀석을 보면서 나는 녀석의 행동 알고리즘이 의외로 단순하다는 생각이 들었다. 즉, 자기보다 몸집이 큰 생명체를 보면 동작을 멈춘다. 또 그 생명체가 자기에게 다가오면 도망간다. 그때 나는 깨달았다. 인간인 나의 행동 알고리즘이 도마뱀보다 훨씬 복잡하다 해도 어쩌면 나보다 훨씬 고등한 존재가 나를 도마뱀처럼 단순한 행동 알고리즘을 가진 동물로 볼지 모른다는 사실을 말이다. 이렇게 생각하자 도마뱀과 내가 공통점이 있어 보였다. 도마뱀도 나도 자신이 선택하지 않은 행동 알고리즘의 지시를 받고 있다. 또 본인이 선택하지 않은 세상에 던져졌으며 자기가 처한 상황을 최대한 자기에게 유리하게 만들려고 애쓴다. 나는 이전에 한 번도 느끼지 못한 동류의식과 유대감을 도마뱀에게 느꼈다.

래리에게 일으킨 자애의 마음처럼, 도마뱀에게 느낀 유대감도 반드시 자애 명상을 해야 가능한 건 아니다. 부지런히 수련한다면 자애 명상 없이 마음챙김 명상만으로 다른 생명체를 더 잘 이해할 수 있다. 여기서 '이해'란 평화와 사랑 같은 다소 감상적인 이해만을 의미하지 않는다. 여기서 '이해'는 대상을 더 명료하게 파악한다는 뜻으로 실은 이것이 더 주된 의미이다. 나는 명상 수련회의 숲에서, 마치 도마뱀을 처음 보는 외계인이 보듯이 도마뱀을 보았다. 나는 관심과 호기심으로, 그리고 평소보다 선입견을 적게 가지고 도마뱀을 바라보았다. 적은 선입견으로 볼 수 있었던 이유는 도마뱀의 본질을 보지 않았기(아니면 평소보다 적게 보았기) 때문이다.

사실, 선입견을 갖지 않는다 함은 결국 본질을 보지 않는 것이다. 우리가 사물에서 지각하는 본질이란 곧 그 사물에 관하여 뇌에 프로그래밍된 선입견이기 때문이다. 선입견으로 사물을 대하면 편의성은 있을지 몰라도 사물에 대한 참된 이해를 보장할 수 없다.

물론 편의성에는 나름의 장점이 있다. 당신의 배우자가 당신의 배우자라는 사실을 알면 무엇보다 편리하다. 나는 11장에 소개한 캡그라스 망상증 환자 프레드처럼 우리가 본질에 대한 감각을 철저히 버려야 한다고 주장할 생각은 없다. 사실 아내를 알아보지 못하는 캡그라스 망상증은 당신이 염려할 바가 아니다. 깨달음에 다가간 명상가 중에 자기 아내를 알아보지 못할 정도로 '너무 멀리까지 간' 사람을 나는 보지 못했다. 프레드의 사례는 본질과 감정의 연관성을 보여주는 데는 유용하지만 다르마 수행으로 이르는 경지를 보이는 데는 별로 쓸모가 없다.

그럼에도 프레드의 사례는 다르마가 우리를 어디로 데려가는지에 관한 흥미로운 질문을 제기한다. 우리가 다르마 수행으로, 가까운 사람을 알아보지 못할 정도로 본질을 보지 않는 지경에 이르는 일은 없을 것이다. 그렇지만 다르마를 닦았을 때 우리는 꽤 먼 경지까지 이를 수 있다. 예를 들어 당신이 배우자를 정확히 알아보는 상태에서 다르마 수행을 통해 배우자의 본질을 이전보다 적게 본다고 하자. 그리고 이에 따라 배우자에게 느끼는 느낌도 달라졌다고 하자. 배우자의 본질을 적게 보고 배우자에 대한 느낌도 달라졌다고 해서 배우자를 예전보다 덜 사랑하게 될까? 또 명상을 열심히 한 부모가 자녀의 본질을 더 적게 본다고 해서 자녀를 덜 사랑하게 될까? 집착을 내려놓으라는 불교의 가르침은 부모의 자식 사랑을 줄이라고 권하는 걸까?

이 질문에 대부분의 명상 지도자는 이렇게 답할 것이다. "그렇지 않습니다. 명상 수련은 우리가 베푸는 사랑을 부정하거나 억압하는 게 아닙니다. 단지 베푸는 사랑의 성격이 달라질 뿐입니다." 지금까지 부모가 자식에게 베풀던 집착의 사랑은 이제 명상 수련을 통해 자녀에게 '덜 집착하는' 사랑으로 바뀐다. 누가 알겠는가? 자녀에게 덜 집착하는 사랑을 베풀면 집착하는 사랑, 즉 불안하고 통제적인 사랑을 주었을 때보다 부모와 아이 모두 더 행복해질지 말이다.

실제적 목적에서 보아도 이것은 타당한 대답이다. 내가 아는 한, 명상 수련을 하면 수련을 하지 않았을 때보다 사람들과의 관계가(가족과의 관계든 가족 아닌 사람과의 관계든) 좋아질 가능성이 더 크다.

그런데 사랑이 줄어들 가능성에 대해 명상 지도자가 다소 불안한 답을 주었다고 하자. "맞습니다. 명상을 아주 많이 하면 자녀에게 주는 사랑의 총량이 줄어들 수 있습니다." 그런데 만약 이 각본이 실제로 실현된다 해도 그것이 그토록 끔찍한 일일까?

선진국의 부유한 부모가 자녀에게 쏟는 헌신과 관심의 양을 조금 줄이는 대신, 이렇게 절약한 시간을 빈국의 고아를 돌보는 데 쓴다면 어떨까? 자연선택이 인간에게 사랑, 자비, 이타심을 부여한 것은 멋진 일이지만, 마음의 이런 소중한 자원을 사용하는 방식마저 자연선택의 지시를 그대로 따라야 하는 건 아니다.

또 가족 아닌 이에게 사랑을 쏟으면 가족에 쏟는 사랑의 양이 줄어든다는 것도 순전히 머릿속 계산에 불과하다. 다르마를 닦으면 가족에 대한 사랑이 줄지 않느냐는 질문에 대한 표준적인 답은 이렇다(이 답은 우리를 보다 안심시킨다). "걱정 마세요. 다르마를 닦으면 당신의 가족 관계는 전체적으로 더 풍요로워집니다. 다르마를 아주 오래 닦더라도, 아니 오래 닦을수록 더욱 당신의 가족 관계는 풍요로워질 것입니다." 여기서 우리는 명상 수련의 중요한 핵심 한 가지를 짚고 넘어가야 한다. 그것은 도덕적 관점에서 볼 때 명상 수련이 자신과 가까운 사랑하는 이에게 미치는 영향은 가장 중요한 문제가 아닐 수 있다는 점이다.

여기서 제기되는 두 번째 도덕적 물음은 이것이다. 명상을 했지만 자비의 마음을 이전보다 공평하게 내지 못한다면? 자비의 마음이 가족을 넘어 인간 일반에 대한 사랑으로 확장되지 않는다면? 오히려 자비의 마음에서 완전히 멀어져 인간의 안녕에 무관심하다면 어떻게 되는가? 명상이 증오나 원한 같은 부정적 욕망을 줄인다면 사랑과 자비 같은 긍정적 욕망을 키워주어야 하는 것 아닌가?

그렇다. 명상을 하면 사랑과 자비의 마음을 키울 수 있다. 그러나 '반드시' 그렇지는 않다는 사실은 우리를 당혹스럽게 한다. 여기서 이 점을 생각해볼 필요가 있다. 사물의 본질을 적게 보면 지금보다 훌륭한 사람이 될 가능성이 있다. 하지만 '반드시' 그렇게 되는 것은 아니다. 일반적으로 명상을 통해 사물의 본질을 적게 보면 사물에 집착하지 않는 초연한 관점을 얻게 되고, 그러면 더 수월하게 자기 통제력을 발휘할 수 있다. 그러나 세상에는 초연함을 얻어 자유자재로 자기 통제력을 부린 '덕에' 더 능숙하게 끔찍한 행동을 저지른 사람도 있다. 심리적으로 취약한 여성 신도들을 성적으로 착취한 명상의 대가도 있었다. 뉴욕 맨해튼의 부촌 '어퍼이스트 사이드Upper East Side의 도둑 선사禪師'로 세간에 알려진 이가 그중 하나다 (일본 임제종의 에이도 시마노Eido Shimano 선사를 가리킨다. 뉴욕 다이 보사추 선원의 초대 주지로 2010년 여성 신도들과의 부적절한 성 스캔들로 물러났다. 2018년 2월, 85세의 일기로 일본 기후 현에서 사망했다.-옮긴이. 다음을 참조: Oppenheimer 2013). 그는 어쩌면 여성 신도에 대한 성적 학대로 생긴 내면의 죄책감을 '깨어있는 마음으로' 지켜봄으로써 자신의 잘못된 행동에 대한 양심의 가책을 덜었는지 모른다.

이렇듯 명상의 숙련에는 양면성이 있다. 그렇기에 불교 명상에는 이를 보완하는 도덕적 가르침이 있다. 이 생각은 내가 떠올린 독창적인 통찰이 아니다. 벗어남으로 가는 길을 붓다가 펼쳐보였을 때, 즉 사성제의 마지막인 도성제에서 팔정도를 설명할 때 도덕 계율은 매우 중요한 위치를 차지했다. 붓다가 도덕 계율을 강조한 이유는, 명상만 열심히 한다고 해서 완전한 깨달음을 이룰 수 없기 때문이다.

깨달음의 과정에서 명상을 건너뛸 수 없는 이유는 명상을 통해 키우는 존재의 본성에 대한 통찰이 도덕적 통찰을 가져올 가능성이 높기 때문이다

그럼에도 명상은 깨달음을 이루는 과정에서 빼놓을 수 없는 중요한 부분이다. 15장에서 보겠지만, 깨달음의 과정에서 명상을 건너뛸 수 없는 이유는 명상을 통해 키우는 존재의 본성에 대한 통찰(공에 대한 이해를 비롯한 통찰)이 도덕적 통찰을 가져올 가능성이 높기 때문이다. 깨달음의 길에서 명상을 빠트릴 수 없는 또 한 가지 이유는, 인간의 미덥지 못한 성향을 제어하는 덕성을 명상을 통해 계발할 수 있기 때문이다. 앞에서 나는 자애 명상에 소질이 없다고 했지만 그런 나조차 아직 자애 명상을 그만두지 않았다. 심지어 다른 사람에게 권하고 다닌다.

명상 수행은 삶의 기쁨을 키워준다

설교는 이 정도면 됐다. 이제 좀 즐겨보자! 그런데 다르마를 가지고 즐기는 것이 가능할까? 다르마에 대해 흔히 제기하는 또 하나의 우려는 다르마를 닦으면 삶의 즐거움이 사라지지 않느냐는 물음이다. 나는 비구 보디Bhikkhu Bodhi 스님과 나눈 대화에서 이 질문을 제기했다. 스님은 엄청난 양의 불교 경전을 영어로 번역한, 학계에서 유명한 미국인 승려다. 매우 친절하며 내가 본 스님 중에 가장 크게 웃는다. 내가 스님과 인터뷰한 동영상을 보고 우리 딸은 이렇게 말했다. "스님이 우리 삼촌이었으면 좋겠어요."

스님과 인터뷰를 하면서 나는 으레 그러듯 나의 평소 지론에 직접적인 확증을 얻고 싶었다. 나의 지론은 공, 즉 사물에서 본질을 보지 않는다는 것은 곧 사물에 대한 느낌이 줄어든다는 것이었다. 나는 이렇게 대화를 시작했다. "우리가 특정 사물에 대한 해석을 내리고, 그럼으로써 특정한 본질을 부여할 때 그 해석에는 사물에 대한 느낌이 일부 포함되게 마련이죠? 그래서 나의 적은 '나쁜' 사람이고, 나의 집은 '따뜻하고 아늑한' 것 아닐까요? 그러니까 내가 사물에 부여하는 본질은 어느 정도 나의 느낌에서 유래하는 거죠?"

스님이 대답했다. "네, 정확합니다."

나는 더 떠들었다. "만약 어떤 이가 진지한 수행을 통해 벗어남을 추구한다고 해요. 그는 우리들 대부분이 지닌 욕망과 혐오를 끊으려고 노력할 테죠. 그러면 자연스레 그에게 있어 세상 사물은 강렬한 감정적 의미를 갖지 않게 될 겁니다. 그리고 이것은 사물에 본질이 존재하지 않는다는 그의 지각의 일부를 이루는 것이고요."

이번에는 스님이 쉽게 동의하지 않았다. 꽤 오랜 침묵 뒤에 스님이 말했다. "만약 당신의 말을 문자 그대로 해석한다면 사람들은 불교의 궁극 목적이 감정도 느낌도 없는 로봇 같은 존재가 되는 거라고 여길지 모르겠군요." 스님은 활짝 미소를 터트리며 말을 이었다. "저희 어머니가 자주 하신 말씀이 있습니다. '너 불교 공부해서 깨달으면 뭐 할래? 그거 목석같은 사람 되는 거 아니니?'" 스님은 머리를 젖힌 채 5초 정도 실컷 웃고는 어머니의 말을 이어서 덧붙였다. "겨우 목석같은 사람이 되려고 스님이 되겠다는 거니?"

스님은 다시 진지해졌다. "그렇지만 나의 생각과 경험으로 볼 때 불교 수행을 계속 닦아 나가면 우리의 감정적 삶이 풍요로워집니다. 그럼으로써 감정적으로 더 생생하고 행복한 사람, 기쁨에 넘치는 사람이 돼요. 그러면 보다 자유롭고 행복하고 기쁨에 넘치는 방식으로 세상에 응대할 수 있죠."

내게는 타당한 말로 들렸다. 결국, 마음챙김 명상의 한 가지 장점이라면 느낌을 자동적이고 무비판적으로 따르기보다 신중하고 명료하게 경험하는 것 아닌가. 그럼으로써 어떤 느낌을 따라야 할지 스스로 선택하도록(예컨대 기쁨, 사랑 같은 느낌을 선택하도록) 하는 것 아닌가. 마음챙김 명상을 통해 느낌을 선택적으로 취하고, 느낌이 가진 지배력을 약화시킬 수 있다. 그리고 이 방법은 본질 감각을 형성시키는 느낌에도 적용할 수 있다.

나는 느낌과 본질의 관계에 대해 스님과 더 이야기하고 싶어 말했다. "자유란, 판단적이고 감정적인 의미를 사물에 덧붙이지 않을 때 생기는 것 아닐까요? 다시 말해, 사물에 지나치게 강한 본질을 부여하지 않는 것이 바로 자유의 원천이 아닐까요?"

스님은 공감의 의미로 머리를 끄덕였다. "정말 그렇습니다."

13장

모든 것이 하나로 보이다

Like, Wow, Everything Is One (at Most)

자신의 명상 체험을 주변에 이야기할 때 유의할 점이 있다. 특별한 명상 체험이라면 다른 사람에게 이야기할 가치가 있겠지만 '너무' 특별하면 오히려 의심을 살 수도 있다. 어쩌면 약간 정신 나간 사람으로 취급받을지 모른다. 그러니 특별하되 '너무 특별하지 않은' 체험이라야 한다. 나도 한 번은 그런 체험을 한 적이 있다. 사람들의 관심을 끌 만큼 특별하지만 경찰에 신고할 정도로 기이하지는 않은 명상 체험 말이다.

명상 수련회에서 4~5일째 되던 날이었다. 나는 하던 대로 가부좌를 틀고 눈을 감은 채 방석에 앉아 있었다. 이번에는 주변의 소리와 나의 감정, 신체 감각 같은 특정 대상에 집중하지 않고 해보기로 했다. 그러자 자각의 장이 넓게 열리는 것 같았다. 하나의 대상에 가볍게 머물렀다가 다음 순간 다른 대상으로 가볍게 주의를 옮겼다. 그러면서도 전체에 대한 감각은 유지했다.

그 순간, 발이 저려왔다. 그리고 거의 동시에 밖에서 새 우는 소리가 들려왔다. 그런데 이상한 일이 벌어졌다. 새의 울음소리가 내가 아니듯, 별안간 내 발의 저림도 더 이상 나의 일부가 아닌 듯 느껴진 것이다.

여기서 당신은 이렇게 물을지 모른다. "새의 노랫소리를 당신의 일부로 느꼈나요? 아니면 발의 저림이 당신의 일부가 아니라고 느꼈나요?" 더 일반화하면 "당신이 세상과 하나가 되었다고 느꼈나요? 아니면 당신 자신이 무無가 되었다고 느꼈나요?" 만약 당신이 이 질문을 진지하게 던진다면 불교 사상의 여러 학파 사이의 차이점을 드러내는 철학적 논점에 다가간 것이다. 더 근본적으로는 불교 철학과 힌두교 철학의 차이를 드러내는 논점일 수도 있다. 그러나 아마도 당신은 이런 근본적인 철학적 질문을 던진 것은 아닐 것이다. 당신은 그저 이런 경험을 한 내가 약간 '정신이 이상한 사람'이 아닌가 묻는 것일 테다. 그러므로 이 질문에 먼저 답한 뒤, 심오한 철학적 질문은 뒤에 다루기로 한다.

우선, 그날 나의 명상 경험으로 내가 약간 미친 사람으로 보인다 해도 나는 걱정할 필요가 없을 것 같다. 스님이나 저명한 명상 지도자 등 높은 경지에 이른 이들도 하나같이 비슷한 경험을 말하고 있다.

게다가 그들은 그날 나의 경험이 아주 중요한 경험이라고 말했다. 심지어 그날의 경험이 불교에서 중심적인 경험이라고도 했다. 여기서 '중심적'이라는 말은 명상에서 가장 심오하고 중요하다는 뜻보다는 불교 철학에서 가장 중심적인 경험이라는 의미였다. 다시 말해 그날 나의 경험은 불교의 가장 근본적이며 '미친 소리'로 들리는, 그러나 꽤 유효한 개념인 무아와 공이 만나는 지점이었다. 말하자면 다양한 명상 경험이 하나로 합쳐지는 지점이라고 할까.

설명을 이어가기 전에 그날 나의 명상 경험에 조금 살을 덧붙여야겠다. 먼저, 그날 지저귀는 새와 나 사이에 느낀 연속성의 감각은 결코 새 자체에 관한 경험이 아니었다. 이 연속성의 감각은 12장에서 도마뱀과 내가 생각보다 공통점이 많다는 걸 인지적으로 깨달은 경험과도 달랐다. 이번에 새에게 느낀 연속성의 감각은 도마뱀의 경우처럼 머리의 인지 활동이라기보다 직접적으로 느껴지는 순수한 지각에 가까웠다. 지금껏 나와 세계를 구분한다고 여겼던 경계가 순간적으로 허물어지는 느낌이었다. 다시 말해, 그날 새에게 느낀 연속성의 감각은 추론으로 도달한 인지적 결론이 아니라 몸으로 느끼는 직접적 앎이었다. 논리적 추론을 통해 새의 노랫소리가 내 발에서 느끼는 저림만큼 나의 일부임을 확신하는 것과는 달랐다.

그럼에도 나는 어쩌면 새의 경우에 적용할 수 있는 논리적 추론이 가능하지 않을까 생각했다. 그 주장은 아마도 이런 식으로 시작할 것이다. "발에서 저림을 느끼는 경험과 새의 노랫소리를 듣는 경험이 본질적으로 다른 경험일까? 두 경우 모두 나의 머릿속 어딘가, 즉 의식 중추에 지각이 새겨져야 한다는 점에서 같지 않은가? 즉, 두 경우 모두 내가 현상을 지각하기 위해서는 다른 곳(나의 발 또는 새)으로부터 나의 머리로 정보가 전송되어야 한다. 내 발은 저림이라는 정보를 전송하고, 새는 노래라는 정보를 전송한다는 차이밖에 없는 것이 아닌가? 이것 말고 본질적인 차이가 있는가?"

이에 대한 예상 가능한 답은 이렇다. "그렇지만 발의 저림은 당신의 피부 안으로부터 나와요. 그건 당신의 '일부'라고요!" 그렇다, 저림은 나의 피부 안에 있다. 그렇지만 내가 지금 제기하는 질문의 요지는 우리가 직관적으로 가정하듯이 나의 피부가 정말로 나와 타자를 가르는 중요하고 의미 있는 경계가 맞는가 하는 점이다. 다시 말해, 피부 안은 '나'이고 피부 바깥은 '타자'라는 가정은 과연 타당한가? 피부 안은 나이고 피부 바깥은 타자라는, 우리의 직관적 가정을 되풀이한다고 해서 이 질문이 해결

피부 안의 모든 것은 '나'이고 피부 바깥의 모든 것은 '타자'라는 가정은 과연 타당한가?

되는 것은 아니다. 만약 직관적 가정으로 이 질문이 해결된다면 우리는 어떠한 가정도 뒤엎을 수 없을 것이다.

　　이때 당신이 내놓을 만한 다른 대답은 이렇다. "그렇지만 발의 저림 같은 신체 감각에는 새의 노랫소리와 다르게 고유하고 깊은 감정적 성질이 따라요." 예컨대 발에서 느끼는 통증은 '본래적으로' 고통스러운 반면, 새소리는 누구에게는 즐겁고 누구에게는 성가신 취향의 문제라는 것이다. 그러나 이 반론이 갖는 문제점은 통증이 '본래적으로' 고통스러운 것이 아닐 수 있다는 사실에 있다. 앞에서 나는 명상을 통해 고통스러운 불안감을 그저 흥미로운 관찰 대상으로 바꾼 나의 경험을 이야기했다. 또 명상을 통해 급성 치통을 아름다운 경험으로 바꾼 일도 말했다. 그밖에도 뭉근한 요통을 바라보는 나의 관점을 바꾸자 허리의 통증이 은근히 유쾌한 감각으로 변한 때도 있었다. 그렇다 해도 '신 레몬이 달콤한 레모네이드로 바뀌는' 일은 흔하지 않다. 명상에 푹 빠져 지내는 수련회에서나 가능한 일 아닌가. 그러다 현실 세계로 돌아오면 우리는 또 이렇게 말하지 않는가. "정말 아파 죽겠어. 그냥 막 허리가 아프다고." 통증에 대한 관점이 더 철저히 바뀌려면(예컨대, 조금의 망설임도 없이 자신을 불태워 희생한 틱꽝득 스님의 정신 상태에 도달하려면) 훨씬 더 깊은 몰입이 필요한 것 아닌가.

　　그러나 여기서 핵심은 그러한 깊은 몰입이 실제로 가능하다는 점이다. 깊은 몰입이 가능하다면, 나의 내부에서 일어나는 감각은 특정 의미를 갖는 반면 외부에서 일어나는 감각은 의미가 없다는 손쉬운 주장에 약간은 틈을 낼 수 있다. 더욱이 특정 사물이 나의 자아의 일부인지 판별하는 기준이 그 사물이 보내는 신호를 얼마나 '자동적으로' 해석하는가에 있다면 자녀의 경우는 어떤가? 나의 딸은 내 피부 안에 살지 않지만 딸이 힘들어하는 모습을 보면 나 자신이 고통 받는 것처럼 괴롭다.

미국의 위대한 심리학자 윌리엄 제임스는 말했다. "'나'와 '내가 가진 것' 사이에 명확한 구분을 긋기 어렵다. 직계 가족은 나의 일부다. 아버지, 어머니, 아내와 자녀는 나의 뼈 가운데 뼈이며 살 가운데 살이다. 그들이 죽으면 나의 일부가 사라지는 것과 같다."(James 2007, pp.291-92)

진화는 어떻게 자아의 경계를 만들었나

왜 친족은 이처럼 자기에 근접한 성격을 지녔을까? 그것은 인간이 유전자 전달이라는 가치를 실현하는 자연선택의 과정에 따라 만들어졌기 때문이다. 가까운 친족은 나와 상당 부분 유전자를 공유하므로 친족을 돌보는 행위는 자연선택의 관점에서 타당하다. 가족 간의 공감과 사랑이라는 유전자도(또 이와 관련된 집안 특유의 감정에 관한 유전자도) 이렇게 해서 생겨났다. 다시 말해 무엇이 '나'이고 '나의 것'인가에 관하여 우리가 직관적으로 내리는 정의는 자연선택이라는 창조의 과정과 법칙의 결과이다.

그런데 인간이 이와 다른 진화 경로를 밟았을 경우를 상상해볼 수 있다. 즉, 친족에게 느끼는 감정을 특정 종의 새를 보고도 느끼도록 진화했을 수도 있다. 두 생물 종이 서로 이익을 주고받는 관계를 **상리공생**相利共生, mutualism이라고 한다. 상리공생 관계를 형성한 두 생물 종은 이 관계를 유지하는 데 필요한 우호적 감정을 발달시킨다. 개는 인간과 공共진화(한 생물 집단이 진화하면 이와 관련된 생물 집단도 진화하는 현상-옮긴이) 해왔다. 개를 너무 사랑하는 아빠에게 우리 아이들이 불만을 표시하는 것도 인간과 개의 공진화 관계로 설명할 수 있다. 나는 아이들이 제기하는 '혐의'를 극구 부인하지만 우리 집 개가 아프면 나도 아픔을 느끼는 건 어쩔 수 없다.

두 생물 종의 공생 관계 중에는 자아의 경계에 의문을 갖게 만드는 관계도 있다. 예컨대 인간은 자신의 피부 안에 살며 자신의 기분과 생각에 영향을 주는 여러 종류의 박테리아와 공생 관계를 맺고 산다. 과학자들은 수줍음 많고 불안한 쥐의 내장에 사는 박테리아를, 사교성 많은 쥐의 내장에 사는 박테리아로 대체하는 실험을 했다. 그랬더니 수줍음 많던 쥐가 사교성 높은 쥐로 바뀌었다. 윤리적 이유로 인간에게는 이런 실험을 행할 수 없지만 미생물이 신경전달물질을 통해 인간의 마음에 영향을 준다는 사실을 보여주는 증거가 있다. 어쩌면 명상 수련회의 그 새처럼 박테리아 역시 나의 뇌에 신호를 보내고 있는지 모른다. 물론 새보다 은밀하게 신호를 보내긴 하지만.(박테리아와 뇌는 다음을 참조: Wall 외 2014, Stein 2013)

박테리아가 보내는 신호를 나의 일부로 여기는 것이 자연스럽다면 새가 보내는 신호를 나의 일부로 여기지 못할 이유가 있을까? 더욱이 인간의 진화가 지금과 다른 경로를 밟아 인간과 새가 상리공생 관계를 형성했다면 나는 새가 보내는 신호를 자연스럽게 나의 일부로 여기지 않았을까?[20]

내가 말하는 핵심은 이것이다. 뇌는 나에게 부딪혀 오는 수많은 정보 가운데 나의 자아로 간주할 정보는 무엇이고, 나의 자아가 아니라고 여길 정보는 무엇인지 판단한다. 또, 자녀의 우는 소리처럼 그 중간인 정보는 무엇인지 판단을 내린다. 이때 우리는 이러한 판단이 '나'와 '타자'에 관한 형이상학적 진실과 일치한다고 여기지만 실제로 우리의 뇌는 진화 과정에서 지금과 다르게 만들어질 수도 있었다. 그래서 우리에게 주어지는 정보를 지금과 다른 방식으로 해석할 가능성도 있었다. 만약 그랬다면 '나'와

'타자'를 구분하는 감각도 지금과 크게 달라졌을 것이다.

예를 들어 **거울-접촉 공감각**^{mirror-touch synesthesia}이라는 질환을 가진 사람이 있다. 이들은 곁에 있는 사람이 느끼는 감각을 그대로 느낀다. 이들은 누군가 만져지는 장면을 보면 자신의 몸이 만져지는 것처럼 느낀다. 이때 이들의 뇌도 자신이 실제로 만져지는 것과 동일한 신경 활동을 보인다고 한다. 만약 지구의 생명체가 지금과 다른 창조 과정을 거쳤다면 어떻게 되었을까? 자연선택이 지금과 완전히 다른 조건에서 일어났거나 자연선택이 아닌 '다른 종류'의 과정이 일어났다면? 그래서 거울-접촉 공감각이 '비정상'이 아닌 '정상'이 되었다면 어떻게 되었을까? 그랬다면 자아에 관하여 우리가 갖는 개념도 지금과 완전히 달라지지 않았을까?

잠깐, 이야기를 너무 앞서 갔는지 모른다. 지금 우리는 만약 인간을 만든 과정이 지금과 달랐거나 자연선택이 아닌 완전히 다른 과정이었다면 세계를 보는 우리의 관점이 얼마나 달라졌을까 질문했다. 이 질문은 15장에서 깊이 다루기로 하자. 여기서 핵심은 우리가 특정 사물을(피부 안의 사물이든 피부 바깥의 사물이든) 자신과 얼마나 동일시하는지는 상당 부분 인간의 진화가 밟아온 과정의 결과물이라는 점이다. 이 점에서 자아와 자아의 경계에 관한 우리의 직관은 매우 자의적이다.

> 우리가 특정 사물을 자신과 얼마나 동일시하는지는 상당 부분 진화의 결과물이다 자아와 자아의 경계에 관한 우리의 직관은 매우 자의적이다

그날 수련회의 명상 경험이 가진 타당함을 더 주장할 수도 있지만 핵심은 그것이 아니다. 새소리가 나의 일부임을 당신이 믿게 만드는 결정적 근거를 나는 갖고 있지 않다. 또 나는 새의 노랫소리를 나의 일부로 철썩 같이 믿으며 세상을 살지도 않을 것이다. 내가 당신에게 믿게 만들려는 것은 새소리를 나의 일부로 지각한 경험이, 언뜻 보이는 만큼 '미친 소

리'가 아닐 수 있다는 점이다. 내가 할 수 있는 것은 거기까지다. 그날 나의 경험을 당신과 완벽하게 공유하려는 시도는 실패할 수밖에 없다. 모든 신비 체험이 그렇듯, 스스로 경험하지 않고 온전히 이해하기란 불가능하다.

그날 수련회의 새소리 체험을 당신이 어떻게 생각하든 분명한 한 가지가 있다면 나의 무아 체험에 두 가지 측면이 있다는 사실이다. 책의 앞에서 나는 내면적 무아 체험에 대해 이야기했다. 내면적 무아 체험이란 자신의 생각과 느낌 등의 '내면'을 들여다보며 이렇게 묻는 것이다. "잠깐, 나의 생각과 느낌이 본질적으로 나의 일부가 아닐 수도 있지 않을까? 그것이 맞는다면 과연 어떤 차원에서 그러한가?" 이것은 붓다가 무아에 관한 유명한 설법에서 던진 기본 질문이기도 하다.

그런데 외면적 무아 체험도 있다. 바깥 세계를 보며(즉, 나의 피부 바깥에 있는 사물을 보며) 이렇게 묻는다. "잠깐, 저 사물이 나의 일부일 수도 있지 않을까? 그것이 맞는다면 과연 어떤 차원에서 그러한가?" 다시 말해 내면적 무아 체험은 지금껏 자아를 이루는 내용물로 알던 것이 정말 자아의 내용물이 맞는지 의문을 품는다면, 외면적 무아 체험은 지금껏 자아를 자아 아닌 것과 구분 짓는다고 알던 경계가 실제로 자아의 경계가 맞는지 의문을 품는다. 내면적 무아 체험이 내 안에 있는 모든 것을(쓸데없는 불안감 등의 느낌을) 나와 동일시하는 직관에 의문을 품는다면, 외면적 무아 체험은 나의 바깥에 있는 모든 것을 나와 동일시하지 않는 직관에 의문을 품는 것이다.

> 내면적 무아 체험은
> 내 안에 있는 모든 것을
> 나라고 보는 직관을 의심한다
> 한편, 외면적 무아 체험은
> 내 바깥에 있는 모든 것을
> 내가 아니라고 보는 직관을 의심한다

나의 경험으로 볼 때 내면적 무아 체험은 곧 외면적 무아 체험으로 연결된다. 내가 발의 저림과 새소리를 완전히 다른 종류의 경험으로 보지 않은 이유는 우선 발의 저림을 나로 보지 않았기 때문이다(내면적 무아 체험). 이렇게 자아를 해체하자 자아를 이루던 내용물이 바깥세상의 내용물처럼 보였다(외면적 무아 체험). 자아를 해체하자 자아와 외부를 구분 짓던 경계가 흐려졌다.

이 점에서 내면적 무아 체험과 외면적 무아 체험은 논리적으로 연결된다. 그런데 둘 사이에는 논리만 아니라 역설도 존재한다. 왜냐하면 피부 안에 내가 존재한다는 생각이 타당하지 않다면 피부 바깥 세상이 '나'와 연속된다는 생각도 타당하지 않기 때문이다. 피부 안에 '나'라는 것이 존재한다는 생각은 궁극적으로 타당하지 않다는 것이 불교의 정통 입장인데 만약 이를 받아들인다면 피부 바깥 세상과 '나'의 연속성이라는 관념도 타당하지 않게 된다.

여기서 우리는 이 장의 도입부에서 밀쳐둔 질문으로 돌아오게 된다. "나의 내부에서 느낀 발의 저린 감각과 나의 외부에서 들려온 새소리의 경계가 흐려졌을 때 나는 세상과 하나가 되었다고 느낀 것인가 아니면 바깥 사물과 하나 될 그 무엇도 내 안에 없는 것처럼 무無가 되었다고 느낀 것인가?"

내가 이 질문에 답하기를 주저하는 이유는 두 가지다. 하나는 솔직히 그날 나의 무아 체험이 위 두 가지 가운데 어느 경우인지 확신할 수 없다. 또 다른 이유는 이 질문에 어떻게 답하느냐에 따라 불교 사상가들과 힌두교 사상가들 사이에 벌어진 커다란 논쟁에(그리고 실은 불교 사상가들 사이에 벌어진 큰 논쟁에) 휘말릴 수 있기 때문이다.

온라인에서 벌어진 뜻밖의 논쟁

내가 〈불교와 현대 심리학Buddhism and Modern Psychology〉이라는 제목의 온라인 강좌를 개설한 뒤 깨달은 점이 있다. 이 강좌는 나의 프린스턴 대학 강의를 토대로 했다. 그런데 온라인 강좌는 한 가지 단점이 있다. 대학의 오프라인 강의처럼 뇌 과학자나 명상의 고수 등 객원 강사를 직접 모실 수 없다는 점이다. 그래서 나는 온라인 수강생들이 그런 경험을 하도록 동영상을 제작했다. 나는 내가 운영하는 블로깅헤드bloggingheads.tv 웹사이트에서 뇌 과학자와 진지한 명상가들과 온라인 대화를 나눴다. 그중의 인터뷰 하나가 이 강좌의 온라인 토론방에서 논쟁을 일으켰다.

11장에서 만나본 게리 웨버와 나눈 인터뷰였다. 예일 대학의 뇌 영상 촬영 연구에 참여한 웨버는 명상을 하지 않을 때도 디폴트 모드 네트워크가 매우 잠잠했다. 블로깅헤드에서 대화를 나누던 중 나는 그의 다음 말에 대해 질문했다. "나쁜 소식은 당신이 존재하지 않는다는 사실입니다. 좋은 소식은 당신이 모든 것이라는 사실입니다." 이 말에 대해 웨버는 내게 말했다. "당신이 무라면, 즉 당신이 존재하지 않는다면 당신은 모든 것이 될 수 있습니다. 만약 당신이 무가 아니라면, 즉 존재한다면 당신은 모든 것이 될 수 없습니다. 논리적으로 그렇습니다."

글쎄, 나는 이것이 논리적 귀결인지 잘 모르겠다. 그러나 만약 당신이 웨버가 경험한 상태를 경험했다면 당신에게 이것은 꽤 그럴 듯한 논리로 비칠 것이다. 그는 이어 말했다. "무가 된다는 것은 완전히 사라지거나 텅 빈 존재가 되는 것이 아닙니다. 무가 되면 모든 것이 하나임을 알게 됩니다. 당신은 이것을 실제로 볼 수 있고, 이런 식으로 모든 사물을 지각하게 됩니다. 그저 상투적 표현이나 신비적 상태로 여길지 모르지만 이것은 실제로 지각할 수 있습니다. 즉, 모든 것이 하나라는 것을 깊이 느낄 수 있습니다. 그리고 그 하나는 신기하게도 당신 안에 있습니다."

웨버의 말이 토론방에서 반론을 부르는 데는 오랜 시간이 걸리지 않았다. 그중에는 충분히 예상했던 반론도 있었다. 반론을 제기한 사람들은 웨버의 경험의 핵심에 자리 잡은 역설이 완전히 엉터리는 아니라도 여전히 불가해하다고 여겼다. 어떤 이는 이렇게 말했다. "'무이면 모든 것'이라는 말은 허세 부리는 헛소리다. 이 말의 실제 의미는 '이토록 높은 정신적 경지에 도달한 나를 너희는 도저히 이해할 수 없다'는 것에 불과하다."

또 다른 이는 웨버의 말에 담긴 역설에 반대하지 않으나 '나는 모든 것이다' 부분에 이의를 제기했다. 명상 지도자인 어느 여성은 토론방에서 이렇게 말했다. "불교 철학은 '나는 모든 것과 하나'라고 말하지 않습니다." 그녀의 말은 기본적으로 옳다. 저명한 불교 사상가 중에 웨버와 비슷한 취지로 말하는 이가 없는 것은 아니나 공 사상을 강조하는 정통 대승불교 철학에서도 '나와 만물은 하나'라고 말하는 경우는 잘 없다. 세상의 사물이 실제로 본질이 없이 비어 있다면 어떤 의미에서 그 사물은 존재하지 않는다고(적어도 그 사물 자체로는 존재하지 않는다고) 할 수 있다. 그리고 불교 철학에 따르면 자아라는 것도 물론 존재하지 않는다. 그렇다면 어떻게 '저기 바깥에'(엄밀히 말해) 실제로 존재하지 않는 온갖 사물과 '여기 안에'(엄밀히 말해) 정말로 존재하지 않는 자아가 하나일 수 있는가? 무에 무를 더하면 여전히 무이지 하나가 아니지 않은가?

이런 설명은 불교의 실제 논쟁을 희화화하고 단순화한 것이다. 그럼에도 이로써 논쟁의 핵심은 파악할 수 있다. 또 정통 불교인들이 하나 됨, 즉 **합일**oneness이라는 허술한 개념에 관심을 갖지 않는 이유를 알 수 있다. 그런데 만약 이런 희화적 설명을 넘어 이 논쟁을 조금 더 들여다보면 불교인들이 합일 개념을 무시하는 것이 과연 타당한지 의아해진다. 실제로 나

는 웨버의 말에 대한 토론방의 반응을 곰곰 생각해본 뒤 공 개념과 합일
개념이 분명하게 구분되지 않는다는 생각을 했다.

공과 합일, 무엇이 다른가

공의 교리를 말하는 불교 철학자들의 논리를 살펴보면 불교의 연기緣
起와 많은 공통점이 있음을 알 수 있다. 연기는 상호의존적 동시 발생이
라는 의미의 불교 사상이다. 연기는 서로 독립적으로 존재하는 듯 보이는
사물이 실은 자신의 존재와 성질을 다른 사물에 의존한다는 뜻이다. 나
무가 자라기 위해서는 햇볕과 물이 필요하다. 실제로 나무는 햇볕과 물을
비롯한 여러 조건에 따라 끊임없이 변화한다. 또 시내와 호수와 대양이 만
들어지려면 비가 있어야 하고 비가 만들어지려면 시내와 호수와 대양이
필요하다. 사람이 살려면 공기가 있어야 하고 사람이 공기를 호흡하지 않
으면 공기가 지금대로의 성분을 가질 수 없다.

세상의 어떤 사물도 자기만의 고유한 존재를 갖지 않는다. 지속적으로
존재하는 데 필요한 요소를 자기 안에 다 가진 사물은 없다. 어떤 사물도
자기 충족적이지 않다. 이렇게 해서 모든 사물은 고유한 독립적 존재가 없
이 비어 있다는 공 사상이 나타났다.

불교 철학에 따르면 공은 명상을 열심히 해서 사물에 본질이 없음을
느끼면 직관적으로 이해하게 되는, 실재에 관한 사실이다. 그리고 자아의
경계가 사라짐을 느끼면 더 크게 확장된 공을 경험할 것이다. 즉 바깥 세
상에 존재한다고 여긴 사물이 공할 뿐 아니라 내 안에 존재한다고 여긴
자아도 공함을 경험할 것이다(이로써 대승불교에서 무아를 넓은 공 사상의 특

수한 사례로 간주하는 이유를 알 수 있다). 모든 것이 공하다는 공의 편재성^{遍在}^性을 강조하는 불교 철학자들은 무아라는 말을 내 안의 대상뿐 아니라 내 바깥의 사물에도 적용한다. 나에게 자아가 없는 것처럼 나무도 자아가 없고 바위도 자아가 없다.[21] 순서를 뒤집고 싶다면 이렇게 말해도 좋다. 나무나 바위에 본질이 없듯이 나도 본질을 갖고 있지 않다. 어쨌거나 우리 눈에 보이는 모든 것이 공하다.

적어도 불교 철학자들의 주장은 그렇다. 그런데 모든 것이 공하다는 불교의 주장을 살짝 뒤집어 공의 편재성과 합일이 언뜻 보이는 것만큼 다르지 않다고 말할 수도 있다. 이때 주장을 뒤집는 축 역할을 하는 것이 주장의 핵심 용어인 상호의존적 동시 발생이다.

'상호의존'은 요즘 많이 쓰는 용어다. 예를 들어, 여러 나라의 주식 시장이 서로 연결된 현상을 두고 "와, 생각보다 각국 경제의 상호의존성이 크군요."라고 한다. 그리고 뒤의 '동시 발생'이라는 용어도 적절하다. 다른 나라와 '동시에' 상호 작용하지 않았다면 이들 국가의 경제는 지금처럼 발달하지 못했을 것이다.

이제 상호의존성을 관찰한 당신이 이렇게 말했다고 하자. "이들 나라의 경제는 생각보다 통일성이 크군요." 대부분의 사람은 이 말을 합리적이라고 여길 것이다. 고도로 상호 의존적인 시스템의 집합체는 상호 의존적이지 않은 집합체보다 더 큰 통일성을 갖기 때문이다. 생명체를 통합된 존재로 보는 이유도 생명체를 이루는 요소들(간, 폐 등) 사이의 상호의존성이 매우 크기 때문이다.

그러므로 통일성과 합일에 대한 깨달음을 전하는 사람에게 이렇게 이의를 제기하는 건 좀 어색하다. "아뇨, 아뇨. 당신 생각은 완전히 틀렸습니다. 실제로 존재하는 건 통일성이나 합일이 아닙니다. 존재하는 건 상호의존성이나 상호연결성입니다." 상호의존과 상호연결이 곧 통일과 합일을 의미하지 않는가? 정확히 같은 의미는 아니지만 상호의존성과 상호연결성이 클수록 통일과 합일에 가깝지 않은가? 공의 교리를 신봉하는 이들은 기본적으로 상호의존성과 상호연결성이 실재에 스며 있다고 말하는 것 아닌가?

이로써 당신은 웨버가 공의 편재성이 아닌 합일을 말하는 데 대해 일부 사람들이 불편해하는 이유가 궁금할 것이다. 의미론적으로 모호한 질문에 그럴 듯한 논리적 근거로 답하는 웨버를 왜 곤란해 하는가? 그러나 사실 여기 담긴 철학적 의미는 우리가 생각하는 것보다 훨씬 클 수도 있다. 여기서 우리는 앞서 잠깐 언급한 불교 철학과 힌두교 철학의 충돌에 다시 이르게 된다.

힌두교 철학, 특히 아드바이타 베단타Advaita Vedanta 철학은 개별 자아 또는 개별 영혼은 우주적 영혼의 일부라고 본다.* 힌두교 식으로 표현하면 아트만, 즉 자아나 영혼은 브라만, 즉 우주적 영혼이다. 그런데 '아트만은 브라만이다'처럼 '아트만은 무엇이다'라는 표현 자체가 애당초 아트만이 존재한다는 의미를 내포한다. 힌두교라는 사상적 분위기에서 특별하게 출현한 불교의 탄생은 아트만의 존재를 부정하는 것이었다.

이제 게리 웨버를 나의 불교 강좌에 객원 강사로 모시는 것이 곤란한 이유를 알았을 것이다. "모든 것이 하나다"라는 말은 그 철학적 함의에서 자아가 존재한다는 의미다. 그런데 자아가 존재한다고 말해버리면 동양 철학에서 차지하는 불교의 특별한 위상이 사라진다.

---

* 불이일원론(不二一元論)으로 만유의 근저에 유일한 절대자인 브라만(Brahman, 梵)이 있으며 브라만은 본질적으로 아트만(Atman, 我)과 동일하다는 범아일여(梵我一如) 이론이다.-옮긴이

그런데 재미있는 것은 웨버가 자아의 존재를 부정했다는 사실이다. 그는 "당신은 모든 것"이라는 생각을 "당신은 무"라는 생각에 명시적으로 연결시켰다. 동영상 대화 후반부에 이 연결성이 분명히 드러난다. 동영상에서 나는 웨버에게 말했다. "저는 이런 명상 체험을 한 적이 있습니다. 갑자기 내 자아의 경계가 투과성이 높아진 거예요. 그러니까 새소리가 나의 감각기관에 들어오는 지점에서 이제 예전처럼 나와 외부 세계가 뚜렷이 구분되지 않아요."

"맞습니다." 그가 답했다.

내가 말을 이었다. "그런데 그건 아주 짧은 일회성 경험이었어요. ……반면에 당신은 매일 일상에서 모든 사람을 당신 자신을 대하듯이 한다고 했죠?"

"네, 정확히 그런 건 아니지만 아주 다르지도 않네요. 나는 그 무엇과도 동일시하지 않습니다. 나와 동일시할 만한 누구도 존재하지 않는다는 말입니다. 그저 텅 빈 채로 여기, 즉 나의 몸에 존재하는 거죠. 그리고 그 존재는 저기, 즉 내 몸 바깥에도 있습니다."

내가 말했다. "그러니까 '당신이 모든 사람과 자신을 동일시한다'고 할 때의 문제는 '당신'이라는 단어군요."

"맞습니다. 왜냐하면 동일시 주체로서의 당신이란 존재하지 않으니까요."

웨버는 어떻게 이런 역설적 방식으로 말할 수 있었을까? 그는 완전히 불교적이지도 않고 완전히 힌두교적이지도 않은 언어로 말했다. 책의 서두에서 말했듯이 당신이 역설을 좋아하지 않는다면 동양철학도 맞지 않을 것이다(역설을 좋아하지 않으면 양자역학 역시 당신에게 맞지 않을 것이다). 웨버는 이론만 내세우는 불교인이나 힌두교인처럼 말하지 않았다. 인도 베단타 전통과 불교 전통을 모두 오랫동안 공부한 그는 특정 철학을 고집하지 않는다. 그래서 자신의 명상 체험을 고정된 방식으로 해석하지 않는다. 그저 자신이 느끼는 대로 말할 뿐이다.

웨버가 느끼는 대로 따라가면 불교 철학과 힌두교 철학을 구분 짓는 경계에 이르게 된다. 그는 어떤 때는 불교에 가깝게 이야기하고 어떤 때는 힌두교에 가깝게 이야기한다. 내가 앞서 편 주장이 옳다면 그의 이런 태도는 타당해 보인다. 나는 앞에서 사물들이 상호 연결되고 상호 의존해 있으므로 개별 정체성이란 존재하지 않는다는 말과, 사물들이 상호 연결되고 상호 의존해 있어 하나와 다름없다는 말이 크게 다르지 않다고 말했다.

이것은 다음의 흥미로운 가능성을 제기한다. 즉 불교인들의 깊은 명상 체험과 아드바이타 베단타 전통의 힌두교인들의 깊은 명상 체험이 기본적으로 다르지 않다는 점이다. 이것은 자아의 경계가 사라지는 경험이자 그에 따라 자아와 바깥 세계의 연속성을 깨닫는 경험이다. 만약 불교인이라면(적어도 정통 불교인이라면) 이것을 공의 연속성이라 여길 것이고, 힌두교인이라면 영혼의 연속성이라 생각할 것이다. 그렇다면 기독교인, 유대교인, 무슬림 등 아브라함(이삭의 아버지로 히브리족의 시조-옮긴이)을 계승하는 일부 신비주의자들의 경험도 힌두교인이나 불교인의 경험과 다르지 않다고 볼 수 있다. 이들도 묵상 수련을 통해 신과 하나 되는 느낌을 갖기 때문이다. 이들은 자신의 이런 체험을 불교보다는 힌두교의 관점에 더 가깝게 해석하지만 핵심 경험은 달라지지 않는다. 다만 경험에 대한 교리적 설명 방식이 다를 뿐이다.

어쩌면 교리적 설명 방식도 크게 다르지 않은지 모른다. 왜냐하면 힌두교인과 불교인은(어떤 의미에서는 아브라함 신비주의자까지도) 자아를 고유

한 독립적 존재로 보는 우리의 자아 개념이
환영일 수 있다고 말하기 때문이다. 그들 모
두 지금까지 실재한다고 여겼던 자아와 세
상의 경계가 우리가 생각한 만큼 분명하지

않다고 느낀다. 나아가 궁극적 진실에 더 가까이 다가가면 자아와 세계의
경계가 사라진다고 느낀다.

어쨌거나 종교적 신념에 관한 나의 기본적 관점은 이렇다. 즉, 우리가
궁극적으로 물어야 할 질문은 종교적 신념의 구체적 내용이 아니라 종교
적 신념으로 우리가 '어떤 사람'으로 바뀌는가, 그리고 '어떻게 행동하는
가'이다. 이 점에서 자아의 경계가 존재하지 않는다는 불교-힌두교의 기
본 사상을 믿는 이들이 더 바람직한 행동을 한다고 여길 만한 타당한 근
거가 존재한다.

한번은 내가 저드슨 브루어에게 세상사람 모두가 명상을 하면 세상에
전쟁이란 없지 않겠느냐고 물었다. 웨버가 참여한 예일 대학의 연구를 수
행한 브루어는 그 자신 진지한 명상 수행자이다. 나의 질문에 브루어는
다시 질문으로 답했다. "의도적인 자해를 제외하고 자신을 해치는 사람
이 있을까요? 아마 없을 겁니다. 자신의 오른손을 일부러 자르는 사람은
없겠지요." 웨버는 이렇게 말한다. "모든 것이 하나라면 내가(행위의 주체인
'나'라는 게 과연 존재한다면) 이 상태를 교란할 이유가 무엇일까요? 나와 당
신이 하나라면 왜 내가 당신에게 나쁜 짓을 할까요?"

나는 웨버의 말에 동의한다. 그는 나에게 나쁜 짓을 할 사람이 아니
다. 원칙적으로 나도 그에게(그리고 다른 사람에게) 나쁜 짓을 할 사람은 아
니다. 그런데 웨버와 달리 나의 문제는 이것이 심오한 명상 체험에 바탕을
둔 직관이 아니라 추상적 믿음에 머문다는 점이다. 남에게 해 입히지 말

라는 원칙을 내가 항상 지키지 못하는 이유도 그것이다. 만약 내가 웨버나 브루어처럼 되려면 지금보다 수만 시간 더 명상을 해야 할 것이다. 그런데 그러기에는 인생이 너무 짧다!

다행히 나는 하루 3시간, 꼬박 10년을 명상하지 않아도 명상을 하면 어떤 사람이 되는지 어느 정도 가늠할 수 있는데 그것은 내가 참가한 명상 수련회 덕분이다. 수련회의 장점 한 가지는, 잠시이긴 하지만 완전한 몰입을 통해 진지한 명상가의 삶을 엿볼 수 있다는 점이다. 나는 명상 수련회에서 무아 경험이 어떻게 우리를 '더 좋은 사람'으로 만드는지 조금은 느꼈다.

코골던 남자를 죽이지 않다

2013년 12월에 참가한 명상 수련회에서 나는 어느 남자에게 불편한 느낌을 느꼈다. 그는 내가 좌선하던 몇 줄 앞에서 앉은 채 졸고 있었다. 그가 조는 것을 어떻게 알았냐고? 코고는 소리가 엄청 컸기 때문이다!

명상하려고 앉았을 때 주변에서 코고는 소리가 들리면 신경이 거슬린다. 당신이 평소 코를 골지 않는다면 더욱 그럴 것이다. 실제로 나는 그 남자에 대한 커다란 분노가 아랫배에서 일어나는 걸 보았다.

사실 처음에는 분노를 '보지' 못했다. 단지 분노를 느끼며 자동적으로 끌려다녔을 뿐이다. 나는 분노의 느낌이 일어날 때 우리가 흔히 하는 생각을 했다. "도대체 저 얼간이는 누구지?" 나는 눈을 뜨고 범인을 당장 확인하고 싶은 충동을 느꼈다. 그리고 나중에 남자에게 제대로 따져 물어야겠다고 생각했다. 그러나 나는 마침내 마음챙김 명상에서 하는 대로 했다. 즉, 어떤 감정이 일어나든 그것을 단지 관찰하기만 했다. 그러자 일어나는 분노를 실제로 '볼 수' 있었다. 나는 분노를 똑바로 쳐다보았다. 고작 몇 초였지만 또렷하게 관찰하자 분노는 완전히 사라졌다. SF 영화에서 레이저 빔을 쏘는 즉시 적의 함대가 사라지는 것처럼, 주의를 기울이자 분노는 즉각 사라졌다.

그렇다면 분노를 제압한 나의 경험은 무아 체험과 어떤 관계일까? 두 가지다. 하나는 분명하게 드러나는 내면적 무아 체험이고, 나머지 하나는 보다 미묘한 외면적 무아 체험이다.

우선 분명하게 드러나는 내면적 무아 체험과의 관련성을 말하자면 이렇다. 깨어있는 마음으로 내면의 화를 바라보자 나는 더 이상 화를 나로 동일시하지 않았다. 나는 더 이상 화를 내 안에 갖고 있지 않았다. 조금 전만 해도 '나의 것'으로 여겼던 화의 감정이 이제 관찰의 대상이 되었다. 다시 말해 내 안에 깊이 박힌 나머지, 깨어있는 마음으로 관찰하지 못하고 끌려다니던 감정을 이제 관찰할 수 있었다. 화라는 대상에 주의를 보내는 연습을 하자 화는 더 이상 나의 일부가 아니었다.

그렇지만 이것을 철저한 내면적 무아 체험이라 할 수는 없다. 나는 그저 한 순간에 분노라는 감정 하나를 내려놓았을 뿐이었다. 그 순간, 나의 자아의 영역이 '살짝' 줄어든 것뿐이었다. 그렇다 해도 의미 있는 경험이었다. 이로써 나는 잠시나마 '좋은 사람'이 되었다. 코고는 남자를 죽이고 싶다는 생각은 더 이상 들지 않았다.

그런데 나의 이 경험은 보다 미묘한 차원에서 외면적 무아 체험과도 연결된다. 이를 위해 설명이 더 필요할 것 같다. 특히 미리 알바하리[Miri Albahari]의 연구를 잠시 소개할 필요가 있다. 알바하리는 호주 철학자로 불교 철학에 관한 그녀의 연구는 자신의 명상 수련에 바탕하고 있다. 그러나 강박에 가까운 겸손을 지닌 그녀는 자신이 결코 대단한 명상가가 아님을 강조한다. 그녀는 오랜 기간의 명상 수련회 참가를 통해 자신이 자아를 '적게' 느끼는지는 몰라도 '전혀' 느끼지 않는 경지에 이르기에는 아직 멀었다고 말한다. 그리고 명상 수련회에 참여하지 않을 땐 매일 수행을 하지 못한다고 털어놓는다. 그리고 매일 수행을 한다면 자신의 삶이 눈에 띄게 달라질 것이라고 말한다.

『분석 불교Analytical Buddhism』라는 책에서 알바하리는 붓다가 성도 후 녹야원에서 편 첫 설법으로 우리를 데려간다. 〈초전법륜경〉이라는 설법에서 붓다는 고통과 불만족으로 번역되는 '둑카'의 원인과 치료법인 사성제를 이야기한다. 붓다는 둑카의 근본 원인은 **딴하**tanha, 즉 갈애 또는 욕망이라고 진단한다. 고통의 근본 원인은 만족을 모르는 갈애라는 것이다. 우리는 욕망을 채우고도 더 많이 또는 다른 것을 갈망하면서 항상 불만족한 상태에 있다는 것이 붓다의 진단이다.

알바하리는 갈애가 자아 감각과 불가분 엮여 있다고 본다. 따라서 갈애를 극복하면 무아를 경험할 수 있다고 말한다. 여기서 그녀는 내면적 무아 체험만을 말하지 않는다. 즉, 알바하리는 우리가 특정한 욕망을 내려놓으면 그것을 '내 것'으로 취하지 않게 되고, 그러면 자아가 사라진다는 주장만 하는 것이 아니다. 그녀가 보기에는, 자아가 분명한 경계를 가졌다고 보는 우리의 감각에도 갈애가 깊숙이 관여하고 있다. 즉 갈애는 자아의 경계선에 대한 감각을 지속하고 강화한다는 것이다. 그리고 외면적 무아 체험을 통해 자아의 경계선을 약화시킬 수 있다고 한다.

알바하리는 이렇게 말한다. 당신이 무언가를 갈망한다고 하자. 예컨대 당신은 핫초코를 무척 먹고 싶다. 이때 당신은 자신과 핫초코 사이의 간격을 고통스럽게 인지하고 있다. 이것은 자아의 경계선을 뚜렷하게 인지

한다는 의미다. 실제로 나는 지금 여기에서 핫초코에 대한 갈망을 떠올리기만 해도 내 자아의 경계선을 상상하게 된다. 다시 말해, 내 손의 피부가 핫초코가 가득 담긴 머그잔에 닿는 장면, 그리고 나의 혀가 핫초코에 닿는 장면을 상상하게 된다.

알바하리의 주장을 온전히 이해하려면 그녀 역시 다른 학자들처럼, 갈애에는 우리가 좋아하는 것(섹스, 초콜릿, 새 차, 더 새 차 등)을 가지려는 욕구뿐 아니라 불쾌한 대상에서 벗어나려는 욕망도 포함된다고 알아야 한다. 다시 말해 갈애는 유혹적인 대상에 끌리게 만들 뿐 아니라 거부감을 주는 사물을 혐오하게도 만든다. 이런 차원에서 내가 수행 홀의 코고는 남자에게 느낀 불편한 느낌 역시 일종의 갈애였다. 코고는 소리에서 벗어나고 싶은 욕망이었기 때문이다.

알바하리에 따르면, 만약 무언가에서 벗어나고 싶은 욕망을 갖는다면 자신과 그 사물의 간격을 지금보다 더 벌이려는 목표를 갖게 된다(방석을 던지는 등 직접적인 해결책을 택하지 않는다면). 그리고 자신과 사물의 간격을 벌이고 싶다는 것은 자아가 끝나는 경계 지점을 염두에 둔다는 말이다. 예컨대, 당신이 방울뱀의 습격을 재빨리 피한다면 그것은 방울뱀이 닿지 않기를 바라는 공간(즉 당신의 피부가 끝나는 경계 지점의 안쪽)에 대해 당신이 매우 정확하게 인지하고 있다는 의미다.

갈애가 끌림을 부추기든 혐오를 부추기든, 거기에는 언제나 자아가 점유하는 영역을 규정하는 일이 따르게 마련이다. 알바하리가 말하듯 "갈애의 감정은, 동일시된 자아가 원하는 (또는 원하지 않는) 각본을 내용으로 갖는다." 이리하여 갈애는 나와 타자를 구분 짓는 경계에 대한 감각을 일으키고 추동한다.(Albahari 2006, p.181) 그런데 이와 반대도 진실이다. 즉, 나와 타자의 경계를 또렷하게 깊이 느낄수록 갈애가 커지는 성향이 있다는 것이다. 알바하리의 말이다. "자아로 동일시하지 않는다면 '나의' 욕망이 충족되었는지 여부가 그토록 중요한 문제일까요?"

당신은 이렇게 물을지 모른다. 이 모든 논의가 코골던 남자에 대한 증오심을 잠재우는 것과 무슨 관련인가? 나 역시, 그날 수련회에서 증오심을 잠재운 뒤 적은 메모를 다시 살펴보지 않았다면 같은 질문을 했을 것이다. 방금 말한 에피소드는 나의 기억을 토대로 불완하게 재구성한 것이다. 거기에는 중요한 디테일이 빠져 있다.

그날 아침 명상 직전에 그곳 수행 지도자 두 사람 중 나라얀의 짧은 법문이 있었다. 그날 그녀의 법문 주제는 **수용**acceptance이었다. 나라얀은 불쾌한 상황을 받아들이는 법에 대해 이야기했다. 나는 남자의 코고는 소리를 불쾌하게 여기며 잠시 시간을 보낸 뒤 나라얀의 가르침을 직접 실천해보기로 했다. 코고는 소리에 대한 혐오감을 극복해보기로 한 것이다. 나는 남자의 코고는 소리에 대한 혐오감을 깨어있는 마음으로 관찰했다. 그날 늦은 시간에 노트에 적은 내용을 보면, 나는 혐오감과 분노를(분명하게 느끼고 그 위치까지 구체적으로 짚어냈던 혐오감과 분노를) 중립적인 방식으로 느껴보려고 했다. 코고는 소리를 이런 식으로 받아들이자 혐오감과 분노의 느낌이 정말 사라졌다.

사실 내가 마음챙김으로 관찰한 감정은 두 가지였다. 코고는 남자에 대한 분노와 그의 코고는 소리에 대한 혐오감이었다. 이 두 감정은 서로 엮여 있었다. 알바하리의 논리에 따르면 코고는 소리에 대한 혐오감을 이겨낸 것은 단지 남자에 대한 분노를 이겼을 때보다 외면적 무아 체험에 더 가까웠다.[22] 다시 말해 자아의 경계를 강화시키는 갈애를 묽게 만드는 과정이었다.

이 역동은 메모의 마지막에 분명히 드러난다. "혐오감과 분노를 관찰하자 그것이 힘을 잃었다. 그러자 어느 순간, 내 뱃속의 느낌과 남자의 코고는 소리가 자연스레 하나로 연결되는 것처럼(마치 동일한 시스템 또는 생명체인 것처럼) 느껴졌다." 다시 말해, 나는 남자의 코에서 나의

뇌로 들어와 혐오감과 분노를 일으키는 소리의 파동이라는 연속적 흐름에 집중했다. 그러자 잠시나마, 나를 불편하게 하는 사람과, 불편함을 당하는 내가 엄격히 분리된 개체가 아니라고 느꼈다. 갈애가 가진 힘이(남자의 코고는 소리에 대한 나의 혐오감이) 시들해지자 나를 규정하던 경계도 조금은 성글어졌다.

자아에 대한 알바하리의 견해는, 그리고 자아가 어떻게 갈애와 연결되는가에 관한 그녀의 견해는 내가 바라던 효과를 냈다. 바로, 내가 명상가로서 실제보다 더 훌륭하게 느껴졌다는 점이다. 당시 내가 분노를 극복한 경험은 분노를 더는 '내 것'으로 갖지 않은 점에서 내면적 무아 체험이었다. 뿐만 아니라 분노를 추동한 갈애를 극복하는 과정에서, 해보기 어려운 외면적 무아 체험도 조금은 했다. 외면적 무아 체험은 내면적 무아 체험과 마찬가지로 나를 잠시나마 조금 더 좋은 사람으로 만들어주었다.

두 가지 설법과 세 가지 독

알바하리의 관점이 가진 미덕은 또 있다. 그것은 초기 불교 문헌에서 드러나는 다음의 당혹스러운 문제를 푸는 데 도움이 된다는 점이다. 깨달은 뒤 녹야원에서 행한 첫 설법인 〈초전법륜경〉에서 붓다는 둑카(괴로움)

에서 벗어나는 열쇠는 갈애를 극복하는 것이라고 말한다. 그런데 두 번째 설법인 〈무아경〉에서는 괴로움에서 벗어나는 열쇠는 자아가 존재하지 않음을 깨닫는 것이라고 말한다. 그리고 무아에 관한 설법을 들은 모든 승려가 즉시 깨달음을 얻는다. 어느 것이 맞는가? 열반은 갈애를 극복함으로써 얻어지는가? 아니면 자아가 환영임을 통찰함으로써, 즉 무아를 깨달음으로써 얻어지는가?

그런데 어쩌면 갈애의 극복과 무아의 통찰은 같은 것인지 모른다. 알바하리의 문제 제기가 아니어도 결국 내면적 무아 체험은 느낌과 생각을 '내 것'이 아니라고 보는 것이며, 느낌에는 기본적으로 긍정적이고 부정적인 두 가지의 맛, 즉 끌림과 혐오라는 갈애의 요소가 들어 있기 때문이다.[23] 그러므로 내면적 무아 체험을 하면 갈애를 일정 부분 버리게 된다 (실제로 붓다는 무아 체험은 생각과 감정에 대한 집착, 즉 욕망을 멈추는 것임을 강조했다). 그런데 알바하리는 외면적 무아 체험 역시 갈애를 버리는 과정이라고 해석함으로써 결국 붓다의 처음 두 설법(《초전법륜경》과 〈무아경〉)이 같은 메시지를 전하고 있음을 다른 차원에서 보여준다.

사실 갈애는 우리 내면의 문제인 동시에 우리의 외면적 한계와도 밀접한 관련이 있다. 진화적 관점에서 보면 갈애는 우리가 자신을 돌보도록 처음부터 우리 안에 심어진 무엇이다. 즉, 갈애는 자신의 유전자를 보관하고 운반하는 기계인 몸을 돌보도록 만들어진 장치다. 그런데 유전자 운반 기계는 우리 몸의 경계, 즉 피부가 끝나는 경계 지점에서 종결된다. 그렇다면 갈애가 우리로 하여금 자기 몸의 경계를 중시하게 만든 것은 자연스런 일이다. 자연선택은 우리가 자기 몸을 관심 있게 돌보도록 즉, 몸이라는 구역의 경계선을 중요하게 여기도록 만들었다.

갈애가 자아감각을 키운다는 생각은 불교 경전에 흔히 보이는 탐욕,

성냄, 어리석음의 세 가지 독을 멀리하라는 권고에 잘 드러난다. 팔리어로는 각각 라가^{raga}(혹은 로바^{lobha}), 도사^{dosa}, 모하^{moha}라고 한다. 수행자들은 명상 수련회의 지도자들이 이렇게 말하는 것을 자주 듣는다. 그런데 탐욕, 성냄, 어리석음이라는 번역은 오해의 소지가 있다. 여기서 탐욕은 소유에 대한 갈망만이 아니라 보다 일반적인 의미의 탐욕, 즉 모든 종류의 집착을 가리킨다. 또 증오는 타인에 대한 부정적 감정뿐 아니라 온갖 종류의 부정적 느낌, 즉 혐오의 느낌을 말한다.

다시 말해 탐욕과 성냄의 두 가지 독은 갈애가 가진 양면으로 볼 수 있다. 탐욕은 즐거운 대상에 대한 갈망이며, 성냄은 불쾌한 대상에 대한 혐오이다. 그런데 갈애가 자아감각과 밀접하게 연관된다면 탐욕과 성냄의 두 가지 독이 세 번째 독인 미망과도 엮여 있다고 보는 것은 타당하다. 사실 불교에서 가장 잘 알려진 미망이 자아가 존재한다는 미망이다. 그러므로 탐욕과 성냄의 두 가지 독은 미망이라는 세 번째 독을 일으키는 요소라고 할 수 있다. 탐욕과 성냄을 합하면 미망이 되는 것이다.[24]

이 등식에서 미망의 자리에 또 하나의 잘 알려진 미망, 즉 본질이 존재한다는 환영을(그리고 이 환영을 꿰뚫어보는 공의 통찰을) 집어넣으면 더욱 큰 타당성을 갖는다. 사물에 본질이 존재한다는 우리의 직관은 12장에서 보였듯이 사물의 지각에 스민 느낌에 의해 형성된다. 그런데 자세히 살펴보면 이들 느낌은 긍정적이거나 부정적인 성향, 즉 사물에 대한 끌림이나 갈망 또는 혐오라는 성질을 갖게 마련이다. 다시 말해, 이들 느낌에는 어느 정도 탐욕과 성냄의 요소가 들어 있다. 그러므로 사물에 본질이 존재한다고 잘못 지각하는 경우, 세 번째 독인 미망은 결국 나머지 두 개의 독심으로 귀결된다.

이 점에서 고대의 불교 텍스트에서 벗어남이란 곧 탐진치라는 삼독심의 제거를 가리킨다는 말은 타당하다. 결국, 삼독심의 제거는 붓다가 첫 설법에서 고통의 가장 큰 원인으로 지목한 갈애를 뿌리 뽑는 것이자 두 번째 설법에서 벗어남의 장애물로 지목한 자아가 존재한다는 환영(대승불교라면 본질이 존재한다는 환영)을 제거하는 것이다.

한번은 게리 웨버가 자아 감각과 본질 감각이 확연히 줄어든 자신의 의식 상태에 대해 내게 말했다. "이때의 의식은 무언가를 더하거나 뺄 것이 없는, 그 자체로 가장 좋은 상태입니다." 그는 기본적으로 갈애의 정반대 상태를 말하고 있었다. 결국, 지금 상태에서 무언가를 더하거나 빼야만 더 좋아진다는 것이 갈애의 기본 전제가 아닌가. 갈애는 우리로 하여금 현재의 상태에 만족할 수 없게 만든다.

웨버는 자신의 의식 상태를 열반이라고 말하지 않았고 자신이 깨달았다고도 말하지 않았다. 하지만 자신의 자아에 대해(더 정확히는, 자아가 존재하지 않음에 대해) 어떻게 말하는지 보면 웨버는 붓다가 〈무아경〉에서 설한 깨달음에 멀지 않은 것(적어도 나보다는 가까이 간 것) 같다.

그럼에도 새소리를 발의 저림만큼 나의 일부로 느낀 순간, 혹은 발의 저림이 새소리만큼 나의 일부가 아니라고 느낀 순간, 나는 명상의 길에서 조금은 더 앞으로 나아간 것 같았다. 그것은 매우, 매우 좋은 느낌이었다. 그리고 코고는 남자에 대한 혐오감을 부추기던 갈애를 버리자 나는 잠깐이나마 더 좋은 사람이 된 것처럼 느꼈다. 그것은 훌륭한 덤이었다.

14장

간략히 살펴보는 열반

Nirvana in a Nutshell

1990년대 초 세계적으로 유명한 록그룹 니르바나^{Nirvana}는 처음부터 그 이름이 아니었다. 초기에는 블리스^{Bliss} 등의 다른 이름으로 불렸다.

어떤 이는 열반을 뜻하는 니르바나와 극락을 의미하는 블리스가 같지 않느냐고 할지 모른다. 그러나 열반과 극락은 다르다. 물론 열반에는 극락의 느낌이 따라오지만 극락을 넘어서는 무언가가 열반에는 있다. 열반에는 있고 극락에는 없는 것은 무엇일까? 가장 분명한 것은 깨달음이다. 열반에 관한 많은 불교 경전을 번역한 비구 보디 스님은 열반을 이렇게 설명한다. "열반은 완벽한 행복, 완전한 평화, 더없는 내면의 자유, 온전한 깨어남과 이해의 상태입니다."(Bodhi 1981, lecture 6)

열반과 극락의 또 다른 차이는 난이도다. 극락을 추구한다면 극락의 느낌을 일으키는 약물을 먹으면 그만이다. 이 방법은 잠시 확실한 효과를 내지만 길게 보면 부작용이 더 많다. 니르바나의 리드 싱어 커트 코베인은 헤로인 중독자가 되어 스스로 목숨을 끊었다.

극락을 얻는 데 그치는 것이 아니라 열반을 추구한다면 노력이 요구되는 만만치 않은 길을 가야 한다. 그리고 당신이 꽤 부지런하다 해도 열반을 얻을 확률은 코베인이 극락감을 경험할 확률보다 낮다고 말하는 편이 안전하다. 그렇지만 만약 열반에 이른다면 코베인이 느낀 극락감보다 더 지속적이고 안정적인 만족감을 느낄 것은 확실하다.

열반은 불교 사상에서 특별한 위치를 차지한다. 이것은 불교인의 수행의 길에서 열반이 최고의 정점에 있기 때문만은 아니다. 또 열반이 상상 가능한 최상의 경지이기 때문만도 아니다. 열반의 특별한 위치는 열반이 불교의 두 가지 측면에 동시에 걸쳐 있기 때문이기도 하다. 하나는 이 책에서 다루는 자연적 측면의 불교이다. 즉 대학의 심리학과 철학 강의에 무리 없이 어울리는 불교이다. 나머지 하나는 대학의 종교학과에 어울릴 만한 초자연적이고 신비적인 불교이다. 열반은 확실히 신비적인 측면이 있다. 환생을 믿는 불교인들은 열반을 이루면 끝없는 윤회의 굴레에서 벗어난다고 생각한다. 그런데 윤회의 굴레에서 벗어나는 방법에 관한 이야기는 자연스레 열반에 관한 자연적 측면의 이야기, 즉 고통과 만족의 메커니즘에 관한 이야기로 이어진다. 윤회의 이야기와 고통과 만족 매커니즘에 관한 이야기를 따라가보면 마음챙김 명상이 윤회에서 벗어나는 매우 급진적인 시도임을 알 수 있다.

고대 불교 경전에서 열반은 흔히 '**조건 지어지지 않은 상태**the unconditioned' 라는 말로 표현되었는데 나는 오랫동안 이 기이한 표현이 대체 어떤 의미인지 궁금했다. 그렇지만 나 자신 열반에 이르지 못한 채 그것을 머리로 이해하기는 불가능했다. 또 열반을 머리로 이해하는 것은 나의 목적에서 볼 때 그리 중요한 일도 아니라고 생각했다. 그런데 나의 이런 생각은 틀린 것이었다. "조건 지어지지 않은 상태란 무엇인가?"라는 질문에 대한 명료하고 중요한 대답이 존재한다. 이 대답은 신비한 형이상학적 불교와 자연적 측면의 불교를 잇는 다리 역할을 한다.

'조건 지어지지 않은 상태'라는 암호를 푸는 확실한 방법으로 '조건 지어진 상태'란 어떤 의미인지 물을 수 있다. 불교에서 '조건 지어진 상태'란 일체의 현상이 원인에 따라 생긴다는 의미이다.[25] 이는 타당해 보인다. 물이 끓는 조건, 비가 내리는 조건, 범죄율 상승의 조건 등 특정 현상의 조건이란 곧 그 상태를 발생시킨 원인-결과의 연결고리를 가리키기 때문이다. 불교적 의미에서 '조건 지어진 사물'은 원인에 따른 결과로 생긴 사물이라는 의미이다.

그렇다면 조건 지어지지 않은 상태인 열반은 원인에 따른 결과로 생기지 않았다는 의미로 해석될 수 있겠다. 그런데 원인에 따른 결과로 생지 않았다는 건 또 무슨 의미인가?

이 질문에 대한 답은 불교의 가장 중요한 단어 중 하나인 연기緣起와 관련된다. 연기는 팔리어로 빠띠짜-사무빠다paṭicca-samuppāda라고 한다. 연기는 다양한 방식으로 사용되며 다양하게 번역되지만* 열반의 논리를 규명할 때는 '조건 지어진 발생'이라는 용어가 적절해 보인다.

일반적 의미에서 조건 지어진 발생이란 원인과 그에 따른 결과라는 기본적인 인과관계를 말한다. 예컨대 이런 조건에서는 이 사물이 발생하고, 저런 조건에서는 저 사물이 발생한다는 식이다. 그런데 조건 지어진 발생은 인과적 연결 관계의 특정 순서를 의미하기도 한다. 즉, 인간을 끝없

---

* '빠띠짜-사무빠다'는 13장에서 '상호 의존적 동시 발생'으로 번역한 말과 같은 용어이다. 그러나 이 용어들은 단지 동일한 용어를 서로 다르게 번역한 말에 불과하지 않다. '빠띠짜-사무빠다'라는 용어 역시 불교를 비롯한 여러 전통에서 사용하는 다른 용어와 마찬가지로 다양한 방식으로 해석되어 왔다. 공의 개념에 적용될 때는 '상호 의존적 동시 발생'이라는 번역이 더 적절한 반면, 열반의 개념에 적용할 때는 '조건 지어진 발생'이라는 용어가 더 적절하다.

는 윤회의 굴레에 가두는 12가지의 연쇄적 조건(12연기)을 가리키기도 한다.[26] 그렇다면 조건 지어지지 않은 열반이란 이 12가지 인과의 연결고리를 깨트리는 것이다.

───────────────

조건 지어지지 않은 상태인 열반은 인간을 윤회의 굴레에 가두는 12가지 인과의 고리를 깨트리는 것이다

여기서 12가지 조건을 모두 나열하지는 않겠다. 나는 아직 12가지 조건 중 몇몇에 대해 정확히 이해하지 못한다. 그러나 12연기 중에서 윤회에서 벗어나는 열반과 관련된 부분은 비교적 명료해 보인다. 이 부분은 눈, 귀, 코, 혀, 몸, 마음 등 한 사람의 감각기관이 형성되는 시점에서 시작된다. 이 감각기관들을 통해 사람의 의식은 외부의 물질세계와 접촉한다. 12가지 인과관계를 상술한 고대 문헌에 따르면 감각기관이라는 조건을 통해 접촉이 일어난다. 다음에는 접촉이라는 조건을 통해 느낌이 일어난다. 이는 타당하다. 왜냐하면 불교적 관점에서(그리고 많은 현대 심리학자들이 볼 때도) 우리가 감각기관을 통해 지각하는 사물에는 미세하지만 느낌이 따라붙기 때문이다.

그 다음은 느낌이 갈애를 일으키는 단계다. 우리는 즐거운 느낌은 갖기를 갈망하고 불쾌한 느낌은 벗어나기를 갈망한다. 일단 여기서 멈추는 것이 중요한데 왜냐하면 느낌에서 갈애로 넘어가는 순간에 멈추지 않고 더 나아가면 곧장 행동으로 표출되기 때문이다. 비구 보디 스님은 1981년에 행한 강의에서 이렇게 말했다. "윤회의 족쇄가 끝없이 계속될지, 아니면 깨달음과 벗어남을 이룰지 결정되는 순간이 바로 느낌에서 갈애로 넘어가는 순간입니다. 쾌락을 취하려는 갈애에 끌리지 않고 마음챙김과 알아차림으로 느낌의 본성을 관찰하세요. 이렇게 느낌을 있는 그대로 알면 갈애로 굳어지지 않습니다."(Bodhi 1981, lecture 4)

여기서 우리는 신비적 불교에서 자연적 불교로 넘어가게 된다. 비구 보디 스님이 말하는 **벗어남**liberation이란 우선 끝없는 생의 윤회에서 벗어나는 것을 말한다. 즉 이번 생이 끝나면 더 이상 태어나지 않는 벗어남이다. 그런데 스님이 말하는 벗어남은 이번 생이 끝

나기 전, 즉 '지금-여기'에서 바로 실현하는 벗어남이기도 하다. 지금-여기에서의 벗어남이란 갈애가 가져오는 고통에서 벗어나는 것을 말한다. 즐거운 느낌을 취하려는 갈애와 불쾌한 느낌을 제거하려는 갈애에서 벗어나는 것이다. 모든 것이 지금과 다르기를 바라는 끝없는 욕망에서 벗어나는 것이다.

이 두 종류의 벗어남은 열반에 두 가지가 있다고 보는 불교 사상에도 드러난다.[27] 지금-여기에서 벗어남을 이루는 순간, 당신은 열반에 들어 남은 삶 동안 열반을 즐긴다(이것을 첫 번째 종류의 열반이라고 하자). 이렇게 해서 이번 생이 끝나면(이제 윤회의 족쇄에서 벗어났으므로 이번이 당신의 마지막 죽음이다) 그 다음부터는 두 번째 종류의 열반이 적용된다.

살아 있는 동안 이루는 첫 번째 종류의 열반에 대해서는 나의 개인 체험으로 설명할 수 없어 아쉽다. 죽은 뒤 실현하는 두 번째 종류의 열반에 대해서도 내가 제대로 설명할 것 같지 않다. 그런데 여기서 핵심은 우리가 어떤 종류의 열반을 추구하든 열반을 실현하는 과정에서 마음챙김 명상이 핵심적인 역할을 한다는 점이다. 다시 말해 마음챙김 명상을 통해 느낌에 대한 알아차림을 계발함으로써 느낌과 맺는 관계를 근본적으로 변화시킬 수 있다. 당신이 품은 열망이 신비적이든 실제적이든, 벗어남의 핵심 도구는 마음챙김 명상이다. 당신이 윤회의 굴레에서 영원히 벗어나는 목표를 세웠든 단지 지금-여기에서 완전한(또는 부분적인) 벗어남을 이루는 목표를 가졌든 상관없이 마음챙김 명상은 당신이 느낌과 맺고 있는 관

계를 근본적으로 바꾼다.

그렇다면 첫 번째 열반이든 두 번째 열반이든 이를 설명하는 기본적인 용어도 다르지 않을 것이다. 다시 말해 열두 가지 조건이 끝없이 반복되는 상황에서 벗어나는 것

**윤회의 굴레에서 벗어나려 하든
지금-여기에서 벗어남을 이루려 하든
마음챙김 명상은
당신이 느낌과 맺고 있는 관계를
근본적으로 바꿔준다**

이 당신의 목표가 아니라 해도, 즉 한 번뿐인 인생이 그저 조금 더 좋아지기를 바란다 해도 당신이 조건들로부터 벗어나는 목표를 가졌다는 점은 달라지지 않는다. 즉 당신은 지금 자신을 얽어매고 있는 인과 관계의 고리에서 벗어나고자 한다. 주변 사물들(광경, 소리, 냄새, 사람들, 뉴스, 동영상 등)은 지금 당신의 느낌을 활성화시켜 생각과 반응의 연쇄 작용을 일으키고 있다. 이 연쇄 작용은 때로 바람직하지 못한 방식으로 당신의 행동을 지배한다. 지금 일어나는 과정에 주의를 기울이지 않으면 주변 사물은 계속해서 당신의 느낌을 활성화시켜 생각과 반응의 연쇄 작용을 일으킬 것이다.

지금까지 책에서 말한 핵심을 요약하면 이렇다. 인간의 뇌는 뇌에 부딪혀오는 감각 입력에 자동 반응하도록 자연선택에 의해 설계된 기계와 같다. 어떤 의미에서 인간의 뇌는 처음부터 감각 입력에 통제당하도록 만들어졌다. 이 통제의 기계에서 핵심 부분은 감각 입력에 반응해 일어나는 느낌이다. 만약 이 느낌들에 갈애로 대응한다면(즉 즐거운 느낌에는 갈망으로, 불쾌한 느낌에는 혐오로 반응한다면) 당신은 주변 세계에 계속해서 통제당할 것이다. 반면, 느낌에 자동 반응하지 않고 깨어있는 마음으로 느낌을 관찰한다면 감각 입력의 통제에서 벗어날 수 있다. 그러면 지금까지 당신의 일상 행동을 좌우하던 원인의 영향에서 벗어나 조건 지어지지 않은 상태에 더 가까이 갈 수 있다.

조건 지어지지 않은 상태는 얼마나 기이한 상태인가

열반과 조건 지어지지 않은 상태를 얼마만큼 극적인 상태로 받아들여야 하는가에 관해서는 불교 내에서도 논쟁이 있다. 완전한 벗어남을 이루었을 때 들어가는 초월적이고 극히 형이상학적인 '공간'이 따로 존재하는 것일까? 아니면 열반과 조건 지어지지 않은 상태는 그보다 세속적인 성격, 다시 말해 단지 우리를 통제하는 원인과 조건에 자동 반응하는 상태에서 벗어나는 것을 의미하는가? 자연적 불교를 신봉하면서 윤회를 믿지 않는 사람들은 극단적이지 않은 후자의 해석을 선호한다. 그들은 '조건 지어지지 않은 상태'라는 표현이 지나치게 극단적이라는 이유로 불편해한다. 오랜 기간 세속 불교의 주창자로『신앙 없는 불교 Buddhism Without Beliefs』를 쓴 스티븐 배철러 Stephen Batchelor는 이렇게 말했다. "조건 지어지지 않은 상태란 존재하지 않습니다. 단지 '특정한 무엇에 의해' 조건 지어지지 않을 가능성만이 존재합니다."(Batchelor 2015, p.145)

그러나 나는 세속 불교인이라도 '조건 지어지지 않은 상태'라는 표현을 써도 무리가 없다고 본다. 지금-여기에서의 완전한 벗어남을 반드시 형이상학적 영역으로 볼 필요는 없다. 일종의 비유적 영역으로 간주하는 것도 유용할 수 있다. 우리가 실제로 이 영역에 마침내 이를 수 있다고 여기든, 아니면 끝없이 다가가긴 해도 최종적으로 이를 수 없다고 여기든 상관없이 유용할 수 있다.

특별하게 '느껴지는' 영역에 가까이 다가갈 수 있다는 것은 내가 다음 일화로 증언할 수 있다. 첫 명상 수련회를 마친 뒤 나는 아내에게 전화를 걸었다. 그때 아내는 내 목소리를 듣고 내가 완전히 다른 사람처럼 느껴진다고 말했다. 내가 명상 수련회나 무언가 의미심장한 이야기를 꺼내기도 전에 말이다. 아내는 내 목소리가 이전과 많이 달라졌다고 하면서 나의 새 목소리를 무척 반겼다. 물론 아내의 말은 나의 새 목소리가 좋다기보다 옛날 목소리가 그만큼 나빴다는 데 방점이 있었지만 어쨌든 요점은 나의 목소리에 실제로 변화가 있었다는 사실이다.

확실히 명상 수련회를 마친 뒤 세상은 새로운 톤을 띄었다. 나는 그때까지의 자기도취적 태도를 상당 부분 떨쳐낸 때문인지 이제 주변 사람과 사물에서 전에 없던 새로운 기쁨을 느꼈다. 이전보다 더 열린 상태가 되어 별안간 낯선 사람과 대화를 나누고 싶었다. 세상이 더 활기차고 생생하게 살아 있는 듯 보였다.

그런데 내가 들어간 영역에 관하여 아이러니한 점이 한 가지 있었다. 흔히들 과학은 기존 종교의 세계관을 대체해 등장함으로써 인간이 세계에 관한 마법에서 벗어나게 해주었다고 말한다. 마찬가지로 당신은 명상 수련도 느낌이 인지에 미치는 영향력을 억제해 우리 안에 명료한 관점을 심어줌으로써 우리가 홀린 마법의 힘을 약화시킨다고 생각할지 모른다. 그러나 배철러는 이와 반대로, 명상 수련을 통해 우리는 세계에 관한 마법에 다시 홀린다고 말한다.(위의 책, p.17) 나는 그의 말이 무슨 뜻인지 알 것 같다. 첫 명상 수련회를 마친 뒤 나는 경이로움과 초자연적 아름다움의 장소인 마법의 영역에 들어간 것처럼 느껴졌다.

그러나 이것은 내가 인과에 영향 받지 않는 영역에 들어갔다는 의미가 아니다. 나는 여전히 나에게 영향을 미치는 원인들에 어느 정도 자동적으로 반응하고 있었다. 그렇지만 내가 (조금이나마) 홀린 마법의 원천은 주변 사물에 점점 덜 반응한다는 데 있었다. 불같이 화를 내는 일이 줄고 그러면서 나 자신을 관찰하는 시간이 더 많아졌다는 데 있었다. 그 덕으로 나는 주변 사물에 더 사려 깊이 응대하고 있었다. 나는 조건 지어지지

'않은' 상태로 사는 것이 멋지다고 여기지만 '덜' 조건 지어진 상태로 사는 것도 그리 나쁘지 않다는 생각이 들었다.

그러고 보면 이 책에서 다룬 불교 사상의 많은 부분을 원인-결과에 의해 조건 지어진 상태라는 관점에서 해석할 수도 있다. 실제로 불교 철학은 인과를 매우 진지하게 다룬다.

예컨대 무아 사상을 보자. 무아는 우리가 '자아'라고 부르는 것이 환경과의 끊임없는 인과적 상호작용을 통해 주변 세계의 영향을 받는다는 점을 들어 자아의 경계가(그러니까 자아의 핵심이) 과연 불변하며 고정적인지 묻는다. 붓다는 무아에 관한 최초의 설법에서 우리가 자아의 일부라고 여기는 많은 것이 실은 우리의 통제 아래 있지 않음을 강조했다. (적어도 조건 지어진 상태에서 벗어나기 전까지는) 자아의 일부를 통제할 수 없는 이유는 그것들이 우리 외부의 영향력 아래 있기 때문이다. 다시 말해 조건 지어져 있기 때문이다. 또 붓다는 우리가 자아의 일부로 여기는 것들이 끊임없는 변화의 성질을 가졌다는 점을 강조했다. 이처럼 생각, 감정, 태도가 끊임없이 일어나고 사라지는 것 역시 우리에게 미치는 끝없이 변화하는 힘들, 우리 안에 연쇄적 반응을 일으키는 힘들이 낳은 결과물이다. 우리 내면에 있는 것들은 원인과 조건에 종속되어 있다. 조건이 변하면 그에 따라 우리의 내면도 바뀐다. 이것은 변화에 종속된 존재, 즉 조건 지어진 모든 존재의 숙명이다. 그리고 조건은 거의 언제나 변화하고 있다.

명상의 향상은 당신에게 영향력을 미치는 원인이 당신을 어떤 식으로 조종하는지 '알아차리는' 데 달려 있다. 그리고 이 조종에서 핵심적인 지점이 느낌에서 갈애로 넘어가는 지점이다. 즉 즐거운 느낌에 대한 갈망과 불쾌한 느낌에 대한 혐오가 일어나는 바로 그 순간이다. 마음챙김은 이 지점에서 핵심적인 역할을 한다.

그런데 앞 문단의 '알아차림'이라는 용어는 약간의 설명이 필요하다. 여기서 말하는 알아차림이란 인과적 연결고리에 대한 추상적, 학문적 이해를 의미하지 않는다. 그것은 신중하게 계발된 체험적 앎이다. 다시 말해 인과적 연결고리를 깨트리는 (혹은 적어도 느슨하게 만드는) **깨어있는 알아차림**mindful awareness을 말한다.

그런데 이러한 체험적 앎을 불교 철학의 추상적 이해로 뒷받침할 필요는 있다. 마음챙김 명상의 참된 향상은, 느낌을 제멋대로 내버려두었을 때 그것이 우리의 인지와 생각, 행동에 어떤 영향을 주는지 더 잘 아는 데 있다. 어떤 원인이 어떤 결과를 일으키는지 더 잘 알아차린다는 점에서 불교의 **깨달음**enlightenment은 서양 과학에서 말하는 **계몽**enlightenment과도 일정한 관련성이 있다.

그런데 이런 논의는 흔히 마음챙김 명상을 따뜻하지만 모호한 성격의 반反이성적 활동으로 여기는 우리의 고정관념과 어긋난다. 마음챙김 명상에서는 자신의 느낌과 접촉하되 판단을 일으키지 않는다. 마음챙김 명상은 분노, 사랑, 슬픔, 기쁨 같은 느낌을 전에 없던 민감성으로 경험하게 한다. 전에 경험하지 못한 느낌의 질감을 보고 느낀다. 이렇게 되는 이유는 판단을 일으키지 않기 때문이다. 즉, 자신의 느낌에 좋다거나 나쁘다는 이름표를 아무렇게나 붙이지 않기 때문이다. 그리고 느낌으로부터 도망가거나 그것을 무작정 좇아가지 않기 때문이다. 마음챙김 명상을 통해 우리는 느낌들에 충분히 다가가면서도 거기 함몰되지 않는다. 느낌들이 실제로 어떻게 느껴지는지 가만히 주의를 기울인다.

그렇지만 이것이 이성적 기능을 포기하려는 목적은 아니다. 오히려 이성을 더 제대로 활용하기 위한 목적이다. 이제 당신은 느낌을 이성적 분석 아래 놓는다. 이성적 분석을 통해 어떤 느낌이 나를 인도할 올바른 등

불인지 현명한 판단을 내린다. 그러므로 '판단을 내리지 않는다' 함은 궁극적으로 느낌이 당신을 '대신해' 판단하지 않게 한다는 의미다. 그리고 '느낌과 접촉한다' 함은 궁극적으로 느낌을 알아차리고 거기에 휘둘리지 않는다는 의미다. 그리고 이럴 때 당신이 세상에 반응하는 방식은 세계에 관한 최대한의 명료한 관점을 갖추게 된다.

이러한 모든 시도의 근저에는 마음의 작동 방식에 관한 매우 기계론적인 인식이 자리 잡고 있다. 마음의 작동에 관한 기계론적 인식의 취지는 마음이라는 기계의 작동 방식을 섬세하게 알아차림으로써 마음이 작동하는 방식을 새롭게 만들고 지금까지 마음에 프로그래밍 된 내

> 판단을 내리지 않는다 함은
> 느낌이 당신을 '대신해'
> 판단하지 않게 하는 것이다
> 느낌과 접촉한다 함은
> 느낌을 알아차리고
> 거기에 휘둘리지 않는 것이다

용을 변화시키는 데 있다. 다시 말해 마음이라는 기계가 지금까지 원인과 조건에 반응하던 방식을 혁명적으로 바꾸는 것이다. 그렇다고 해서 엄밀한 의미의 '조건 지어지지 않은 상태'에 들어가는 것은 아니다. 당신은 여전히 원인과 결과의 영향에서 완전히 벗어날 수 없을 것이다. 하지만 중력의 법칙을 이기며 하늘을 나는 비행기처럼 우리는 인과의 영향에서 완전히 벗어나지 않은 채로도 수행의 향상을 이룰 수 있다.

나는 불교의 깨달음과 서구의 계몽사상을 무리하게 연결시키고 싶지는 않다. 불교 철학과 현대 과학은 탐구의 양식과 증거의 기준이 서로 다르다. 그러나 최근 이 두 전통이 의미 있는 방식으로 상호작용하기 시작했다. 과학자들이 명상가의 뇌를 촬영하는 등 명상의 생리적·심리적 효과에 관한 연구가 활발히 진행 중이다.

그런데 내가 보기에 불교와 과학 사이의 가장 중요한 상호작용은 자연선택 이론이 등장한 19세기 중반에 이미 시작되었다. 2천 년 넘게 불

교는 인간의 마음이 어떻게 주변 환경에 반응하도록 프로그래밍 되었는지, 그리고 이러한 조건화가 어떻게 작동하는지 탐구해왔다. 이제 우리는 이 프로그래밍의 실행 주체가 자연선택이라는 사실을 다윈의 이론을 통해 알게 되었다. 진화론이 등장한 뒤 지금까지 150년에 걸쳐 다윈의 이론이 성숙하고 증거가 축적되면서 자연선택이라는 프로그램의 세부 내용을 더 확실히 이해하게 되었다. 이런 상황에 힘입어 우리는 이제 완전히 새로운 각도에서 열반에 접근하게 될 것이다. 또 이로써 불교의 깨달음이 지닌 기본적 타당성을 새로운 방식으로 주장할 수 있다. 이것이 15장에서 다룰 내용이다.

15장

깨달음은 정말
우리를 깨닫게 하는가?
Is Enlightenment Enlightening?

　오랜 시간에 걸쳐 '깨달음＝벗어남'이라는 등식은 다양한 형태로 다양한 사람들에게 나타났다. 미국 CIA 본부의 벽에는 이 등식의 '예수 버전'이 새겨져 있다. "진리를 알지니 진리가 너희를 자유케 하리라." 또 도입부에 소개한 영화 〈매트릭스〉도 불교 철학에 보이는 진리와 자유의 관련성을 드러낸다. 지금 우리가 살고 있는 일상의 삶은 일종의 환영이라는 것, 그리고 이 환영의 실상을 철저히 꿰뚫어 알기 전에는 참된 자유를 누릴 수 없다는 것이다. 모피어스는 네오에게 말했다. "스스로 보기 전까지 자네는 계속 노예 상태로 살아야 해."

　그런데 영화 〈매트릭스〉와 불교는 시나리오에서 중요한 차이가 있다. 우선 〈매트릭스〉의 진리는 불교의 진리보다 설명하기가 더 용이하다. 모피어스는 네오에게 스스로 진리를 보아야 한다고 했지만 실은 네오가 처한 상황을 다음처럼 명확하게 표현할 수 있다. "로봇 지배자가 인간을 끈적이는 자동 인큐베이터에 가두고는 인간의 머리에 환영을 주입하고 있어!"

이 표현이 어려운가? 이 말은 자아가 존재하지 않는다거나 모든 것이 공하다는 주장보다 확실히 더 쉽다.

네오의 반역 대상인 로봇 지배자는 네오가 처한 곤경에 단순함이라는 매력을 더해주는 존재다. 반역은 활기를 일으키게 마련이다! 압제적인 상대가 존재한다는 사실은 우리의 마음을 집중하게 만들고 다가올 고투^苦_鬪에 마음을 단단히 먹게 만든다. 명상도 이 점에서 비슷하다. 왜냐하면 명상도 정말로 일종의 '고투'이기 때문이다. 마음에 내키지 않을 때도 매일 같이 방석에 앉아야 하고, 마음챙김을 일상생활에 적용하도록 애써야 한다. 그런데 아쉬운 점이 있다. 불교에는 우리에게 미망을 덧씌우는, 그래서 맞서 싸워야 하는 악당이 존재하지 않는다는 사실이다!

'전통' 불교에는 실제로 악한 가해자가 존재했다. 사탄과 비슷한 초자연적 존재인 마라^{Mara}가 그것이다. 붓다가 명상으로 위대한 깨달음을 이루는 중에 마라는 붓다를 유혹해보지만 성공하지 못한다. 그러나 이 책의 토대를 이루는 서양의 세속 불교에는 마라가 차지할 자리가 없다. 조금은 애석한 일이다.

그러나 '좋은 소식'도 있다. 만약 당신이 명상 수련을 폭압적 지배자에 대한 반역으로 간주하고 싶다면 다음과 같이 생각해도 좋다. 즉, 당신 스스로 당신의 창조자인 자연선택에 맞서 싸운다고 여기는 것이다. 자연선택은 로봇 지배자와 마찬가지로, 우리를 통제하는 미망을 우리 뇌에 집어넣었다. 자연선택을 의인화하고 싶다면 로봇 지배자의 비유를 더 밀고가도 좋다. 즉, 자연선택은 자신의 주요 관심사에 인간이 노예처럼 복종하도록 인간에게 미망을 주입했다고 말이다.

여기서 자연선택의 주요 관심사란 물론 유전자를 다음 세대에 전하는 일이다. 유전자를 다음 세대에 전하는 일은 자연선택의 가치체계 중 가장 핵심이다. 유전자 전파는 인간 뇌의 설계에 있어서 가장 핵심적인 기준이 되어왔다. 그런데 우리는 〈매트릭스〉의 네오처럼, 인간을 통제하는 자연선택의 영향력이 아닌 다른 가치체계를 선택할 수도 있다. 그렇게 자연선택의 영

향력에서 벗어나겠다고 결심할 수도 있다. 어떻게 이것이 가능한가? 자연선택의 통제권 행사 수단인 미망에서 우리 스스로 벗어나는 것이 핵심이다. 오늘의 환경에서 미망이 유전자 확산이라는 자연선택의 관심사에 제대로 복무하지 못하는 건 아이러니다. 그렇지만 이러한 역설은 미망에서 벗어나겠다는 우리의 '독립 선언'에 더 큰 유효성을 부여한다.

불교의 명상 수행을 자연선택에 대한 반역에 비유하면 좋은 점은 또 있다. 그것은 벗어남과 깨달음이라는 말의 의미가 분명하게 드러난다는 점이다. 그리고 '깨달음은 정말 우리를 깨닫게 하는가?'와 같은 심오한 질문에 답하는 데도 도움이 된다. 불교 수행의 최종 목표로서의 깨달음 Enlightenment은 정말로 우리를 깨닫게 하는가? 깨달음은 우리의 일상적 경험보다 더 진실에 가까운 견해인가? 깨달음은 궁극적 진실인가? 나는 이책에서 우리가 명상을 하면 사물을 이전보다 더 명료하게 보게 된다고 주장했다. 그리고 명상을 하면 할수록 명료함은 더 커진다고 했다. 그렇다면 명료함의 증가분을 모두 합하면 어떻게 되는가? 명상 수행의 길에서 '최종 목적지'에 이르면 당신은 어떤 상태가 되는가? 깨달음에 이른 당신의 견해와 관점은 '백퍼센트 진실'이라고 할 수 있는가?

이 문제는 논의의 유효성이 그리 크지 않은지 모른다. 왜냐하면 현실적으로 우리들 대부분은 완전한 깨달음을 이룰 가능성이 크지 않기 때문이다. 그러나 결코 도착할 수 없다고 해서 조금이라도 가까이 가지 못

하는 것은 아니다. 비록 깨달음이 우리가 경험하기 어려운 이상적 상태라해도(지금까지 누구도 경험하지 못했으며 앞으로 누구도 경험하지 못할 상태라 해도) 이론상으로 깨달음은 우리가 향해 가야 하는 명상의 길이 맞는다. 그러므로 우리가 지금 진실을 향해 가고 있는지 알고 싶다면 깨달음의 상태가 과연 진실인지를 물어야 한다.

깨달음 체크리스트

우리는 기본적인 질문에서 시작해야 한다. 도대체 깨달음이란 무엇인가? 만약 불교에서 말하는 깨달음을 얻는다면 세상이 이전과 다르게 보일까? 이 질문에 대강 답하자면 깨달음을 얻은 당신은 불교 철학의 중심적 사상이 지닌 진실성을 보게 될 것이다. 여기서 '진실성을 본다'는 말은 경험으로 깨닫는다는 의미다. 예컨대 지성을 사용해 '자아는 존재하지 않는다'는 등의 결론에 이르는 것이 아니다. 앞서 보았듯이 일부 심리학자와 철학자들은 데이터와 논리와 내관을 일정하게 결합시켜 자아가 존재하지 않을지 모른다고 추론했다. 그러나 이들 대부분은 무아를 강렬하게 직접 경험하지는 못했다. 무아에 대한 직접 체험이야말로 지성적 납득을 뛰어넘는 깊은 확신을 부여한다. 그럴 때 무아 체험은 우리의 삶을 변화시키는 힘을 갖는다.

공의 사상도 마찬가지다. 공의 진실성을 주장하는 철학 논증이 존재하며 어떤 이는 그것이 설득력이 있다고 여긴다. 그러나 깨달음은 단지 머리로 이해하는 것이 아니라 자신의 직접 체험을 통해 공이 진실임을 직접 봄으로써 확신을 갖는 것이다.

좋다. 나는 방금 무아와 공을 직접 보아야 한다고 했다. 그렇다면 깨달음을 얻었다고 하려면 그밖에 또 무엇을 직접 보아야 하는가? 불교의 모든 종파에서 승인한, 깨달음에 대한 단 하나의 공식적인 정의가 존재하는가? 그렇지 않다. '깨달음 자격증'에 요구되는 조건이 따로 있어 그것을 하나씩 충족시키면 되는 것도 아니다. 그런데 만약 깨달음 체크리스트가 존재한다면 주류 불교인이 보기에 그 목록은 무아와 공에만 국한되지 않을 것이다(물론 무아와 공이 가장 기본이 되기는 하겠지만).

우리는 앞에서 이미 깨달음 체크리스트에 포함될 추가적인 주요 항목을 몇 가지 살펴보았다. 그중 몇몇은 (사물의 무상을 꿰뚫어보는 등) 통찰에 가까운 성격이며, 어떤 것은 (갈애를 극복하는 것처럼) 실천에 가까운 성격을 지녔다.[28] 그밖에도 불교 경전에는 깨달음과 관련된 다양한 실천행行이 등장한다. 욕정, 자만, 악의 등 깨달음의 장애물을 극복하는 것, '도둑질하지 말라, 다른 생명을 해하지 말라, 악의적인 말과 쓸데없는 말을 삼가라' 등 팔정도에 나오는 계율도 있다.

이처럼 불교에서 말하는 온전한 차원의 깨달음은 우리가 지금까지 주로 다룬 추상적 차원, 즉 우리 내면과 외면의 실재가 눈에 보이는 것과 다르다는 생각에 국한되지 않는다. 불교의 깨달음에는 확실히 도덕적인 차원도 분명히 존재한다.

한편 앞서 보았듯 불교 사상은 형이상학과 도덕이 서로 연결되어 있다. 즉, 명상을 통해 불교의 핵심이 되는 형이상학적 주장을 이해한다 함은 곧 도덕적으로 악한 행동의 심리적 뿌리를 잘라내는 것을 의미한다. 실제로 욕정, 자만, 악의를 버리는 것은 무아에 대한 형이상학적 이해의 고유한 일부를 이룬다.

이처럼 형이상학적 이해와 도덕적 실천은 서로 연결되어 있다. 형이상학적 깨달음에는 언제나 특정한 도덕적 가치가 내포되어 있다. 그리고 이 점에서 실재에 대한 명료한 지각이 곧 자연선택에 대한 반역이 된다. 실재에 대한 명료한 지각에 내포된 특정 가치(완전한 깨달음을 이룰 때 구현되는 가치)는 많은 면에서 실재에 대한 우리의 일상적 관점에 내포된 가치(자연선택이 우리 내면에 심어놓은 가치)와 정면으로 배치되기 때문이다.

명상을 통해
불교의 핵심인 무아와 공의
형이상학적 주장을 이해하면
도덕적으로 악한 행동의
심리적 뿌리를 잘라낼 수 있다

나는 과연 특별한가

우선 깨달음의 핵심 경험으로 흔히 거론되는 무아의 경험을 살펴보자. 구체적으로는 무아의 부분집합인 외면적 무아 체험에 대해 살펴보자. 외면적 무아 체험을 하면 어떻게 자연선택의 주요 가치를 거부하게 되는가?

앞서 보았듯 외면적 무아 체험을 하면 나와 타인·사물이 서로 분리되어 있다는 느낌이 줄어든다. 실제로 나의 내부와 외부가 하나가 된 듯 느껴진다. 타인에게 해를 입히는 것은 곧 나에게 해를 입히는 것과 다르지 않게 생각된다. 외면적 무아 체험을 충분히 하면 나의 이익과 상대의 이익이 완전히 별개가 아니라고 생각하게 된다.

그런데 이것은 자연선택의 관점에서 볼 때는 일종의 '이단'이다. 자연선택이 우리 안에 집어넣은 생각은 '나는 나만의 고유한 이익을 가졌으며 그것에만 집중해야 한다'는 것이다. 다행히 나와 타인의 이익이 크게 다르지 않다면 그것을 추구하면 된다. 그러나 그렇지 않다면 나의 이익 추구가 우선이다.

나의 이익을 우선 추구하는 원리는 자연선택의 논리에 따른 필연적 귀결이다. 나의 내부에 자기 복제를 통해 다음 세대에 전하기 유리하다는 이유로 선택 받은 유전자가 있다고 하자. 이 유전자의 첫 번째 임무는 복제된 유전자를 다음 세대에 전하는 도구인 나의 몸을 돌보는 일일 것이다. 이것은 자기 몸을 돌보는 일이 타인의 몸을 돌보는 일보다 훨씬 중요하다는 생각을(가까운 친족의 경우는 예외로 하고) 이 유전자가 나의 뇌에 주입했다는 의미다. 이렇게 우리는 처음부터 '나는 특별하다'는 생각을 갖도록 만들어졌다. 자연선택이 중시하는 가치 체계의 핵심에는 내가 특별하다는 생각이 자리 잡고 있다.

'내가 가장 중요하고 특별하다'는 전제는 모든 동물에 심어져 있다. 우리는 모든 동물에 있어 이것이 다양한 방식으로 드러나는 것을 목격한다. 예를 들어 동물은 서로를 죽인다. 인간이라는 '동물'도 예외가 아니다. 평화적 방법으로 경쟁자를 깎아내린다는 점에서 인간은 다른 동물보다 은밀하게 자신의 특별함을 주장할 뿐, 근본은 다르지 않다. 인간의 평범하고 일상적인 행동에는 언제나 '나는 특별하다'는 전제가 깔려 있다. 당신이 택시를 잡고 있다고 하자. 바로 옆 사람도 택시를 잡으려 애쓰는 중이다. 사실 당신은 그가 위급한 생명을 구하러 가는 의사라는 사실을 알고 있다. 하지만 당신은 이 사실을 모르는 체하며 더 높이 손을 흔든다.

깨달음을 이루는 한 가지 요소인 외면적 무아 체험을 먼저 살펴보자. 외면적 무아 체험은 나와 세상의 경계를 허무는 것이다. 나의 이익과 다른 존재의 이익이 자연스럽게 하나가 되는 경지다. 외면적 무아 체험을 하면 자연선택이 인간에게 심은 가장 기본적인 수칙, 즉 '나는 나이기 때문에 특별하다'는 수칙을 내려놓게 된다. 이 점에서 외면적 무아 체험은 자연선택에 대한 반역이다.

나는 특별하지 않다면 이것이 과연 진실과 부합할까? 다시 말해 깨달음의 과정에서 우리가 거부하는 자연선택의 가치는 실제로 거짓일까? 그렇다. 어떤 의미에서 이것은 거짓이다. 지금 인류가 처한 상황이 얼마나 부조리한지 생각해보라. 현재 지구는 자신의 이익이 지구상 모든 사람의 이익보다 중요하다는 전제 아래 행동하는 사람들로 가득하다. 그런데 모든 사람 각각이 다른 모든 사람보다 중요하다는 전제가 진실일 수 있을까? 논리상 어불성설이다. 이처럼 '나는 다른 모든 존재보다 더 특별하다'는 자연선택의 가치 체계는 내적 모순이다. 그러므로 자연선택의 가치체계를 거부하면 진실에 가까이 간다고 말할 수 있다. 요약하면, 외면적 무아 체험의 경우에 우리의 지배자인 자연선택이 중시하는 가치를 거부하면 세계에 관한 더 참된 견해에 가까워진다. 이 점에서 외면적 무아 체험을 일종의 깨달음이라고 말할 수 있다.

그렇다면 내면적 무아 체험은 어떤가? 나의 생각과 느낌을 내 것이 아니라고 여기는 내면적 무아 체험의 경우에도 우리는 자연선택의 가치를 거부하게 된다. 어차피 우리 뇌가 하게 마련인 온갖 생각과 느낌은 자신의 유전자 운반 도구인 몸을 돌보기 위해 자연선택이 처음부터 설계한 것이기 때문이다. 그러므로 생각과 느낌을 나로 동일시하는 것은(다시 말해 생각과 느낌을 '내 것'으로 소유하고, 그럼으로써 생각과 느낌이 나를 소유하게 만드는 것은) 나의 특별함을 주장하는 또 다른 방식에 불과하다.

내가 택시를 잡으려 애쓸 때(그럼으로써 나보다 덜 중요한(!) 옆 사람이 택시를 못 잡게 만들 때) 나는 최대한 빨리 택시를 잡아 나의 주요 행선지로 이동하려는 욕망을 '내 것'으로 소유한 것이다. 만약 이 욕망을 나로 동일시하지 않고 내려놓는다면(다시 말해 내면적 무아 체험에 한 걸음 더 가까이 다가간다면) 나만을 특별하게 여기라는 자연선택의 주장을 거부하는 것이 된다. 자연선택의 가치에 정면으로 대항하는 시도이다!

외면적 무아 체험과
내면적 무아 체험 모두
자연선택의 주요 가치에
정면으로 대항하는 시도이다

14장에 언급한 수련회의 코골던 남자도 마찬가지다. 남자에 대한 혐오감을 나로 동일시하는 한, 나는 나를 특별하게 여기라는(적어도 못 잔 잠을 보충하려는 남자보다는 더 특별하게 여기라는) 자연선택의 지시를 충실히 따랐던 거다. 그리고 그 혐오감을 내 것으로 소유하지 않는 정도만큼 무아를 경험했다고 말할 수 있다. 또 그 정도만큼 자연선택의 주요 가치에 저항했다고 할 수 있다.

나는 완벽한 무아 체험에 대해 정확히 모르지만 적어도 나만이 특별하다는 생각은 조금씩 사라지고 있다는 느낌을 받았다. 그리고 만약 나만이 특별하며 유일무이한 특권을 가졌다는 생각이 실제로 거짓이라면 (즉, 자연선택이 우리 안에 심어놓은 환영이라면) 그 생각이 사라지는 만큼 나는 진실에 가까워졌다고 말할 수 있다.

진실로서의 공

불교에서 무아 외에 가장 잘 알려진, 그러나 우리의 직관에 반하는 형이상학적 진실이 있다면 공(空)일 것이다. 무아와 마찬가지로 공도 철학적 교리인 동시에 명상적 경험이다. 만약 불교 철학자라면 모든 사물이 긴밀하게 연결되어 어떤 사물도 독립된 존재성을 갖지 않는다는 주장을 내세워 공 사상을 증명할 것이다. 그러나 나라면 공 사상을 증명할 때 다른 방식을 택할 것이다. 나는 철학적 교리가 아닌 직접 체험으로서의 공에 대해 이야기고자 한다. 또 나는 공 체험이 어떤 차원에서 볼 때 우리의 일상적 세계 경험보다 더 온당하며 진실에 더 가깝다고 주장하려 한다.

공의 진실성에 관한 나의 주장은 기본적으로 무아의 진실성에 관한 나의 주장과 다르지 않다. 무아 체험과 마찬가지로 공 체험도 나만 다른 사람보다 더 중요하다고 믿는 자연선택의 터무니없는 주장을 거부하고 부정한다. 그런데 공은 무아에 비해 주장의 논리가 그리 분명하게 드러나지 않는다. 더 자세히 살펴보자.

공은 앞에서 보았듯 모든 사물에는 고유한 본질이 존재하지 않는다는 생각이다. 그리고 본질에 대한 인식은 느낌을 중심으로 일어나는 것으로 보인다. 사물의 본질은 그 사물이 우리에게 일으키는 느낌에 의해 형성된다. 그리고 우리가 사물이 공하다 또는 형상이 없다고 본다면 그것은 사물이 느낌을 일으키지 않기 때문이다. 다시 말해 사물에 대해 일반적으로 일으키는 감정 반응이 줄기 때문이다. 적어도 이것이 심리학과 명상의 고수들이 증언하는, 공에 대한 나의 생각이다.

그래서 만약 공이 우리의 통상적인 세계 인식보다 진실에 더 가까운지 궁금하다면 그러한 통상적 이해를 가져오는 느낌, 즉 본질이 존재한다고 느끼게 만드는 느낌이 진실인지 물어야 한다. 우리가 당연하게 받아들이는 느낌은 과연 우리를 진실에 이르게 하는 신뢰할 만한 인도자인가?

여기까지 책을 읽었다면 답을 알 것이다. 15장 앞부분을 비롯해 책의 여러 곳에서 우리는 일관되게 느낌이 실재에 대한 '의심스러운' 안내자라는 점을 보았다. 그러므로 사물에 본질이 존재한다는 직관이, 사물을 접했을 때 일어나는 미묘한 느낌에 의해 형성된다면 사물에 본질이 존재한다는 직관을 충분히 의심할 만하다.

그런데 우리의 느낌이 내가 앞에서 내비친 것보다 훨씬 더 못미더운 안내자라는 점은 또 다른 차원에서도 설명이 가능하다. 그것은 장대한 우주적 차원이다. 이를 설명하기 위해 잠시 멈추어 느낌이 애당초 어떤 용도를 지녔는지 찬찬이 살펴보자. 깨달음의 의미에 대해 숙고할 때 장대한 우주적 차원이 되지 않는다면 우리가 언제 그렇게 할 수 있을까? 그러니 잠시 호흡을 늦추고 느낌에 대해 살펴보자.

우주적 맥락에서의 느낌

생명체의 탄생과 더불어 생명 세계에 처음 생겨난 느낌의 임무는 무엇이었을까? 그것은 생명체를 보살피는 일이었다. 음식 등 생명체에게 유익한 사물에는 다가가게 하고, 독소 등 해로운 사물은 피하게 만드는 것이었다. 그런데 시간이 지나 생명체가 점점 복잡해지면서 느낌이 유도하는 행동도 단순 접근과 단순 회피를 넘어 더욱 복잡해졌다. 나에게 좋은 일을 해주는 사람에게는 아첨을 떨고 나에게 해를 입히는 사람에게는 고함을 지르는 식으로 말이다.

이처럼 진화의 목적이라는 맥락에서 볼 때 느낌은 주변 사물에 대한 암묵적 판단의 성격을 지녔다. 느낌은 사물이 생명체에 유익한지 해로운지, 그리고 접근, 회피, 아첨, 고함 가운데 어떤 행동을 취할지 판단한다.

3장에서 보았듯이 느낌을 진실 또는 거짓이라고 판단하는 한 가지 차원은 느낌이 일으키는 판단이 실제 사태와 맞는가, 맞지 않는가 하는 점이다. 특히 현대 세계에서 느낌은 실제 사태와 맞지 않는 부정확한 경우가 많다. 앞서 보았듯이 보복 운전이나 쓸데없는 걱정은 부정확한 느낌 때문에 일어난다. 그밖에도 21세기를 사는 보통 사람들에게 이롭지 않은 느낌의 수는 무척이나 많다.

그런데 앞 문단의 '이롭지 않은'이라는 표현에 주목해보자. 특정 생명 개체의 이익을 판단의 정확성을 가르는 기준으로 삼는다면 다음과 같은 자연선택의 기본적 준거를 인정하는 꼴이다. '나라는 특정 생명 개체는 특별하다. 나의 이익이 가장 중요하므로 세상에 존재하는 사물의 좋음과 나쁨을 평가할 때 모든 것을 내 이익의 관점에서 판단해야 한다. 이것이야말로 가장 적절한 관점이다.' 그런데 우리는 느낌과 느낌이 일으키는 지각을 나의 특정한 관점으로 평가할 수밖에 없는 걸까?

여기서 잠시 말하고 싶은 것은 자신에게 이로운 느낌을 모조리 무시해야 하는 것은 아니라는 점이다. 우리 각자가 자신과 사랑하는 가족을 돌보는 데 시간을 투여하는 것은 타당한 행동이다. 자신이 특별하다는 암묵적 전제 하에 우리가 지금껏 해오던 행동들을 모두 중단해야 하는 건 아니다. 예컨대 우리는 지금까지처럼 계속 먹어야 한다. 그리고 이빨도 스스로 닦아야 한다(모두가 상대의 이를 닦아준다면 얼마나 이상할까!) 또 가까운 가족 가운데 아픈 이가 있으면 보살펴야 한다. 나의 가족이 이웃의 가족보다 '객관적으로' 더 중요한 존재는 아니지만 같은 집에 함께 사는 사람을 돌보는 데는 사회적 능률과 편리성이 분명 존재한다. 함께 사는 가족을 돌보도록 동기를 부여하는 원천은 느낌이며, 이 경우에는 느낌을 신뢰해도 좋다.

그리고 본질 감각을 일으키는 느낌 중에도 신뢰할 수 있는 느낌이 있다. 즉, 본질 감각을 일으키는 느낌이라고 해서 모두 신뢰할 수 없는 것은 아니다. 자기 집이 '나의 집'이라는 본질을 가졌다는 느낌은 엄격히 말해 자기 이익 본위의 느낌이지만 이 느낌에 저항해야 할 이유는 없어 보인다. 자기 집에 끌리는 느낌은 그다지 나쁠 게 없다. 자기 집에 들어가면 남의 집에 들어갔을 때보다 불편한 만남에 이를 확률이 낮다. 나는 당신에게 일단 집에 들어가면 개의 본질, 고양이의 본질, 아들과 딸의 본질, 배우자의 본질을 마음껏 느끼라고 권하고 싶다(가정불화로 당신이 가진 집의 본질이 따뜻하고 포근한 본질에서 차갑고 가혹한 본질로 변질되지만 않았다면). 일정 정도는 나의 특정한 관점으로 세상을 보는 것이 사회적 능률과 조화의 면에서, 그리고 단순한 기쁨의 면에서도 장점이 있다. 나의 관점으로 세상을 보는 것은 우리가 대부분의 일상사를 다루는 꽤나 타당한 방식이다.

그러나 만약 일상의 일이 아니라 근본적인 형이상학적 문제에 대해 질문한다면 어떨까? 다시 말해, 본질 감각을 일으키는 느낌이 객관적 의미에서 '진실'인 지각을 형성하는지 알고자 할 때도 나의 관점에서 질문해야 할까? 이런 형이상학적 질문조차도 나의 관점에서 던져야 할까?

아인슈타인과 깨달음

아인슈타인은 물리학 영역에서 이런 형이상학적 질문을 던진 것으로 유명하다. 그는 물리적 세계에 관한 우리의 직관은 효율적 삶의 방식이라는 우리의 목적에 잘 부합한다는 점을 인정했다. 예를 들면 물체가 얼마나 빨리 움직이는가에 관한 우리의 직관은 세상을 효율적으로 살아가는 목적에 부합한다. 실제적 목적에서 결국 중요한 것은 물체의 객관적 속도가 아니라 '나와 관련하여' 얼마나 빨리 움직이는가이다. 그러나 아인슈타인은 물리학을 더 깊이 이해하려면 자신의 특정 관점을 내려놓고 이렇게 물어야 한다고 했다. "특정 관점을 전혀 갖지 않으면 어떻게 될까? 그렇다면 나의 관점에서 물체가 얼마나 빨리 움직이는지 물을 수 없다. 그런데 물체가 얼마나 빨리 움직이는지 묻는다는 건 정확히 어떤 의미일까?" 아인슈타인은 이런 물음을 던져 상대성이론과 $E=mc^2$이라는 깨달음에 이르렀다.

아인슈타인에게 도움이 되는 탐구 방식이라면 나 같은 평범한 사람에게도 분명 도움이 될 것이다! 물질과 에너지의 관계에 대한 인간의 이해를 혁명적으로 변화시킨 아인슈타인의 질문은 정신적 깨달음과 관련해서도 시사하는 바가 매우 크다. 우리는 아인슈타인이 던진 질문과 유사한 방식으로 본질에 관해 이렇게 질문할 수 있다. "느낌은 사물에서 본질을 지각하게 만든다. 그런데 느낌은 애당초 특정한 관점에 복무하기 위해 만들어졌다. 그렇다면 특정 관점을 내려놓으면 본질은 어떻게 될까?"

내가 보기에 특정 관점을 내려놓으면 본질이 사라진다. 특정 관점을 갖지 않으면 애당초 느낌이 생겨나지 않을 테고, 그러면 느낌이 만들어내는 본질 감각도 일어나지 않는다. 11장에서 살펴본 로버트 자이언스는 이렇게 말했다. "감정적 판단은 언제나 자아에 관한 판단이다. 즉 판단 대상과의 관계에서 판단자가 어떤 상태에 처해 있는지 확인하는 행위다."(Zajonc 1980, p.157) 따라서 특정 관점을 취하지 않으면 느낌 등의 감정적 판단이 일어날 이유가 없다. 만약 당신이 아인슈타인의 선구적 생각에 적극 동의해 자아의 관점을 초월한다면 어떨까? 어떤 특정한 관점도 취하지 않고 사물을 본다면 어떻게 될까? 특정 관점을 취하지 않으면 아마도 본질이 존재한다는 착각을 일으키게 만든 느낌이 사라질 테고, 그러면 그와 함께 본질도 사라질 것이다.

그런데 자아의 관점을 초월하는 것은 어떤 의미에서 인간이라는 종種 전체의 관점을 초월하는 일이기도 하다. 왜냐하면 살면서 우리를 끌고 다니는 기본적인 생각과 느낌들은(즉 자기를 돌보도록 설계된 생각과 느낌들은) 넓게 보면 인간 종의 특징이기도 하기 때문이다. 나의 집이 자아내는 '집다움'의 느낌은 미세한 차원에서 우리 집만이 가진 독특한 느낌이지만 많은 사람이 자기 집에 갖는 느낌은 일반적 차원에서 볼 때 동일한 느낌이라 할 수 있다.

그런데 인간 외의 다른 종도 당연히 그들만의 관점을 가지고 있다. 만약 우리가 아인슈타인의 말을 철저히 따르고자 한다면 어떠한 단일 관점도 진리에 대한 독점적 접근권을 갖지 않는다고 가정해야 한다. 또 그렇게 가정하려면 우리 한 사람, 한 사람의 관점뿐 아니라 인간이라는 종 전체의 관점까지 넘어서야 한다. 인간이 사물을 보는 방식이 다른 동물이 보는 방식보다 본질적으로 더 타당하다는 가정을 내려놓아야 한다.

예를 들어 뱀이 인간에게 불러일으키는 두려움의 느낌은 뱀은 애당초 나쁜 존재이며 피해야 한다는 판단에 근거한다. 그러나 같은 뱀이라도 뱀 집단의 구성원에게는 욕정을 일으키는 대상이다. 이 욕정의 느낌은 이 뱀이 좋은 존재이며 교미하고 싶은 대상이라는 의미다. 썩은 고기가 우리에게 혐오감을 일으키는 이유도 가까이하면 기생충에 감염되기 때문이다. 그러나 미세한 기생충의 관점에서 썩은 고기는 이상적인 식食환경이다. 이런 예는 그밖에도 많다. 모기나 악어는 악취가 풍기는 고인 습지를 싫어하기는커녕 최고의 환경으로 여긴다. 또 새끼 판다는 어미의 똥을 맛있게 먹는다. 나라면 고맙지만 사양할 것이다.

불교에서 우리의 일상의 지각이 지닌 허구성을 말할 때 의미하는 바도 판단의 이런 상대성이다. 7세기 인도의 불교학자 찬드라키르티Chandrakirti는 인간의 눈에 물로 보이는 사물이 어떤 천신에게는 꿀로, 또 배고픈 귀신인 아귀에게는 고름이나 피로 보인다고(그 맛도 고름이나 피의 맛이라고) 말했다.

만약 찬드라키르티가 다윈보다 뒤에 글을 썼다면 이렇게 적었을 것이다. "좋음과 나쁨에 대한 우리의 견해 전체는 인간이라는 종이 걸어온 진화사史의 결과이다. 또 두려움, 욕정, 사랑 등 뚜렷하고 미묘한 느낌들과 인간의 일상적 생각과 지각의 밑바탕에 깔린 수많은 느낌들의 풍경 역시 인간이라는 종이 걸어온 특수한 진화적 역사의 산물이다." 만약 아르마딜로 (아메리카 대륙에 사는 가죽이 딱딱한 동물. 공격을 받으면 몸을 공 모양으로 오그림-옮긴이) 와 교미하는 것이 우리의 조상이 다음 세대에 유전자를 전하는 유일한 방법이었다면 지금 당신과 나는 아르마딜로를 매력적이라고(특이하고 귀여울 뿐 아니라 정말 유혹적이라고) 여길 것이다. 어쩌면 아르마딜로를 애무하려는 충동을 억제하기 어려울지 모른다. 텍사스 시골 도로를 달리던 어느 운전자가 차를 급정거하고는 아르마딜로와 즉석 교미를 하기 위해 덤벼들지 모른다. 그리고 죄 없는 아르마딜로를 죽이는 행위는 가장 엄중한 도덕적 위반으로 여겨질 것이다.

물론 이것을 무의미한 진화적 가설로 일축할 수도 있다. 만약 과일이 인류에게 독성을 지녔다면 아무도 단 음식을 좋아하지 않았을 것이다. 똥에 탄수화물이 가득하다면 똥을 적게 먹으려고 힘겨운 다이어트를 했을 것이다. 그러나 객관적으로 과일은 독성을 지니지 않았고 객관적으로 똥은 탄수화물이 풍부하지 않다. 그럼에도 어떤 문제는(무엇을 맛있게 여기는가, 무엇을 섹시하다고 여기는가 등의 문제는) '주관적일' 수밖에 없음을 우리는 안다. 어떤 음식을 맛있게 여기고 어떤 짝을 매력적으로 느끼는가는, 실제로 진실이 아님에도 진실이라고 여기는 것과는 다르다. 숫자 4가 3보다 크다는 객관적 의미로 코카콜라가 펩시콜라보다 맛있다고 여기는 사람은 없다.

그런데 내 경험으로는 완전히 그렇지도 않은 것 같다. 어떤 와인이 훌륭한지, 또 어떤 예술작품이 위대한지 주장하는 이들 가운데는 마치 자신이

'정말로' 옳고 상대방은 '틀림없이' 틀렸다고 확신하는 사람도 있는 것 같다. 주관적 판단임에도 그것을 객관적으로 옳다고 확신하는 이런 현상은, 본질 감각을 형성시키는 느낌에도 그대로 적용된다. 느낌은 매우 은밀하게 판단을 내리는 나머지, 판단을 내리는 주체가 느낌이라는 사실을 우리는 깨닫지 못한다. 다시 말해 우리는 자신이 '객관적인' 판단을 내린다고 여긴다.

내가 페라리 자동차를 보고 이국적이고 값비싼 스포츠카의 본질을 느낀다고 하자. 이때 나는 나의 이 지각을 특정 종에 속하는 특정 구성원이 가진 의견에 불과하다고 여기지 않는다. 이때 나의 지각은 의견이라 부르기조차 어려울 만큼 매우 어렴풋하다. 더 중요한 것은 지금부터다. 만약 내가 페라리 운전자에게서 '부의 과시'라는 본질을 본다면 나는 이 판단 또한 인간 종의 특정 구성원이 가진 의견에 불과하다고 여기지 않을 것이다. 나는 이것이 판단이라는 사실을 알 정도로 나 자신을 성찰하지 못한다. 나는 이것을 '판단'이 아니라 명백한 '사실'로 받아들인다. 본질에 대한 지각이 작동하는 방식도 마찬가지다. 우리가 본질을 지각할 때 거기에는 그 자체로 매우 미세하고 평범한 나머지 잘 의식되지 않는 느낌이 덧입혀져 있다. 이런 과정을 거쳐 우리의 마음에 슬그머니 판단이 들어선다. 그리고 지각된 본질의 기본 구성 요소인 느낌은 그 성질상 특정한 관점에(특정 종의 관점 또는 (페라리 스포츠카의 사례에서는) 특정 개인의 관점에) 얽매여 있다. 아인슈타인이 진실에 가장 가깝다고 여긴 관점(어떠한 특정 관점에도 서지 않은 관점)에서 보면 느낌은 존재하지 않으며 따라서 본질도 존재하지 않는다.

다시 말하지만 나는 인간이 진화의 계보를 통해 물려받은 느낌과 생각 전체를 몽땅 내려놓아야 한다고 주장하지 않는다. 뱀을 피하고 싶은

**'어디에도 서지 않은 관점'에서 보면
느낌은 존재하지 않으며
따라서 본질도 존재하지 않는다**

나의 편견은 생명 유지가 나의 우선순위 목록에서 상위를 차지한다면 충분히 납득할 만하다. 그럼에도 다음과 같은 생각 실험을 해보자. 당신의 목적이 최대한 오래 사는 것이 아니라 최대한 명료한 관점을 갖는 것이라고 하자. 당신이 지구의 생명체를 비롯한 실재 일반을, 특정 종의 편협한 관점이 아닌 초월적이며 보편적으로 '진실인' 관점에서 보기 원한다고 하자.

그렇다면 당신은 뱀을 볼 때도 특정 종이 지닌 감정적 편견을 갖지 않은 채 보려고 할 것이다. 인간이라면 당연히 갖는 두려움과 혐오감을 갖지 않고 뱀을 보려 할 것이다. 또 뱀의 애인이라면 당연히 갖는 욕정도 품지 않은 채 뱀을 보려 할 것이다. 그리고 늪에 대해서라면 당신은 인간의 관점도, 모기의 관점도 갖지 않은 채로 보기를 원할 것이다. 당신은 인간을 비롯한, 종의 유전자 전파 수단으로 진화해온 느낌을 전혀 갖지 않은 상태로 실재를 보고 싶을 것이다. 당신은 아인슈타인처럼 '어디에도 서지 않은 관점'으로 세계를 보기를 원할 것이다.

우주의 관점

'어디에도 서지 않은 관점the view from nowhere'이란 표현은 철학자 토머스 네이글Thomas Nagel이 사용해 유명해졌다. 네이글은 이 표현을 자신의 책 제목으로도 썼다. 그의 책은 불교가 아니라 앎의 본질과 도덕철학을 비롯한 철학의 임무에 관한 내용이다. 예를 들어 '자기 이익과 관련된 도덕적 문제를 어떠한 편견도 없이 해결하는 완벽한 객관성이란 존재하는가?' 같은 내용을 다룬다.

이 정도의 도덕적 객관성이라면 깨달음의 성취에 따르는 중요한 결과물 중 하나일 것이다(어떤 이는 가장 중요한 결과물이라고 말한다). 그리고 인간 마음의 본성상 불교적 깨달음의 도덕적 차원을 온전히 실현하는 방법은 깨달음의 형이상학적 차원을 실현하는 것이다. 다시 말해 무아와 공의 진실을 자신의 직접 체험으로 아는 것이야말로 깨달음의 도덕적 차원을 실현하는 유일한 방법이다. 어디에도 서지 않은 도덕적 관점을 얻으려면 어디에도 서지 않은 '완벽한' 관점을 얻어야 한다.

'어디에도 서지 않은 관점'이란 표현은 불교적 깨달음이 무엇인지를 가장 함축적으로 보여준다. 이것은 나와 당신의 이기적 편견을 조금도 갖지 않은 관점이다. 그리고 어떤 의미에서는 인간이나 특정 종의 관점이 전혀 아닌 관점이다. 어디에도 서지 않은 관점은 진실로 자연선택이라는 권위에 반역하는 관점이다. 왜냐하면 자연선택은 온통 '특정 관점에 관한 것'이기 때문이다. 자연선택은 생명 개체들 사이에 수많은 서로 다른 관점을 만들어내며 이들 관점은 기본적으로 자신의 관점이 다른 관점보다 진실에 더 가깝다고 여긴다. 그러면서 이 관점들 중 어느 것도 이 사실을 전혀 의식하지 못한다. 또 그 모순과 부조리도 의식하지 못한다. 반면 불교의 깨달음은 이러한 관점들을 모두 초월하려는 시도이다.

자연선택은 온통 '특정 관점에 관한 것'이지만 불교의 깨달음은 이러한 관점들을 모두 초월하려는 시도이다

그런데 어디에도 서지 않은 불편부당의 관점을 무관심과 혼동해서는 안 된다. 어디에도 서지 않은 관점은 모든 사람의 행복에(그리고 불교의 가르침에 충실한 동시에 꽤 단도직입적인 도덕적 논리에도 충실하자면 모든 살아 있는 생명체의 행복에)[29] 관심을 갖고 배려하는 것이다. 여기서 핵심은 생명에 대한 관심과 배려를 '두루' 베풀어야 한다는 점이다. 다시 말해, 특정 생명체의 안녕을 다른 생명체의 안녕보다 우선해서는 안 된다.

만약 '어디에도 서지 않은 관점'이 이런 종류의 초월적 인애仁愛를 설명하는 다소 소극적인 표현으로 느껴진다면 19세기의 도덕철학자 헨리 시지위크Henry Sidgwick의 말을 떠올려도 좋다. "우주의 관점에서 보면 어느 특정 개인의 이익도 다른 특정 개인의 이익보다 중요하지 않다는 점은 자명한 원리이다."(Sidgwick 1884, p.381)

어떤 표현을 선호하든('어디에도 서지 않은 관점'이든 '우주의 관점'이든) 최종 결론은 동일하다. 우리의 일상적 관점, 즉 우리가 자연적으로 갖고 태어난 관점은 매우 심각하게 우리를 오도할 수 있다는 사실이다.

이 점에서 자연선택을 영화 〈매트릭스〉의 로봇 지배자에 비유할 수 있다. 우리는 로봇 지배자가 인간에게 덧씌운 광범위하고 억압적인 환영을 얼마든지 거부할 권리가 있다. 만약 인간이 환영에 덧씌워져 있다고 보는 관점이 당신이 진지하게 명상 수련에 임하는 동기로 작용한다면 나는 당신이 아무쪼록 인간이 환영에 덧씌워져 있다는 관점을 유지하기를 권한다.

그렇지만 누군가를 악마로 몰지 않도록 유의하는 것이 또한 불교의 정신이다. 그러므로 자연선택에 관해서도 친절한 말 몇 마디는 해야겠다. 자연선택은 지각력을 가진 살아 있는 생명체를 창조했다. 지각력을 가진 생명체는 경이로운 존재이다. 만약 그것이 없었다면 참된 깨달음이라는 축복도 존재하지 않았을 것이다. 지각력을 가진 생명체가 없었다면 명상을 통해 조금 더 행복해지는 일도 없었을 것이다. 지각하는 마음이 있기에 생명이 의미를 갖게 되며 도덕적 관심의 대상이 된다. 불교는 지각력을 가진 생명체를 존중할 것을 도덕적으로 강조한다. 만약 지각력 있는 생명체가 존재하지 않는다면 이 모든 것은 어불성설이다.

불교와 자연선택 모두 지각력을 가진 생명체를 '좋은 것'으로 본다는 점에서 생각이 다르지 않다. 그러나 자연선택이 지각력을 가진 생명체를 정말 존중한다고 해도 그것을 드러내는 방식은 다소 기이하다! 즉 고등 생명체가 탄생하기까지 자연선택이 유전적으로 열등하다고 판단한 수많은 생명체의 때 이른 죽음이 있었다. 이 과정에서 생명체에 엄청난 폭력과 고통이 가해졌음은 물론이다. '내가 특별하다'는 생각이 생명 개체에게 강력한 직관으로 떠오른 이유도 그것이다. 우리 조상들은 '나냐 옆 사람이냐'의 선택 상황에 자주 직면했는데, 나보다 옆 사람이 더 중요하다고 여기게 만든 유전자는 다음 세대에 전달되지 못했다. 그러므로 '나는 특별하다'는 생각과 그에 따르는 자아 개념은 자연선택이 생명체를 창조하는 한, 생명 개체가 가질 수밖에 없는 불가피한 특성이다.

자신을 특별하다고 여기는 생명체로 가득한 행성과, 화성처럼 생명체가 존재하지 않는 황량한 행성 가운데 선택하라고 하면 당신은 무엇을 택하겠는가? 나라면 생명체가 존재하는 행성을 택할 것이다. 황량함이 아름다울 수 있지만 살아있는 생명체가 없다면 그 아름다움을 감상할 수도, 실현할 수도 없다.

그런데 불행한 역설이 있다. 그것은 인류 역사에서 '내가 특별하다'는 생각 때문에 지각력을 가진 생명체의 지속적인 번성이 실제로 위협받는 지경에 이르고 말았다는 점이다. 나는 앞서 2장에서 집단이기주의 심리가 어떻게 사람들을 종교, 국적, 인종, 사상을 기준으로 편 가르는지 장황하게 설교하지 않겠다고 말했다. 약속을 지키는 나이지만 지금부터 몇 단락에 걸쳐 이러한 전망의 우주적 맥락을 살펴보려 한다. 지금 우리가 선 갈림길을 생명의 전체 역사를 배경으로 살펴보는 일은 그만한 가치가 있어 보인다.

간략히 살펴보는 생명의 역사

40억 년에 걸쳐 지구의 생명체는 점점 고등한 수준으로 조직화되어 왔다. 처음에는 단순 자기복제를 하는 유전정보 가닥인 DNA만이 존재했다. 다음에 이 유전정보 가닥들은 스스로를 세포로 둘러쌌다. 그런 다음, 세포 중 일부는 서로 뭉쳐 다세포 유기체를 형성했다. 그런 다음 다세포 유기체 중 일부는 복잡한 뇌를 발달시켰고 이들 똑똑한 유기체 중 일부 종은 고도의 사회성을 갖게 되었다. 인간은 고도의 사회성을 지닌 똑똑한 종으로서 그때까지와 완전히 다른 종류의 진화, 즉 사상, 관습, 기술이라는 문화적 진화를 일으켰다. 문화적 진화를 통해 인류는 점점 고등한 수준의 사회를 조직했다. 즉 수렵채집 부락에서 고대국가로, 제국으로, 그리고 마침내는 오늘날의 응집된 글로벌 사회를 건설하기에 이르렀다. 이런 상황이 마치 생물적 진화와 문화적 진화의 자연스런 결과임을 강조라도 하듯 인터넷이라는 '글로벌 뇌'가 새롭게 등장했다.

만약 이 상황을 지구 바깥의 우주에서 아주 긴 시간 단위로 바라본다면 어떨까? 수십억 년을 단 몇 분으로 압축해 바라본다면 지구상의 생명체가 성장하고 성숙하는 과정을 눈으로 볼 수 있지 않을까? 이때 지구 생명체의 성장과 성숙은 매우 강력한 힘을 가진 발달 논리를 따르는 것처럼 보일 것이다. 그런 나머지 생명체가 계속해서 성장하고 성숙하는 현상이(다시 말해 평화롭고 조화로운 지구 문명의 출현이) 어쩌면 필연적인 일로 여겨질 것이다.

글쎄, 필연적이라고 하면 틀린 말인지 모른다. 하지만 생명체의 성장과 성숙 과정의 이면에 놓인 논리가 강력한 힘을 가졌다는 것은 사실이다. 우선 자연선택은 발명의 재간이 매우 뛰어나 문화적 진화를 일으킬 똑똑한 종이 출현할 가능성은 줄곧 있어왔다. 또 뒤이어 수렵채집 부락에서부터 세계화에 이르기까지 인간 종의 사회조직이 확장될 가능성도 계속 존재했다. 생물적 진화와 마찬가지로 문화적 진화의 이면에도 강력한 창조 동력이 존재하기 때문이다.

이것이 『넌제로^{Nonzero}』라는 책에서 내가 주장한 내용이다. 나는 그 책에서 석기시대 이래 기술주도 성장에 의해 인간의 사회 조직이 확장되면서 줄곧 상호 의존성이 커져왔다고 말했다. 시간이 흐르면서 멀리 떨어진 사람들끼리 점점 빈번히 접촉하게 되었고 이 과정에서 무역 등의 상호 협력 행위가 시작되었다. 오늘날 우리는 과거 어느 때보다 우리가 사용하는 물자와 서비스를 지구 반대편 사람에게 많이 의존하고 있다. 다시 말해 전 세계 사람들의 운명이 점점 더 큰 상호 관련성을 갖게 되었다. 상호 의존성이란 바로 이것을 말한다.

그런데 애석하게도 정작 지구인의 상호 관련성을 증가시키는 요인은 기후변화 등의 글로벌 문제이다. 세계 각지의 사람에게 나쁜 영향을 미치므로 해결이 반드시 필요한 글로벌 문제 말이다. 많은 차원에서, 다른 대륙에 사는 사람들이 이제 같은 배를 탔다. 인류의 공동 이익을 위해 서로 협력하지 않을 수 없게 되었다. 그렇다면 인류가 상호 협력하지 않을 이유가 없어 보인다.

그런데 사정을 더 들여다보면 꼭 그렇지만은 않은 것 같다. 인류의 상호 협력이 잘 이뤄지지 않는 이유가 있다. 우선 여러 집단끼리의 적대적 대결을 들 수 있다. 인종, 종교, 국적, 사상 등 대결의 명분은 다양하다. 최근에는 대결의 최전선에서 드러내는 적대감의 수위가 한층 높아진 느낌이다. 게다가 위험한 피드백의 조짐도 있다. 한 집단에서 적대감을 보이면 상대 집단이 다시 적대감을 표시하고, 그러면 처음 집단의 적대감은 더욱 커진다. 이런 역동은 장기간의 악순환을 일으킨다. 이것은 핵무기와 치명적인 생물무기의 시대가 아니어도 우려스러운 일이나 우리는 '실제로' 핵무기와 생물무기의 시대에 살고 있다.

더욱이 IT 정보기술의 발달로 공동의 적대감으로 뭉친 소수의 사람이 다른 집단에게(그들이 지구 어디에 있건) 폭력을 행사하는 일이 훨씬 용이해졌다. 분산되어 있고 멀리 떨어진 상대에게 향하는 증오라 해도 이제 그만큼 더 치명적인 위험을 안게 되었다.

그렇다면 이 모든 증오를 발생시키는 주범은 누구일까? 어떤 차원에서 주범은 언제나 같았다고 할 수 있다. 바로, 나만 특별하다고 생각하도록 설계된 뇌에 농락당하는 인간이다. 인간은 수많은 미묘한 방식으로 자신을 조종하는 **현실 왜곡장**reality-distortion fields에 이리저리 휘둘린다. 현실 왜곡장에 갇힌 인간은 나만 옳다고 여긴다. 나만 옳다는 확신은 간혹 저지르는 나의 나쁜 행동이 '진짜 나'의 모습이 아니라고 보게 만든다. 반면 저들은 옳지 않다고 굳게 믿으며 저들이 가끔 행하는 옳은 행동 역시 '진짜 저들'의 모습이 아니라고 여긴다. 게다가 현실 왜곡장은 저들이 드리운 위협을 종종 확대하거나 완전히 새롭게 날조함으로써 사태를 더 악화시킨다.

그렇다, 우리는 나만 특별하다고 여기는 진화의 중심 가치를 거부해야 한다. 인류 역사에서 진화의 중심 가치를 거부하는 일이 지금보다 중요한 때는 없었다. 하지만 생명 창조와 지각력 있는 생명체의 존중이라는 자연선택의 가치마저 거부해서는 안 된다. 나만 특별하다고 여기는 자연선택의 첫 번째 가치에는 맞서 싸워야 하지만 생명의 소중함이라는 두 번째 가치는 존중해야 한다. 다행히도 이러한 태도에 딱 맞는 활동이 있으니 바로 마음챙김 명상이다. 게다가 마음챙김 명상은 덤으로 우리를 진실에 더 가까이 데려간다.

어떤 의미에서는 마음챙김 명상을 생명의 자연스러운 전개 과정으로(즉 계속적인 공共진화 과정으로) 볼 수도 있다. 우주의 운행 방식에 내재한 수많은 제약 사항을 고려할 때 복잡한 의식이 지구상에 출현하는 유일한 방법은

어쩌면 진화의 과정에서 자아를 내세워 자기 모습을 실상과 다르게 왜곡시키는 것이었는지 모른다. 그러나 인간의 사회조직이 지구적 차원으로 확장된 지금, 복잡한 의식체가 지구상에서 번성하는(어쩌면 생존하는) 유일한 방법은 처음의 왜곡된 모습에서 조금이라도 벗어나는 방법밖에 없어 보인다.

이 점에서 우리는 인간이 자신의 왜곡된 모습에서 벗어나는 길을 펼쳐 보인 불교에 감사해야 하는지 모른다. 고대로부터 다양한 종교·철학의 많은 사상가들은 줄곧 인간의 이러한 왜곡된 인식을 문제시하고는 나름의 해결책을 제시해왔다. 이것은 많은 종교·철학 전통이 인류가 마주한 집단적 도전에 응전하는 자원을 가졌다는 점에서 멋진 일이다. 다만 불교가 여타 종교·철학보다 훌륭한 점이 있다면 그토록 이른 시기에, 그토록 정확하고 체계적으로 인간이 처한 문제를 진단하고 포괄적인 처방을 제시했다는 점이다. 이제 과학은 마침내 불교가 내린 진단을 입증하면서 진단의 근본 뿌리를 드러내고 있다. 여기서 진단의 근본 뿌리란, 인간의 문제점이 창조자인 자연선택에 의해 처음부터 인간에게 심어졌다는 사실이다. 그런데 다행히도 자연선택은 인간에게 문제 해결의 도구도 갖춰주었다. 인간이 가진 이성적·반성적 능력이 그것이다. 인간의 이성적·반성적 능력은 원칙적으로 그것이 탄생한 환경을 초월할 수 있다. 누가 알겠는가, 실제로 그렇게 될지.

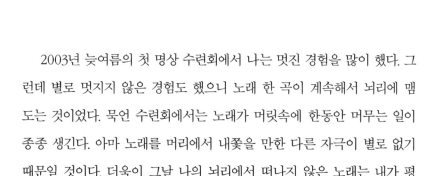

16장

명상과
눈에 보이지 않는 질서
Meditation and the Unseen Order

2003년 늦여름의 첫 명상 수련회에서 나는 멋진 경험을 많이 했다. 그런데 별로 멋지지 않은 경험도 했으니 노래 한 곡이 계속해서 뇌리에 맴도는 것이었다. 묵언 수련회에서는 노래가 머릿속에 한동안 머무는 일이 종종 생긴다. 아마 노래를 머리에서 내쫓을 만한 다른 자극이 별로 없기 때문일 것이다. 더욱이 그날 나의 뇌리에서 떠나지 않은 노래는 내가 평소 좋아하는 노래도 아니었다.

그 노래는 나의 대학 시절 유명세를 떨친 그룹 포리너Foreigner의 〈처음 그 느낌처럼Feels Like the First Time〉이라는 노래였다. 후렴은 이렇게 시작한다. "처음 그 느낌처럼, 다시 못 올 느낌처럼 / 처음 그 느낌처럼, 문이 처음 열린 것처럼."

수련회 첫 날부터 나의 뇌리를 맴돈 이 노래 가사는 신기하게도 일종의 예언으로 작용했다. 아닌 게 아니라 수련회 막바지에 나는 정말 '문이 처음 열리는' 경험을 했다.

문이 열리고 지금껏 가본 적 없는 신비한 장소로 걸어 들어가는 나를 분명히 느꼈다. 그것은 앞서 4장에 언급한 밤벌레의 요란한 합창소리를 배경으로 명상하던 날의 극락 체험 중에 일어난 일이다. 나는 눈을 감고 있었지만 그것은 시각적으로 매우 또렷한 경험이었다. 나는 문턱을 넘어 오렌지와 보랏빛 색의 몽환적이고 널찍한 방에 들어가고 있었다.

방에서 무엇을 보았는지 말하기에 앞서 우선 훌륭한 명상가가 못 되는 자신에 대한 나의 자기 비난에 대해 말해야겠다. 자신에게 가혹하게 대하는 습관은 나의 오랜 패턴이었다. 살면서 나는 나의 실수를 확신하면서 스스로를 꾸짖고 미워하는 일이 많았다. 수십 년 동안 주변 사람들은 나에게 이렇게 충고했다. "자신을 너무 혹사하지 마세요." 나는 사람들의 이 말이 항상 불편했다. 자신의 잘못이라면 자기를 흠씬 두들겨 패야 한다는 게 나의 솔직한 생각이었다. 그러지 않으면 계속 잘못을 저지를 것이다! 솔직히, 잘못하고도 자신을 꾸짖을 줄 모르는 사람이 많다는 게 이 세상의 문제가 아닌가?

사실, 명상 지도자들이 자주 하는 말 가운데 내가 늘 불편했던 말도 "수행자는 자신에게 가혹해서는 안 된다"는 말이었다. 이 말이 고대 불교 문헌을 관통하는 핵심 가르침이라고 아는 이도 있지만 실은 그렇지 않다. 붓다의 설법 한 구절을 소개한다. "수행승들이여, 선업의 상태에 들어가게 해주는 참된 앎이라면 자기 잘못에 대한 부끄러움과 두려움이 있어야 한다."(Samyutta Nikaya 45:1, Bodhi 2000, p.1523) 그러나 오늘날 미국에서 수행자에게 부끄러움을 느끼라고 가르치는 명상 지도자를 찾기란 쉽지 않다.

어쨌든 그날 나의 경험은 환각이 아니었다. 기묘한 시각적 장소에 들어가긴 했지만 나는 현실 세계와의 접촉을 잃지 않았다. 나는 수행 홀에 앉아 있다는 사실을 자각했고 강력한 집중 덕분에 지금껏 가보지 못한 곳에 처음으로 들어갔다는 사실도 알고 있었다. 그곳은 도대체 어디였을까? 생각해보니 그곳은 다름 아닌 나의 마음이었다. 나의 마음이었지만 이전의 내 마음과 같은 마음은 아니었다.

이렇게 이전과 달라진 마음으로 나는 멍청하고 잘못된 내 행동에 대해 으레 가졌던 생각("내가 일을 망쳤어"라는 생각)을 눈으로 '보고' 귀로 '들었다'고 할 만큼 또렷이 자각했다. 생각이 일정한 형태를 띠는 모습이 눈에 보일 정도였다.

그때까지 나는 생각이 형태를 띠는 걸 본 적이 없었다. 그런데 이제 내 마음의 일부가 다른 일부에게 생각을 이야기하는 장면이 눈에 보이듯 생생하게 다가왔다. 거기에는 심지어 메시지 전달 방향을 표시하는 화살표도 있었다. 나는 '객관적인 관찰자'가 되어 내 머릿속의 송신자로부터 수신자에게 메시지가 전달되는 과정을 지켜보았다. 물론 송신자도, 수신자도 나였지만 말이다.

이 경험이 가진 강력한 힘과 중요성을 말로 하기는 어렵다. 당시 나는 내면의 성스러운 비밀 장소로 안내받아 그곳에서 드러난 심오한 진실을 목도한 느낌이었다. 진

나는 '객관적인 관찰자'가 되어 내 머릿속의 송신자로부터 수신자에게 메시지가 전달되는 과정을 지켜보았다

실을 계시 받았다는 이 느낌은 경험이 펼쳐지는 과정에서 따뜻하게 나를 감싼 마약 같은 극락감 때문이었는지 모른다. 강렬한 극락감은 진실의 계시를 암시하는 것으로 생각될 수 있다. 그날 나에게 극락감을 선사한 신경화학물질이 구체적으로 무엇이었는지는 모르지만 아주 다량으로 분비된 건 맞는 것 같다.

그렇다면 내가 목격한 진실은 무엇이었을까? 그날 내가 처음 알게 된 사실이 있다. "내가 일을 망쳤어"라는 생각이 난생 처음 '나의 안에서' 생

기는 것으로 보이지 않았다는 점이다. 마치 내 머릿속에 있는 어떤 남자가 말을 하는 것처럼 느꼈다. 나는 이런 생각이 들었다. 과연 남자의 말에 귀를 쫑긋 세우고 그의 말을 사실로 믿을 필요가 있을까? 그리고 머릿속의 그 남자는 대체 누구였을까?

10년도 더 지난 지금, 이 책을 쓰는 중에 그 일을 생각하고 보니 위 질문에 대한 답이 떠오른다. "그 남자는 내 마음 속에 있는 많은 모듈 중 하나"였다고 말이다. 당시에는 이처럼 학문적으로 생각하지 못했지만 그날 나는 앞으로 나의 내면에서 들려오는 자기비난의 목소리를 (철저히 무시하지는 못해도) 조금 거리를 둔 채 다룰 수는 있겠다고 생각했다. 나는 자신을 두들겨 패라는 내면의 간청에 저항하고, 자기 학대가 나에게 입히는 피해를 최소화 하고자 했다. 그러자 앞으로 나를 학대하지 않는 삶을 살 수 있겠다는 생각이 들었다. 나는 평소 울보가 아니지만 그날만큼은 실컷 울었다. 조용히 울려고 했지만 잘 되지 않았다.

그날 느낀 극락감은 곧 기쁨에 찬 흥분감으로 바뀌었다. 그렇지만 그날의 명상 세션이 끝나고 수행자들이 말없이 명상 홀을 빠져나가는 동안 나는 내가 경험한 '특종 뉴스'를 누구에게도 전할 수 없었다. 무척 아쉬웠다. 나의 특종 뉴스는 단지 자기혐오를 극복한 것만이 아니었다. 나는 그날 지금까지 고통과 괴로움으로 다가왔던 많은 것이 이제 좀 더 수월하게 다가온다고 느꼈다. 나는 그날 높은 영적 경지에 잠깐 이르렀다고 느꼈다. 그리고 언제든 나를 그곳에 다시 데려가줄 명상이라는 방법도 알아냈다. 그날의 경험을 말로 재구성하기는 어렵지만 그날 흘린 눈물에는 내가 영적으로 일정한 경지에 닿았다는 길조의 느낌이 들어 있었던 듯하다. 내가 확실히 아는 건 그날의 눈물이 감사의 눈물이었다는 점이다. 그리고 그날 느낀 벗어남의 느낌이 엄청나게 컸다는 점이다.

그 뒤로 나는 영원히 행복하게 살았다…… 라고 말할 수 있으면 좋으련만 사실은 그렇지 못하다. "처음 그 느낌처럼"이라는 포리너의 노래가사는 이렇게 이어진다. "다시 못 올 느낌처럼" 정말, 그날의 강렬한 명상 경험은 그날 이후로 다시 오지 않았다. 나는 이제 언제든 영적인 경지에 다시 이르러 개인적인 영적 부흥을 꾀할 거라 믿었지만 그것은 순진한 믿음이었다. 더 이상 나를 두들겨 패지 않을 거라는 생각도 순진한 생각이었다(두들겨 패는 빈도와 강도가 조금 줄기는 했지만).

그 후로 내가 명상을 통해 강렬한 극락 상태를 경험하지 못한 건 아니다. 나는 수련회에서 마치 수도꼭지를 틀고 잠그듯 나의 내면에 들어오는 극락감의 양을 정확히 조절하기도 했다. 속도 조절이 필요하다 싶으면 1~2분 동안 극락의 수도꼭지를 잠시 잠갔다가 다시 틀곤 했다.

또 매사추세츠 바Barre의 여름밤 명상이 내 삶을 바꾸지 않은 것도 아니다. 단지 이 책은 이런 류의 책이 으레 주장하듯 한 차례의 극적인 명상 경험으로 삶이 통째로 바뀌었다는 주장은 하지 않는다는 점을 말하고 싶다.

명료함은 집에서 시작한다*

그렇다면 이런 물음이 생긴다. 그렇다면 나는 왜 지금도 명상을 하는가? 당장 깨달음에 이르게 해주지도 않는 명상 수련에 내가 하루 30~50분을 쏟는 이유는 무엇인가? 몇 가지 이유가 있다. 작은 이유부터 말해본다.

---

* Clarity begins at home. 영어 속담인 "Charity begins at home(자선은 집에서 시작한다. 즉, 다른 사람을 돕기 전에 가족 등 가까운 사람을 먼저 보살펴야 한다)을 익살스럽게 비튼 표현으로, 나 자신부터 명료함을 키워야 한다는 뜻-옮긴이

1. 명상을 하면 진실이 드러나는 순간에 이른다.

웅웅거리는 소리를 내는 냉장고가 있다고 하자. 냉장고의 웅웅거리는 소리는 단조롭게 들린다. 정말 단조롭게 느껴지지 않는가? 그러나 실제로는 그렇지 않다. 나는 아침 명상 시간에 사무실 냉장고가 웅웅거리기 시작하면, 그리고 그 소리에 온전히 주의를 기울일 정도로 내 마음이 깨끗한 상태이면 냉장고 소리가 적어도 세 개의 소리로 이루어져 있음을 알게 된다. 이렇게 냉장고 소리에 귀 기울인 채로 시간이 조금 지나면 세 가지 소리의 강도와 질감이 서로 다르다는 사실도 알 수 있다. 이것은 평소 내가 미처 몰랐던 세상의 진실로서 마음챙김이라는 '기초 훈련'을 통해 나에게 드러난 객관적 진실이다. 음파측정 장비를 설치하면 세 가지 소리를 그래프 상의 서로 다른 선으로 표시할 수 있을지 모른다.

냉장고 소리에 관한 진실은 사소해 보일지 모른다. 냉장고 소리를 있는 그대로 세 가지 소리로 구분해 듣는 것은 큰 의미가 없는 '사소한' 진실이라고 할 수도 있다. 솔직히 말해 내가 매일 명상 방석에 앉는 이유는 냉장고 소리에서 경험한 세 가지 소리라는 진실 때문만은 아니다. 내가 매일 방석에 앉는 데는 냉장고 소리를 듣는 데서 느끼는 즐거움도 한몫한다. 냉장고 소리의 미세한 차이를 알아차릴 만큼 마음이 깨끗한 상태이면 내 마음은 일상의 근심에서 자유로워진다. 이때 내 마음은 세 가지 악기로 연주하는 무한히 풍부한 냉장고 소리의 교향악을 아름답다고 느낀다. 냉장고 소리가 정말 너무 아름답게 느껴질 정도다.

이처럼 아름다움에 대한 감각도 중요하나 명상에서 더 핵심적인 부분이 있다. 그것은 냉장고 소리를 있는 그대로 명료하게 지각하는 진실의 측면이다. 우리들 대부분에게 완전한 깨달음이란 멀고 먼 일이지만 일상의 작은 깨달음은 충분히 가능하다. 실재에 관한 모든 진실을 깨달아 그것을 남은 평생 지속하기는 어렵다 해도, 실재의 작은 조각에 관한 진실을 깨달은 뒤 그것을 한동안 유지할 수는 있다. 중요한 것은 작은 진실이라도 제대로 자주 보는 것이다. 이렇게 하면 크고 중요한 진실도 볼 수 있을 것이다. 이는 내가 명상을 지속하는 두 번째 이유로 자연스럽게 이어진다.

작은 진실이라도 제대로 자주 보면 크고 중요한 진실을 볼 수 있다

2. 명상을 하면 '중요한' 진실이 드러나는 순간에 이른다.

불안과 두려움, 증오의 느낌에 얽혀들지 않고 명상을 통해 그것을 객관적으로 관찰하면 진실이 드러나는 순간에 이른다. 느낌을 관찰한다 함은 느낌이 내 몸의 어느 곳에 자리 잡고 있는지, 그곳에서 어떤 형태를 취하고 있는지 본다는 의미다. 또 느낌이 내 몸 어딘가에 자리 잡은 위치와 그것이 띠는 형태는, 냉장고의 웅웅 소리를 구성하는 세 가지 소리와 마찬가지로 객관적인 사실이다. 어쩌면 미래에는 느낌이 인간의 신체에서 드러나는 구체적 모습을 3D 입체화면으로 보여주는 바디스캔 장비가 등장할지 모른다. 아마 이 장비로 그래프를 그린다면 내가 느낌을 관찰할 때 느끼는 감각의 구조를 얼추 비슷하게 그려내지 않을까.

그런데 흥미로운 사실은, 느낌이라는 객관적 사실에 수반되는 주관적 경험에는 매우 큰 편차가 존재한다는 점이다. 예컨대 객관적 사실(느낌 자체와 느낌이 몸에서 표현되는 구체적 양상)에 더 집중할수록 불쾌한 느낌을 덜 느낄 수 있다. 객관적 사실에 집중하는 것이

괴로움은 선택의 문제이다 객관적 사실을 있는 그대로 명료하게 볼 때 괴로움이 줄어들 수 있다

말처럼 쉬운 일은 아니지만 얼마든지 시도할 수 있다. 이는 어떤 의미에서 괴로움은 우리가 선택하는 문제라는 붓다의 주장과도 일맥상통한다. 붓

다는 괴로움을 줄이는(완전히 제거하지는 못하더라도) 방법은 실재를 명료하게 보는 것이라고 했다. 다시 말해, 객관적 사실을 있는 그대로 볼 때 괴로움이 줄어들 수 있다는 것이다.

3. 명상을 하면 명료함의 지혜를 얻는다.

아침 명상에서 냉장고의 세 가지 소리를 주의깊게 알아차리고 호흡과 느낌을 명료하게 관찰한다는 것은 곧 내 마음이 고요하다는 뜻이다. 마음이 고요하지 못하면 소리든 호흡이든 느낌이든 명료하게 관찰할 수 없을 것이다. 또 대상을 명료하게 관찰할 때 마음이 고요해지기도 한다. 어쨌든 마음이 고요하면 삶의 문제가 거품처럼 끓어올라도 거기에 평소와 다른 지혜로움으로 응대할 가능성이 커진다. 이것은 고요한 마음이 가진 흥미로운 속성 중 하나다. 마음이 고요해지면, 예컨대 평소 은근히 짜증을 내던 보낼 편지함의 메일이 어느 순간 짜증스럽게 느껴지지 않는다. 사실 짜증을 내봐야 나에게 득이 되는 건 아무것도 없다.

4. 명상을 하면 도덕적 진실이 드러나는 순간에 이른다. 메일 보내는 일을 짜증스럽게 여기던 나의 관점이 달라진 데는 메일을 수신하는 사람에 대한 관점이 바뀐 사정도 작용했을 것이다. 그렇다면 메일 수신자에 대한 나의 관점은 어떻게 해서 바뀐 것일까? 그 핵심 열쇠는 그 사람에 대한 반감을 갖지 않은 채로 그를 떠올렸기 때문이다. 마음이 고요하지 않은 상태에서 그를 떠올렸을 때 늘 일어나던 반감을 갖지 않고서 말이다. 이렇게 하자 나는 갑자기, 그가 보낸 귀찮은 메일이 '얼간이의 징표'가 아닐 수 있다는 가설을 기꺼이 검토하고 싶어졌다. 어쩌면 그가 성가신 메일을 보낸 데는 피치 못할 사정이 있었는지 모른다. 나는 그 사정을 짐작할 수도 있

고 짐작 못할 수도 있다. 어쨌거나 우리 중에 타인에게 성가신 존재가 될 수밖에 없는 상황에 처해보지 않은 사람이 있을까? 어쩌면 내가 보낸 메일 역시 누군가에게는 무척 성가신 메일이었는지 모른다.

5. 명상을 하면 시의 적절한 개입이 가능하다. 오후 5~6시가 되어 마음이 들뜨거나 화가 나거나 의기소침해지면 나는 명상 방석에 앉아 이 느낌을 가만히 관찰한다. 느낌을 관찰하면 거의 확실히 마음이 한결 나아진다. 또 불안으로 밤잠을 설치면 그대로 자리에 앉아 지금 느끼는 불안에 대해 명상을 한다. 그러면 반드시는 아니지만 꽤 자주 상태가 호전된다. 어떤 때는 (내 생각에) 가능하다고 여기지 않았던 재주를 부리는 때도 있다. 즉, 글을 쓰느라 컴퓨터 화면을 뚫어져라 쳐다보면서도 글 쓰는 외에 다른 무언가를 하고 싶은 강렬하고 고통스런 충동이 올라오는 때가 있다. 이럴 때 나는 눈을 감고 충동이 약해질 때까지 관찰한 뒤에 글쓰기로 돌아간다. 이처럼 내가 느낌과 충동을 관찰하고 불안에 대해 명상할 수 있는 것은(그리고 내가 이것을 선택할 수 있다는 사실을 기억하는 것은) 매일 아침 잠깐이라도 방석에 앉기 때문이다. 이 방법은 나 자신을 두들겨 패는 버릇에도 적용된다. 방석에 자주 앉으면 앉을수록 나 자신을 꾸짖고 싶은 충동도 줄어든다.

깨달음으로 가는 길은 미끄러운 경사길이다

위에 말한 다섯 가지가 내가 이 길을 가면 끝내 깨달음에 이른다는 희망을 진지하게 갖지 않았음에도 지금까지 명상을 계속하는 이유다. 깨달음^{enlightenment}을 고정된 상태가 아니라 하나의 과정으로 본다면 나는 깨달음을 향해 가는 중이라고 말할 수 있다. 벗어남^{liberation}, 즉 고통에서 벗어나는 일도 마찬가지다. 벗어남 역시 고정된 상태가 아니라 점진적으로 그곳을 향해가는 과정인 것이다. 우리의 목적은 일회적이고 최종적인 깨달음^{Enlightenment}과 벗어남^{Liberation}에 이르는 것이 아니다. 그보다는 멀지 않은 날에 지금보다 '조금 더' 깨닫고 '조금 더' 벗어나는 것이다. 그날은 오늘일 수도 있고 내일, 모레 아니면 그 다음의 언제일 수도 있다. 중요한 것은 불가피하게 퇴보하더라도 거기에 굴하지 않고 조금씩이라도 앞으로 나아가는 것이다.

깨달음과 벗어남을 조금씩 나아가는 과정으로 볼 때 진실과 자유가 얼마나 오묘하고 신비한 관계인지 드러난다. 진실과 자유의 관계에 관하여 우리가 흔히 갖는 다소 직선적인 생각이 있다. 그것은 진실을 보는 순간 곧바로 자유로워진다는 생각이다. 멋진 일이다! 시간도 절약되니 금상첨화다! 그런데 진실이 우리를 자유롭게 해주는 일은 그리 자주 일어나지 않는 것 같다. 때로 그 반대가 사실에 더 가깝다. 즉, 자유가 진실을 더 잘 보게 한다는 것이다. 내가 냉장고 소리와 귀찮은 메일을 보낸 사람에 관한 진실을 볼 수 있었던 것도 내 마음이 고요했기 때문이었다. 나의 마음이 불안과 분노 등 고통의 주요 원인에 사로잡히지 않은 자유로운 상태였기에 진실을 볼 수 있었다.

이처럼 깨달음과 벗어남은 상호 보완적이라고 보는 것이 타당하다. 즉, 괴로움으로부터 많이 벗어날수록 무엇이든 더 분명하게 볼 수 있고, 더 분명하게 볼수록 괴로움에서 벗어나기가 쉬워진다. 괴로움에서 쉽게 벗어날수록 우리의 시야는 더 명료해진다. 이런 식으로 깨달음과 벗어남은 서로를 강화시킨다.

예를 들어 당신이 영적 성취보다 자기계발에 가까운 단출한 명상 수련을 시작했다고 하자. 당신은 하루 20분, **마음챙김에 기초한 스트레스 감소 프로그램**^{MBSR}을 실천한다. 그런데 명상을 시작하고 보니 홍보한 대로 실제로 스트레스가 줄어든다. 스트레스가 줄어드는 것은(적어도 이전보다 조금이라도 줄어드는 것은) 괴로움에서 벗어나는 것으로 볼 수 있다(비록 당신은 그렇게 생각하지 않을지 몰라도). 스트레스가 줄면 깨달음을 얻는 데도 유리하다. 당신이 스트레스에 지쳐 있지 않으면 마트 계산대의 당신 바로 앞에서 카드를 못 찾아 주머니를 뒤적이는 남자에게 '얼간이' 딱지를 붙일 가능성이 적어진다. 사실 당신 자신도 종종 계산대에서 카드를 못 찾아 허둥대는 때가 있다. 이제 당신은 그런 행동을 하는 타인에게서 '얼간이의 본질'을 이전보다 적게 본다. 이 정도의 향상이라도 이룬다면 이것을 약간의 깨달음이라 할 수 있지 않을까.

더욱이 이 약간의 깨달음은 더 잦은 벗어남으로 이어지고, 잦은 벗어남은 더 잦은 깨달음을 가져온다. 타인에게서 얼간이의 본질을 이전보다 적게 보고 타인을 비난하는 일이 줄면 삶의 스트레스가 줄어든다. 이 효과는 매우 만족스러워 당신을 괴로움에서 크게 벗어나게 해줄 것이다. 이제 당신은 하루 20분이 아니라 25분 명상을 하고 싶어진다. 이렇게 명상을 더 오래 하면 스트레스에서 더 많이 벗어나고 타인을 보는 시선도 더 명료해진다. 이제 당신은 마트 계산대에서 카드를 뒤적이는 사람은 물론이고 카드를 뒤적이다 바닥에 떨어뜨리는 사람마저도 넓은 아량으로 보아준다. 축하한다!

그런데 스트레스 감소가 생각보다 유익하다는 것을 알기 위해 반드시 오랜 시간 방석에 앉아 명상해야 하는 건 아니다. 명상으로 몸과 마음이 이완되는 효과가 있기는 하지만 명상의 핵심은 당신이 느끼는 불안, 공

**명상의 핵심은
당신이 느끼는 불안, 공포, 증오를
깨어 있는 마음으로 관찰함으로써
그것이 당신의 일부가 아님을
잠깐이나마 보고 아는 것이다**

포, 증오를 마음챙김으로^{mindfully}, 즉 깨어있는 마음으로 관찰함으로써 그것이 당신의 일부가 아님을 잠깐이나마 보고 아는 것이다.

그것들이 당신의 일부가 아님을 아는 것이 얼마나 심오한 경험인지를(적어도 그 경험을 하기 전보다는 조금이라도 더 심오한 경험인지를) 보자. 마트 계산대에서 신용카드를 뒤적이는 남자에게서 얼간이의 본질을 이전보다 적게 본 당신은 조금이나마 공을 경험한 것이다. 또 당신이 느끼는 불안과 공포가 당신의 일부가 아님을 본다면 무아를 조금은 경험했다고 할 수 있다. 공과 무아는 불교 철학에서 가장 신비롭고 불합리해 보이는 동시에 가장 근본적인 사상이기도 하다. 처음에 스트레스 감소를 위해 명상을 시작한 당신은 이제 공과 무아를 조금이나마 깨닫는 경지에 이른다.

물론 이런 일이 쉽게 일어나는 것은 아니다. 점진적 깨달음과 점진적 벗어남은 상호 보완하면서 추동력을 얻지만 저절로 추동되지는 않는다. 점진적 깨달음과 벗어남을 시도할 때 나타나는 장애물은 우리를 꽤 낙담시킬 수도 있다. 게다가 명상은 고통스러울 수도 있다. 그런데 좋은 소식은 그 고통이 유익함으로 이어질 수 있다는 사실이다. 관건은, 불안과 슬픔에 맞닥뜨려 움츠리지 않고 마음챙김으로 관찰하는 것이다. 매일 아침 명상을 포기하지 않고 깨어있는 마음으로 지루함을 관찰하면 유익함을 얻을 수 있다(이상하게도 지루함은 불안이나 슬픔보다 깨어있는 마음으로 관찰하기가 더 어려워 보인다). 나는 첫 명상 수련회에서 나라얀이 한 말을 잊을 수 없다. "지루함도 흥미로운 관찰 대상입니다." 지루함이 흥미로운 관찰 대상이라는 그의 말은 진실이지만 그 진실을 직접 보려면 우선 또 다른 진실(지루함은 정말로 지루할 수 있다는 진실)을 철저히 느끼며 지루함을 견디는 시간을 가져야 한다.

어쩌면 명상의 지속적인 향상을 이루는 데 가장 큰 장애물은 우리가 가진 시간이 한정되어 있다는 점일 것이다. 직장, 자녀 양육, 학업 등 해야 할 일이 많으면 하루 중 긴 시간을 명상에 할애하기 어렵다. 나의 경험으로 볼 때 하루 30분 명상하는 것과 50분 명상하는 것은 차이가 크다. 그리고 내가 대화한 사람들의 경험에 따르면 하루 30분 명상과 하루 90분 명상의 차이는 더욱 크다. 그러나 하루 20분밖에 명상을 못한다 해도 불교의 명상 철학이 강조하는 다음의 핵심 교훈을 마음에 새긴다면 당신의 명상 수련은 깊어질 것이다. "작은 진실이라도 매일 보라. 그러면 더 큰 진실을 깨닫는 바탕이 된다." 여기서 더 큰 진실이란 실재의 본성에 관한 진실이다. 또 실재에 대한 인간의 디폴트(기본값) 지각 때문에 생기는 왜곡과 미망이라는 진실이다. 물론 당신이 깨달음을 얻어 평생토록 그 진실을 느끼고 누리며 사는 것은 좋은 일이다. 하지만 노력을 통해 잠깐씩이라도 진실을 마음에 가져온다면 그것 역시 우리를 인도하기에 부족함이 없는 진실이다.

명료함으로 세상을 구원하다

명상을 해야 하는 이유를 내게 묻는다면 나는 대충 위와 같이 답할 것이다. 나는 진실이 드러나는 수많은 작은 순간들을 경험하면 더 행복하고 더 좋은 사람이 될 수 있다고 말할 것이다. 그런데 내가 사람들이 명상하기를 바라는 진짜 이유는 반드시 이것만이 아니다. 이 책을 쓴 동기 역시 진실이 드러나는 작은 순간들을 명상에 호의적인 독자의 삶에 전하는 데만(또 작은 순간들이 드러내는 더 큰 진실을 독자의 삶에 전하는 데만) 있지 않다. 내가 이 책을 쓴 동기는 '진실이 드러나는 순간'이라는 생각이다. 그것은 복수가 아니라 단수로서의 진실이 드러나는 순간이다.

메리엄-웹스터 사전은 '진실이 드러나는 순간ª moment of truth'을 "거기에 많은 것이(또는 모든 것이) 달려 있는 중요한 순간"으로 정의한다. 나는 이 표현이 내가 15장에서 말한 전 지구적 도전(인종, 종교, 국가, 사상의 갈등이 자가 증식하면서 사람들의 증오심이 점점 커진 나머지 실제적 재앙으로 확대되는 것)을 보여주는 데 적합하다고 생각한다.

이런 상황에서 명상이 세상을 구원할 수 있다고 주장한다면 순진하다는 딱지가 붙기에 딱 좋다. 명상을 통해 증오의 반대인 자애loving-kindness의 물결을 지구적으로 일으키는 것이 지금 세상을 구원하는 현실적 방법이 될까. 물론 자애의 물결을 일으키는 것은 좋은 일이나 가까운 미래에 실현되리라 기대하기 어렵다. 게다가 나는 세상을 구원하는 데 자애의 마음이 반드시 필요하다고 생각하지도 않는다.

세상을 구원하기 위해서는 자애보다는 고요하고 명료한 마음을 키우고 지혜를 계발해야 한다는 것이 내 생각이다. 고요하고 명료한 마음은 우선 우리가 각종 위협에 과잉 대응하지 않게 한다. 또 갈등을 심화시키는 악순환을 차단한다. 고요하고 명료한 마음을 가질 때 우리는 무엇이 그러한 위협을 일으키는지 냉정하고 침착하게 진단할 수 있다. 예컨대 무엇 때문에 사람들이 폭력 조직과 운동에 참여하고 지지하는지 알게 된다. 또 어떻게 하면 사람들이 그렇게 하지 않도록 할지 알 수 있다. 원수를 사랑할 필요는 없지만 있는 그대로의 원수를 명료하게 보는 일은 반드시 필요하다. 불교 철학과 현대 심리학이 주는 교훈이 있다면 원수를 명료하게 볼 때 그들에 대한 두려움과 증오심도 줄어든다는 것이다. 그런데 명료하게 본다는 것은 단지 두려움과 증오심을 줄이는 것만을 말하지 않는다. 그것은 미세한 느낌에 뿌리를 둔 지각과 인지의 미묘한 왜곡을 극복하는 것이다.

또 사람들의 시야가 명료해지는 일이 세계적으로 동시에 일어나야 하는 것도 아니다. 세계 일각에서라도 평정심과 지혜를 키운다면 이후 더 큰 평정심과 지혜로 확장하는 바탕이 된다. 깨달음을 향한 개인적 여정과 마찬가지로, 깨달음을 향한 지구 차원의 여정도 점진적으로 나아가는 과정으로 노력과 헌신을 통해 자가 동력을 얻는다.

게다가 지구 차원의 깨달음을 위해서는 점진적 향상이 '아주 많이' 일어나야 할 것같다. 사실 궁극에는 인간 의식의 혁명이라 할 만한 게 있어야 하지 않을까 싶다. 그 혁명을 뭐라고 이름 붙일지 모르겠지만(한걸음 물러나 자기 마음의 작동 방식을 알아차린다는 의미에서 **상위인지 혁명**Metacognitive Revolution이라 할까) 어쨌든 미래의 역사가들이 거기에 특정한 이름을 붙일 정도로 극적인 변화가 필요하다. 만약 미래의 역사가들이 이름을 붙이지 않는다면 성공적인 변화가 없었다는 의미일 것이다!

책의 도입부에서 나 자신을 실험용 쥐에 비유했다. 만약 천성적으로 침묵과 집중에 소질이 없는 나 같은 사람이 명상으로 유익함을 얻는다면 누구라도 그렇게 할 수 있다는 의미에서였다. 책의 마지막에 이른 지금, 실험 결과가 나왔다. 그것은 누구라도 명상으로 유익함을 얻을 수 있다는 것이다.

그런데 유익함을 얻는 것이 다는 아니다. 나는 처음에 우리가 매일 방석에 앉아 명상을 하면 유익함을 얻을 수 있는가 하는 질문만 던지지 않았다. 또 나는 명상을 통해 우리의 일상의 도덕적 관점이 더 명료해지는가 하는 질문만 던지지도 않았다. 나는 명상이 우리가 지금 마주한 도덕적 도전(집단이기주의 심리를 극복하고 약화시키는 것)에 응대하게 하는가라는 질문도 함께 제기했다. 이것이 이 책을 쓴 핵심 동기다. 앞서 보았듯이 이 차원에서 나는 마치 실험용 쥐처럼 집단이기주의 문제를 여실히 보여주는 사례다.

어떤 면에서 내가 가진 집단주의적 사고는 좀 이상하다. 나는 민족, 종교, 국가 등 집단 충성심의 위험한 차원을 별로 갖지 않았기에 오히려 각각의 의견에 따른 집단 간의 경계에 더 큰 감정 에너지를 쏟는지 모르겠다. 다시 말해, 그런 나이기에 나와 생각이 같은 사람에게는 강하게 동일시하고 생각이 다른 사람에게는 비호의적으로 대하는지 모르겠다. 거기다 그 생각이 사상이나 우리가 채택해야 마땅한(혹은 채택해서는 안 되는) 정책에 관한 것이라면 내가 드러내는 비호의는 두 배, 세 배로 커진다.

당황스러운 역설은 집단 간 적의를 부추기는 정책을 지지하는 사람들만큼 나에게 집단적 적의를 크게 일으키는 사람도 없다는 사실이다. 예컨대 나는 지난 수십 년간 미국의 군사 개입이 대부분 실패했다고 생각한다. 미국의 군사 개입은 위협에 과잉 대응한 나머지 위협을 더 악화시킨 사례들이다. 군사 개입을 강하게 지지한 사람들은 지금도 나를 화나게 만든다. 그런데 나는 그들이 앞으로도 나를 '조금은' 계속 화나게 했으면 좋겠다. 왜냐하면 내가 열반에 너무 가까이 간 나머지 그들에게 대적할 전투 정신이 고갈되는 것은 원치 않기 때문이다. 만약 완전한 깨달음이 어떠한 가치 판단도 내리지 않은 채 변화를 중단하는 것이라면 나는 차라리 깨달음의 길을 가지 않을 것이다.[30] 그렇지만 적어도 나의 경우에는 깨달음의 길을 가는 것 때문에 가치 판단과 변화를 완전히 포기하게 될 가능성은 별로 없어 보인다. 관건은 내가 그들과의 사상적 전투를 현명하고 진실

하게 치르는 데 도움이 되도록 깨달음의 길에
서 향상할 수 있느냐이다. 이것은 나와 생각이
다른 사람들을 지금보다 더 객관적으로 보고
나의 원래 성향보다 조금 더 관대하게 그들을

명상은 나와 생각이 다른 사람들을
조금 더 객관적으로 바라보고
조금 더 관대하게 대하는 데
도움을 주었다

바라보는 것을 의미한다. 내 생각에 명상은 내가 이 목표에 조금이라도 다
가가는 데 도움을 주었다. 하지만 역시 쉬운 일은 아니다. 집단이기주의를
부추기는 인지적 편견을 극복하고 상위인지 혁명을 앞당기자고 호소하는
나이지만 세계의 영향력 있는 롤모델은 결코 아니다.

또 나는 상위인지 혁명을 실현하는 구체적이고 단계적인 플랜도 갖고
있지 않다. 내가 말하는 핵심은 이보다는 더 추상적이다. 즉, 생명체가 글
로벌 마음 공동체를 이루려는 노력을 수십억 년 동안 힘들게 기울여온 지
금에 마음의 자연스런 왜곡 때문에 모든 것이 산산조각 나도록 내버려두
는 것은 비극적인 일이라는 것이다. 또 이러한 마음의 왜곡이 이제는 과학
적으로 증명되었고 그 왜곡을 바로잡는 도구를(명상이라는 도구를) 우리가
가졌다는 점을 감안하면 그것은 더 비극적인 일인지 모른다. 지구를 구원
하는 도구는 바로 우리 손에 쥐어져 있다.

구원에 대하여

구원에 대해 말하고 보니 그날 명상 수련회에서 내가 울음을 터뜨린
이유를 다시 생각할 때 중요한 한 가지를 빠트린 것 같다. 어린 시절을
남(南)침례교라는 종교와 함께 자란 나였지만 십대 시절 인간의 탄생 과정
에 관한 자연선택 이론의 설명을 성경 창세기와 비교한 뒤부터 나는 교

회에서 멀어졌다. 나는 기독교 신앙을 대신할 무언가를 강렬히 열망하지는 않았지만 신앙을 떠나자 내 안에 공허한 빈자리가 생겼다. 때문에 그 뒤로 계속해서 영적 질문에 관심을 가졌던 것 같다. 매사추세츠 바Barre에서 진행된 여름밤 명상 수련회의 경험은 산의 정상에 오른 것만큼 강렬한 느낌이었다. 어쩌면 나는 십대 시절 영적 고향을 떠난 뒤 줄곧 산을 오르고 있었는지 모른다. 어쨌거나 그날 밤 느낀 구원의 느낌은 결코 과장이 아니다. 그날의 구원의 느낌은 내가 아홉 살인가 열 살 때 목사님의 권유로 교회 제단으로 걸어 나가 예수를 구세주로 영접한 느낌만큼 강렬했다.

내가 기독교와 결별한 일은 그다지 쓰라린 경험은 아니었다. 나는 기독교 신앙이 내게 해가 되었다고 느낀 적이 한 번도 없었다. 생각해보면 늘 곁에서 지켜보는 엄격한 신과 함께 자란 덕에 나의 결점을 민감하게, 때로는 고통스럽게 알아차렸는지 모른다. 그리고 어쩌면 그때까지 해결 못한 원죄 의식 때문에 불교 명상이라는 완전히 새로운 탐구에 나섰는지 모른다. 이런 사정 때문에 그 여름날 밤의 구원의 느낌이 손에 잡힐 듯 생생하게 다가왔을 것이다. 사실 불교와 기독교 모두, 인간은 날 때부터 도덕적으로 무지한 존재이며 무지를 떨치는 것을 가장 중요한 목표로 본다는 점에서 다르지 않다.

어쨌거나 나는 기독교를 믿으며 보낸 어린 시절이 획일적이고 권위적인 세뇌의 시간이라 느낀 적은 한 번도 없다. 나는 지금도 예배 마지막에 나지막이 부르는 "내 모습 이대로Just As I Am"(찬339장, 〈큰 죄에 빠진 날 위해〉)라는 침례교 찬송가를 무척 좋아한다. 이 찬송가의 기본 메시지는 우리가 결코 완전하지 못한 존재라 해도 구원 받을 가치가 있다는 것이다.

어린 시절의 교회 주일학교는 지금도 내게 좋은 기억으로 남아 있다. 주일학교 하면 가장 생생하게 떠오르는 장면은 찬송가를 부르는 광경이다.

"예수님은 어린이를 사랑하시네. 세상의 모든 어린이들을. 빨간색, 갈색, 노란색, 검은색, 하얀색. 그분의 눈에는 모두 소중하다네. 예수님은 세상의 모든 어린이를 사랑하시네." 어쩌면 나는 기독교 윤리 가운데 깨달음과 관련된 부분만을 선택적으로 기억하는지 모른다. 하지만 예수에게서 붓다로 이동한 것은 내게 자연스러운 변화였다.

그 여름날 밤, 내 눈 앞에서 나의 마음이 열린 장소는 통찰명상회였다. 그런데 이곳의 지난 역사를 돌아보면 내가 예수에서 붓다로 옮겨간 데도 연속성이 있는 것 같다. 이곳의 붉은색 벽돌 건물은 통찰명상회의 조셉 골드스타인과 샤론 샐즈버그, 잭 콘필드가 사들이기 전에 가톨릭 수도사들이 수련하던 수도원이었다. 이곳의 휴대품 보관소를 지나 명상 홀로 걸어 나오다 보면 양쪽에 예수의 형상이 그려진 스테인드글라스 유리창이 보인다. 하나는 최후의 만찬에 등장하는 형상이고 하나는 십자가에 못 박힌 예수의 형상이다. 나는 명상 홀에 걸어 나올 때마다(지금까지 수백 번도 더 걸어 나왔다) 예수의 형상을 바라본다. 예수의 형상을 볼 때마다 나는 영적으로 고양되는 느낌이다. 아닌 게 아니라 예수는 세계에 관한 우리의 인식이 왜곡되어 있다고 말했다. 그래서 타인의 허물을 불평할 것이 아니라 자신의 허물을 바로잡기 위해 노력하라고 가르쳤다. "외식外飾(겉으로 꾸밈)하는 자여, 먼저 네 눈 속에서 들보를 빼어라. 그 후에야 밝히 보고 형제의 눈 속에서 티를 빼리라." 나는 예수의 이 말에 전적으로 동감한다.

나는 스스로를 '불교인'으로 부르지 않는다. 왜냐하면 전통적인 불교는 내가 선뜻 받아들이기 곤란한 신앙과 의식儀式의 측면이 많기 때문이다. 나는 윤회를 믿지 않으며 윤회와 관련된 업業에 관한 생각들도 믿지 않는다. 또 명상 홀에 들어가 불상 앞에 절을 하거나 기도를 하지도 않는다. 이런 나를 불교인이라고 부른다면 풍부하고 아름다운 종교적 전통을 간직한 동양의 많은 불교인에게 불손한 일이 될 것이다.

그럼에도 나 개인의 역사를 놓고 볼 때 나의 명상 수련을(수련의 바탕이 되는 철학과 함께) 하나의 종교로 볼 수 있느냐는 물음은 타당해 보인다. 나의 명상 수련은 과연 기독교가 우리 부모님에게 주었던 것을 나에게 줄수 있을까?(비록 내가 불교의 초자연적 부분을 덜어내고 자연적 부분만 선택적으로 받아들이긴 했지만)

세속 불교도 종교인가

세속 불교도 종교라고 주장할 때 자문을 구해야 할 사람이 있다. 바로 윌리엄 제임스William James이다. 그는 지금부터 백 년도 더 전에 『종교 경험의 다양성Varieties of Religious Experience』이라는 책에서 우리가 '종교적'이라고 일컫는 동서양의 모든 형태의 경험을 아우르는 체계를 찾고자 했다. 윌리엄 제임스는 가장 넓은 의미에서 종교를 이렇게 정의했다. "종교는 우리 눈에 보이지 않는 질서가 존재한다는 믿음이다. 그리고 인간의 최고선supreme good은 자기를 이 질서에 조화롭게 맞춰가는 데 있다."(James 1982, p.53)

내가 보기에 자연적, 세속적 불교라 해도 눈에 보이지 않는 어떤 질서를 상정하고 있다. 깨달음에 가까워지면 지금까지 하나하나 조각나 있던 실재가 그 근본에서는 연속되어 있다는 상호연결성이 드러난다. 어떤 이는 이것을 공이라 부르고 어떤 이는 전체성이라 부른다. 그러나 깨달음에 가까워지면 실재의 실상을 제대로 보기 전보다는 실재가 덜 파편화 되어 보인다는 데는 의견이 다르지 않다.

윌리엄 제임스가 말한 인간의 '최고선'은(그것이 인간의 가장 깊은 행복이든 인간의 최고 덕성이든) 평소 눈에 보이지 않는 질서에 우리 자신을 조화롭게 맞추어가는 데 있다. 보이지 않는 질서에 자신을 맞추어간다는 것은 이전에 알던 것보다 덜 고정적인 실체를 가진 존재로 우리 자신을 보는 것을 말한다. 정말로 자아의 이런 **분산성**^{diffuseness} 또는 자아의 경계가 가진 이런 **투과성**^{porousness}이야말로 '눈에 보이지 않는 질서'의 참의미인지 모른다. 이것은 우리가 새롭게 인식한 우리 내부와 외부의 연속성으로서 이를 **형이상학적 진실**에 대한 깨달음이라고 말할 수 있다.

불교에서 상정하는 또 하나의 눈에 보이지 않는 질서가 있다. 바로 **도덕적 진실**에 관한 질서이다. 불교의 기본 전제 중 하나는 우리가 사물의 외면과 내면을 있는 그대로 보고 그 연속성을 깨달아 형이상학적 진실을 제대로 본다면 도덕적 진실(나의 안녕과 타인의 안녕이 도덕적으로 동등한 가치를 갖는다는 진실)을 깨달을 수 있다는 것이다. 다시 말해 형이상학적 진실과 도덕적 진실 사이에 일종의 구조적 연결이 존재한다고 본다. 그런데 눈에 보이지 않는 이 질서는 그것을 구현하는 수련을 하지 않고서는 계속해서 눈에 보이지 않는 채로 남는다.

우리는 눈에 보이지 않는 이 질서를 당연하게 여겨서는 안 된다. 형이상학적 진실과 도덕적 진실 사이에 아무런 연결이 없는 우주를 상상해보라. 이런 우주에서는 형이상학적 진실을 깨달았다고 해서 다른 생명체를 대하는 우리의 행동이 달라지지 않는다. 심지어 다른 생명체를 더 불친절하게 대할 수도 있다. 그러나 불교에 따르면(심지어 종교라고 부르기에 부족해 보이는 서양의 세속 불교에 따르더라도) 우리는 형이상학적 진실을 통찰하면 도덕적 진실을 깨달을 수 있는 우주에 살고 있다. 이처럼 깨달음에는 자연스러운 연결성이 존재한다.

이러한 연결성을 구성하는 세 번째 측면이 있다. 바로 **인간의 행복**이다.

**형이상학적 진실을 통찰하고
그에 따르는 도덕적 진실에
맞게 행동할 때
우리는 행복해질 수 있다**

형이상학적 진실을 통찰하고 그에 따르는 도덕적 진실에 맞게 행동할 때 우리는 행복해질 수 있다. 즉 고통과 불만족을 제거하거나 적어도 줄일 수 있다. 그런데 이것 역시 우주가 당연히 갖게 되어 있는 연결성은 아닌 듯하다.

생각해보면 세상이 이런 식으로 만들어진 것은 멋진 일이다. 자신의 고통을 덜기 위한 길을 열심히 밟아가면 지금보다 행복해질 뿐 아니라 형이상학적 실재와 도덕적 실재를 더 명료하게 보게 된다는 것은 멋진 일이다. 사실, 이것이 불교의 주장이며 이를 뒷받침하는 증거도 상당수 존재한다.

형이상학적 진실과 도덕적 진실과 인간의 행복 사이에 놓인 이러한 연결성은 불교 수행의 핵심에 자리 잡은 극히 모호한 단어에 응집되어 드러난다. 그것은 흔히 **법**法으로 번역하는 **다르마**dharma라는 단어다. 다르마라는 고대어는 흔히 붓다의 가르침으로 정의된다. 또 붓다의 가르침이 전하는 중요한 진실을 가리키는 말이기도 하다. 즉 우리가 가진 미망 너머에 존재하는 실재를 가리킨다. 또 다르마는 이러한 미망이 어떻게 우리에게 고통을 일으키는가에 관한 진실이기도 하다. 그리고 이 모든 것이 우리의 행동에 갖는 함의를 뜻하기도 한다. 다시 말해 다르마는 사물이 존재하는 방식에 관한 진실인 동시에 사물의 존재 방식에 맞게 행동하는 것이 왜 타당한가에 관한 진실이기도 하다. 이처럼 다르마는 사물의 존재 방식에 관한 설명description인 동시에 우리의 행복을 위한 처방prescription이다. 사물의 존재 방식에 관한 진실이자 우리가 실제로 걸어야 하는 길이다.

붓다가 내린 처방은 단지 고통에서 벗어나기 위한 것만은 아니다. 그것은 올바른 행동에 관한 처방이기도 하다. 그러므로 다르마라는 단어에는 도덕적 의미도 포함된다. 다르마는 자연적 법칙이다. 물리적 우주가 따

르는 법칙인 동시에 인간이 따르고자 노력하
는 도덕적 법칙이라는 점에서다. 이 모든 것
을 '다르마'라는 한 단어로 보인다는 사실 자
체가, 평소 숨겨져 있으나 윌리엄 제임스의 말

다르마는
사물의 존재 방식에 관한 설명이자
우리 모두의 행복을 위한 처방이다

대로 우리가 거기에 맞추려고 노력할 때 분명하게 드러나는 질서가 존재
함을 증언한다.

사람들은 "명상을 하면 행복해질까요? 얼마나 더 행복해질까요?" 같은
질문을 흔히 던진다. 이 질문에 대한 답으로 위의 이야기가 너무 추상적
이고 철학적으로 들릴 수도 있다. 그렇다면 조금 더 실제적으로 말해보자.

나의 경우에(기억하겠지만 나는 다른 사람보다 명상에 더 가망이 없는 경우였
다) 이 질문에 '그렇다'고 답할 수 있다. 명상은 나를 이전보다 더 행복하
게 만들어주었다. 그것 자체로 좋은 일이다. 나는 행복에, 특히 나의 행복
에 반대하지 않는다. 그런데 왜 명상을 해야 하는가에 대한 나의 주장은
행복의 양이 아니라 질에 관한 것이다. 전체적으로 지금 내가 느끼는 행
복은 이전에 느낀 행복보다 세상의 진실에 더 가까운 관점에 근거해 있
다. 그리고 진실에 근거한 행복 증진은 진실에 근거하지 않은 행복 증진보
다 우월하다고 볼 수 있다. 진실에 근거하는 것이 그러지 않는 것보다 안
정적인 토대를 제공하기 때문만은 아니다. 진실에 맞게 행동할 때 우리가
동료 존재들에게 실제로 더 바람직한 행동을 하게 되기 때문이기도 하다.

이것이 통찰 명상이 우리 삶에 보태는 행복 증가분이 노력할 가치가
있는 이유이다. 통찰 명상을 통한 행복 증가분은 '참된' 행복의 증가분이
다. 다면적인 명료함에 근거한 행복이다. 즉, 세계와 타인과 나 자신에 관
한 더 진실한 견해에 근거한 행복이다. 그것은 도덕적 진실에도 더 근접한
행복이다. 이렇듯 다르마라는 단어는 행복과 진실과 선善이 다행스럽게도

한곳에 수렴한다는 의미를 내포한다. 내가 신앙 요소가 없는 자연적 불교라도 윌리엄 제임스의 종교 개념에 부합한다고 보는 이유도 이것이다.

행복과 진실과 선의 수렴에 한 가지 요소가 더 있다면 그것은 더 많은 사람이 다르마에 관심을 가질 때 지구를 구원할 가능성도 커진다는 점이다. 이것은 다르마가 우리에게 주는 멋진 보너스이다.

진실과 아름다움

2012년 12월 중순의 어느 날 저녁, 나는 명상 수련회에 참가해 야외에서 걷기 명상을 하며 있었다. 눈을 들어 지평선을 바라보았을 때 이미 해는 넘어가 있었다. 마른 겨울나무를 배경으로 분홍과 자주의 어스름한 빛만 남아 있었다. 그 전부터 나는 약간 침울한 상태에서 개인적인 문제들을 이것저것 생각하고 있었다. 그런데 겨울의 땅거미를 바라보자 우울감이 파도처럼 더 선명하게 밀려왔다. 명상 수련회에서 매일처럼 나의 감정을 관찰하던 터라 이번에도 나는 이 우울감을 거의 반사적으로 관찰했다. 그러자 우울감은 힘을 잃었다. 즉각 사라진 건 아니지만 이제 우울감은 내 몸을 천천히 통과해가는 좋지도 싫지도 않은 신체적 파도에 불과했다.

우울감이 중화되자 저녁의 지평선은 완전히 다른 분위기를 띠었다. 지평선은 놀랍도록 아름다웠다. 조금 전까지만 해도 나의 슬픔을 그대로 반영하던 지평선이 이제 기쁨의 원천이자 아름다움에 대한 경외감으로 바뀌었다.

저녁 지평선의 아름다움을 비롯해 명상 수련으로 더 깊이 느끼게 되는 모든 아름다움은 나에게 불가사의한 무엇이다. 만약 명상으로 자신의 감정으로부터 거리를 두고 감정이 휘두르는 힘을 약화시킬 수 있다면 이 원리는 나쁜 감정뿐 아니라 좋은 감정에도 똑같이 적용되어야 하는 것 아닌가? 명상을 하면 나쁜 감정이 줄듯이 좋은 감정도 중화되는 것 아닌가? 좋은 감정이든 나쁜 감정이든 이전보다 더 무디게 느껴야 하는 것 아닌가? 그런데 실제로 일부 감정은 무뎌지기는커녕 더 선명하게 느껴진다. 그중에서도 아름다움에 대한 감각이 가장 선명하게 느껴지는 것 같다.

이처럼 명상으로 아름다움에 대한 감각을 키울 수 있다. 그런데 나는 이 아름다움의 감각 때문에 역설적으로 공이 도덕적 실천력을 갖는다는 생각을 종종 한다. 언뜻 생각하기에 타인의 본질을 적게 보면(즉, 타인의 선함과 악함에 관한 판단을 적게 내리면) 타인에게 특정 감정을(자비의 마음을 포함해) 느낄 이유도 줄 것 같다. 그러나 우리가 자연스레 사람을 비롯한 세상 만물을 아름답게 볼 수 있다면(명상을 통해 이렇게 될 수 있다) 이는 타인의 안녕에 대한 관심으로 전환될 수 있다. 이것이 명상을 하면 더 자비로운 사람이 되는 이유를 설명하는 한 가지 이론이다.

어쨌거나 명상을 하면 자연스럽게 아름다움의 감각이 커지는 현상은 나에게 아직 신비로운 무엇으로 남아 있다. 혹시 마음챙김으로 느낌을 걸러내기 때문일까. 즉 심미적 기쁨 등의 즐거운 느낌보다 불쾌한 느낌으로부터 더 거리를 두기 때문에 아름다움의 감각이 더 크게 느껴지는 것일까. 이건 내 추측일 뿐이다. 실제로 내가 느끼는 바는 그와 다른 듯하다. 아름다움의 감각은 자아에 대한 몰두가 줄면 자연스럽고 편안하게 진입하는 마음의 상태로 느껴진다.

존 키츠의 시에 "아름다움은 진실이요, 진실은 아름다움이니Beauty is truth, truth beauty"라는 유명한 시구가 있다. 세상을 명료하게 진실에 가깝게 볼 때 우리는 고통에서 벗어날 뿐 아니라 세상의 실제적 아름다움을 더 직접적이고 지속적으로 의식할 수 있다. 그런데 세상이 실제로, 즉 '본질적으로' 아름답다는 생각은 불교의 가르침과 어울리지 않는다. 불교는 세상에 본질이 존재한다고 여기는 미망에 주의하라고 말한다. 또 이 생각은 진화심리학의 관점과도 확실히 맞지 않는다. 진화심리학에 따르면 느낌은 유전자 전파라는 진화적 관심사에 따라 생명체가 특정 방식으로 사물을 느끼기 위한 뇌의 설계물일 뿐이다. 저녁 지평선을 보고 느끼는 아름다움은 나의 유전자 전파와 별로 관련이 없어 보인다.

세상을 아름답다고 느끼는 이유를 설명하는 또 다른 방법은 인간이 우주에 느끼는 연결감이 의식의 기본 상태라고 보는 것이다. 즉, 우주에 대한 연결감은 실재를 왜곡시키는 자아의 작동에 의식이 붙들려 있지 않을 때 자연스럽게 회귀하는 본래적 상태일 수 있다. 이는 심리학을 넘어 의식이란 무엇인가에 관한 철학적 물음으로 이어진다. 의식은 무엇인가에 관한 철학적 물음에 대해서는 나로서는 알지 못한다고 답하는 수밖에 없다.

우리가 사는 세상을 혐오할 이유는 무척이나 많다. 붓다가 말했듯 우리가 애초에 사물을 바라보는 방식과 세상에 존재하는 자연스러운 방식은 자신과 타인에게 괴로움을 일으킨다. 그런데 책에서 본 것처럼 생명체가 자연선택에 의해 만들어졌다는 사실을 감안하면 우리가 애당초 사물을 바라보고 세상에 존재하는 방식이 괴로움을 일으키는 것은 어쩌면 당연한 일이다. 그럼에도 이 세상은 형이상학적 진실과 도덕적 진실, 그리고 행복이 서로 연결되어 있다. 이 세 가지가 연결되어 있음을 깨달을 때 세상은 점점 더 아름답게 보일 것이다. 우리는 자연선택보다 더욱 깊은 차원에 존재하고 있는 이 숨은 질서에 경탄하고 어쩌면 감사해야 하는지 모른다.

부록 A

불교적 진실의 목록

이 책을 쓰는 동안 나는 책 제목으로 '불교는 왜 진실인가Why Buddhism Is True'를 염두에 두지 않았다. 하지만 집필을 마치고 돌아보니 책은 불교의 핵심 사상(적어도 서양 불교가 관심 갖는 불교의 '자연적' 측면에 담긴 핵심 사상)이 갖는 타당성을 주장하는 내용이 되었다. 그래서 약간의 주저함은 있었지만 이 제목으로 가기로 했다.

책 제목이 내용과 걸맞음을 스스로 납득하는 과정에서 나는 이 책이 주장하는 불교 사상을 목록으로 작성해보기로 했다. 독자들에게 유용할 것이라 판단했기 때문이다. 책의 주장을 핵심만 간추리되 해당 장을 괄호 안에 표기했다.

여기 목록으로 제시한 '진실'들이 모두 불교의 공식적인 '교리'는 아니다. 이중 어떤 진실은 불교 사상으로부터 분명한 암시를 얻을 수 있는 핵심 메시지에 더 가깝다. 그렇지만 여기 제시한 진실은 모두 신경과학과 심리학 등 현대 과학으로부터(특히 인간의 마음을 형성시킨 자연선택 과정을 강조하는 진화심리학으로부터) 상당한 지지를 얻고 있다.

'상당한 지지'라고 했지만 엄밀히 말해 과학이 제공할 수 있는 것은 여기에서 그친다. 과학 이론 가운데 수학적 정리定理가 진실임을 증명하는 방식으로 진실이라고 '증명된' 것은 아직 존재하지 않는다. 물론 큰 확실성을 갖는 이론이라면 진실이라고 증명된 이론으로 여길 수도 있다. 예컨대 나는 자연선택 이론이 진실일 확률이 99.99퍼센트 이상이라고 생각한다. 그런데 이보다 훨씬 적은 확실성을 갖는 이론이라도 해당 분야의 주도적 이론인 경우가 있다.

여기서 핵심은 우리가 별 생각 없이 특정 과학 이론을 '진실'이라고 말할 때 그것은 엄밀히 말해 그 이론을 지지하는 상당한 근거는 존재하나 그것과 양립 불가능한 명백한 증거는 아직 만나지 못했다는 의미라는 것이다. 이 책이 불교 사상을 '진실'이라고 말할 때 의미하는 바도 이것이다. 이 책에 소개하는 불교 사상들은 과학의 증거로부터 상당한(또는 일정한) 지지를 얻고 있다. 나는 각각의 불교 사상이 어느 정도의 확실성을 갖는다고 여기는지 책에서 대강이라도 보이려고 했다. 다만 나는 인간이 처한 조건에 관하여 불교가 내리는 진단의 핵심(즉 인간이 고통을 겪고 다른 사람에게 고통을 겪게 만드는 이유에 대한 기본적 견해와, 더 넓게는 인간 마음의 작동 방식과 이를 변화시키는 방법)은 이 책의 제목에 걸맞은 확실성을 갖는다고 생각한다. 좋다. 더 말할 것 없이 불교적 '진실'의 목록을 소개한다.

1. 인간은 종종 세계를 명료하게 보지 못하며, 이 때문에 인간은 고통을 겪고 다른 사람이 고통을 겪게 만든다. 세계에 대한 이러한 오해는 우리에게 값비싼 대가를 치르게 한다. 그리고 이 오해는 다양한 불교 텍스트에서 여러 가지 방식으로 설명된다. 다음과 같은 것이다.

2. 인간은 목표 달성으로 얻는 만족감이 한없이 지속되기를(결국엔 사라지는 만족감임에도) 바란다. 이런 환영과 끝없는 갈망의 마음 상태는 자연선택의 결과로 설명할 수 있다. 그러나 이것은 평생의 행복을 위한 비결은 결코 아니다.

3. 둑카^{dukkha}는 우리의 일상에서 끊임없이 반복되는 삶의 일부이다. 이 사실은 둑카를 말 그대로 '고통'이나 '괴로움'이 아니라 우리 삶에 스며 있는 '불만족'이라는 커다란 요소로 해석할 때 더 잘 드러난다. 인간을 비롯한 생명체는 더 좋은 것을(자연선택의 의미에서 '더 좋은' 것을) 끝없이 원하는 방식으로 주변 환경에 반응하도록 만들어졌다. 이는 바꿔 말하면 불편하고 불만족스럽게 느끼는 대상을 주변 환경에서 언제나 감지하도록 만들어졌다는 의미다. 그리고 말의 정의상 불만족이라는 말에는 '일정 정도의' 괴로움이 함축되므로, 둑카를 불만족으로 해석하는 관점은 괴로움인 둑카가 우리 삶의 지배적 일부라는 생각에 신빙성을 더한다(1장, 3장).

4. 불교의 사성제에서는 우리가 당하는 괴로움의 근본 원인으로 딴하^{tanha}를 지목한다(딴하는 갈애, 갈망, 욕망 등으로 번역된다). 이는 생명체의 진화라는 배경을 놓고 볼 때 타당한 설명이다. 왜냐하면 갈애는 생명체가 어떤 대상에도 오랫동안 만족하지 못하도록 자연선택이 동물 안에 주입한 것이기 때문이다(1장). 갈애가 괴로움의 근원이라는 생각은 갈애를 넓은 의미로 해석할 때(즉 즐거운 대상을 얻고 거기에 집착하는 욕망뿐 아니라 불쾌한 대상에서 벗어나려는 욕망으로 볼 때) 더 큰 타당성을 얻는다(13장). 확실히, 혐오의 느낌으로 인한 괴로움이 없다면 우리가 겪는 괴로움의 총량도 훨씬 줄어들 것이다.

5. 그런데 괴로움을 일으키는 두 가지 기본적 느낌(즉 쾌락에 대한 집착과 불쾌한 것에 대한 혐오라는, 갈애의 두 가지 측면)이 반드시 우리를 노예 상태로 만들어야 하는 것은 아니다. 마음챙김 등의 명상 훈련은 집착과 혐오의 느낌이 우리에게 휘두르는 영향력을 약화시킨다. 우리가 고통으로부터 완전하고 지속적인 벗어남(즉, 전통적 의미의 열반)을 이룰 수 있는가에 관하여는 사람마다 생각이 다르다 해도 명상 수련을 통해 우리의 삶이 변화할 수 있다는 데는 별로 이견이 없다. 또 집착과 혐오의 노예가 되지 않는다고 해서 느낌에 둔감해진다는 의미도 아니다. 집착과 혐오의 노예 상태에서 벗어난다는 것은, 이런 느낌에 대해 지금까지와 다른 방식으로 관계 맺음으로써 어떤 느낌에 더 많이 관여할지 주체적으로 선택하는 것을 말한다. 실제로, 느낌과 새로운 관계를 맺으면 경이감, 연민, 미적 감각 등의 느낌이 더 커질 수 있다(2장, 5장, 8장, 10장, 13장, 16장).

6. '자아'에 대해 우리가 가진 직관은 우리를 잘못 인도하는 수가 있다. 우리는 우리의 모든 생각과 느낌을 곧 '나의' 생각과 느낌으로 무비판적으로 받아들이는 경향이 있다. 그러나 내가 하는 생각과 느낌을 반드시 '나의 것'으로 동일시할 필요는 없다. 이 둘을 반드시 동일시할 필요가 없음을 인식하고, 명상을 통해 자동반사적인 동일시의 성향을 줄일 때 우리가 겪는 고통도 줄어들 수 있다. 그리고 자연선택이 왜 인간의 마음에 다양한 종류의 느낌을 집어넣었는지 이해한다면(3장) 느낌의 인도를 무비판적으로 받아들일 필요가 없다는 생각이 설득력을 더한다. 이는 우리가 어떤 느낌의 인도를 받아야 하는지 스스로 결정하는 데도 도움을 준다. 이런 종류의 신중함을 발휘하는 것이야말로 불교의 '무아' 사상을 실용적으로 실천하는 태도이다. 이것이야말로 붓다가 깨달은 뒤 두 번째로 설한 무아

에 관한 근본 경전(《무아경》)을 적절하고 타당하게 해석하는 태도이다(5장).

7. 붓다의 두 번째 설법에 대한 보다 포괄적이고 일반적인 해석은 '자아'라는 것이 정말로 존재하지 않는다고 보는 해석이다. 이 해석은 다양한 불교 텍스트에서 다양한 방식으로 표현되고 있다. 그중 흔한 해석은 '행위의 행위자'로서 나를 주관하는 주인인 자아가 존재하지 않는다는 것이다. 이는 현대 심리학으로부터 상당한 근거를 얻고 있다. 현대 심리학은 우리가 생각하는 것과 달리, 의식하는 자아는 우리의 행동을 주관하는 주인이 아니라는 사실을 보이고 있다. 진화심리학자를 비롯한 많은 심리학자가 동의하는 '마음에 관한 모듈 모형'은 주인으로서의 자아가 존재하지 않는다고 보는 무아의 견해와 일치한다. 마음에 관한 모듈 모형은 높은 깨달음의 경지에 오른 명상가들이 흔히 하는 말('자아가 생각하는 것이 아니라 생각 스스로 생각한다'는 말)을 설명하는 데도 적합하다. 나는 이것을 내면적 무아 체험이라고 부른다. 즉, 당신의 생각과 느낌을 당신이 '갖고 있다'는 데 의문을 갖는 것이다. 또 생각과 느낌을 소유한 총괄 책임자로서의 '당신'이 존재한다는 생각에도 의문을 갖는 것이다. 내면적 무아 체험은 실험 심리학뿐 아니라 자연선택이 인간의 마음을 형성시킨 과정에 관한 지배적 관점으로부터도 인정받고 있다(6장, 7장, 8장).

8. 한편 내가 말하는 이른바 외면적 무아 체험이란 자아를 외부(타자)와 구분 짓는 경계가 사라지는 것(어떤 의미에서는 애당초 자아의 경계가 존재하지 않음)을 말한다. 그런데 외면적 무아 체험은 내면적 무아 체험과 동일한 차원에서 경험적이고 이론적인 지지를 얻을 수는 없다. 왜냐하면 외면적 무아 체험은 심리학적 주장이라기보다 형이상학적 주장에 가깝기 때

문이다. 그럼에도 진화생물학에서 자아의 경계가 자의적 성격을 가졌다고 본다는 점을 고려하면 자아의 경계가 사라지는 외면적 무아 체험은 자아의 경계가 불변한다고 보는 우리의 일반적인 자아 감각보다 부정확한 이해가 결코 아니다(13장, 15장).

9. 자아에 대한 우리의 일반적 감각(그리고 그와 다른 대안적 감각)이 갖는 형이상학적 유효성을 논외로 하더라도 거기에는 도덕적 유효성의 문제가 있을 수 있다. 특히, 자아의 경계가 사라지는 외면적 무아 체험을 하면 (이기적 욕망을 자신과 동일시하지 않는 내면적 무아 체험과 더불어) 타인의 이익보다 나의 이익을 우선하는 우리의 성향이 줄어들지 않을까? 그리고 이렇게 될 때 우리는 도덕적 진실에 조금 더 가까이 가게 되지 않을까? 나는 진화생물학이 이 질문에 단호하게 '그렇다'고 답한다고 본다(15장).

10. 우리의 지각 대상인 사물에 고유한 '본질'이 들어 있다고 보는 직관은 불교의 공에서 보듯이 일종의 환영이다. 이 환영은 생명체가 자신의 진화적 관심사(즉, 유전자 확산)를 기준으로 주변 사물의 중요성을 파악하도록 자연선택이 처음부터 생명체에 심어놓은 환영이다(10장, 11장. 공 사상에 대한 이러한 진화적 관점의 주장은 전통적인 불교의 공 사상과는 매우 다르지만 그것과 모순되지 않는다). 모든 사물에 본질이 존재한다고 본다고 해서 우리가 반드시 고통을 당하거나 타인이 고통을 겪게 만드는 것은 아니지만 그럴 가능성이 다분히 존재한다. 특히, 타인과 타 집단에 대한 '본질주의적' 견해를 가지면 그들이 당하는 고통을 묵인하거나 의도적으로 그들에게 고통을 가할 수도 있다(12장). 그러므로 본질은 실제로 존재하는 실재가 아니라 우리의 지각이 구성한 것에 불과하다는 점을 알고 명상 수련

을 통해 본질 감각을 줄이고 거기에 선택적으로 관여하는 일은 매우 중요하다. 높은 경지에 이른 명상가들은 공과 형상 없음을 철저히 깨달았다고 즉, 본질 감각에서 멀찍이 벗어났다고 말한다. 이들은 지극히 행복해 보일 뿐 아니라 나의 (제한적인) 경험으로 볼 때 매우 자애로운 사람이기도 하다(13장).

11. 본질과 본질주의에 관한 이러한 논점은, 세계를 명료하게 보지 못할 때 자신의 고통뿐 아니라 타인의 불필요한 고통까지 일으키는 나쁜 행위로 이어진다는 광범위한 명제의 한 가지 사례이다. 긍정적으로 바꿔 말하면 세계를 명료하게 볼 때 우리는 더 행복하고 더 도덕적인 사람이 될 수 있다. 물론 행복하고 도덕적인 인간이 된다는 것이 명상을 통해 확실히 '보장되는' 결과는 아니다. 훌륭한 명상가로서 (아마도) 매우 행복했겠지만 (명백히) 매우 부도덕한 사람도 있었다. 그럼에도 우리를 고통에 빠트리는 정신 역동과, 타인에게 나쁜 행동을 하도록 만드는 정신 역동은 밀접한 관련이 있다. 고통을 줄이거나 종식시키는 불교의 처방은 우리를 더 행복하게 만들어줄 뿐 아니라 더 좋은 사람으로 만들어줄 '가능성'을 갖고 있다. 불교에서 명상을 가르칠 때 도덕적 가르침을 함께 강조하는 이유도 명상을 한다고 해서 도덕적 향상이 반드시 보장되지 않는다는 사실 때문이다(16장).

12. 위에 이야기한 가르침을 비롯해 불교의 많은 가르침은 '조건 지어진 상태에 대한 자각'이라는 보다 큰 주제로 뭉뚱그릴 수 있다. 여기서 '조건 지어졌다conditioning'는 말은 결과를 일으키는 원인을 말한다. 마음챙김 명상은 우리의 행동을 일으키는 원인들에 면밀히 주의를 기울이는 것

이다. 다시 말해, 우리의 지각이 어떻게 우리의 내면 상태에 영향을 주는지, 그리고 특정한 내면 상태가 어떻게 다른 내면 상태로, 그리고 행동으로 이어지는지 주의 깊게 살피는 것이다. 이때 중요한 것은 이러한 영향의 연쇄작용에서 느낌이 하는 핵심 역할을 알아차리는 것이다. 여기서 느낌의 핵심 역할이란, 느낌이 자연선택에 의해 인간의 뇌에 처음부터 프로그래밍 되었음을 말한다. 중요한 점은, 이런 영향의 연쇄작용에 대한 자각을 키우는 명상 수련을 통해 그 과정에 개입하고 변화를 줄 수 있다는 사실이다. 이것이 불교인이 추구하는 벗어남liberation의 의미다. 다시 말해 지금까지 우리를 옭아매던, 그리고 이전에는 까맣게 몰랐던 영향의 연쇄작용에서 벗어나는 것이 불교인이 추구하는 벗어남이다(14장).

이상이 '불교는 왜 진실인가'라는 책 제목을 정당화 할 수 있다고 내가 희망하는 주요 논점들이다. 만약 당신이 '불교는 왜 진실인가?'라는 질문에 대한 간단한 답을 원한다면 이렇게 답하겠다. 불교가 진실인 이유는 인간이 자연선택에 의해 만들어졌고 자연선택은 유전자 전파라는 핵심 가치를 따라 인간에게 환영에 빠진 뇌를 심어놓았기 때문이다. 초기 불교사상가들은 인간이 빠진 이러한 환영을, 당시의 과학 수준으로 볼 때 놀랍도록 훌륭히 파악했다. 이제 우리는 자연선택과 자연선택이 만든 인간의 뇌에 대한 현대적 이해를 통해 초기 불교사상가들이 파악한 내용을 새로운 방식으로 주장할 수 있게 되었다.

부록 B

"붓다가 다윈을 만났을 때"*

고통의 치료약으로서의 명상

불교의 방대한 가르침을 나쁜 소식/좋은 소식 이야기로 압축할 수 있다. 여기서 '나쁜 소식'이란 우리의 삶이 고통으로 가득하고, 우리 인간은 미망으로 가득한 존재라는 사실이다. 그리고 '좋은 소식'은 이 두 가지 문제가 실은 동전의 양면처럼 하나의 문제라는 사실이다. 즉 우리가 미망을 제거하면, 다시 말해 세계를 명료하게 볼 수 있으면 우리가 당하는 괴로움을 줄일 수 있다는 사실이다.

그런데 좋은 소식은 이것 말고도 또 있다. 바로 괴로움을 종식시키는 방법을 불교가 제공하고 있다는 사실이다. 그 좋은 예가 **마음챙김**이라는 명상법이다. 불교의 본고장에서 매우 멀리 떨어진 미국을 비롯한 세계 각지에서 수백만 명의 사람이 마음챙김 명상을 하고 있다. 불교인들에 따르

---

* 2017년 7월 29일자 월스트리트저널에 실린 로버트 라이트의 칼럼으로 본문과 일부 중복되는 내용은 있으나 책의 전체 요지를 잘 정리한 글로 보여 싣는다.(편집자)

면 마음챙김 명상은 걱정과 분노 등의 느낌에 대한 관점을 변화시킴으로써 우리의 시야를 왜곡시키고 우리를 고통에 빠뜨리는 느낌의 힘을 약화시킨다고 한다.

나쁜 소식과 좋은 소식이 함께 담긴 이 주장은 제기된 지 2천 년도 더 되었지만, 오늘날 진화심리학으로부터 중요한 근거를 얻고 있다. **진화심리학**은 자연선택이 어떻게 인간의 마음을 만들었는지 연구하는 현대의 학문으로 인간이 처한 곤경에 대한 불교의 진단에 일정한 근거를 제공한다. 진화심리학은 왜 인간이 미망과 괴로움에 빠지기 쉬운지, 왜 이 두 가지가 서로 연결되어 있는지 설명한다. 그리고 진화심리학의 설명은 불교가 제시하는 처방, 그중에서도 마음챙김 명상에 힘을 실어준다.

마음챙김 명상은 주의력 훈련이다. 마음챙김 명상은 (보통은 호흡에 집중함으로써) 마음을 고요하게 하고 그렇게 얻어진 고요한 마음으로 모든 대상을 특별한 면밀함과 명료함으로 관찰하는 훈련이다. 이때 관찰의 대상에는 소리, 신체 감각 등 우리의 의식의 장場에 들어오는 모든 것이 포함된다. 그러나 아마도 가장 중요한 대상은 우리가 느끼는 **느낌**feelings에 대한 면밀한 관찰일 것이다. 왜냐하면 우리의 지각과 생각, 행동을 주도하는 데 핵심적인 역할을 하는 것이 바로 느낌이기 때문이다.

바로 이 지점에서 진화적 관점이 도움을 준다. 마음챙김은 느낌에 대해 의심하는 태도를 가질 것을 우리에게 요청한다. 다시 말해 느낌이 이끄는 대로 그저 자동적으로 따르기보다, 느낌을 비판적으로 살펴보고 어떤 느낌을 신뢰해야 하는지 살펴야 한다고 조언한다. 이때 진화심리학은 왜 이런 의심의 태도가 타당한지 이유를 설명해준다. 우리는 일반적으로 붓다와 다윈을 연관시켜 생각하는 일이 잘 없지만 이제부터 보듯이 두 사람의 세계관은 멋진 조화를 이룬다는 것을 알 수 있다.

다윈이 설명하는 인간이 처한 상황은 (불교의 설명과 마찬가지로) 나쁜 소식에서 출발한다. 여기서 말하는 인간 상황이란, 인간을 창조한 자연선택이라는 과정은 우리 인간의 행복과 불행, 깨달음과 미망에는 전혀 관심이 없다는 것이다. 궁극적으로, 자연선택의 과정이 '신경 쓰는' 것은 오직 한 가지, 바로 유전자를 다음 세대에 전하는 것이다. 그리고 자연선택은 의식을 가진 설계자가 아니라 맹목적인 과정이다. (특정한 느낌을 비롯해) 유전자를 퍼뜨리는 데 지금까지 기여해온 정신적 특징은 키워진 반면, 유전자 확산에 기여하지 못한 정신적 특징은 중도에 사라졌다. 그 느낌들 (그리고 느낌이 만들어내는 생각과 지각)이 실재에 관하여 진실인 관점을 인간에게 제공하느냐는 엄밀히 말해 자연선택의 관심사가 아니다. 또 자연선택은 인간이 행복하게 사느냐, 불행하게 사느냐에 대해서도 관심이 없다.

예를 들어, 불안이라는 느낌을 보자. 진화심리학자들은 불안이 인간의 유전자에 바탕을 둔 자연스러운 느낌이라고 본다. 무언가에 대해 걱정을 해야만 그것에 대해 조치를 취할 것이기 때문이다. 이제 막 걸음마를 배우는 당신의 갓난아이가 맹수에게 잡아먹힐지 모른다는 걱정을 해야만 아이가 안전하도록 조치를 취할 것이다. 그리고 이것은 곧 당신의 '유전자 복제본'이 안전하도록 조치한다는 의미다.

물론, 불안이라는 느낌은 불쾌하다. 하지만 자연선택은 그에 아랑곳하지 않는다. 심지어 이 불쾌감이 '전혀 근거가 없다 해도' 신경 쓰지 않는다. 즉, 당신의 갓난아이가 바로 옆의 헛간에 있는 것으로 밝혀졌어도, 그리고 한 순간 정말 사실로 보였던 한밤의 악몽이 그저 당신의 머릿속에서 일어난 일일 뿐이었어도 자연선택은 그런 것에 아랑곳하지 않는다. 자연선택의 관점에서 보면 걱정과 불안을 느끼는 '대가'를 치르더라도 안전이 더 우선이다. 없는 것을 있는 것으로 가정하는 이런 **긍정 오류**^{false positive}의 성향은 그것이 망상을 만들어내 우리를 고통에 빠트린다 해도 인간이 가진 오류가 아니라 인간 본연의 특징으로 간주된다.

진화심리학에 따르면 인간이 타고난 자연스러운 불안에는 사회 불안(대인 불안)도 포함된다. 인류의 조상이 살던 환경, 즉 인간이 그 속에서 진화해온 수렵채취 환경에서는 많은 사회적 상호작용이 이루어졌다. 그리고 이 상호작용은 한 사람의 유전자에 중요한 의미를 가졌다. 만약 당신이 무리 안에서 사회적 지위가 낮았고 친구도 별로 없었다면 당신의 유전자를 퍼뜨릴 확률은 낮아졌을 것이다. 그래서 사람들에게 깊은 인상을 남기는 일이 중요했다. 마찬가지로 당신의 자손이 사회적으로 번창하지 않으면 그들의 생식 가능성은 낮아졌을 것이고, 이것은 곧 당신의 유전자가 절멸될 위기에 처한다는 뜻이다. 그래서 다윈의 관점에서 보면 우리 조상들이 자신과 자손에 관하여 주변 사람들이 어떻게 생각하는지 걱정한 데는 그만한 타당성이 있다.

사회적 관계에서도, 없는 것을 있는 것으로 가정하는 긍정 오류의 성향이 나타난다. 짐작컨대 우리 조상들은 자신이 속한 사회적 환경 속에서 결국엔 걱정하지 않아도 좋았던 것에 대해 아마 걱정을 했을 것이다.

그런데 우리 현대인들은 이보다 훨씬 더한 걱정을 안고 산다. 없는 것을 있는 것으로 가정하는 이런 성향은, 자연선택이 설계한 환경에서 작동했던 불안이 이제 더 이상 효과가 없음에도 계속 작동하고 있다는 사실 때문에 더 복잡해진다.

구석기시대의 수렵채취 마을의 유물을 발굴하는 고고학자가 결코 발견하지 못할 유품이 하나 있다면 바로 발표용 파워포인트다. 인류의 수렵채취 조상들이 하지 않았던 일 가운데 하나가, 자기가 모르는 많은 사람들 앞에서 프레젠테이션 발표를 하는 일이었다. 아마도 이 때문에 현대의 많은 사람이 발표 생각만 해도 커다란 불안에 휩싸이는 것 같다. 과거 소규모의 매우 친밀한 사회적 환경에 맞게 설계된 불안은, 소규모도 아니고 친밀하지도 않은 현대의 환경 탓에 급격히 확대된다. 그렇다고 대중 연설에 대한 불안이 아무 소용이 없다는 말은 아니다. 파워포인트 발표에 대한 불안은 우리가 더 훌륭한 발표를 하도록 자극하기도 한다.

그러나 우리가 직시해야 할 것은 이런 불안이 때로 생산적이기도 하지만 그렇지 않을 때도 분명히 있다는 사실이다. 어떤 사람은 이전에 대중 연설을 할 때 실제로 구토를 한 번도 하지 않았음에도 많은 사람 앞에 서면 자기도 모르게 구토를 하는 상상으로 발표 전에 괴로워한다고 한다. 나의 경우 파워포인트 불안이 아주 심할 때면, 밤에 잠을 못 자 다음날 발표를 망칠지 모른다는 불안으로 뜬눈으로 밤을 새는 경우가 있다.

만약 이런 불안이 나의 생존과 번식 확률을 높이기 위해 자연선택이 취한 방법이라고 주장한다면 그건 터무니없는 얘기다. 이것은 발표 불안

말고도 다른 사회 불안에도 해당된다. 칵테일파티에 가기 전에 느끼는 두려움이 우리가 두려워할 가치가 있는 것으로 우리를 데려다줄 가능성은 별로 없다. 또 당신의 딸이 첫 파자마 파티(십대 소녀들이 친구 집에 모여 파자마 바람으로 밤새워 노는 것)에서 잘 하고 있는지처럼 당신이 영향을 줄 수 없는 일에 대해 걱정하는 것도 소용없는 일이다. 우리의 수렵채취 조상들은 이전에 한 번도 본 적이 없는 사람들로 붐비는 공간에서 다닐 필요가 없었다. 그리고 한 번도 본 적 없는 사람의 집에 자녀를 자러 보낼 일도 없었다. 이런 사정 때문에 이런 일에 닥쳤을 때 우리는 강한 (그러나 대개는 비생산적인) 불안을 경험한다.

이렇듯 지금까지 진화해온 인간의 본성과, 지금 현재 우리가 처한 상황 사이에 발생하는 **불일치**mismatch는 단지 오늘날에만 일어나는 현상은 아니다. 수천 년 동안, 사람들이 적응하는 데 어려움을 겪었던 사회적 환경은 존재했을 것이다. 붓다는 왕족에 태어났다. 이는 그가 수렵채취 마을보다 훨씬 큰 사람들로 이루어진 사회에 살았다는 의미다. 그리고 사람들이 대규모 청중 앞에서 연설해야 하는 필요가 생기면서 파워포인트 불안과 유사한 두려움이 생기기 시작했다는 증거도 있다. 붓다는 어느 설법에서, 인간이 겪는 흔한 두려움 중에 "무리 안에서 창피를 당하는 두려움"이 있다고 말했다.

붓다가 살던 시대에서조차 사람들은 자신의 느낌이 만들어져온 환경과 자신이 실제로 살아가는 환경 사이의 불편한 불일치를 경험했다. 어쩌면 이런 사정 때문에 불교가 초기부터 명상 수행을 강조했는지 모른다. 고대 불교 텍스트에서 설명하는 명상은 사람들이 자신의 느낌을 더 잘 자각하도록, 다시 말해 더 객관적으로 자신의 느낌을 알아차리도록 했을 것이다. 그럼으로써 자신의 느낌에 자동적으로 지배받는 정도가 줄었을 것이다. 그리고 이것은 오늘날에도 마음챙김 명상의 주요한 목표로 남아 있다.

그리고 자신의 느낌을 알아차리는 것은 실제로 효과가 있다. 나는 매일 명상 수련을 한다. 그리고 간혹 한 주 혹은 그 이상 진행되는 묵언 집중수행에도 정기적으로 참가한다. 그리고 강한 불안감에 명상으로 대처한 경험도 여러 번 있다. 대중 강연이 예정된 바로 전날 한밤중에 나는 침대에서 일어나 자리를 잡고 앉아 명상을 했다. 나는 너무나 고요한 객관성으로 내 안에 있는 불안 덩어리를 관찰했다. 그러자 미술관에 전시된 한 점의 추상 미술품을 감상하듯이 불안을 바라보는 경지에 이르렀다. 그러자 나를 붙들고 있던 불안이 힘을 잃었고, 그 뒤에는 사라졌다. 아마도 2천 년 전 불교 수행자들도 대중 앞에서 연설하는 두려움에 대해 명상할 때 이와 비슷한 경험을 하지 않았을까.

그런데 세계에 대한 우리의 느낌을, 그리하여 세계에 대한 우리의 지각을 왜곡시키는 힘에 있어서 현대의 환경은 붓다가 살던 시대보다 그 힘이 훨씬 강하다는 점에 의문의 여지가 없다. 설탕 도넛을 생각해보자. 나는 설탕 도넛에 대해 따뜻한 느낌을 갖고 있다. 그 느낌은 너무나 따뜻해서 만약 내가 느끼는 느낌에만 이끌려간다면 아마 아침, 점심, 저녁을 모두(그리고 간식까지도) 도넛만 먹을 지경이다. 그러나 나는 도넛을 너무 많이 먹으면 건강에 좋지 않다는 말도 들었다. 결국 설탕 도넛에 이끌리는 나의 느낌은 신뢰할 만한 느낌이 아닌 것이다. 이것은 언뜻 받아들이기 어려운 소식이다.

그렇다면 자연선택은 어떻게 이런 일이 일어나게 내버려 두었을까? 다시 말해, 자연선택은 왜 내 몸(나의 유전자를 담고 있는 몸)을 제대로 돌보지 못하는 느낌을 내게 부여한 것일까? 그것은 자연선택이 설계한 느낌은 정크푸드가 전혀 없던 환경에서 만들어진 느낌이기 때문이다. 당시에는 인간이 먹을 수 있는 음식 가운데 가장 단 것이 과일 정도였다. 그랬기에 단 것을 좋아하는 성향은(그리고 그것이 만들어내는 느낌은) 인간에게 크게 해로울 것이 없었다. 그러나 이런 느낌은, 영양소는 없고 열량만 높은 이른바 '엠티 칼로리empty calories'라는 조리과학의 성취를 이룬 현대 세계에서는 우리를 잘못 인도할 가능성이 다분하다.

불교의 근본 바탕에는 갈망 일반(고대의 불교 경전에서는 이 갈망을 **딴하**tanha라고 부른다)이 본질적으로 우리를 잘못 인도할 수 있다는 생각이 깔려 있다. 우리가 무엇을 갈망하든(정크푸드이든 건강에 좋은 음식이든 아니면 섹스이든) 그것은 '지속적인 만족'이라는 환영을 만들어낸다. 맛있어 보이는 음식을 보면 나는 그것이 얼마나 맛있을까 생각하지, 그 만족감이 결국엔 사라질 거라는 생각은 잘 하지 않는다. 그래서 더 많이 먹고 싶어 한다.

이것이 붓다의 주요 메시지 중 하나였다. 즉 우리가 찾는 쾌락은 금세 사라지고 우리는 더 큰 쾌락을 다시 찾게 된다는 것이다. 우리는 우리에게 만족을 주는 다음 번 것(다음 번 도넛, 다음 번 섹스, 다음 번 승진, 다음 번 인터넷 쇼핑 등)을 찾는 데 많은 시간을 보낸다. 그러나 그 '다음 것'을 취했을 때 느끼는 짜릿함도 언제나 사라지기 마련이며 그래서 우리는 항상 더 많이 원하는 상태에 놓인다. "도대체 만족이 안 돼I can't get no satisfaction"라는 롤링스톤스의 오래된 노래가사는 불교에 따르면 인간이 처한 숙명적 조건이다. 붓다는 인생이 '고통'으로 가득하다고 주장한 것으로 알려져 있지만 학자들은 여기서 고통^{suffering}이라는 단어는 원래 **둑카**^{dukkha}라는 팔리어를 번역한 것으로 실은 불만족^{unsatisfactoriness}으로 번역하는 것이 더 적절하다고 말한다.

자연선택의 관점에서 보자면 생명 개체가 끝없는 불만족의 고리에 빠지는 것은 매우 좋은 아이디어다. 만약 쾌락이 시들해지지 않고 지속된다면 다시는 쾌락을 구하려 하지 않을 것이기 때문이다. 밥을 한 번만 먹어도 배고픔이 다시 찾아오지 않는다면 우리는 결코 다시는 먹으려 하지 않을 것이다. 섹스도 마찬가지다. 한 번만 하고 나면 평생토록 섹스에 뒤따르는 쾌락감을 즐긴 채로 누워 있으면 될 것이다. 그런데 그것은 되도록 많은 유전자를 다음 세대에 전하는 방법이 결코 아니다! 만족감은 그것이 지속되는 동안만 좋은 것으로, 자연선택의 설계에 따르면 만족감은 결국 사라지도록 되어 있다. 현대 세계의 많은 것들이(정크푸드에서 포르노, 니코틴, 당신의 뉴스피드를 관장하는 페이스북 알고리즘에 이르기까지) 더 많은 것을 구하는 우리의 만족할 줄 모르는 갈망을 강화시키도록 설계되어 있다.

그렇다면 우리는 무엇을 해야 하는가? 한 가지 방법이 명상이다. 명상이란 **마음챙김으로**^{mindfully}, 즉 깨어있는 마음으로 특정한 갈망을 관찰하여 그 힘을 약화시키는 방법이다. 갈망을 관찰하는 것은 불안에 대해 명상하는 것보다 더 어려울 수 있지만, 그 효과를 증명하는 연구가 있다. 88명의 흡연자가 참가한 2011년 〈약물과 알코올 의존〉이라는 저널에 발표된 연구에서 이런 종류의 마음챙김 훈련이, 집단 상담과 니코틴 패치 같은 치료법을 제공하는 미국 폐협회의 〈흡연으로부터의 자유〉 프로그램보다 니코틴 중독을 더 효과적으로 치료한 것으로 나타났다. 규칙적인 마음챙김 명상은 보다 일반적인 방식으로 갈망을 약화시킬 수도 있다. 마음챙김 명상은 우리가 이미 가지고 있는 것들을 더 잘 자각하게 함으로써 '다음번 욕망 대상'을 구하려는 급박감을 줄여준다.

불교에서 말하는 인간이 가진 망상의 목록은 매우 길다. 거기에는 우리가 우리 내면의 핵심에 자리 잡고 있다고 여기는 **자아**^{self}도 포함된다. 또 이 망상의 목록에는 (주변 사람들을 포함한) 세상 사물의 본성에 관한 우리의 잘못된 지각도 포함된다. 그런데 이들 망상 가운데 많은 부분이 자연선택의 사명에 충실히 복무하기 위한 목적으로 우리 안에 심어진 것으로 설명될 수 있다. 여기서 자연선택의 사명이란 물론, 생명 개체의 유전자를 다음 세대에 전하는 것을 말한다. 자연선택은 세상을 실제 그대로 보거나 우리가 사는 세상에서 지속적인 행복을 구하는 것에 중점을 두지 않는다.

과학이 인간이 처한 곤경의 근본 원인을 밝히기 2천 년도 더 전에 불교가 인간이 처한 곤경을 파악했다는 사실은 불교가 오늘날에 지닌 적절성을 보여준다. 그러나 그렇다 해도 붓다가 이 점에 대해 우쭐해하지는 않았을 것이다. 대신에 만약 살아 있었다면 붓다는 인간이 어떻게 해서 미망과 그에 따르는 고통을 당하게 되었는지 설명해준 다윈에게 감사했을 것이다. 그리고 다윈이 아직까지 살아 있었다면 (그리고 마음챙김 명상 운동에 동참했다면) 인간이 빠진 미망과 고통의 문제에 대처하는 법을 가르쳐준 붓다에게 고마워했을 것이다.

불교와 명상에 바치는
어느 진화심리학자의 헌사

    동양과 서양이 만나고 있다. 〈타임〉지는 2014년 2월호에 서양에서 불고 있는 명상 열풍을 언급하며 '마음챙김 혁명The Mindful Revolution'이라는 제목의 표지기사를 실었다. 현재 마음챙김 명상은 서구의 의료와 교육 분야에서 각광받는 치유 패러다임으로 부상하고 있다. 동양의 오랜 전통으로 2천5백 년 이상 이어져온 불교 명상이 점점 더 많은 과학적 근거를 얻으면서 인간을 무지와 괴로움에서 벗어나게 해주는 실질적인 방법론으로 거론되고 있다. 이 책은 진화심리학이라는 과학의 렌즈에 비추었을 때도 불교의 제안이 진실에 가까움을 보이려는 시도이다. 여기서 '진실에 가깝다'는 말은 무지와 괴로움 등 인간이 처한 근본 상황에 대한 불교의 진단과 처방이 실제로 타당하다는 의미이다. 다시 말해 인간이 어리석음과 무지, 무명, 미망으로 인한 괴로움에 빠지기 쉬운 존재이며 여기서 벗어나는 방법으로 불교가 제시하는 명상이 실제로 인간을 무지와 괴로움에서 벗어나게 해준다는 의미다.

    로버트 라이트(1957~)는 『도덕적 동물』(1994) 등의 베스트셀러를 저술한 미국의 진화심리학자이자 저널리스트로 미국 대중에게 널리 알려진 영향력 있는 지식인이다. 이 책『불교는 왜 진실인가』(2017)에서 그는 자신이 불교 명상, 특히 마음챙김 명상에서 직접 경험하고 깨달은 바를 진화심리학의 관점에 비추어 조명하고 검토한다. 특히 공과 무아 등 불교의 주장에 담긴 진리성을 형이상학, 윤리학, 인간의 행복이라는 차원에서 살핀다. 다만 이 책은 이런 류의 책에서 흔히 기대하듯이 불교와 진화론의 이론적 정합성을 치밀하게 논증하는 책은 아니다. 그보다는 인간이 지금과 같은 미망에 빠진 근본 원인을 진화심리학의 통찰로 근거를 댄 뒤, 인간이 미망에서 실제로 벗어나는 방법론으로 불교 명상의 유효성을 보이는 데로 나아간다. 부록B의 제목 "붓다가 다윈을 만났을 때"도 그런 의미이다. 이런 차원에서 이 책은 엄격한 이론서라기보다 진화심리학의 통찰에 명상 수행자로서의 개인적 체험을 버무린, 저널리스트로서의 로버트 라이트의 대중적인 글쓰기 스타일이 잘 드러나 있다.

그는 실제로 2003년부터 명상을 시작해 지금은 하루도 빼놓지 않고 명상을 하며 1~2주 이상씩 진행되는 명상 수련회에도 자주 참여한다고 한다. 로버트 라이트의 사례는 서양의 많은 지식인들이 불교 명상, 특히 마음챙김 명상에 매혹되는 과정을 잘 보여준다. 그는 자신이 책에서 논하는 불교를 윤회나 각종 신에 대한 믿음을 철저히 제거한 자연적 측면의 불교로 한정시키면서 이것을 소위 '서양 불교Western Buddhism'라고 칭한다. 그의 말로는 심리학과 철학의 영역에 보다 부합하는 불교인데, 불교의 이런 합리적이고 지성적인 측면이 서양의 많은 지식인들을 불교와 명상에 새롭게 눈 뜨게 하는 요인이 되는 것 같다.

코세라Coursera 또는 유튜브에서 'Buddhism and Modern Psychology (불교와 현대 심리학)'를 검색하면 로버트 라이트가 2014년 프린스턴 대학에서 행한 30여 회기의 온라인 강의를 만날 수 있다. 이 책의 내용과 거의 일치하는 강연으로 영어가 가능한 독자라면 시청해볼 것을 권한다(한글 자막은 유튜브에서 '불교는 왜 진실인가'로 검색하면 된다). 그는 깐깐하고 냉철한 지성의 소유자이며 스스로 책에서 밝히듯이 천성적으로 다정다감한 성격도 아니다. 그래서 자신을 명상에 있어 다른 사람들을 대신하는 일종의 '실험용 쥐'에 비유한다. 그처럼 까다로운 성격의 사람이 명상을 할 수 있다면 다른 사람들도 충분히 할 수 있을 거라는 의미에서다. 책에서 그가 내린 결론은 자신도 지금까지 명상을 계속하고 있으므로 누구라도 명상을 통해 이로움을 얻을 수 있다는 것이다. 그는 또한 자신이 운영하는 동영상 블로그를 통해 불교 학자와 승려 등 명상의 고수들과 온라인 대담을 나누는 지적 정직성과 치열한 탐구의 태도도 보인다. 그는 과학적으로 검증할 수 없다는 이유로 윤회를 믿지 않으며 스스로를 불교인이라고 칭하지도 않는다. 또 명상을 통한 자신의 무아 체험이 제한적임을 스스로 인정한다. 그러나 향후에 더 큰 무아 체험을 하게 될 가능성은 언제든 열어두고 있다. 그는 모르는 것을 안다고 말하지 않으며 스스로 체험하지 못한 것을 체험했다고도 하지 않는다. 스스로 불교인이라 칭하지 않지만 옮긴이가 보기에 그의 이런 지적 정직성과 열린 마음이야말로 붓다가 우리에게 권한 엄정하고 실증적인 지적 태도에 가까워 보인다. 붓다는 우리에게 '불교'라는 종교를 믿으라고 권하지 않았다. 또 권위 있는 자의 말을 그대로 따르라고도 하지 않았다. 오히려 어떠한 가르침이라도 스스로 생각해 보고 경험한 다음 이치에 맞게 판단하라고 했다.

진화심리학에서 시작하여 불교에 이르는, 로버트 라이트라는 한 개인이 밟아온 지적, 영적 여정은 서양의 지식인들이 불교와 명상에 열광하는 이유를 보여주는 전형적인 사례이다. 동시에 그의 사례는 불교라는 '원석'을 오래 전부터 정신문화의 일부로 삼고 살아온 우리에게도 시사하는 바가 크다. 한국의 불교는 재래의 토착 신앙과 융합되면서 여러 가지 미신적 요소가 뒤섞여 있다. 21세기 과학의 시대를 사는 우리는 이런 요소들을 배척까지는 않더라도 적어도 어떤 부분이 미신이고 비과학인지, 또 어떤 부분이 오늘 우리의 고통을 덜고 지혜를 닦는 데 도움을 주는지 구분하는 정도의 안목은 가질 필요가 있어 보인다. 이 책은 불교를 종교적 신앙이 아닌 심리학이나 철학, 과학 등 합리적 탐구의 대상으로 접근하려는 사람, 명상이 어떻게 우리를 삶의 미망과 고통으로부터 구해줄 수 있는지, 그리하여 어떻게 우리를 조금 더 행복한 사람, 조금 더 좋은 사람으로 만들 수 있는지 궁금한 사람을 위한 책이다.

최선을 다해 번역한다고 했지만 돌아보면 부족한 부분이 또 보인다. 번역은 해도 해도 끝이 없는 작업이라는 생각을 다시금 하게 된다. 혹시 잘 이해되지 않거나 오역으로 판단되는 부분이 눈에 띈다면 역자에게 메일을 보내거나(friendsbook@naver.com) 개인 블로그(blog.naver.com/anljs)에 글을 남겨주기 바란다. 가전제품을 비롯한 온갖 제품에 있는 애프터서비스가 유독 번역에만 없어야 할 이유가 없다.

마지막으로, 번역 과정에서 공역자인 김철호 교수님의 조언과 지원이 없었다면 이 책은 나오지 못했을 것이다. 교수님께 감사의 말씀을 전하고 싶다.

이재석

책에 사용한 용어에 관하여

불교에 관한 책에서 불교 용어의 선택은 피해갈 수 없는 문제다. 우선 산스크리트어와 팔리어의 문제가 있다. 서구의 불교 용어는 대개 이 두 고대 언어를 사용한다(물론 다른 아시아 언어로 된 고대의 불교 텍스트도 존재한다). 불교 책을 쓰는 저자 중에는 두 언어 중 하나를 일관되게 사용하는 이들이 있지만 나는 그렇게 하지 않았다. 이유는 다음과 같다.

이 책이 상세히 다루는 불교의 첫 번째 주요 개념은 무아이다. 무아는 불교의 주요 분파인 대승불교보다 테라와다불교(상좌부불교)에서 더 강조하는 개념이다. 테라와다불교의 경전은 팔리어로 되어 있기 때문에 무아를 산스크리트어인 아나트만anatman 보다 팔리어인 아나따anatta 로 쓰는 것이 더 자연스럽다. 한편 이 책이 다루는 불교의 두 번째 주요 개념인 공은 대승불교에서 더 강조하는 개념이어서 대개 산스크리트어인 순야타sunyata 로 사용한다. 그리고 두 전통 모두에서 두드러지게 나타나는 핵심 용어들은 서양에서 산스크리트어로 널리 알려져 있다. 특히 열반을 의미하는 니르바나와 법을 뜻하는 다르마가 그렇다(팔리어로는 각각 닙바나와 담마이다). 그래서 책에서도 산스크리트어를 사용하기로 했다.

그런데 산스크리트어와 팔리어 중 특별히 한 쪽을 선호하지 않는 애매한 경우도 있다. 책에서 나는 특정 용어를 사용한 이유를 일일이 밝히지는 않았다. 어떤 용어는 산스크리트어와 팔리어를 혼용했다.

예컨대 경전을 의미하는 산스크리트어 수트라sutra 와 팔리어 숫따sutta 의 경우에 나는 해당 경전이 대승불교의 경전인지, 테라와다불교의 경전인지에 따라 두 용어를 혼용했다. 이 문제는 책 본문보다 뒤의 주와 참고문헌에서 더 문제가 된다. 책 본문에서 나는 수트라(숫따) 대신 설법^{discourse}이라는 용어를 사용했는데 그 이유는 수트라(숫따)라는 용어가 일각에서는 주장이나 논의보다 시^詩나 숙고에 가까운 의미를 갖기 때문이다. 그런데 내가 책에서 다룬 불교 텍스트는 주로 주장과 논의이다. 그렇지만 주장과 논의라고 해서 모든 용어를 정의하고 주장의 각 단계를 명확히 설명하는 현대식 논증은 아니다. 내가 책에서 다룬 불교 텍스트들은 심리학과 철학에 관한 명제를 던진 다음, 그 이유를 제시하고 있다. 이 명제들이 책의 핵심 내용이다.

마지막으로 책에는 깨달음^{enlightenment}이라는 용어가 자주 등장한다. 그런데 깨달음보다는 깨어남^{awakening}이 더 정확한 해석인지 모른다. 깨어남은 붓다^{Buddha}(깨어난 자)와 그가 득도했다고 전하는 보리수나무^{Bodhi tree}의 어원과도 관련이 있다. 또 '깨어남'이라는 단어는 우리가 일상적으로 거대한 미망과 환영의 세계에 살고 있다는 불교적 관점에서 볼 때, 그리고 내가 이러한 관점으로 책의 서두를 열었다는 점에서 더 적절한 번역어이다. 이처럼 깨어남이라는 단어는 적절한 비유이지만, 불교의 깨어남에는 단지 미망에서 깨어난다는 의미 이상을 담고 있다. 거기에는 실제적인 깨달음이 있어야 한다. 실제적 깨달음이란 파악이 쉽지 않은, 세계에 관한 진실을 때로 치열하게 이해하는 것을 말한다. 우연히도 깨달음^{enlightenment}이란 단어는 또 다른 적절한 차원을 담고 있으니 바로 서양이 합리적 분석을 향해 정신의 방향타를 선회한 계몽주의 시대^{the Enlightenment}를 의미한다는 점이다. 결국, 이 책은 불교의 세계관 (적어도 불교의 자연적 측면이 가진 세계관)이 계몽시기에 발원한 철학과 과학에 비추었을 때도 타당하다고 주장한다는 점에서 깨달음이란 단어 역시 내가 보기에 적절한 해석이다.

감사의 말

명상 지도자 대니얼 잉그램이 쓴 『붓다의 핵심 가르침 마스터하기Mastering the Core Teachings of the Buddha』라는 책의 속표지에는 저자 표기가 "연기적 우주 지음"으로 되어 있다. 그리고 그 아래에는 보다 통상적인 저자 표시, 즉 잉그램의 이름이 적혀 있다. 이는 사실 약간 농담 섞인 표현이다. 불교 철학에 따르면 나의 노동의 결실은 실제로 나의 노동의 결실이라기보다 그간 나에게 와 닿은 모든 영향력의 결과물이다. 이 사실을 환기하는 의미로 그렇게 쓴 것이다. 책을 쓰는 과정에서 나에게 와 닿은 수많은 영향을 모두 열거하기는 버거우니까 말이다.

그렇지만 나는 최선을 다해 열거해보려 한다. 우선, 나는 프린스턴 대학에 큰 빚을 졌다. 이 책을 쓰기 시작한 직후, 나는 프린스턴 대학에서 신입생을 대상으로 〈과학과 불교〉라는 제목의 세미나를 가르치기 시작했다. 나는 2년 연속으로, 호기심 많고 도전적 태도를 지닌 학생들이 강의실을 가득 메우는 선물을 받았다. 학생들은 과학과 불교라는 주제에 관한 나의 생각을 명료하게 하고 체계화하는 데 도움을 주었다. 나는 학생들 덕분에 우리의 미래를 더 낙관할 수 있었다. 프린스턴 대학은 나아가 이 강의를 〈불교와 현대 심리학Buddhism and Modern Psychology〉이라는 제목의 온라인 버전으로 만드는 작업도 지원해주었다(이 강의는 코세라Coursera(2012년 개설한 세계 최대의 MOOC 플랫폼-옮긴이)에서 무료로 시청할 수 있다). 온라인 강의를 통해 나는 수만 명의 학생들과 교류할 수 있었다. 비록 물리적 거리는 멀었지만 그들의 에너지와 호기심은 나에게 축복이었다. 이 모든 것이 클레이튼 마시의 지속적인 지원과 셜리 틸

그분의 격려 덕분에 가능했다. 이후 나는 프린스턴 대학의 여러 분들로부터
도 중요한 도움을 받았다. 그리고 프린스턴 대학의 심리학과 및 철학과 대학
원생들은 내가 온라인 강의를 준비하는 데 연구 보조자로서 훌륭한 역할을
해주었다. 그들은 이 책의 초고에 대한 피드백을 보내주었다.

프린스턴 대학에서 가르친 다음, 나는 뉴욕에 있는 유니언 신학대학에서
과학 및 종교 담당 객원교수로 있었다. 그곳에서 나는 존 템플턴 재단으로부
터 후한 연구 보조금을 받았다. 유니언 신학대학은 미국의 영적 역사에서 가
장 중요하며 세계 교회 전통을 가진 교육 기관으로 지구상에서 가장 친절한
곳 중 하나다. 이곳에서 나는 동양철학에 관한 나의 관심을 공유하고 지지하
는 동료들을 만났다. 존 타타마닐, 그레그 스나이더, 현경, 폴 니터 등이 그들
이다. 나는 또한 이 책의 몇 개 장의 초고를 학생들에게 떠넘기고는 그들과
의 세미나 토론을 통해서도 도움을 받았다. 이 모든 일이 유니언 신학대학의
총장인 세레네 존스와(존스 총장의 업적 가운데 특기할 만한 것은 유니언 신학대
학에 불교 학위 과정을 신설했다는 점이다) 부총장인 프레드 데이비의 지속적인
지원 덕분에 가능했다.

불교에 관한 전문지식을 가진 많은 분들이 이 책의 원고를 읽고 나에게
피드백을 주었다. 그중에서도 미리 알바하리, 스티븐 아스마, 폴 블룸, 비구 보
디 스님, 수전 젤먼, 조셉 골드스타인, 스코트 배리 카우프만에게 감사를 표
한다. 또 나의 첫 명상 수련회에서 나에게 특별히 자세한 피드백을 준 세 사
람이 있으니, 조시 서머스(나의 첫 명상 수련회에서 만났다), 조나단 골드(불교 철
학자 바수반두(세친)에 관한 훌륭한 책 『위대한 길 닦기Paving the Great Way』를 썼
다), 필립 멘차카(유니언 신학대학에서 나의 다른 시도들을 많이 도와주었다)가 그
들이다. 또 비구 보디 스님은 이 책에서 다룬 고대 불교 텍스트에 관한 번역
과 해석 문제에서 친절한 인내심으로 나를 지도해주었다. 라이드 호프만과

벤 카스노차는 이들과의 모임을 원활하게 주관해 이 책에 담긴 생각에 관하여 소중한 피드백을 제공해주었다.

나는 많은 학자, 명상 지도자, 승려 들과 유익한 대화를 나눴다. 책에서 언급한 분들은 따로 이름을 들지 않겠다. 그들 외에 다른 분들로는 신젠 영, 제이 마이클슨, 샤론 스트리트, 케네스 포크, 대니얼 잉그램, 버지 타이저, 에릭 브라운, 빈센트 혼, 애너벨라 피트킨, 데일 라이트, 데이비드 예이든, 미우엘 파리아스가 있다. 이들과의 대화는 대부분 meaningoflife.tv라는 플랫폼에서 이루어졌다. 이 플랫폼을 만들고 관리해준 분들의 노고도 컸다.

나는 통찰명상회의 침묵 명상수련회에서 7주를 보냈다. 그곳 직원들은 하나 같이 친절하고 협조적이었다. 마치 살아 있는 불교의 본보기를 대하는 것 같았다. 그분들 이름을 모두 들고 싶으나 그건 어렵다. 명상 수련회의 특징 중 하나는, 그곳에서 만나는 사람들의 자세한 개인적 사항을 알 수 없다는 점이다. 그러나 그곳 창립자인 조셉 골드스타인과 샤론 샐즈버그의 이름은 안다. 15년 전에 나를 깨우치는 대화를 나눠준 데 대해 두 분에게 감사를 표한다.

사이먼앤슈스터 출판사의 편집자 프리실라 페인턴은 처음부터 변함없는 지지를 보내며 나를 이끌어주었다. 그녀는 내가 그녀를 필요로 할 때 언제나 거기에 있었다. 그리고 나는 그녀를 '굉장히 많이' 필요로 했다. 프리실라의 조수인 메건 호건도 뛰어난 기량으로, 그리고 필요하다면 외교술로 여러 문제를 해결해주었다. 이 책의 교열 담당자인 주니스 후버는 원고를 부지런히 읽고 내 문체의 고질병을 해결해 독자들의 부담을 덜어주었다. 불안해서 계속 만지작거리는 나의 습관은 책이 제작에 들어간 뒤에도 계속되었는데, 이제는 알렉스 수에게 그 부담이 돌아갔다. 그럼에도 그는 이 부담을 유쾌하게 견뎌냈다. 나의 에이전트 라페 사갈린은 다시 한 번 책의 구상에서부터 출간에 이르기까지 전 과정에서 훌륭한 도움을 주었다.

우리 집의 두 마리 개 프레지어와 마일로에게도 고마움을 표하고 싶다. 개들은 앞서 이야기한 온라인 강좌의 일환으로 내가 제작한 동영상에도 출연했고 내가 필요로 할 때 나를 위로해주었다. 또 나의 라이딩 친구인 존 맥피와 스티브 크루즈는 내가 책에서 잠시 마음을 떠나도록 도와주거나 아니면 책에 관한 유용한 조언을 해주었다. 두 딸 마가렛과 엘리노어는 나의 저작 이력 내내 나에게 관대함을 보여주었다. 그리고 커서는 책과 관련된(또 책과 관련되지 않은) 문제들에 대해 믿을 만한 피드백을 제공해주었다. 게다가 딸아이들은 인간으로서도 훌륭하게 성장했다. (만약 깨달음이란 것이 내가 딸들을 볼 때 '훌륭한 딸들'이라는 본질을 보지 않는 것을 의미한다면, 나는 아직 깨달음을 얻지 못했다고 기꺼이 말하고 싶을 정도다!) 마지막으로 아내 리사에게 감사를 표한다. 아내는 이 책의 단어 하나하나를 여러 번 읽은 사람으로, 책에서 발견되는 착오와 누락은 모두 그녀의 책임이다. 사실, 이건 농담이다. 실제로 아내는 이 책이 그녀의 피드백이 없었을 경우보다 훨씬 명료하고 좋아지도록 도움을 준 장본인이다. 지난 30년 동안 아내가 나의 글을 읽고 이만하면 되었다고 말해주는 것보다 내게 더 만족감을 주는 일도 없었다. 물론, 이만하면 되었다는 그녀의 말이 사실은 조금 과한 친절이라는 걸 나도 잘 안다.

주(註)

1. 쾌락을 경험하면 종종 도파민 분비가 증가하는 것은 사실이나 현재 많은 연구자들은 쾌락 경험 자체가 아니라 쾌락에 대한 기대와 갈망에서 도파민이 분비된다고 보고 있다. 어쨌든 여기서 논의의 요지는 어떤 이유에서건 도파민 분비가 감소한 현상은 원숭이들이 단것에 익숙해지면서 쾌락이 시들해졌음을 보여준다는 점이다(쾌락 자극이 반복될수록 대개 쾌락 경험이 시들해지는 것은 인간도 마찬가지다). 그리고 불이 켜졌을 때 도파민 분비가 증가한다는 사실은 쾌락에 대한 기대가 상승했음을 보여준다. 최신 견해에 따르면 도파민은 주관적 현상과 상관관계를 넘어 인과관계에 있는 것으로 보고 있다.

2. 일부 철학자들은 생명체가 행동을 취하게 만드는 주체는 결코 느낌이 아니라고 주장한다. 여기에 깔린 생각은, 의식은 단순히 뇌의 생리적 현상에 부수된 것이라는 의식에 관한 부수현상설(epiphenomenalism)이다. 주관적 경험은 생명체의 신체 작용으로부터 영향을 받을 뿐, 반대로 신체 작용에 영향을 주지는 않는다고 보는 관점이다. 만약 부대 현상설이 옳다면 내가 설명한 느낌의 원초적 기능, 즉 자신에게 이로운 대상에는 다가가고 해로운 대상은 피하게 만드는 기능은 엄밀히 말해 옳지 않다(실제로 의식에 관한 부수현상설은 느낌이라는 것을 아무런 기능도 갖고 있지 않은 일종의 미스터리로 본다). 그러나 그렇다 해도 예컨대 생명체에게 해로운 대상을 회피하는 행동에는 불쾌한 느낌이 '따라오고' 따라서 자연선택의 관점에서 회피가 적절한 행동임을 의미한다고 말하는 데는 크게 무리가 없다. 이런 차원에서 보면, 느낌이라는 말이 실제로 의미하는 내용은 의식에 관한 부대현상설과 그 외의 관점이 본질적으로 다르지 않다고 할 수 있다. 그리고 만약 의식은 단순히 뇌의 생리 현상에 부수된 것이라는 부대현상설이 옳다면, 느낌에는 일정한 기능이 있다는 행동 과학자들의 말은 상당 부분, 엄밀히 말해 옳지 않은 주장이 될 것이다. 또 그렇다면 엄밀히 말해 행동 과학 문헌에는 내가 여기서 단 것과 같은 단서를 수도 없이 달아야 할 것이다. 그러나 그러한 단서를 단다고 해서 위 분석의 타당성이 근본적으로 줄어드는 것은 아니다.

3. "이 세상에서" 또는 "바로 이번 생에" 등의 표현을 '지금 여기'로 번역할 수도 있지만 문맥상 이것은 명상의 성취에 따르는 일정한 성과가 나타나는 시점을 가리킨다고 보아야 한다. 즉, 이것은 죽은 뒤가 아니라 살아 있는 동안에 명상의 효과가 나타날 수 있음을 보이려는 의도이지 마음챙김을 수행하는 지침으로 언급한 것이 아니다.

4. 불교 문헌에는 깨달음이 무엇을 의미하는가에 관하여 다양한 설명이 등장한다(깨달음(enlightened)보다 깨어남(awakened)이 더 직역에 가까운 표현이라고 할 수 있다. 이에 관해서는 책 말미의 '용어에 관한 주'를 참조). 어쨌든 깨달음의 요건 가운데 가장 흔히 언급되는 것이 내면에 관한 환영과 외면에 관한 환영을 떨치는 것이다. 깨달음의 요건으로 언급되는 또 하나가 딴하(tanha, 갈애)의 극복인데 갈애의 극복은 어떻게 보면 내면과 외면에 대한 환영을 떨치는 것과 다르지 않을 만큼 그것과 밀접한 관련이 있다.(이는 13장에서 살핀다)

5. 불교 경전에 관한 고대 주석서에 이런 말이 나온다. "접시가 떨어져 깨지는 것을 보라. 무상이 분명하다. 몸에 종기가 생기는 것을 보라. 고가 분명하다. 그러나 무아의 특성은 쉽게 드러나지 않는다." 다음을 참조: Buddhaghosa 2010, p.667

6. 붓다가 '느낌(feeling)을 통제할 수 없다'고 할 때의 '느낌'은 감정(emotions)과는 다르다. 불교 심리학에서 '느낌'이란 좋거나 싫거나 좋지도 싫지도 않은, 느낌의 색조(feeling tone)를 가리킨다. 물론 우리가 감정을 느낄 때 거기에는 느낌의 색조가 함께 따라붙는다(느낌의 색조는 인식을 비롯한 다른 정신 현상에도 따라붙는다). 이렇게 느낌의 색조는 유쾌하거나 불쾌한 성질을 감정에 부여한다. 그래서 붓다의 〈무아경〉에 따르면 예컨대 우리가 불안을 떨치지 못한다고 할 때도 이것은 불안에 따라붙는 불쾌한 느낌을 떨치지 못하는 것을 의미한다. 실제로 불안 자체는 느낌이 아닌 정신적 형성의 무더기에 속하므로 불안을 떨치지 못한다고 할 때 이것은 붓다가 정신적 형성이 우리의 통제 밖에 있다는 뜻도 포함된다.

7. 오온을 차례로 살핀 붓다는 〈무아경〉의 마지막에서 그렇다면 과연 몸과 마음이라는 당신의 전체 시스템이 통제 아래 있다고 말할 수 있는가 하고 의문을 제기한다. 만약 당신이라는 시스템이 통제 아래 있지 않다면 어떻게 통제 주체로서 자아가 존

재할 수 있는가 하고 주장할 수 있다. 여기서 나는 통제 주체로서의 자아와 통제 대상으로서의 자아를 편의상 대비시켰지만 어쩌면 이 둘은 완전히 별개의 존재가 아닌지 모른다. 통제의 주체는 어떤 의미에서 통제의 대상이 될 수도 있기 때문이다. 어쨌든 6장 서두의 일화가 보여주듯이 〈무아경〉이 아닌 다른 경전에서 붓다는 통제 주체로서의 자아를 떠올리게 하는 왕의 비유를 든다.

8. 설명의 편의를 위해 나는 일부러 '욕망'과 '얽힘'의 관계에 놓인 중요한 연결고리를 생략했다. 이를 설명하는 상식적인 방법은 의식의 무더기가 나머지 네 무더기를 욕망한다고 보는 것이다. 왜냐하면 결국 이 욕망의 결과로, 의식과 네 무더기 사이의 얽힘이 생겨났기 때문이다. 그러나 불교 심리학에 따르면 모든 무더기에 대한 욕망은 정신적 형성의 무더기[†]에서 생겨난다고 한다(비구 보디 스님과의 개인적 교신). 여기에는 의식에 대한 욕망도 포함되며, 정신적 형성의 무더기 자체가 지닌 특정 내용에 대한 욕망도 포함된다. 그러나 전체적인 논점은 바뀌지 않는다. 즉, 의식이 다른 무더기들에 계속 얽히도록 만드는 주범은, 모든 무더기의 내용에 대한 욕망이라는 점이다.

9. 얽힘에 관한 설법에서 이 단순한 시나리오를 끌어내는 것의 문제 가운데 하나는 벗어남이라는 단어를 어떻게 해석하느냐에 관한 것이다. 불교 텍스트에 관한 고대의 한 주석서는 〈무아경〉에서 '식이 벗어난다'고 할 때 그것은 벗어난 사람이 죽은 뒤에 다음 번 생을 일으키지 않는다는 의미에서 '벗어나는' 것이라고 말한다(Bodhi 2000, p.1060, note72 참조). 이 해석의 의미는 14장을 읽고 난 뒤에 보다 이해가 쉬울 것이다. 일단 여기서는 이 해석이 여기서 언급한 의식의 벗어남을 그 사람의 벗어남과 동일한 의미로 간주하려는 시도를 복잡하게 만든다고 말할 수 있다.(이 해석은 그 사람이 지금 여기서 벗어난다 해도 벗어남의 순간에 그 사람의 의식에 일어나는 일은, 그 사람이 죽음에 이르는 순간에 조금 다른 종류의 벗어남을 부여하게 된다는 것이다.) 그렇기는 해도 이것은 단지 해석일 뿐이라는 점을 강조할 필요가 있다. 〈무아경〉의 팔리어 버전은 이러한 용례의 '벗어남'이 단지 환생의 문제에만 적용된다고 말하지 않는다. 또 이런 환생에 대해 전혀 언급하지 않는다. 게다가 이런 종류의 고대 주석서는 경전들 사이의 모순을 제거하는 것을 목표로 가졌던 듯하다. 그러므로 이 주석서에서 내가 지금 드러내려고 하는 모순을 최소화하는 해석을 제시하는 것은

놀라운 일이 아니다. 비구 보디 스님은 이 주석서의 해석이 그럴 듯하지만 논쟁의 여지가 없는 것은 아니라고 말한다. 보디 스님은 어떤 경우에도 '벗어남'을 넓은 의미로 해석해서는 안 된다고 말하지 않는다(개인적 교신). 이 경전을 어떻게 해석하든 간에 깨달음에 이르렀을 때 벗어남의 주체가 '마음'이라고 말하는 경전들이 많이 있다. 그리고 어떤 경전에서는 '마음'을 '의식'과 동일한 의미로 사용한다.(실제로 보디 스님은 무아경에서 우리를 헷갈리게 하는 부분('그'가 벗어난다고 말하는 부분)은 마음이 벗어나는 것으로 해석할 수 있다고 본다. 팔리어 텍스트에서는 종종 동사의 주어가 생략되는데 대부분의 번역자는 문맥상 벗어남의 주어를 '그'로 보는 반면, 보디 스님은 '마음'으로 보는 것이 더 타당하다고 주장한다.)

이 모든 것을 종합할 때(즉, 얽힘에 관한 경전의 벗어난 의식에 대한 주석뿐 아니라 벗어난 마음에 관한 다른 경전들의 명시적 설명을 참고하더라도) 붓다가 깨달음에 이르렀을 때 벗어남의 주체는 의식이라고 보았다는 주장은 충분히 일리가 있다. 그럼에도 벗어난 '나'가 머무는 장소가 의식의 무더기라는 주장은, 무아에 관한 첫 설법처럼 벗어남을 의식을 포함한 다섯 무더기 모두를 버리는 것으로 표현하는 많은 설법과 부합하지 않는다. 실제로 얽힘에 관한 설법에서조차 무더기에 대한 '욕정'을 버릴 것을 권할 때 다섯 번째 무더기인 의식까지 모두 버릴 것을 권함으로써 무아에 관한 설법과 일관성을 유지하고 있다. 그럼에도 얽힘에 관한 설법에서 의식의 무더기를 그 사람과 동일시하는 걸로 보인다는 점은(내가 인용한 구절뿐 아니라 붓다가 설법의 시작부에서 "얽히는 자는 벗어나지 못한다. 얽힘에서 풀리는 자는 벗어난다."고 선언하는 장면에서도) 흥미롭다. 나아가 얽힘에 관한 설법에서는 의식과 나머지 무더기 사이의 관계를 얽힘과 얽힘에서 풀림으로 이야기한다.

10. 의식의 이중 모형에 관해서는 다음을 참조: Albahari 2006. 의식의 이중 모형에 관한 나의 주장이 알바하리의 모형과 완전히 일치하는 것은 아니지만 알바하리는 '관찰자 의식'이란 표현을 사용하고 있다. 그녀는 붓다가 〈바후나 경[Bahuna sutta]〉(AN 10.81)에서 다섯 무더기를 모두 내려놓은 다음 한계 없는 의식을 가지고 머무는 장소가 바로 바로 관찰자 의식이라고 본다고 주장한다. (Thanissaro 1997)

11. 확실히, 파운드의 이미지를 의식적으로 보여주었을 때가 잠재의식적으로 극히 짧은 순간에 보여주었을 때보다 손의 쥐는 힘이 더 강했다. 그러나 이것은 의식적 지

각의 결과라기보다 단지 뇌가 이미지에 노출된 시간의 결과일 수 있다. 다시 말해 100밀리초(0.1초) 동안 노출(의식적 지각이 일어나는 노출)했다면 설사 그것이 의식적 지각을 일으키지 않았다 해도 손의 쥐는 힘이 더 커졌을 것이다. 실제로 노출 시간과 악력의 상관관계가 의식적 지각과 무관하다는 증거가 존재한다. 실험자들은 잠재의식 영역의 두 가지 노출 시간을 적용했다(17밀리초(0.017초)와 50밀리초(0.05초)). 그랬더니 50밀리초 동안 파운드 동전을 노출했을 때가 17밀리초 동안 노출했을 때보다 손의 악력이 더 셌다(반면 페니 동전의 경우에는 논리적이게도 17밀리초 노출했을 때가 50밀리초 노출보다 악력이 더 셌다). 사실 50밀리초가 모든 상황에서 서브리미널(잠재의식) 영역에 속하는 것은 아니다. 이 경우에 동전 이미지를 동전 크기의 두 패턴 사이에 위장해 집어넣었다. 실험 참가자들은 동전 이미지의 위장 여부와 무관하게 실험을 시작할 때마다 그 패턴을 보았다.

12. 붓다는 〈무아경〉에서 무상과 둑카(괴로움 또는 불만족)의 관계성을 강조한다. 또 붓다가 〈무아경〉에서 사용하는 표현은 오온은 무상과 둑카라는 두 가지 성질을 가지고 있으므로 이를 자아로 동일시하는 것은 부적절하다는 의미를 함축하고 있다. 이에 대한 한 가지 해석은, 무상한 것이 자아가 아닌 이유가 무상함이 괴로움을 낳기 때문으로 보는 것이다. 이 해석은 오온은 우리가 통제할 수 없으므로 고통으로 이어진다고 〈무아경〉에서 말한다는 점에 비추었을 때 더 큰 타당성을 갖는다. 이 해석에 따르면, 오온이 '자아'의 자격을 갖지 못하는 이유는 통제에 대한 저항과 무상이라는 성질 자체 때문이 아니다. 그보다는 통제에 대한 저항과 무상이 고통으로 이어지기 때문에 오온이 '자아'의 지위를 갖지 못한다고 본다. 그러나 고통을 일으키는 무언가가 있다면 왜 그것을 자아의 지위를 갖지 못한다고 보아야 하는지는 분명하게 드러나지 않는다. 반면, 통제되지 않고 시간의 흐름에서 지속되지 않는 무엇은 자아의 자격이 없다는 주장은 훨씬 쉽게 수긍이 간다. 따라서 나는 여기서 붓다의 주장이 주로 무상과 통제에 대한 저항 자체에 관한 주장이라고 보는 많은 해석자들의 의견을 따르고자 한다. 그렇기는 해도 붓다의 주장을 실용적이고 치료적인 의미로 받아들인다면(즉 오온을 자아로 여길 때 고통이 일어나므로 고통을 줄이려면 오온을 자아가 아니라고 여겨야 한다는 의미로 받아들인다면) 붓다가 무상하고 통제 되지 않는 무엇은 무상과 통제 불가라는 성질 자체로 인해 고통이 일어나므로 그것을 자아가 아니라고 본다는 주장은 타당해 보인다. 이 해석은 5장

에서 논의한, 붓다의 주장에 대한 '이단적' 해석과도 부합한다.

13. 남성에게 적용된 시점 간 효용함수의 연구 결과는 여성에게는 적용되지 않았다. 또 직업적 목표의 경우에는 여성들을 상대로 한 실험은 실시되지 않았다. 진화심리학에 따르면, 일반적으로 짝짓기 심리에 있어서 남성과 여성이 정확히 대칭되는 것은 아니다. 그렇지만 여성의 마음이 남성의 마음보다 상대방 성의 구애 행위와 그 예측으로 인해 변화하는 정도가 적다고 볼 이유는 없다(변화의 성질은 조금 다를지 몰라도).

14. 이 각본은 생각이 의식에 들어오기도 '전에' 어떻게 생각과 연관된 일정한 느낌을 갖게 되는가라는 의문을 일으킨다. 이에 대한 두 가지 대답이 존재한다. 첫째는, 이상하게 들리겠지만 우리 마음에는 자각을 하면서도(즉, 주관적 경험을 하면서도) 의식적 마음은 보통 인지하지 못하는 영역이 존재한다고 간주하는 것이다. 6장에서 이야기한 분리 뇌 실험의 함의에 대해 숙고해온 몇몇 사람들은 이 가능성을 진지하게 고려한다. 둘째, '느낌의 세기'는 그 느낌과 연관된 생각이 의식에 들어오기 전까지는 아직 '잠재된 성질'이라고 보는 것이다. 잠재 단계에 있는 동안에는 느낌의 세기를 나타내는 신체적 표지는 있을지 몰라도 의식에 들어오기 전까지 이 느낌은 어떠한 주관적 징후도 나타내지 않는다.

15. 비어 있음, 즉 공은 산스크리트어 sunyata와 팔리어 sunnatta의 번역어다. 공은 테라와다불교보다 대승불교에서 더 많이 다루어진다. 그리고 테라와다불교에서 공을 말할 때는 일반적으로 대승불교의 맥락과는 조금 다른 기술적 의미를 갖는다. 아마도 이 명상 지도자가 공 대신 형상 없음이라는 단어를 사용한 이유는(물론 나중에 그는 공과 형상 없음이 같은 의미라고 인정하기는 했지만) 그가 테라와다 전통에 속해 있었기 때문일 것이다.

16. 흥미롭게도 종교학자 말콤 데이비드 엑켈(Malcolm David Eckel)은 불교의 공 사상을 진지하게 받아들이는 사람들의 관점을 묘사하면서 그들이 떠올릴 수도 있는 다음과 같은 일련의 질문을 제시했다. "어머니, 그녀는 누구인가? 형, 그는 누구인가? …… 그것은 모두 환영이다. 그것은 텅 비어 있다." 그러나 공 체험의 다

소 극단적인 묘사에 있어서도 그 사람이 (캡그라스 망상증처럼) 어떤 사기꾼이 자신의 어머니와 형을 대신하고 있다고 실제로 생각한다는 의미는 결코 아니다(다음을 참조: Eckel 2001).

17. 내가 말하는 본질(essence)은 심리학자들이 일반적으로 사용하는 '본질'이라는 용어의 정의와 약간 차이가 있다. 심리학자들이 말하는 본질이란, 무엇인가가 갖고 있다고 '생각되는' 특징, 그것 없이는 그 무엇이 될 수 없는 눈에 보이지 않는, 숨은, 분명치 않은 특징을 의미한다. 심리학자들이 본질을 '생각'할 때 그 생각은 보다 미묘한, 잘 의식되지 않는 의식이 아니라 명시적인 믿음에 더 가깝다(심리학자들은 H$_2$O를 물의 본질이라고 말할 정도다). 심리학자들이 명시적 믿음을 강조하는 이유는 아마도 그들이 사물에 관한 사람들의 믿음에 대해 심문하는 방식으로 본질을 연구해왔기 때문일 것이다(매우 흥미로운 다음 작품을 참조: Susan Gelman 2003). 어쨌거나 나는 이 책에서 사람들이 가진 본질에 대한 감각(명시적이 아니라 매우 암시적인 감각)에 초점을 맞춘다. 내가 말하는 '본질'은 결코 사물의 물리적 구성 성분을 가리키는 것이 아니며 서양 철학에서 흔히 사용하는 '본질'이라는 단어와도 일치하지 않는다.

18. 나의 공 주장과 정통 불교의 공 주장이 차이가 있음을 강조하고 싶다. 공은 '존재론적' 교리로서 실재가 가진 실제적 성질에 관한 주장이다. 정통 불교에서 펴는 공 주장은 물론 존재론적 주장이다. 그것은 실재의 실제적 성질에 관한 주장으로서 이 구조를 올바로 이해하는 경우 '사물'이 본질을 가졌다는 주장을 지지할 수 없다고 본다(공에 관한 불교의 표준적 주장에 대한 더 자세한 설명은 13장 참조). 반면, 나의 공 주장은 존재론적 교리를 대변해 펴는 주장이긴 하나, 그 자체로는 존재론적 주장이라기보다 심리학적 주장에 더 가깝다. 다시 말해 나는 실재가 특정한 구조를 가졌으며 이 구조에는 본질이 없다고 주장하는 것이라기보다, 인간의 마음은 본질 감각을 실재에 투사하도록 만들어져 있다는 것이다. 나의 주장은 실재에 본질을 투영하는 이면에 놓인 진화적 논리를 알면 이러한 투사가 '객관적' 실재에 상응한다고 생각할 아무런 이유가 없다는 것이다. 또 오히려 이 투사가 객관적 실재에 상응한다는 생각에 의문을 가져야 한다는 것이다(이 논리에 관한 자세한 설명은 15장 참조). 그러나 공에 관한 정통 불교의 존재론적 주장과 나의 심리학적 주

장은 논리적으로 양립 가능하다는 점에 주목하라.

19. 다음을 참조: Eagly et al. 1991. 매력적인 외모 자체는 한 사람의 도덕심을 평가하는 주요 단서가 아니지만, 특정 외모가 한 사람의 도덕심을 평가하는 주요 단서가 되는 수도 있다. 예컨대 사람들은 속눈썹이 길고 광대뼈가 더 많이 튀어나온 사람을 더 신뢰한다고 여긴다는 증거가 있다. 사람의 신뢰도를 평가하는 것과 관련된 뇌 부위를 모니터링한 뇌 영상촬영 연구에 따르면, 의식하지 못할 정도로 짧은 시간에 얼굴 이미지를 보여주더라도 사람들은 이러한 평가를 내리는 것으로 나타났다. 다음을 참조: Freeman 등, 2014.

20. 통일된 자아(unified self)라는, 우리가 기존에 갖고 있는 감각은 상리공생의 결과로 설명할 수 있다. 나의 다양한 유전자들은 동일한 세대 간 보트(즉, 게놈)에 타고 있으므로 서로 협력함으로써 (나의 유전자가 여러 세대에 걸쳐 생존하고 확산된다는 진화적 의미에서) 이익을 얻을 수 있다. 이것이 나의 발가락과 나의 코가 모두 '나'의 일부로 느껴지는 이유라고 주장할 수 있다. 왜냐하면 내 발가락과 코의 유전자는 고도의 논제로섬(non-zero-sum) 게임(한쪽의 이익과 다른 쪽의 손실을 합했을 때 제로가 되지 않는 현상-옮긴이)을 하고 있기 때문이다. 더 중요한 것은, 나의 발가락과 코의 유전자는 자신을 나의 일부로 여기는 뇌의 유전자와 논제로섬 관계를 맺고 있다는 점이다.

21. 본질이 부재함을 보여주기 위해 '무아'라는 말을 사용한 데는 한 가지 주목할 측면이 있다. 위빠사나 명상은 원래 존재의 세 가지 특상(삼법인)을 분명하게 깨닫도록 하는 의도를 갖고 있다. 다시 말해 위빠사나 명상은 우리로 하여금 사물 일반에 이 세 가지 특성(이중 하나가 무아이다)이 깃들어 있다고 보게 한다. 만약 이 의도를 따라 우리가 (우리 자신이나 타인의 내면에서만이 아니라) 외부 사물에서도 무아라는 특성을 볼 수 있다면 우리는 공을 이해하고 있다고 할 수 있다. 이 용례가 주목할 만한 이유는, 일반적으로 테라와다불교는 대승불교에 비해 공을 많이 강조하지 않지만 테라와다 전통 안에서 형성된 위빠사나의 가르침은, 만약 존재의 세 가지 특상을 깨달으라는 위빠사나 가르침의 명령을 엄밀히 해석한다면 결국 공을 매우 강조하는 것이 되기 때문이다.

22. 여기서 이런 질문을 던질 수 있다. 코고는 남자에 대한 분노와 그의 코고는 소리에 대한 혐오감은 서로 매우 밀접하게 연결되어 있어서 혐오감은 그대로 둔 채 '단지' 남자에 대한 분노만 이기는 것이 가능한가라는 질문이다. 나는 이 질문에 대한 답을 알지 못한다. 다만 적어도 내 경험으로 확실히 말할 수 있는 것은 혐오감과 분노가 별개의 감정이며, 따라서 분노에만 집중하는 것이 가능하다는 점이다(물론 분노에 집중해 그것을 해소한다면 그에 따라 필연적으로 혐오감 자체도 잦아들 것이지만).

23. 불교의 관점에서 볼 때 느낌은 반드시 긍정적이거나 부정적일 필요가 없다. 다만 인간의 세계 이해에 항상 스며 있는 '느낌의 색조'는 긍정적이거나 부정적, 또는 중립적일 수 있다. 혹자는 만약 느낌의 색조가 중립적이라면 그것을 과연 느낌의 '색조'라고 부를 수 있는지 의문을 제기할 수 있다. 그렇지만 어쨌거나 미묘한(또는 그리 미묘하지 않은) 긍정적, 부정적 느낌이 매우 자주 우리의 세계 이해와 반응 방식을 결정한다는 점을 강조하는 것이 불교 심리학의 전반적인 논지라는 점에는 크게 무리가 없어 보인다.

24. 탐욕과 성냄을 합하면 어리석음이 된다는 이 '등식'의 논리는 불교의 일반적 논리와는 반대이다. 이 등식을 넓게 해석하면 탐욕과 성냄은 어리석음, 즉 세계의 실제적 성질에 대한 무지를 일으킨다는 의미이다. 그러나 탐욕, 성냄, 어리석음의 관계에 대한 불교의 일반적 해석은 이와 반대 방향이다. 즉, (무상의 보편성을 보지 못하고 무아와 공의 진실을 보지 못하는 것 등의) 무지나 미망이 탐욕과 성냄을 일으킨다는 것이다. 내가 보기에 탐욕과 성냄을 합하면 어리석음이 된다는 등식은 그 반대 방향보다는 인과관계의 실제적 방향을 더 잘 포착하고 있다(물론 두 해석 모두 그 자체로는 매우 간단하지만). 나는 또 적어도 일부의 경우에는 명상의 향상이 진행되는 역동이 이 '등식'에서 보이는 인과관계의 방향을 취한다고 생각한다. 즉, 탐욕과 성냄을 마음챙김으로 관찰해 어느 정도 극복하는 것은 무상과 무아, 공을 직접 체험을 통해 이해한다는 의미에서 곧 무지와 미망을 극복하는 과정의 일부라고 나는 본다.

25. 종종 불교 사상가들은 조건 지어진 상태에 관한 불교의 견해가 서양의 인과관계

개념과는 다르다는 점을 공들여 설명하는 경우가 있다. 그러나 둘의 차이점을 강조하는 이런 시도에도 불구하고 나는 둘을 구분하는 것이 매우 중요하다고 납득할 수 없었다. 이 시도들은 마치 서양 과학은 다중적 영향력이라는 복잡한 상호작용 개념을 제대로 설명할 수 없다는 듯이 종종 지나치게 단순한 용어로 서양의 인과 개념을 설명한다.

26. 여기서 조건 지어진 발생에 대한 나의 해석은 엄밀히 말해 불완전한 해석이다. 고대 텍스트에 보이는 고전적이고 체계적인 설명에는 무엇인가가 발생하는 조건이 사라지면 그것이 일어나지 않는다는 점과 무언가가 일어나는 조건이 멈추면 그 무언가도 멈춘다는 점을 덧붙여 설명하고 있다(이 모두는 물론 서양의 인과 개념에도 부합한다). 조건 지어진 발생과 관련하여 모든 초기 불교 텍스트에서 12개의 연결고리를 제시하는 건 아니다. 하지만 12개의 연결고리는 현재 가장 널리 받아들여지는 해석이다. 나는 12개의 연결고리에 관하여 특히 다음의 설명을 참조했다: Bodhi 1981, lecture 4. 간략한 설명은 다음도 참조: Gethin 1998, pp.149-59, Harvey 2013, pp.65-73

27. 이 두 종류의 열반을 종종 열반을 실현하는 두 단계로 설명하기도 한다. 죽은 뒤 성취되는 열반을 반열반(般涅槃, parinirvana: 완전한 열반)이라 하며, 죽기 전에 경험하는 열반을 일부 고대 텍스트에서 유여열반(有餘涅槃: 아직 무언가 남아 있는 열반)으로 칭한다. 유여열반은 깨달음을 성취했으며, 갈애로 일어나는 괴로움도 극복했지만 신체적 존재는 여전히 지속되어서 예컨대 신체적 상해 등의 고통을 피할 수는 없다. 하지만 이때 마음챙김과 평정심으로 고통을 견디면 깨달음 이전에 일어났던 종류의 괴로움은 더 이상 일어나지 않는다. 다만 하루 24시간 내내 완전한 극락의 느낌을 경험할 수는 없다. 다음을 참조: Kasulis 1987, Bodhi 1981, lecture 6.

28. 물론 '주요 항목들' 사이에는 겹치는 부분, 상호작용하는 부분도 있다. 예컨대 무상에 대한 통찰을 얻으면 갈애를 극복하는 실천행에 도움이 된다. 또 깨달음의 요소로 흔히 언급되는 탐진치의 삼독심을 제거하는 것은 갈애를 극복하는 것과 다르지 않으며, 삼독심의 세 번째가 미망이라는 점에서 이는 곧 무상에 대한 통찰을 의미하기도 한다. 그리고 무상에 대한 통찰(특히 5장에서 논한 오온의 무상에 대

한 통찰)은 무아에 대한 통찰을 촉진한다. 이런 식으로 계속된다.

29. 어디에도 서지 않은 관점(어떤 이의 안녕도 다른 어떤 이의 안녕보다 더 중요하지 않은 관점)으로부터 모든 사람의 안녕을 중요시하는 관점으로의 이동은 논리적으로 자연스럽다. 왜냐하면 여기서 덧붙일 유일한 가정은 인간의 안녕이 인간의 고통보다 바람직하다는 가정뿐이기 때문이다(이 가정은 이론의 여지가 없다). 지각력을 가진 모든 생명체를 도덕적 관심의 범주 아래 두는 것은 어려운 일이 아니다. 모든 조건이 동일하다면 생명체의 안녕이 생명체의 고통보다 바람직하다는 전제에는 이견이 있을 수 없다.

30. 내가 여기서 제기한 가능성은 새로운 것이 아니다. 오랫동안 불교학자들은 불교 수행의 정점은 아마도 어디에도 가치를 부여하지 않는 극단적 형태의 허무주의가 아닌가라는 문제에 대해 숙고해왔다.
    판단하지 말라는 것은 명상 지침에서 자주 하는 말이 아닌가. 느낌을 좋다 싫다 판단하지 말고, 소리도 좋다 싫다 판단하지 말며 시각적 장면도 좋다 싫다 판단하지 말라는 것이다. 이렇게 판단하지 않는 데 점점 능숙해지게 되면 당신은 결국에는 어떠한 종류의 판단도 내리지 않게 되지 않을까? 그렇다면 옳고 그름에 대한 판단까지도 내리지 않게 되지 않을까? 이렇게 되면 일반적으로 잘못되었다고 여겨지는 일을 바로잡기 위해 어떤 행동을 취하려는 당신의 욕망도 사라지지 않을까?
    이 문제를 바라보는 또 하나의 방법은 불교에서 강조하는 평정심의 관점으로 보는 것이다. 불교 수행의 한 가지 목적은 우리가 처한 객관적 상황에 흔들리지 않고 안정적인 행복감을 유지하는 것이다. 즉, 삶의 거센 폭풍 속에서도 고요한 섬으로 남는 것이다. 그렇다면 당신이라는 섬 바깥에서 일어나는 모든 일에(만약 당신이 평온하지 않다면 동요되면서 그에 대해 무언가 행동하기를 바라는 정말 안 좋은 일들을 포함하여) 어느 정도 무관심해져야 하지 않을까?
    이 논리를 조금 더 자세히 살펴보자. 불교에서 평정심의 유지에 접근하는(즉 고요와 안녕의 감각을 유지하는 데 접근하는) 방식은 싫은 대상에 대한 자연스러운 혐오감과 즐거운 대상에 대한 자연적 욕망을 모두 초월하는 것이다. 만약 당신이 이 임무를 완벽하게 수행한다면 당신은 어떠한 선호도 갖지 않게 될까?

그리고 선호(preference)는 가치 체계를 구성하는 본질적 부분이 아닌가? 만약 당신이 불의한 세상보다 정의로운 세상을 선호하지 않는다면 당신은 세상을 더 정의롭게 만들기 위한 행동을 하지 않을 것이다. 실제로 당신은 사람들이 정의롭다고 칭하는 것과 정의롭지 않다고 부르는 것 사이에 의미 있는 차이가 존재한다고 인식하지도 못할 것이다. 그렇다면 당신은 연민과 사랑의 감정을 갖지도 않을 것이다. 연민과 사랑은 일종의 선호의 형태가 아닌가? 즉, 연민과 사랑은 당신이 연민과 사랑을 느끼는 사람들에게 특정한 일이 일어나기를 선호하는 방식이 아닌가? 이것은 불교 사상에 대한 가설적이고 극단적인 추론으로 보일 수도 있다. 그러나 일부 존경 받는 불교 사상가들의 견해와 크게 다르지 않다. 6세기 중국 선종의 3대 조사인 승찬僧璨은 이런 시를 썼다(선시禪詩 〈신심명〉信心銘을 말한다-옮긴이).

> 선호가 없는 사람에게는
> 지극한 도가 어렵지 않나니
> 사랑과 증오에 얽매이지 않을 때
> 모든 것은 깨끗해지며 본연의 모습으로 돌아간다네
> 그렇지 않고 조금의 분별심이라도 낸다면
> 마치 천국과 지상의 거리만큼
> 본연의 모습에서 멀어진다네
> 진리를 알고자 하는가
> 그렇다면 그 무엇에도 집착하거나 혐오하지 말지니

물론 이 시에는 보충 설명이 필요하다. 예컨대 번역의 문제가 있을 수 있다(셋째 줄은 "모든 호오好惡를 끊을 때"라는 번역도 있다). 게다가 이 시는 특정한 사회적, 지적 맥락에서 행한 선언이다. 즉 당시에 성행하던 불교 해석에 반대하는 특정한 불교 해석을 편 것이다. 그럼에도 이 시는 불교의 핵심 사상으로부터 직접 추론한 것으로 볼 수 있다. 이것이 불교에서 '허무주의의 문제'가 오랫동안 진지한 문제로 고려되어온 이유이다.

나는 이 문제에 새롭게 덧붙일 것은 아무것도 갖고 있지 않다. 다만 불교에서 '허무주의의 문제'가 과연 무엇인지 좀 더 분명히 들여다보려고 한다. 내가 보기에 허무주의의 문제는 내가 12장에서 언급한 문제와는 성격이 다르다. 12장에서 언급한 문제는 명상으로 얻은 평정과 명료함으로 다른 사람을 더 효율적으로 착취하는 사람들의 문제였다. 그런데 타인을 착취하려는 마음은 결국 선호를 갖는 것이다. 즉, 착취를 통해 얻을 수 있는 목표에 일정한 가치를 부여하는 행위다. 내가 12장에서 언급한 어퍼이스트사이드의 도둑 선사는 다수 여성들과의 성관계를 '선호'했다. 그는 성적 만족감에 커다란 가치를 두었다. 이것은 엄격한 의미의 허무주의가 결코 아니다. 허무주의는 그 어떤 것도 중요하지 않으며, 세계는 의미가 없으므로 어떤 목적도 추구할 가치가 없다고 보는 입장이다. 도둑 선사는 자신이 추구할 가치가 있다고 믿었다.

다시 말해 도둑 선사는 중국 선종의 3대 조사가 우리에게 조언한 정도까지 나아가지 못했다. 도둑 선사는 깨달음을 얻지 못했다. 이는 단지 욕정 등의 장애물을 버리는 것이 깨달음의 전제조건이라는 의미만은 아니다. 엄격한 의미의 깨달음은 모든 갈망을(욕정도 갈망의 한 가지 형태다) 완전히 버리는 것이다. 만약 당신이 중국 선종의 3대 조사가 말하는 경지(어떤 선호도 갖지 않는 경지)에 이른다면 당신은 모든 갈망을 철저히 뿌리 뽑은 나머지, 도둑 선사처럼 행동하지 않을 것이다. 물론 도둑 선사는 허무주의의 한 가지 흔한 의미에서 허무주의자라고 할 수 있다. 그에게는 우리 대부분이 도덕적으로 여기는 가치가 없었던 나머지, 자신이 개인적으로 가치를 두는 것을 추구함에 있어 양심의 가책을 조금도 느끼지 않았다. 내가 말하려는 요지는, 이것은 불교 철학의 실제적 논리에서 적법하게 제기되는 '허무주의의 문제'가 아니라는 점이다. 불교 철학에서 적법하게 제기하는 허무주의의 문제는, 자리에 앉은 채 상황이 지금과 다르게 바뀌기를 바라는 욕망(사회 정의를 이루려는 욕망, 성관계를 하려는 욕망)을 전혀 품지 않는 문제이다.

그러나 실제로 불교 사상과 수련으로 인해 이런 종류의 허무주의에 빠지는 사람들에 대해서는 크게 걱정할 필요가 없다. 그 한 가지 이유는, 그들이 문제를 해결하지는 않지만, 적어도 그들은 문제가 되는 사람들이 아니기 때문이다. 그들이 특정한 도덕 가치를 지니지 않을 수 있지만, 말의 정의상 그들은 모든 이기적 욕망을 버린 사람이므로 세상을 돌아다니면서 사람들을 착취해 분란을 일으킬 것 같지는 않다.

불교 사상과 수행으로 허무주의에 빠지는 사람을 걱정할 필요가 없는 또 다른 이유는 실제로 그런 사람이 많지 않기 때문이다. 당신은 실제로 깨달음을 얻은 사람을 알고 있는가? 나는 꽤 오랫동안 명상의 고수들을 찾아 헤매며 그들과 이야기도 나눴지만 그들이 정말 깨달음을 얻은 사람인지는 잘 모르겠다. 적어도 내가 아는 사람 중에 엄밀한 의미의 깨달음(갈망과 혐오를 완전히 극복했다는 차원의 깨달음)을 얻은 나머지, 가장 포괄적인 의미에서 허무주의를 체현한 사람은 없는 듯하다. 게다가 허무주의의 문제를 논할 때 우리는 단지 엄밀한 의미의 깨달음을 얻은 사람에 관해서만 말하는 것이 아니다. 우리는 좁은 의미의 깨달음을 얻은 사람들에 대해서도 말하고 있다. 다르마를 따른다는 것은 불교의 도덕적 가치를 내면화시켜 그에 따라 자비를 키우는 과정이다. 실제로 불교의 세계에서 깨달음의 이상은 구체적으로 보살(타인을 돕는 데 전념하는 사람)에 구현되어 나타난다.

그렇다면 우리가 걱정해야 할 사람은 두 부류다. 하나는 세상에 존재하는 도둑선사 같은 사람들이다. 자신의 이기적 목적을 위해 명상으로 타인을 더 '효율적으로' 착취하는 사람들 말이다. 그런데 이것은 불교 수행을 너무 많이 해서 생기는 문제가 아니다. 오히려 불교 수행을 충분히 제대로 실천하지 못해 생기는 문제다. 다시 말해 올바른 불교인이 되지 못해 생기는 문제다.

다음으로 우리가 걱정해야 하는 사람은 불교 수행의 길을 매우 멀리까지 밟아가 이전보다 더 평정한 마음을 가짐으로써 더 행복해진 사람들이다. 그들은 이 평정심 때문에 세상을 더 좋은 곳으로 만들려는 열정도 실제로 줄어들 것이다. 그런데 일반적으로 이들은 문제가 되지 않는다. 이유는 세상에 선을 실현하려는 그들의 열정이 줄어드는 만큼 그에 따라 그들의 이기심도 줄어들기 때문이다. 어떤 의미에서 이들은 세상의 문제를 해결하는 쪽이다. 왜냐하면 그들은 불교 수행의 길을 통해 그 길을 밟지 않았을 때보다 사람들과의 관계에서 더 친절하고 부드러운 경향을 보이기 때문이다. 그러나 그들은 아직 세상의 문제를 해결하는 가능성을 십분 발휘하지 못하는 상태에 있다.

나는 이들이 세상 문제의 해결에 더 큰 기여를 하기를 바란다. 나는 미래에 더 많은 사람이 불교 수행의 길을 열심히 밟아가는 동시에 적극적인 행동가가 되기를 희망한다. 그렇지만 설령 그들이 세상 문제의 해결에 크게 기여하지 못한다 해도 그리 나쁜 것은 아니다. 애당초 그들은 세상에 크게 문제를 일으키는 사람이 아니다. 이상의 논의로 볼 때 허무주의의 문제는 추상적, 논리적, 가설적 차원에서는 불교의 심각한 문제일 수 있으나 실제적, 실용적 차원에서는 전혀 문제가 되지 않는다고 볼 수 있다.

참고문헌

Albahari, Miri. 2006. *Analytical Buddhism: The Two-Tiered Illusion of Self.* Palgrave Macmillan.

Alicke, Mark, M. L. Klotz, David Breitenbecher, Tricia Yurak, and Debbie Vrendenburg. 1995. "Personal Contact, Individuation, and the Better-Than-Average Effect." *Journal of Personality and Social Psychology* 68(5): 804–25.

Allison, Scott, David Messick, and George Goethals. 1989. "On Being Better but not Smarter Than Others." *Social Cognition* 7(3): 275–96.

Amaro Bhikkhu. 2002. *Small Boat, Great Mountain.* Abhayagiri Monastery.

Ambady, Nalini, and Robert Rosenthal. 1992. "Thin Slices of Expressive Behavior as Predictors of Interpersonal Consequences: A Meta-analysis." *Psychological Bulletin* 111(2): 256–74.

Andrews-Hanna, Jessica, Jay Reidler, Jorge Sepulcre, Renee Poulin, and Randy Buckner. 2010. "Functional-Anatomic Fractionation of the Brain's Default Network." *Neuron* 65: 550–62.

Asma, Stephen. 2014. "Monsters on the Brain: An Evolutionary Epistemology of Horror." *Social Research* 81(4): 941–68.

Barash, David. 2013. *Buddhist Biology.* W. W. Norton.

Bargh, John. 2011. "Unconscious Thought Theory and Its Discontents: A Critique of the Critiques." *Social Cognition* 29(6): 629–47.

Barkow, Jerome. 1989. *Darwin, Sex, and Status.* University of Toronto Press.

Batchelor, Stephen. 2015. *After Buddhism: Rethinking the Dharma for a Secular Age.* Yale University Press.

Beck, Aaron, and Gary Emery. 1985. *Anxiety Disorders and Phobias: A Cognitive Perspective.* Basic Books.

Bloom, Paul. 2010. *How Pleasure Works: The New Science of Why We Like What We Like.* W. W. Norton.

Bodhi, Bhikkhu. 1981. "The Buddha's Teaching as It Is." Ten-part lecture series. http://www. buddhanet.net/audio-lectures.htm.

Bodhi, Bhikkhu, trans. 2000. *The Connected Discourses of the Buddha: A Translation of the Samyutta Nikaya.* Wisdom Publications.

Bodhi, Bhikkhu. 2015. "Anatta as Strategy and Ontology" in *Investigating the Dhamma: A Collection of Papers by Bhikkhu Bodhi.* Buddhist Publication Society.

Brewer, Judson, Jake Davis, and Joseph Goldstein. 2013. "Why Is It So Hard to Pay Attention, or Is It? Mindfulness, the Factors of Awakening and Reward-Based Learning." *Mindfulness* 4(1): 75–80.

Brewer, Judson, Sarah Mallik, Theresa Babuscio, Charla Nich, Hayley Johnson, Cameron Deleone, Candace Minnix-Cotton, et al. 2011. "Mindfulness Training for Smoking Cessation: Results from a Randomized Controlled Trial." *Drug and Alcohol Dependence* 119(1/2): 72–80.

Brewer, Judson, Patrick Worhunsky, Jeremy Gray, Yi-Yuan Tang, Jochen Weber, and Hedy Kober.

2011. "Meditation Experience Is Associated with Differences in Default Mode Network Activity and Connectivity." *Proceedings of the National Academy of Sciences* 108(50): 20254–59.

Buddhaghosa, Bhadantacariya. 2010. *The Path of Purification.* Trans. Bhikkhu Nanamoli. Buddhist Publication Society.

Burtt, E. A., ed. 1982. *The Teachings of the Compassionate Buddha.* New American Library.

Buss, David, and Lisa Dedden. 1990. "Derogation of Competitors." *Journal of Social and Personal Relationships* 7: 395–422.

Conze, Edward. 1959. *Buddhism: Its Essence and Development.* Harper Torchbook.

Conze, Edward, trans. 1959. *Buddhist Scriptures.* Penguin.

Cosmides, Leda, and John Tooby. 2000. "Evolutionary Psychology and the Emotions." In Michael Lewis and Jeannette M. Haviland-Jones, eds., *Handbook of Emotions.* 2nd ed. Guilford Press.

———. 2002. "Unraveling the Enigma of Human Intelligence: Evolutionary Psychology and the Multimodular Mind." In Robert Sternberg and James Kaufman, eds., *The Evolution of Intelligence.* Lawrence Erlbaum Associates.

D'Argembeau, Arnaud, and Martial Van der Linden. 2008. "Remembering Pride and Shame: Self-Enhancement and the Phenomenology of Autobiographical Memory." *Memory* 16(5): 538–47.

Danquah, Adam N., Martin Farrell, and Donald O'Boyle. 2008. "Biases in the Subjective Timing of Perceptual Events: Libet et al. (1983) Revisited." *Consciousness and Cognition* 17(3): 616–27.

Darley, John M., and C. Daniel Batson. 1973. "From Jerusalem to Jericho: A Study of Situational and Dispositional Factors in Helping Behavior." *Journal of Personality and Social Psychology* 27(1): 100–108.

Davidson, Richard J., and William Irwin. 1999. "The Functional Neuroanatomy of Emotion and Affective Style." *Trends in Cognitive Sciences* 3(1): 11–22.

de Silva, Padmasiri. 2000. *An Introduction to Buddhist Psychology.* 4th ed. Palgrave Macmillan.

Eagly, Alice, Richard Ashmore, Mona Makhijani, and Laura Longo. 1991. "What Is Beautiful Is Good, But . . . : A Meta-analytic Review of Research on the Physical Attractiveness Stereotype." *Psychological Bulletin* 110(1): 109–28.

Eckel, Malcolm David. 2001. "Buddhism." *The Great Courses.* Audio lecture.

Ekman, Paul, Richard Davidson, Matthieu Ricard, and B. Alan Wallace. 2005. "Buddhist and Psychological Perspectives on Emotions and Well-Being."*Current Directions in Psychological Science* 14(2): 59–63.

Farb, Norman, Zindel Segal, Helen Mayberg, Jim Bean, Deborah McKeon, Zainab Fatima, and Adam Anderson. 2007. "Attending to the Present:Mindfulness Meditation Reveals Distinct Neural Modes of Self-Reference." *Scan* 2: 313–22.

Farias, Miguel, and Catherine Wikholm. 2015. *The Buddha Pill: Can Meditation Change You?* Watkins.

Feldman Barrett, Lisa. 1997. "The Relationships among Momentary Emotion Experiences, Personality Descriptions, and Retrospective Ratings of Emotion." *Personality & Social Psychology Bulletin* 23(10): 1100–1110.

Ferguson, M. J. 2007. "The Automaticity of Evaluation." In J. Bargh, ed., *Social Psychology and the Unconscious: The Automaticity of Higher Mental Processes.* Psychology Press.

Freeman, Jonathan, Ryan Stolier, Zachary Ingbretsen, and Eric Hehman. 2014. "Amygdala Responsivity to High-Level Social Information." *Journal of Neuroscience* 34(32): 10573–81.

Gazzaniga, Michael. 2011. *Who's in Charge? Free Will and the Science of the Brain.* Ecco.

Gelman, Susan. 2003. *The Essential Child: Origins of Essentialism in Everyday Thought.* Oxford University Press.

Gethin, Rupert. 1998. *The Foundations of Buddhism.* Oxford University Press.

Giner-Sorolla, Roger, Magda T. Garcia, and John A. Bargh. 1999. "The Automatic Evaluation of Pictures." *Social Cognition* 17(1): 76–96.

Gold, Jonathan. 2014. *Paving the Great Way: Vasubandhu's Unifying Buddhist Philosophy.* Columbia University Press.

Goldstein, Joseph. 1987. *The Experience of Insight: A Simple and Direct Guide to Buddhist Meditation.* Shambhala Dragon Editions.

———. 2002. *One Dharma: The Emerging Western Buddhism.* HarperSanFrancisco.

———. 2016. *Mindfulness: A Practical Guide to Awakening.* Sounds True.

Goleman, Daniel. 1998. *The Meditative Mind: The Varieties of Meditative Experience.* G. P. Putnam's Sons.

Gopnik, Allison. 2009. "Could David Hume Have Known about Buddhism? Charles Francois Dolu, the Royal College of La Fleche, and the Global Jesuit Intellectual Network." *Hume Studies* 35(1/2): 5–28.

Greene, Joshua. 2013. *Moral Tribes: Emotion, Reason, and the Gap between Us and Them.* Penguin Press.

Greenwald, Anthony. 1980. "The Totalitarian Ego: Fabrication and Revision of Personal History." *American Psychologist* 357: 603–18.

Griskevicius, Vladas, Noah Goldstein, Chad Mortensen, Jill Sundie, Robert Cialdini, and Douglas Kenrick. 2009. "Fear and Loving in Las Vegas: Evolution, Emotion, and Persuasion." *Journal of Marketing Research* 46(3): 384–95.

Gunaratan, Henepola. 1991. *Mindfulness in Plain English.* Wisdom.

Hanson, Rick, and Richard Mendius. 2009. *Buddha's Brain: The Practical Neuroscience of Happiness, Love, and Wisdom.* New Harbinger Publications.

Harman, Gilbert. 1999. "Moral Philosophy Meets Social Psychology: Virtue Ethics and the Fundamental Attribution Error." *Proceedings of the Aristotelian Society* 99: 315–31, new series.

Harris, Dan. 2014. *10% Happier: How I Tamed the Voice in My Head, Reduced Stress without Losing My Edge, and Found Self-Help That Actually Works—A True Story.* Dey Street Books.

Harris, Sam. 2014. *Waking Up: A Guide to Spirituality Without Religion.* Simon & Schuster.

Harvey, Peter. 1995. *The Selfless Mind: Personality, Consciousness and Nirvana in Early Buddhism.* Routledge.

———. 2013. *An Introduction to Buddhism: Teachings, History and Practices.* 2nd ed. Cambridge University Press.

Hastorf, Albert H., and Hadley Cantril. 1954. "They Saw a Game: A Case Study." *Journal of Abnormal and Social Psychology* 49(1): 129–34.

Holzel, Britta, Sara Lazar, Tim Gard, Zev Schuman–Olivier, David Vago, and Ulrich Ott. 2011. "How Does Mindfulness Meditation Work? Proposing Mechanisms of Action from a Conceptual and Neural Perspective." *Perspectives on Psychological Science* 6(6): 537–59.

Hume, David. 1984. *A Treatise of Human Nature.* Penguin.

Ikemoto, Satoshi, and Jaak Panksepp. 1999. "The Role of Nucleus Accumbens Dopamine in Motivated Behavior: A Unifying Interpretation with Special Reference to Reward–Seeking." *Brain Research Reviews* 31: 6–41.

Immerwahr, John. 1992. "Hume on Tranquilizing the Passions." *Hume Studies* 18(2): 293–314.

Ingram, Daniel. 2008. *Mastering the Core Teachings of the Buddha: An Unusually Hardcore Dharma Book.* Aeon Books.

James, William. 1982. *The Varieties of Religious Experience.* Penguin.

———. 2007. *The Principles of Psychology,* vol. I. Cosimo Books.

Jarudi, Izzat, Tamar Kreps, and Paul Bloom. 2008. "Is a Refrigerator Good or Evil? The Moral Evaluation of Everyday Objects." *Social Justice Research* 21(4): 457–69.

Jarrett, Christian. 2016. "Neuroscience and Free Will Are Rethinking Their Divorce." *New York Magazine, February* 3.

Jones, Edward, and Richard Nisbett. 1971. "The Actor and the Observer: Divergent Perceptions of the Causes of Behavior." In Edward Jones, David Kanhouse, Harold Kelley, Richard Nisbett, Stuart Valins, and Bernard Weiner, eds., *Attribution: Perceiving the Causes of Behavior.* General Learning Press.

Kasulis, Thomas P. 1987. "Nirvana." In Mircea Eliade, ed., *The Encyclopedia of Religion*, vol. 10. MacMillan.

Kelman, Herbert C. 2007. "Social–Psychological Dimensions of International Conflict." In William Zartman, ed., *Peacemaking in International Conflict.* US Institute of Peace.

Killingsworth, Matthew, and Daniel Gilbert. 2010. "A Wandering Mind Is an Unhappy Mind." *Science* 330: 932.

Kim, B. Kyu, and Gal Zauberman. 2013. "Can Victoria's Secret Change the Future? A Subjective Time Perception Account of Sexual–Cue Effects on Impatience." *Journal of Experimental Psychology: General* 142(2): 328–35.

Knitter, Paul. 2009. *Without Buddha I Could Not Be a Christian.* Oneworld.

Knutson, Brian, Scott Rick, G. Elliott Wimmer, Drazen Prelac, and George Loewenstein. 2007. "Neural Predictors of Purchases." *Neuron* 53: 147–56.

Kornfield, Jack. 1993. *A Path with Heart: A Guide through the Perils and Promises of Spiritual Life.* Bantam Books.

Kornfield, Jack, and Paul Breiter, eds. 1985. *A Still Forest Pool: The Insight Meditation of Achaan Chah.* Quest Books.

Kuhn, Simone, and Marcel Brass. 2009. "Retrospective Construction of the Judgement of Free Choice." *Consciousness and Cognition* 18: 12–21.

Kurzban, Robert. 2010. *Why Everyone (Else) Is a Hypocrite: Evolution and the Modular Mind.* Princeton University Press.

Libet, Benjamin. 1985. "Unconscious Cerebral Initiative and the Role of Conscious Will in Voluntary Action." *Behavioral and Brain Sciences* 8: 529–39.

Lieberman, Matthew. 2013. Social: *Why Our Brains Are Wired to Connect.* Crown.

Litman, Jordan A. 2005. "Curiosity and the Pleasures of Learning: Wanting and Liking New Information." *Cognition and Emotion* 19(6): 793–814.

Lucchelli, F., and H. Spinnler. 2007. "The Case of Lost Wilma: A Clinical Report of Capgras Delusion." *Neurological Science* 28: 188–95.

Lutz, Antoine, John Dunne, and Richard Davidson. 2007. "Meditation and the Neuroscience of Consciousness." In Philip Zelazo, Morris Moscovitch, and Evan Thompson, eds., *Cambridge Handbook of Consciousness.* Cambridge University Press.

Lutz, Antoine, Heleen Slagter, John Dunne, and Richard Davidson. 2008. "Attention Regulation and Monitoring in Meditation." *Trends in Cognitive Sciences* 12(4): 163–69.

Maner, Jon, Douglas Kenrick, D. Vaughn Becker, Theresa Robertson, Brian Hofer, Steven Neuberg, Andrew Delton, Jonathan Butner, and Mark Schaller. 2005. "Functional Projection: How Fundamental Social Motives Can Bias Interpersonal Perception." *Journal of Personality and Social Psychology* 88(1): 63–78.

Mars, Roger B., Franz–Xaver Neubert, MaryAnn P. Noonan, Jerome Sallet, Ivan Toni, and Matthew F. S. Rushworth. 2012. "On the Relationship between the 'Default Mode Network' and the 'Social Brain.' " *Frontiers in Human Neuroscience* 6: 189.

McDonald, Michele. 2015. "R.A.I.N. D.R.O.P." *Dharma Seed.* Lecture, True North Insight, August 28. http://dharmaseed.org/teacher/126/talk/29234/.

Mendis, N. K. G., trans. 2010. "Anatta–Lakkhana Sutta: The Discourse on the Not–Self Characteristic." (Samyutta Nikaya 22:59) *Access to Insight: Readings in Theravada Buddhism.* http://www.accesstoinsight.org/tipitaka /sn/sn22/sn22.059.mend.html.

Mezulis, Amy H., Lyn Abramson, Janet Hyde, and Benjamin Hankin. 2004. "Is There a Universal Positivity Bias in Attributions? A Meta–analytic Review of Individual, evelopmental, and Cultural Differences in the Self–Serving Attributional Bias." *Psychological Bulletin* 130(5): 711–47.

Michaelson, Jay. 2013. *Evolving Dharma: Meditation, Buddhism and the Next Generation of Enlightenment.* Evolver Editions.

Miller, Timothy. 1994. *How to Want What You Have.* Henry Holt & Co.

Nanamoli, Bhikkhu, and Bhikkhu Bodhi, trans. 1995. *The Middle Length Discourses of the Buddha: A Translation of the Majjhima Nikaya*. Wisdom Publications.

Nisker, Wes. 1998. *Buddha's Nature: A Practical Guide to Enlightenment through Evolution*. Bantam Books.

Oppenheimer, Mark. 2013. *The Zen Predator of the Upper East Side*. Atlantic Books.

Parfit, Derek. 1984. *Reasons and Persons*. Oxford University Press.

Pessiglione, Mathias, Liane Schmidt, Bogan Draganski, Raffael Kalisch, Hakwan Lau, Ray Dolan, and Chris Frith. 2007. "How the Brain Translates Money into Force: A Neuroimaging Study of Subliminal Motivation." *Science* 316: 904–6.

Pessoa, Luiz. 2013. *The Cognitive-Emotional Brain: From Interactions to Integration*. MIT Press.

Pinker, Steven. 1997. *How the Mind Works*. W. W. Norton.

Plassmann, Hilke, John O'Doherty, Baba Shiv, and Antonio Rangel. 2008. "Marketing Actions Can Modulate Neural Representations of Experienced Pleasantness." *Proceedings of the National Academy of Sciences* 105(3): 1050–54.

Preston, Carolyn, and Stanley Harris. 1965. "Psychology of Drivers in Traffic Accidents." *Journal of Applied Psychology* 49(4): 264–68.

Pronin, Emily, Thomas Gilovich, and Lee Ross. 2004. "Objectivity in the Eye of the Beholder: Divergent Perceptions of Bias in Self versus Others." *Psychological Review* 111(3): 781–99.

Pronin, Emily, Daniel Y. Lin, and Lee Ross. 2002. "The Bias Blind Spot: Perceptions of Bias in Self versus Others." *Personality and Social Psychology Bulletin* 28(3): 369–81.

Rahula, Walpola. (1959) 1974. *What the Buddha Taught*. Grove Press.

Romanes, George John. 1884. *Mental Evolution in Animals*. D. Appleton and Co.

Roney, James R. 2003. "Effects of Visual Exposure to the Opposite Sex: Cognitive Aspects of Mate Attraction in Human Males." *Personality and Social Psychology Bulletin* 29: 393–404.

Sabini, John, Michael Siepmann, and Julia Stein. 2001. "The Really Fundamental Attribution Error in Social Psychological Research." *Psychological Inquiry* 12(1): 1–15.

Salzberg, Sharon. 2002. *Lovingkindness: The Revolutionary Art of Happiness*. Shambhala Classics.

———. 2003. *Faith: Trusting Your Own Deepest Experience*. Riverhead Books.

Salzberg, Sharon, and Robert Thurman. 2013. *Love Your Enemies: How to Break the Anger Habit and Be a Whole Lot Happier*. Hay House.

Sample, Ian. 2014. "Curiosity Improves Memory by Tapping into the Brain's Reward System." *Guardian*, October 2. http://www.theguardian.com/science/2014/oct/02/curiosity-memory-brain-reward-system-dopamine.

Sapolsky, Robert. 2005. "Biology and Human Behavior: The Neurological Origins of Individuality." Audio lecture. *The Great Courses*. 2nd ed.

Sayadaw, Mahasi. 1965. *The Progress of Insight*. Trans. Nyānaponika Thera. Buddhist Publication Society.

Schultz, Wolfram. 2001. "Reward Signaling by Dopamine Neurons." *Neuroscientist* 7(4): 293–302.

Schultz, Wolfram, Paul Apicella, Eugenio Scarnati, and Tomas Ljungberg. 1992. "Neuronal

Activity in Monkey Ventral Striatum Related to the Expectation of Reward." *Journal of Neuroscience* 12(12): 4595–610.

Sedikides, Constantine, and Mark D. Alicke. 2012. "Self-Enhancement and Self-Protection Motives." In Richard M. Ryan, ed., *The Oxford Handbook of Human Motivation*. Oxford University Press.

Sedikides, Constantine, Lowell Gaertner, and Jack L. Vevea. 2005. "Pancultural Self-Enhancement Reloaded: A Meta-analytic Reply to Heine." *Journal of Personality and Social Psychology* 89(4): 539–51.

Seligman, Martin. 2002. *Authentic Happiness: Using the New Positive Psychology to Realize Your Potential for Lasting Fulfillment*. Free Press.

Siderits, Mark, Evan Thompson, and Dan Zahavi, eds. 2001. *Self, No Self? Perspectives from Analytical, Phenomenological, and Indian Traditions*. Oxford University Press.

Sidgwick, Henry. 1884. *The Methods of Ethics*. MacMillan and Co.

Smith, Rodney. 2014. *Awakening: A Paradigm Shift of the Heart*. Shambhala.

Stein, Rob. 2013. "Gut Bacteria Might Guide the Workings of Our Minds." NPR. November 18. http://www.npr.org/blogs/health/2013/11/18/244526773/gut-bacteria-might-guide-the-workings-of-our-minds.

Thanissaro Bhikkhu, trans. 1997. "Bahuna Sutta: To Bahuna" (Anguttara Nikaya 10:81). *Access to Insight: Readings in Theravāda Buddhism*. http://www.accesstoinsight.org/tipitaka/an/an10/an10.081.than.html.

———, trans. 2012. "Cula-Saccaka Sutta: The Shorter Discourse to Saccaka"(Majjhima Nikaya 35). *Access to Insight: Readings in Theravāda Buddhism*. http://www.accesstoinsight.org/tipitaka/mn/mn.035.than.html.

———. 2013. "The Not-Self Strategy." *Access to Insight: Readings in Theravāda Buddhism*. http://www.accesstoinsight.org/lib/authors/thanissaro/notselfstrategy.pdf

Thera, Nyānaponika, trans. 2007. "Freed of Fivefold Fear" (Anguttara Nikaya 9:5). *Access to Insight: Readings in Theravāda Buddhism*. http://www.accesstoinsight.org/lib/authors/nyanaponika/wheel238.html

Thera, Soma, trans. 2013. "The Way of Mindfulness: The Satipatthana Sutta and Its Commentary." *Access to Insight: Readings in Theravāda Buddhism*. http://www.accesstoinsight.org/lib/authors/soma/wayof.html.

Wall, R., J. F. Cryan, R. P. Ross, G. F. Fitzgerald, T. G. Dinan, and C. Stanton. 2014. "Bacterial Neuroactive Compounds Produced by Psychobiotics." *Advances in Experimental Medicine and Biology* 817: 221–39.

Weber, Gary. 2007. *Happiness Beyond Thought: A Practical Guide to Awakening*. iUniverse.

Wilson, Margo, and Martin Daly. 2004. "Do Pretty Women Inspire Men to Discount the Future?" *Proceedings of the Royal Society of London B (Suppl.)* 271: S177–79.

Wright, Dale S. 2016. *What Is Buddhist Enlightenment?*. Oxford University Press.

Wright, Robert. 1994. *The Moral Animal: Evolutionary Psychology and Everyday Life*. Pantheon.

———. 2000. *Nonzero: The Logic of Human Destiny*. Pantheon.

Yongey Mingyur, Rinpoche, and Eric Swanson. 2007. *The Joy of Living. Three Rivers Press.*

Zajonc, R. B. 1980. "Feeling and Thinking: Preferences Need No Inferences." *American Psychologist* 35(2): 151–75.

찾아보기

주제별

인명, 서명 등

*책은 『 』에, 경전·영화·잡지·노래 등은 〈 〉에 넣음

"만약 진화심리학에 정통한 사람이 불교를 제대로 들여다본다면 어떤 일이 벌어질까? 특히 로버트 라이트처럼 재능 있는 작가라면? 아마 놀랍고 재미있는 책, 삶을 변화시키는 힘을 가진 만만치 않은 책이 탄생할 것이다. 이 책이 그런 책이다."

-피터 싱어(프린스턴 대학 교수, 『더 나은 세상』 저자)

"냉철하고 합리적인 지성의 소유자인 로버트 라이트는 다르마와 무아를 이야기하기에 적합하지 않은 사람처럼 보인다. 그러나 이 특별한 책에서 그는 인간의 삶과 마음을 바라보는 불교적 관점이 지닌 유효성을 설득력 있게 펼쳐 보인다. 명료함과 위트로 개인적 일화에 진화론과 인지과학의 통찰을 버무려 불교라는 고대의, 그러나 지극히 현재적인 세계관을 적극 지지한다. 우리 삶에 진정한 변화를 일으키는 책이다."

-폴 블룸(예일 대학 심리학과 교수, 『공감에 반대한다』 저자)

"멋진 책이다. 진화심리학과 철학, 불교에 대한 통찰력 있는 해석, 그리고 개
인적인 명상 경험이 어우러져 특별한 깨달음을 선사한다."

-조나단 골드(프린스턴 대학 종교학과 교수, 『위대한 길 닦기』 저자)

옮긴이_이재석
서울대학교에서 러시아어를 전공하고 출판저작권 에이전시와 출판사에서 일했다. 위빠사나 명상을 통한 몸-마음 치유에 관심이 많으며 보리수선원, 서울불교대학원 심신치유학과에서 공부했다. 옮긴 책으로 『마음챙김으로 우울을 지나는 법』 『조셉 골드스타인의 통찰 명상』 등이 있다.

옮긴이_김철호
경인교육대학교 윤리교육과 교수. 한국학중앙연구원에서 「주자의 선악론 연구」로 박사학위를 받았고, 이후 선악론과 명상교육을 연구하고 있다. 주요 논저로는 『도덕교육의 체계적 이해』 『마음챙김명상교육』 「도덕적 명상으로서의 경(敬)」 등이 있다.

불교는 왜 진실인가
진화심리학으로 보는 불교의 명상과 깨달음

초판 6쇄 발행 2025년 3월 5일
초판 1쇄 발행 2019년 1월 25일

지은이　　로버트 라이트
옮긴이　　이재석, 김철호

펴낸곳　　마음친구
펴낸이　　이재석
주소　　　경기도 안양시 동안구 시민대로 230
　　　　　　평촌아크로타워 지니센터 D동 5364호
전화　　　031-478-9776
팩스　　　0303-3444-9776
이메일　　friendsbook@naver.com
블로그　　blog.naver.com/friendsbook
출판신고　제385-2510020100000319호

ISBN 978-89-966456-5-8 (03220)
한국어판 출판권 ⓒ 마음친구, 2019
마음 맞는 책 친구 **마음친구**입니다.